高校新媒体发展、运营与创新

琚 超 余 佩 朱可馨 编著

武汉理工大学出版社
·武汉·

内容简介

本书试图在总结过去研究工作的基础上阐述高校新媒体的发展、运营与创新路径，为高校新媒体研究提供理论和实践参考。全书共9章，其中：第1章是对高校新媒体相关概念的描述，具体包括高校新媒体的范畴、定位、运营策略及主要特征；第2章是讲高校新媒体的内容采集，具体包括文字、图片、短视频、视觉设计等信息的采集技巧；第3～7章是具体某种新媒体形态的账号运营技巧，具体包括高校官方微博、微信公众号、强国号、短视频、海外账号的运营策略；第8章是高校官方直播间的运营管理，具体包括直播活动的设计和直播技术的保障等；第9章是高校新媒体的推广和吸粉策略，具体包括社会引流和功能引流。

高校新媒体应遵循怎样的发展路径？新媒体内容采集及账号运营该如何做？高校新媒体账号如何推广？本书围绕这些问题展开讨论，以期通过大量的运营数据和案例展示相对真实的运营方法和路径，将个体化的账号运营集束表达，在群体的行为层面进行表征。

本书汇编了高校新媒体发展、运营与创新的最新理论和大量实践案例，可供高校新媒体运营人员作为理论和实践参考使用。

图书在版编目（CIP）数据

高校新媒体发展、运营与创新 / 琚超，余佩，朱可馨编著. -- 武汉：武汉理工大学出版社，2024.11. -- ISBN 978-7-5629-6997-6

Ⅰ. G206.2-39

中国国家版本馆 CIP 数据核字第 2024JN9618 号

GAOXIAO XINMEITI FAZHAN YUNYING YU CHUANGXIN

高校新媒体发展、运营与创新

项目负责人：王利永（027-87290908）　　责任编辑：黄玲玲
责任校对：王　威　　装帧设计：许伶俐
出版发行：武汉理工大学出版社
网　　址：http://www.wutp.com.cn
地　　址：武汉市洪山区珞狮路 122 号
邮　　编：430070
印　刷　者：武汉邮科印务有限公司
发　行　者：各地新华书店
开　　本：787 mm×1092 mm　1/16
印　　张：12
字　　数：307 千字
版　　次：2024 年 11 月第 1 版
印　　次：2024 年 11 月第 1 次印刷
定　　价：72.00 元

凡购本书，如有缺页、倒页、脱页等印装质量问题，请向出版社发行部调换。
本社购书热线电话：027-87523148　027-87391631　027-87165708（传真）

前 言

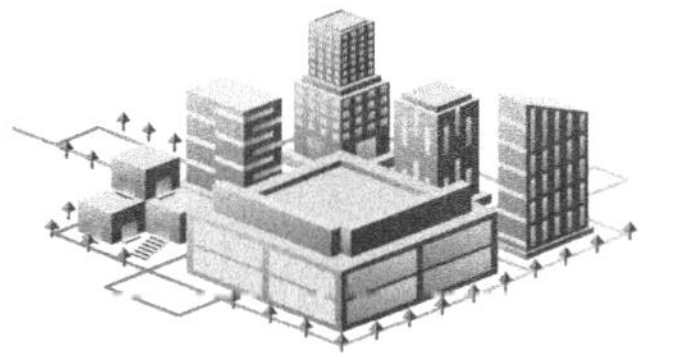

中国互联网络信息中心（CNNIC）发布的第52次《中国互联网络发展状况统计报告》显示：截至2023年6月，我国网民规模达10.79亿人，较2022年12月增长1109万，互联网普及率达76.4%。我国累计建成开通5G基站293.7万个，5G移动电话用户达6.76亿户，三家基础电信企业发展蜂窝物联网终端用户21.23亿户，较2022年12月净增2.79亿户。移动互联网累计流量达1423亿 GB，同比增长14.6%。移动互联网应用蓬勃发展，国内市场上监测到的活跃App数量达260万款。即时通信、网络视频、短视频的用户规模仍稳居前三。截至2023年6月，即时通信、网络视频、短视频用户规模分别达10.47亿人、10.44亿人和10.26亿人，用户使用率分别为97.1%、96.8%和95.2%，进一步覆盖网民的日常学习、工作和生活。

网络技术的深刻发展带来了社会生产力的飞速进步，互联网与数字媒介的迅速升级与普及，使得传统的信息传播结构、传播方式、传播载体发生了革命性的变化。随着硬件技术的提升，便携设备更加充分地实现了人类智慧和计算机、互联网的深度结合。当前，我国进入新时代新发展阶段，社会发展与进步的速度、广度、深度正发生着前所未有的变革，机遇与挑战并存。习近平总书记在全国宣传思想工作会议上指出："我们必须科学认识网络传播规律，提高用网治网水平，使互联网这个最大变量变成事业发展的最大增量。……要把握正确舆论导向，提高新闻舆论传播力、引导力、影响力、公信力，巩固壮大主流思想舆论。要加强传播手段和话语方式创新，让党的创新理论'飞入寻常百姓家'。"以5G、人工智能（AI）等为代表的新技术在中央命题顶层设计、地方作答基层探路中继续推动中国融媒体发展并不断实现创新变革，新的技术在内容传播领域的应用之势愈发凸显，融媒体产业格局与传播新生态持续优化。

Web3.0时代构建了更加宏伟的数字新空间。自媒体的蓬勃发展以及丰富的交互体验，使得媒体的边界逐渐消失，新闻生产方式发生了很大改变，加之“UGC”（User Generated Content，用户生成内容）理念不断被大众接受，导致越来越多的人投身到新媒体运营中，互联网真实地影响和改变了人们的生活。人们可以通过微博、微信、抖音、头条等新平台把想要表达的内容传播出去，还可以在观看视频的同时以“发弹幕”的形式用文字或表情跟网友交流互动，信息的传输由一点对多点变为多点对多点。也就是说，人人都可以是新闻内容的生产者、传播者，媒体的界限被打破，主流媒体的话语权壁垒也被打破，信息传播变成双向的、交互的。

高校的大学生尤其是刚刚步入大学校门的新生，他们自出生起就赶上了互联网的大潮，是地地道道的互联网“原住民”，是真正的“互联网+”一代，也是最早应用各种新媒体社交软件的人群。高校新媒体应遵循怎样的发展路径？新媒体内容采集及账号运营该如何做？高校新媒体账号如何推广？本书围绕这些问题展开讨论，以期通过大量的运营数据和案例展示相对真实的运营方法和路径，将个体化的账号运营集束表达，在群体的行为层面进行表征。

本书是集体智慧的结晶，学校从事新媒体工作的专职老师以及研究生、本科生参与了该项工作。本书的编撰自2022年7月启动，由编者拟定大纲和各章节的基本观点，以及完成初稿、二稿、三稿的修改。研究生官文文、戴勤、文法权，本科生陈欣、郭鑫鑫、高映雪参与了本书的资料收集工作。

本书出版受到武汉理工大学2024年度文化建设项目资助。

本书在编撰过程中参考引用了大量的文献和数据，特向这些作者表示衷心的感谢！

由于编者水平有限，书中仍存在诸多不尽如人意的地方，恳请读者批评指正！

编者

2024年5月

目录 Contents

第 1 章　高校新媒体概述

以互联网和移动智能终端等为信息载体的新媒体出现及其对文明的影响，其意义不亚于中国人发明纸张。新媒体对社会的影响是全方位的，它不仅影响着政治和经济方面，还影响着人们的生活方式和思维方式。新媒体正在以不可抵挡的势头，迅速渗透到各国政治、经济以及文化等领域，改变着人们的生活，改变着世界的面貌，推动着人类文明不断向更高层次迈进①。

1.1　新媒体的概念

现如今，新媒体（New Media）一词使用十分广泛，但业界和学术界对新媒体的定义各执一词，尚未达成统一。狭义的说法认为，新媒体是随着网络的出现而出现的一种新的传播媒介，即网络媒体，大致经历了门户网站、博客和“自媒体”三个发展阶段。而广义的说法认为，新媒体是人类的一种全新的生存方式，它的出现改变了媒体格局和舆论生态，以惊人的深度和广度影响着社会经济、政治、文化。无论哪种定义，面对新媒体的众多变化，都不足以作出准确界定。编者认为，对新媒体概念的界定应是多维度的。

本章编者将从新媒体相关概念的演变着手，分析新媒体的本质特征及表现形式，帮助读者进一步明确新媒体的内涵及对高校新媒体的基本认知。

1.1.1　新媒体相关概念的演变

新媒体现已成为老生常谈的话题，但多数人提及的新媒体，是基于当下流行媒体形式的表达，未能从新媒体的概念溯源，全面理解新媒体的演变历程。

关于新媒体概念的起源，一种说法是出自加拿大传播学家马歇尔·麦克卢汉。1959 年 3 月，在芝加哥召开的全美高等教育学会上，加拿大传播学家马歇尔 · 麦克卢汉发表了题为“电子革命：新媒体的革命影响”的演讲。在演讲中，马歇尔 · 麦克卢汉指

① 匡文波. “新媒体”概念辨析[J]. 国际新闻界，2008(6):66-69.

出："从长远的观点来看问题，媒介即是讯息。所以社会靠集体行动开发出一种新媒介（比如印刷术、电报、照片和广播）时，它就赢得了表达新讯息的权利。今天，印刷术的君王统治结束了，新媒介的寡头政治篡夺了印刷术长达500年的君王统治。寡头政治中，每一种新媒介都具有印刷术一样的实力，传递着一样的讯息。"[①]马歇尔·麦克卢汉在表述中提出了新媒介的说法，但媒介并不等于媒体，而是指媒介物质在时间上的新旧更替，因此并不能以此对我们现在常说的新媒体做出准确定义。

20世纪60年代，我们现在使用的"新媒体"一词兴起。1967年，美国哥伦比亚广播电视网（CBS）技术研究所所长戈尔德马克（P. Goldmark）在EVR（电视录像）的开发计划中首次提出了"New Media"（新媒体）概念。1969年，美国传播政策总统特委会主席E. 罗斯托（E. Rostow）在提交给尼克松总统的报告中也多处使用了"New Media"这个概念。从此以后，"新媒体"一词就开始在美国社会流行，并逐步流传到全世界，"新媒体"也逐渐成为全世界的热门话题[②]。那个时候，"新媒体"一词更多指向以电子技术为载体的媒体创新应用。

20世纪80年代，随着计算机技术的日益发展，"新媒体"一词开始广泛普及。1991年第6期《南风窗》刊登了题为《日美新媒体争夺战》的文章，这是"新媒体"首次在国内较正式地出现。三年后，我国第一张全国性的TCP/IP互联网才正式建成[③]。联合国新闻委员会在1998年5月举行的年会上，时任联合国秘书长安南在报告中正式提出把互联网看作是相对于报纸、广播、电视之后的"第四媒体"的概念。此后，手机、手持终端、加载于各类交通工具上的移动终端等新型平台不断出现，它们与之前的互联网一起，都具有一个显著的特点，就是数字化、网络化。此时的新媒体被定义为在电信网络基础上出现的媒体形态[④]。

1999年，国内新闻传播领域较早涉及新媒体研究的著作《信息高速公路与大众传播》出版。书中指出，新媒体包括光纤电缆通信网、图文电视、计算机通信网及互联网、大型电脑数据库通信系统、通信卫星和卫星直播电视系统、高清电视等[⑤]。

20世纪90年代末，"网络媒体"概念开始流行。Web1.0时代，在很多人看来，新媒体就是网络媒体，新浪、搜狐、腾讯、网易等一批门户网站纷纷崛起。Web2.0时代，如微博、微信、在线社区等新的社会化媒体应用形式出现，一些人将这种新的社会化

---

① 马歇尔·麦克卢汉. 麦克卢汉如是说[M]. 北京：中国人民大学出版社，2006：3.

② 明安香. 信息高速公路与大众传播[M]. 北京：华夏出版社，1999：72.

③ 来沅晖. 对"新媒体"概念的重新思考[J]. 西部学刊，2018(8)：29-32.

④ 林刚. 新媒体概论[M].2版. 北京：中国传媒大学出版社，2021：3.

⑤ 明安香. 信息高速公路与大众传播[M]. 北京：华夏出版社，1999：73.

媒体称之为“新媒体”。

在通信技术进入 3G 时代、功能手机向智能手机转变时，移动互联网曙光初现。相对于 PC 端网站而言，移动端 App 这种新的传播形式也是“新媒体”，新闻网站和门户网站则被打入了“传统媒体”阵营。在国内，还有一种说法叫“新兴媒体”。严格地说，新兴媒体不是一个学术性的概念，“新兴”是一个修饰用的形容词。所谓“新兴媒体”更多的是从时间角度来界定的，也没有对应“New Media”这个概念，因此不宜把它作为一个学术性概念来对待①。

Web3.0 时代，5G 技术迅猛发展，新媒体发展进入“微传播”时代。从“两微一端”到“两微一号”，人们开始频繁地利用新媒体，如抖音、快手、B 站、微博等新媒体平台进行互动传播，这种基于互联网的互动传播媒体也被称作“新媒体”。

1.1.2　新媒体的主要类型

伴随着网络与数字技术的快速发展，新媒体的种类也日益丰富多彩，甚至不同类型的新媒体之间出现了交叉与融合的现象，媒体形态的界限也逐渐模糊。因此，对新媒体类型的划分也不能一概而论。狭义的新媒体包括被称为第四媒体的互联网（以计算机为终端的信息网络）和第五媒体的移动网络（以手机等移动通信工具为终端，基于移动通信技术的移动互联网服务以及电信网络增值服务等传播形式）；广义的新媒体包括网络媒体、传统媒体运用新技术以及和新媒体融合而产生或发展出来的新媒体形式，如电纸书、电子纸、数字报、交互式网络电视（IPTV）等。

1.1.2.1　网络媒体

网络媒体的定义有广义和狭义之分，广义上的网络媒体是指遵循 TCP/IP 协议传送数字化信息的计算机通信网络，狭义上的网络媒体是指通过互联网传播新闻信息的发布平台。

网络媒体是最早出现也是最重要的新媒体形态，主要包括两种类型：第一种是上网媒体，即将传统媒体的内容照搬或移植到互联网上，如早期的网络报纸、网络广播和网络电视②等，不过发展到后来，由于充分理解和吸收了新媒体的特点，这些上网媒体改变了早期简单复制的模式；第二种是原生的网络新媒体，目前主要包括门户网站、搜索引擎、即时通信、网络社区、网络视频、网络游戏、博客、微博等。

---

① 彭兰. “新媒体”概念界定的三条线索[J]. 新闻与传播研究，2016，23(3)：120-125.

② 胡海龙. 对网络媒体的一点探讨[J]. 国际新闻界，1999(6)：32-37.

从功能上讲，网络媒体具有新闻信息传播、信息搜索、娱乐、社交等功能，并且出现网络媒体形态功能融合的发展趋势，即某一网络媒体同时具备多种媒介功能。例如，搜索引擎百度，它不仅可以满足用户的信息搜索需求，还可以充分利用自身的优势进行符合用户习惯和偏好的新闻推荐，乃至进行大数据营销和社会动态发展趋势预测。又如，门户网站腾讯网，其除了是一个综合性的新闻信息传播平台外，还开发了电商交易功能。

1.1.2.2 移动媒体

移动媒体在广义上是指用户使用手机、平板电脑、掌上电脑等数字移动终端，通过移动网络获取移动通信网络服务和互联网服务；在狭义上是指用户使用手机终端，通过移动网络浏览互联网站和手机网站，获取多媒体、定制信息等其他数据服务和信息服务。值得注意的是，有的研究者将车载移动电视、公交视频等交通工具上的视听媒体也纳入移动媒体的范畴，而按照本书编者的理解，这些媒体并不属于新媒体，因为它们无法与用户形成互动，缺乏新媒体传播的本质特征。

手机媒体是移动媒体的主流媒体，据中国互联网络信息中心（CNNIC）发布的第52次《中国互联网络发展状况统计报告》显示，截至2023年6月，我国网民规模达10.79亿人，较2022年12月增长1109万人，互联网普及率达76.4%。

可穿戴设备是新兴的移动媒体。可穿戴设备是指直接穿在身上，或是整合到用户的衣服或配件中的一种便携式设备。作为一种媒体，它不仅是一种硬件设备，而且是通过软件支持以及数据交互、云端交互来实现强大的功能。典型的产品有谷歌眼镜、苹果手表、咕咚手环等。可穿戴设备最直接的意义是解放了人类的双手，人与媒体的互动可以通过手动之外的语音命令、体感操作甚至眼睛眨动等方式进行。可以预见，可穿戴设备将对人类的感知模式产生前所未有的影响。可穿戴设备的重要价值在于通过对人类身体数据的实时监测与记录而构建“个人生态信息系统，将对维护人类的生命健康起到不可低估的作用”①。

1.1.2.3 数字化媒体

数字化媒体是指传统媒体通过数字化转型、改造和升级后形成的媒体。经过数字化变革之后这些传统媒体生成和具备了新媒体的基本特质——数字化和互动性。在媒

① 黄佳媛，张宏. 基于可穿戴设备构建个人生态信息系统的探讨[J]. 现代传播（中国传媒大学学报），2015，37(2)：139-142.

体行业大军中，数字化媒体是新媒体形态的重要构成方式，主要包括数字化报刊、数字化广播和数字化电视。以数字化电视为例，数字化电视是传统的电视媒体结合互联网的数字与 IP 特性之后的升级形态。换句话说，数字化电视是传统电视数字化与网络化转型的结果，因此它也是一个总体上的称谓。就目前而言，数字化电视主要包括数字电视（DVB）、交互式网络电视（IPTV）、互联网电视（OTTT）等形态。

数字化电视媒体代表了传统电视媒体在互联网技术和数字技术冲击之下的积极探索与转变，作为电视的新型发展形式，数字化电视媒体是以电视机为接收终端，向用户提供高质量、多媒体视听节目平台。较之传统电视媒体，数字化电视媒体更具有互动性；同时，其在功能上也超越了单纯的媒体，向着多功能的家庭生活信息平台转变，用户在数字化电视媒体上不仅可以自由点播观看节目，也可以查找房价、医疗等生活信息，还可以进行订票、购物等操作①。

1.1.3　新媒体的主要特征

人们普遍认同新媒体是在新技术支撑下出现的媒体形态。新媒体的“新”指的是“今日之新”，预示未来趋向。显然，相对传统媒体而言，新媒体的媒介形态更为多样、自由与灵活，更易于信息的获取、存储与传播，具有即时性、开放性、个性化、分众性、信息海量传播、检索便捷、融合性等传播属性。因此，只有对“新媒体”的特征进行辨析，才能对新媒体概念做出更准确的定义。

1.1.3.1　数字化

数字化是新媒体的本质特征。“新媒体”一词开始真正普及时，人类已经进入了计算机时代，这时人们将以数字化信息作为传播介质的媒体，称作“新媒体”。从技术层面上看，新媒体是基于网络互联技术和智能处理技术进步而产生的新的连接介质，通过计算机网络、无线通信网、卫星等渠道以及电脑、手机、数字电视机等终端，向用户提供信息和服务的传播形态。它是具有数字化特征的，而不是旧媒体利用新的技术的表现方式。例如报纸出版中的激光照排技术、电视编辑中的非线性编辑技术等，这些新的技术只是传统媒介技术的延伸，并不足以支持新媒体生态的产生，并不意味着传统媒体就变成了新媒体。

数字化新媒体能够匹配个人价值和需求，依据科学数据定制个人服务，“服务化、

---

①　谭辉煌，刘淑华．新编新媒体概论[M]．重庆：重庆大学出版社，2018：270.

垂直化、专业化、智能化、个性化将成为新媒体生态圈的主流旋律”①。同时，新媒体集合了文字、声音、图片、动画、视频等表现形式，可用一种或几种表现形式组合来进行传播，体现出新媒体数字化的丰富性。

1.1.3.2 互动性

互动性是新媒体的核心特征。与传统媒体最大的不同是，新媒体实现了类似于人际交流的双向信息传播模式，即互动性模式。大量的普通受众从单向被动地接受信息转而加入信息的生产加工和传输过程，个体的自主性得到极大的凸显，人们可以自主地实现与信息、他人、物体、服务的交互，每个人可以绕过其他充当中介的媒介渠道直接获取、传播信息，绕过中介性的服务直接实现自我服务、功能性实际服务需求的满足。

当把新媒体的传播者限定为个人时，他们就成了自媒体；当强调接收者变成基于社交网络的传播对象时，他们就成了社会化媒体。用户可以自行选择感兴趣的媒体平台，大数据也会根据用户的行为习惯分众传播、精准推送。因此，没有互动性的媒体不能称为新媒体，如楼宇媒体、车载电视等，只是新出现的旧媒体形态，缺乏新媒体互动性传播特征，不是用户主动性选择和互动性接收。

1.1.3.3 虚拟性

虚拟性是新媒体的显著特征。新媒体是虚拟与现实紧密结合的数字化的媒体，新媒体的虚拟信息传播不但包括信息本身的虚拟性，而且包括传播关系的虚拟性②。人们可以在虚拟社区中扮演各种虚拟角色，与其他人建立不同的关系网络。与你同处于互联网另一端的人，也许你不知道他的性别、年纪、身份等信息，但你们可以共享基于互联网的虚拟性营造出的情景世界，你们可以在互联网的两端一起聊天、学习等。同时，新媒体可以通过传感追踪技术、互动展示技术将虚拟与现实结合，利用链接中的数字化追踪，记录人的一切行为和物理场景，并使之转换为可利用、可理解的数据，智能终端收集处理数据，作为连接物与服务平台实现为人的个性化服务，最终实现人的数字化生存，将现实世界与网络世界的合二为一。

---

① 明均仁，操慧子，涂瑞德，等. 社会化媒体信息生态系统要素及结构研究——以图书馆微博为例[J]. 现代情报，2019，39(11)：128-136.

② 宫承波. 新媒体概论[M].3 版. 北京：中国广播电视出版社，2011：8.

1.1.3.4　融合性

融合性是新媒体的典型特征。美国麻省理工学院教授伊契尔·索勒·浦尔（Ithiel de Sola Pool）在他 1983 年发表的著作《自由的技术》中指出，“一个称为形态融合的过程正在使各种媒介之间的界限变得模糊……一种单一的媒介，无论它是电话线、电缆还是无线电波，将承载过去需要多种媒介才能承载的服务。另一方面，任何一种过去只能通过单一媒介提供的服务，例如广播、报纸、电话，现在都可以由多种媒介来提供。由此，过去在媒介与它所提供的服务之间存在的一对一的关系正在被侵蚀”。浦尔的表述被视作“媒介融合”的最早界定之一，由此看出，他所说的形态融合是新媒体在发展过程中的必然趋势。

新媒体在互联网的基础上，融合广播电视、电信、信息技术等产业力量，借助计算机、数字电视、智能手机等端口，在过去十余年间获得了迅猛发展。在媒体形态上，新媒体实现了大众传播、人际传播、群体传播、组织传播等的媒介融合。在技术层面，三网融合、新一代网络技术、新一代移动通信技术、智能终端、物联网、云计算等媒体相互交融、深层配合、协同创新，共同构成了新媒体发展的技术体系。在社会层面，新媒体是一种全新生存方式，它的出现改变了舆论生成方式和传播方式，改变了媒体格局和舆论生态，它以惊人的深度和广度影响着社会的各个层面和角落，个人身份、民主政治、精神生活、经济活动、婚恋交友、游戏休闲等无不在新媒体时代发生了革命性变化。

1.1.4　新媒体的表现形式

21 世纪初，新媒体进入高速发展期。随着互联网、移动互联网、物联网的兴起，新媒体将会扮演越来越重要的角色。从类别来看，新媒体有不同的命名，分别是“网络媒体”（传播介质角度）、“数字媒体”（传播技术角度）、“个人媒体”（自媒体角度）、“社交媒体”（社会化角度）及“移动媒体”（接收行为角度）。各媒体介质之间既有交叉也有融合，以图文、短视频、H5、动画等为代表的多元表达有效丰富了信息传播样态。下面，编者将以微博、微信、抖音为例，分析新媒体的特征属性和表现方式。

微博是基于用户关系的社交媒体平台，用户可以通过 PC、手机等多种终端接入，以文字、图片、视频等多媒体形式实现信息的即时分享、传播互动。微博的种类很多，包括新浪微博、腾讯微博、网易微博、搜狐微博等，目前特指新浪微博。微博具备投放精准、互动便捷等特征，能够让话题或事件以最有效和最低的成本快速地曝光。高校微博话题、超话等栏目式的运营方式为高校官方新媒体运营带来了显著的成效。

微信是腾讯公司推出的一个为智能终端提供即时通信服务的免费应用程序，支持跨通信运营商、跨操作系统平台通过网络快速发送免费（需消耗少量网络流量）语音短信、视频、图片和文字，也可以使用通过共享流媒体获取的资料和基于位置的社交插件。

由于微信定位于朋友之间的人际传播，所以传播范围相对较小，仅限微信朋友之间。与微博这种开放式社交平台的传播方式截然不同，微信具有准实名性、个人私密性、弱大众传播、强人际社交的传播特点。

抖音短视频是由今日头条孵化的一款音乐创意短视频社交软件，该软件于 2016 年上线，是一个面向全年龄的音乐短视频社交平台。用户可以通过这款软件选择歌曲，拍摄音乐短视频，形成自己的作品。平台还会根据用户的爱好来更新用户喜爱的视频。同时，抖音短视频 App 是一款社交类的软件，通过抖音短视频 App 可以分享你的生活，也可以在这里认识到更多的朋友，了解各种奇闻趣事。

下面以微信发展大事记（表 1.1）为例，帮助读者进一步理解新媒体的相关概念和特征。

表 1.1　微信发展大事记

2011 年 1 月 21 日	微信正式发行 1.0 测试版，具有即时通信、分析照片、更换头像等功能
2011 年 5 月 10 日	微信 2.0 版本新增语音对讲功能
2011 年 8 月	微信新增“查看附近的人”的陌生人交友功能，随后用户突破 1500 万
2011 年 10 月 1 日	微信 3.0 版本新增“摇一摇”和“漂流瓶”功能，支持繁体中文，并增加了中国香港、中国澳门、中国台湾，以及美国、日本五个地区用户绑定手机号
2012 年 4 月	微信 4.0 版本新增相册功能，用户可以把图片分享到朋友圈，并推出多种语言支持
2012 年 7 月	微信 4.2 版本新增视频聊天功能，并发布网页版微信
2012 年 8 月	微信公众平台上线
2012 年 9 月	微信 4.3 版本新增“摇一摇”传图功能，新增了语音搜索功能
2013 年 2 月	微信 4.5 版本新增支持实时对讲和多人实时语音聊天功能、对聊天记录进行搜索、保存和迁移，加入了语音提醒和根据对方发来的位置进行导航的功能
2013 年 8 月 5 日	上线微信支付功能，新增了表情商店和游戏中心，“扫一扫”功能全新升级。同月 15 日，微信的海外用户数超过 1 亿

续表 1.1

2013 年 10 月 13 日	微信 5.0 版本添加了表情商店和游戏中心，“扫一扫”功能全新升级
2013 年 12 月 31 日	微信新增绑定银行卡，绑定邮箱，分享信息到朋友圈等功能
2014 年 1 月 24 日	微信订阅号新增新定义菜单功能
2014 年 3 月	开放微信支付功能，并开放微信支付接口
2014 年 8 月 28 日	微支付公布“微信智慧生活”，以微信公众号+微信支付为基础
2014 年 9 月	微信企业号上线
2015 年 1 月 21 日	微信新增“附件栏发微信红包”“更换手机时，自定义表情不会丢失”“可以搜索朋友圈的内容和附近的餐馆”三大功能
2017 年 1 月 9 日	微信第一批小程序正式上线
2018 年 1 月 31 日	微信 6.62 版本支持两个账号一键切换登录，以及发现页管理功能
2018 年 2 月	微信全球用户月活数首次突破 10 亿大关
2018 年 5 月 11 日	微信公众号订阅号助手 iOS 版发布，可编辑图文、处理留言等
2018 年 6 月 4 日	微信下线了“朋友留言”功能，并发布“微信同声传译”插件
2018 年 8 月 7 日	剔除机器等非自然阅读带来的虚假公众号文章阅读量
2019 年 4 月 5 日	将公众号文章“赞”改为“在看”，其他用户能够在“发现”下的“看一看”中看见你的“在看”和相对应的文章，如果在被你标注为“好看”的文章中进行评论的互动，微信好友能够在“看一看”中收到通知
2020 年 1 月 22 日	腾讯公司官微正式宣布开启内测的平台。微信视频号开始在小范围进行内测。用户可以发布 1 分钟内的视频，或者 9 张以内的图片，依托单列信息流形式，入口仅次于发现页的二级菜单，“朋友圈”下方
2020 年 3 月	微信 7.0.12 版本上线，提供深色模式下使用微信的功能
2020 年 6 月	视频号进行了一次大规模的改版，首页分为关注、好友点赞、热门与附近四个入口，分别对应兴趣、社交分发、算法和地理位置推荐
2020 年 6 月 17 日	微信上线“拍一拍”功能
2020 年 6 月 29 日	微信公众号文章恢复“点赞”功能，新增“分享”按钮
2020 年 9 月 9 日	微信“搜一搜”推出“指尖搜索”功能，用户可以在对话框中长按选择文本，选择“搜一搜”，方便用户查询各种信息
2020 年 12 月	微信 7.0.20 版本上线，个人资料页新增“微信豆”。“微信豆”是用于支付微信内虚拟物品的道具，可以在视频号直播中购买虚拟礼物
2021 年 1 月 21 日	微信表情实现动态播放，上线了一系列新版表情。新增状态栏功能
2021 年 4 月 14 日	微信新增“公众号二维码一键转成公众号名片”功能

续表 1.1

2022 年 1 月	微信 8.0.17 版本上线，新增权限与信息相关内容，包含个人信息收集清单、第三方信息共享清单，新增隐私朋友权限，新增客服电话，新增看视频号时显示消息，新增聊天图片搜索，视频号和直播新增最小化按钮，视频通话新增界面变化，小程序新增个人信息与权限管理，新增语音继续播放，新增朗读文字消息功能
2022 年 4 月	微信 8.0.22 正式版发布，微信群公告新增添加图片功能，微信公众平台新增展示用户 IP 属地功能
2022 年 5 月	微信状态新增自定义表情、新邀请进群申请置顶功能，朋友圈转发功能被移除
2022 年 6 月 27 日	微信 8.0.24 版本上线，新增青少年模式支付限额，朋友圈点赞优化
2022 年 7 月 20 日	微信 8.0.26 版本上线，新增消息横幅功能，收藏分类功能，全屏输入功能，聊天记录备份迁移说明，优化消息强提醒功能
2023 年 1 月 6 日	微信 8.0.32 版本上线，新增通话悬浮窗消息功能，支持室内地图，可自定义时间清理存储，优化来电铃声页面
2023 年 7 月 9 日	微信 8.0.39 版本上线，新增朗读功能、随时听文功能
2023 年 8 月 8 日	新增朋友圈置顶重要消息功能
2023 年 9 月 1 日	微信文件撤回延长到了 3 小时
2023 年 10 月	微信更新聊天消息提示功能
2023 年 10 月 31 日	微信 8.0.43 版本上线，新增换行按钮功能
2023 年 12 月 26 日	微信 8.0.45 版本上线，改进文件发送页面、改进音频播放页面，新增小程序个性化推荐，新增开启自动翻译，优化多人通话功能

陈力丹教授说：“Web3.0 的技术特征是万物感知和智慧控制，物质世界与人类社会的全方位信息交互，人与物质世界的连接。人与人的交往仅是信息交流的组成部分，而人与物质世界的交流将成为信息交流中非常丰富的一部分。”①从微信发展大事记来看，微信是 Web3.0 的时代产物。从传播内容上看，微信具备新媒体数字技术、交互传播、虚拟融合等显著特征。从传播模式上看，微信具备自媒体传播与群体传播的表现形式。尤其是近两年陆续推出的微信“搜一搜”、小程序、视频号、微信支付、企业微信等功能，正以惊人的深度和广度影响着社会的各个层面和角落，影响着人们的生活。

综合以上来看，新媒体的概念经历了一定的演变过程，在不同的时代背景下，其指向特征和表现形式也会有差别。编者认为，对新媒体的定义不能单一地界定，应从

① 陈力丹. 新媒体的发展趋势与悖论[N]. 人民日报，2015-10-11(005).

多角度、多维度综合定义。

编者认为，新媒体作为媒体的一员，是 20 世纪中后期以计算机发明和网络技术为支撑体系出现的，以满足受众“需要”为根本目的，利用数字技术并通过各类终端向用户提供信息和服务的传播形态，推动着人们的生活以及个人思维、生活习惯、社会交往和社会结构的变化的数字化传播互动融合性媒体，包括“网络媒体”“数字媒体”“个人媒体”“社交媒体”及“移动媒体”等。

1.2　高校新媒体的相关概念

1.2.1　高校新媒体的范畴

高校新媒体是指以单位（学校或校内各单位）或在籍在册师生员工个人名义建立、认证并作为单位信息平台运行的新媒体平台，包括微博、微信、微视频、网络视频直播账号、QQ 公众平台、数字出版物以及其他 App 移动客户端等①。

伴随着互联网的蓬勃发展，微博、微信、抖音等移动互联网平台越来越受到青年大学生的追捧，成为他们获取信息、传递思想、探讨观点、认知社会的主要渠道。

高校作为立德树人和意识形态的前沿阵地，肩负着为党育人、为国育才的重要使命，肩负着弘扬主旋律、传播正能量、构筑清朗网络空间的重大任务。高校新媒体作为高校综合建设不可或缺的部分，在推动大学文化传承和创新、优化育人生态、引领思想主流、展示学校宣传等方面发挥重要作用。

近年来，高校新媒体平台层出不穷，但很多都是一味追求平台数量多、传播速度快，而缺乏对新媒体的清晰定位和流程的严格把关，使得信息同质化、低俗化等问题屡见不鲜。因此，在高校新媒体的运营中，明确定位、摸清本质，探寻出一套成效显著的运营模式尤为重要。

1.2.2　高校新媒体的定位

在新媒体运营过程中，定位就像打地基，在新媒体运营之前和初期就要有一个基本定位，定位越清晰，运营就会越主动、越有效，可以避免运营中的盲目性。新媒体从用户群体、提供的服务、平台运营角度，可将定位分解为三方面内容：用户定位、平台定位、内容定位。

---

① 杨乾坤. 高校新媒体运营与创新[M]. 合肥：中国科学技术大学出版社，2021：9.

1.2.2.1 用户定位

用户定位是定位环节中最重要的环节，这直接取决于后面如何运营好这个平台，只有先了解用户群体的需求，才能按需取材并提供他们想要的信息。例如，高校官方新媒体的用户群体有本校师生、毕业校友、想要报考本校的学生及家长、关注本校发展的社会公众等，高校团委新媒体的服务用户则是青年学生、团学组织、关心学校团学发展的校友及社会公众等。这里既有交集也有并集，学校可针对不同目标用户群体特征进行分析，将收集的用户信息分类整理、明确定位，并全方位画像。

1.2.2.2 内容定位

无论是哪个时代，何种媒体，优质内容始终都是提高竞争力的核心。当我们把重要的用户群体确定后，接下来就要确定为用户提供什么样的服务内容了。高校作为大学立德树人的前沿阵地，在内容发布上有着自身特点。高校要努力发挥新媒体平台传播速度快、受众范围广的优势，将其作为管理师生、服务师生的有效手段。同时，要充分认识到新媒体平台也存在个体差异，要有教无类，也要因材施教，才能取得好的宣教效果。

1.2.2.3 平台定位

对于高校新媒体来说，用户类型和平台所在的单位属性也可决定平台定位。例如，高校官方新媒体平台侧重围绕学校党政工作，全方位打造学校特色；团委新媒体平台定位侧重引领青年责任、凝聚青年力量等。明确定位后，根据各自平台特色，有选取、有侧重地进行内容发布。同时，为平台取一个朗朗上口且能体现校园文化内涵的新媒体昵称和设计一个形象，是吸引用户注意的第一步。通过平台形象创造与用户之间轻松、活跃的对话环境和沟通方式，有利于获得用户的好感。

1.2.3 高校新媒体运营流程和策略

新媒体运营是通过现代化移动互联网手段，策划优质、具有高度传播性的内容和线上活动，向用户广泛或者精准推送消息，达到提高用户参与度和媒体知名度的目的。这样的特征和属性决定了高校新媒体运营相比于传统媒体，有着不同的原则和思维方式。编者结合工作实践，梳理出以下四大原则和六大策略。四大原则，即坚持党性第一原则、教育性原则、正面宣传原则、监管审查原则。六大策略，即团队建设、用户思维、内容为王、品牌打造、制度创新、整合运营，来实现高校新媒体宣传教育和舆论引导的有机统一。

1.2.3.1　坚持“四原则”

（1）党性第一原则

高校作为立德树人和意识形态工作前沿阵地，肩负着培养担当民族复兴时代新人的重任。当前，互联网成为大学生收集传播信息、培育传承思想、塑造思维方式的主要渠道，这就要求高校新媒体坚持党性第一原则，坚持以马克思主义思想为指导，全面贯彻落实党的教育方针，坚持用主流舆论、主流文化、主流价值主导校园网络空间，推动互联网转化为育人效果的最大增量。同时，高校要充分利用新媒体平台优势，用师生喜闻乐见的语言，培育和弘扬社会主义核心价值观，构造广大师生的“精神共同体”，把党的主张转化为高校师生的自觉行动。

（2）教育性原则

高校是培育优秀人才的沃土，高校新媒体运营要坚持教育学原则，以现阶段教育主导性为主要方向，以师生为本，遵循教书育人规律和学生成长规律，巧借新媒体的参与性、互动性，推动传统教育优势与信息技术高度融合，在传播供给侧运用“新媒体+”的思维推动教育内容、教育载体、教育形式创新，不断激发师生的潜在需求，激发师生学习的主动性、自觉性。同时，要从组织管理、建设内容以及思想方针各个方面着手，创新宣传教育方法，运用学生们易于接受的方式，营造校园舆论氛围，实现宣传教育目的。

（3）正面宣传原则

高校宣传工作要能够积极地弘扬正能量，产生正面的社会效果，营造积极的校园文化环境，这就要求高校新媒体平台围绕社会主义核心价值观和高校教育、科研等工作开展积极、正面的宣传工作，发挥出高校宣传工作在校园中的舆论支持作用。新媒体上出现的有关学校的负面信息，学校方面要及时地关注并做出回应，尤其是对学校发展极为不利的舆论要第一时间调查清楚，及时处理好，使全体师生和社会大众认清事情真相，避免出现影响学校声誉的事件。在发挥宣传部门新媒体宣传作用的基础上，还要发动全校各部门新媒体平台积极参与，运用全方位的宣传手段，构建全员参与的宣传局面，鼓励师生人人争做宣传员，协调各部门单位积极参与宣传工作，建立高校新媒体正面宣传格局。

（4）监管审查原则

高校在建设新媒体平台时，要严格遵循法律法规，结合学校的规章制度，健全新媒体建设管理机制。高校新媒体由校党委宣传部领导，各级新媒体平台要明确责任人，负责本级新媒体建设工作和内容审核，在运营期间，明确谁运营、谁负责，谁发布、谁审核。高校还要做好新媒体日常督查和年度审核工作，针对个人及其他部门，若开设新媒体账号，要严格检查，在通过校党委的审核后，做好备案工作。例如，武汉理工大学新媒体平台，采取统一监督、分级管理的形式（如微信公众号、微博、抖音等归属一级，交由党委宣传部监管）。各部门的官方账号与其他平台归属二级，交由各部门负责人监管，党委宣传部定期组织全校新媒体运营人员开展新媒体学习、技术培训、协调监督、考核审查等工作，针对突发事件建立应急制度。如果校内出现不良事件，为避免舆论持续发酵，要及时处置不良信息，加强新媒体对正能量与主旋律的弘扬，合理把控舆论导向。当高校发生舆情危机时，各级新媒体平台要严格遵守学校统一部署，如武汉理工大学党委宣传部针对日常舆情事件，会第一时间给相关部门发送舆情处置函，并通过定期抽查审核、年终审查、责令整改方式，严格监管审查。

1.2.3.2 打好“六策略”组合拳

（1）团队建设

打造一件优秀的新媒体作品离不开一支强有力的新媒体团队支撑。大部分高校新媒体运营由高校行政机关职员和学生记者团队构成，承担了高校新闻宣传的主要工作。现阶段，高校新媒体的建设和运营过程中存在专职队伍结构断层、年龄老化、学生团队不稳定等问题，因此，完善自身团队建设，提高专业化水平，能够为高校宣传工作提供支持和保障。

在团队建设方面，高校应当针对宣传队伍开展系统、专业的培训，加强培养新媒体平台管理者的政治敏锐性和扎实的思想理论水平，有针对性地学习新媒体背景下高校新闻宣传的先进理念，切实发挥高校新媒体对校内外师生的思想引领和舆论引导作用。同时，高校党委宣传部可定期邀请媒体记者或新媒体专业讲师，持续提升校内媒体团队的新闻采编能力、摄影技术与图像处理能力，提高其掌握微信、微博等先进的新媒体管理和应用技术，保障高校新媒体平台内容的专业性和质量，从而达到最佳育人效果。

专业的学生团队能在高校新媒体运营中起到很大作用，但在学生参与的高校新媒体工作中，学生流动性大、换届等问题让工作的沟通、交接都存在一定的难度。因此，加强团队建设，提高宣传团队的行动力和凝聚力，才能更好地服务于高校宣传工作。同时，可结合学生能力，采取激励政策，通过推优入党、评优表彰等方式，全力支持参与新媒体运营工作的学生，鼓励其发挥个人潜能，助力高校新媒体建设和高校新闻宣传工作高质量发展。

（2）用户思维

用户思维是高校新媒体运营的核心，也是区别于传统媒体的重要环节。在新媒体的传播环境中，受传者与传播者之间能够进行实时互动与反馈，这为传播者评估传播效果、及时更改传播策略提供了便利。因此，高校新媒体运营应当转变思维，以用户需求为出发点，从单一的信息分发向服务受众转变。高校新媒体官方账号应当利用好评论区、私信等与受众联络互通的功能，倾听受众声音，及时获取受众反馈，从而提供更加契合受众期望的内容。

青年学生在高校宣传工作受众中占据较大比重，因此，高校新媒体平台也应当结合当下热点与师生群体的阅读习惯进行内容和宣传方式的调整，以受众喜闻乐见的形式达到宣传互动效果。

高校官方新媒体平台的传播模式属于分众化传播，这需要传播者根据受众的差异与个性化需求，提供特定的信息和服务。高校在宣传过程中应当明确受众群体，为不同平台、主体的账号确定定位，从而实现更加高效的传播。

（3）内容为王

内容是新媒体建设与运营的基石，高校新媒体是否能够受到广大师生的喜爱和关注，是否能够正确发挥其舆论导向功能，主要是看其内容的质量好坏。现有的新媒体平台、新媒体作品排行榜指标体系过于看重数据，缺少对内容思想性的考核，这给各高校新媒体运营者带来了困境。面对新媒体新形势、新变化、新特点，高校新媒体应因事而化、因时而进、因势而新，遵循新媒体工作规律，从单一的消息发布转变为高质量、专业化的内容生产，提升用户黏度。

高校新媒体平台要充分利用学校校庆等重大活动，围绕高校改革发展中的热点重点难点，做好权威发布和政策解读的工作，提升新媒体平台的公信度，为大学和师生、社会公众铺好路、架好桥，可围绕校园发展进程、榜样师生等热点话题，增强内容吸引力与感染力，打造流量、口碑双提升的多赢局面。在发布形式上，由单一的文稿、图片转变为海报、漫画、H5、短视频等丰富的形式，推送思想性和吸引力高度融合的新媒体作品，大力弘扬主旋律，在校内与社会上传播正能量，形成良好的高校形象。

（4）品牌打造

随着内容发布门槛降低，造成新媒体平台中内容数量的急速增长。高校官方宣传媒体要想从中脱颖而出，就要摆脱求数量、轻质量的观念，要高度重视栏目建设，筑牢精品意识，打造平台品牌。

高校新媒体平台要立足学校的办学定位、人才培养目标，有针对性地设置相关栏目。高校各二级学院学生管理科要根据院系的专业特点，坚持以人才培养方向为导向，建设一批学生喜闻乐见的精品栏目。在充分认识新媒体平台功能定位的基础上，将新媒体平台分为思想引领、校园生活、文化传播、生活服务等栏目。例如，在官方微博平台中，许多高校官方微博选择建立并运营话题和超级话题，来作为新媒体内容发布的固定栏目，对部分具有相关性的内容进行整合和系列推送，从而凝聚受众关注度。高校官方宣传平台也可以选择合适的方式加以利用，如官方微博中的转发抽奖活动，武汉理工大学新媒体平台将具有本校特色的文创产品作为奖品，在学校重大纪念日和传统节日进行转发抽奖，在增加平台热度的同时也成功地宣传了校园特色。

高校要强化精品意识，要将新媒体工作放在社会发展和时代进步中去思考、去谋划，充分发掘学校的光辉历史和优良传统，做到讲好高校故事和传播大学精神相结合，弘扬传统和发扬时代精神相结合，使大学更好地融入时代发展的历史洪流，打造出一批有思想、有情怀、有新意、有价值、有生命力的新媒体作品。

（5）制度创新

新媒体传播已经进入移动优先的新阶段，要强化高校新媒体运营，创新是最重要的引擎，而制度则是有力保障。高校要不断完善创新联席、审核发布、奖惩以及舆情应对等制度，逐步打破校园媒体单一的业务划分，加速推进深度融合，联合深耕优质内容，才能让主流声音始终占据校园舆论的制高点。

运营团队要定期举办编前会，通过数据调查和头脑风暴形式对应季选题和热点选题进行策划，分工协作。同时对校内人才进行整合，使新媒体内容中的图片、文字的排版能够统一布局。在审核发布时，加强新媒体意识形态和审核机制的监控，建立一套高效、科学的审核流程。针对现阶段网络舆情泛滥现象，要建立监控舆情体系，对不良信息进行过滤。同时培养网络评论骨干，让高校师生敢于发声、积极发声，正面引导，营造良好的舆论导向。可以挖掘高校在新闻传播学科上独特的资源优势，适当采用专职与兼职混合的工作用人制度，确保新闻管理队伍的稳定性。由学生充当新闻宣传的主力军，同时将相关专业的教学实验设备在业余时间投入高校新闻宣传的硬件支持上，既有效解决了结构性缺员和硬件配备短缺的难题，又为专业院系学生提供了教育实践平台。

（6）整合运营

高校开展新媒体建设时，要立足宏观角度，构建合理宣传局面，优化宣传格局。在高校新媒体的建设和运营过程中，要强化全校一盘棋意识，推动形成学校顶层设计，统筹好校院两级新媒体平台，打造以官方新媒体为龙头，整体协同、响应迅速的新媒体矩阵体系，建设更加权威的信息发布和解读回应的平台、更加便捷的互动和服务平台。由校党委带头组织，联合高校各部门或学院、学生组织，打造健全的协作平台，通过整合各方资源，构建新媒体矩阵，关注高校发展方向与大学生成长需求，形成联动宣传模式。

现阶段，高校新媒体平台种类繁多，各平台在具备相同特征的同时又各具特色，在传播信息时，这些方式需要融合在一起，才能形成全方位覆盖的宣传格局，提升新媒体传播信息的效率。因此，高校需要构建融合型媒介矩阵，整合学校官方新媒体平台应用，联动学校各部门及二级单位新媒体平台，如武汉理工大学成立融媒体中心，从内设机构、人员配置到平台运营进行资源整合，充分发挥新媒体平台合力，形成“策、采、编、发、校”的整合格局，提高新媒体宣传效力，创作出更多优秀新媒体作品，满足校内师生、校友、意向报考群体及社会各界人士的关注需求。

1.2.4　巧妙利用新媒体的即时性和高校工作的周期性

1.2.4.1　选题策划是基础

优秀的选题策划是新媒体作品成功的基础，新媒体有其自身特性，高校新闻宣传工作也有明显的周期性，选题策划工作并非无章可循。因此，巧妙利用新媒体的及时性和高校工作周期性，从选题特征、选题内容、选题形式出发，围绕新媒体产品创作构思，会达到事半功倍的效果。

那么，高校该如何精心策划新媒体的选题呢？高校作为立德树人和意识形态工作的主阵地，高校新闻宣传工作要立足国家战略，关注国家政策，做讲政治的好新闻。高校新媒体从业者在选题策划、制作新闻的过程中，要按照国家不同时期的工作重点，根据新闻价值和社会效果设置报道议题，通过主题报道、典型报道、成就报道等，鼓舞师生士气，凝聚精神共识。

高校的主体是广大师生，高校新闻工作要立足师生，贴近高校实际，做接地气的好新闻。高校新媒体从业者要树立以师生为中心的理念，通过新闻的独特视角，主动讲好校园师生寻梦追梦圆梦的平凡故事，传承大学精神，勇担社会责任。

新媒体具备多样性的特征属性，高校新媒体工作注重表现形式的策划，推进技术与内容的完美融合。形式从某种意义上讲也是内容，选题策划要注意运用青年学生耳熟能详的语言、乐于接受和喜闻乐见的形式，鼓励他们积极参与互动，进而达到入脑入心的效果。

1.2.4.2　高校新媒体时间轴是支撑

遵循高校宣传工作周期性和新媒体即时性等规律，在新媒体运营过程中，可以通过创建“周期轴”，制定“热点轴”，穿插“爆点轴”等形式，让新媒体运营做到有计划、抓热点、避难点，提高选题构思效率，保证高校新媒体运营工作有条不紊地持续进行。

（1）创建周期轴

高校新媒体周期轴是高校新媒体时间轴的主体轴，指与时间节点有强烈关系的新媒体选题，包括选题关键词和写作创意思路，可包括以下四类。

第一类是传播主旋律、好故事。借助新媒体平台，围绕“四史”教育、党史学习教育、建党100周年等，多角度呈现学校宣传贯彻习近平新时代中国特色社会主义思想，增强广大高校教师政治素养和政治意识，让党的声音传播得更广、更有价值。运用新媒体丰富的创作手法，善于讲好中国共产党治国理政的故事和中华民族伟大复兴中国梦的故事，引领师生深刻认识高校与中国梦、个人与中国梦的内在联系，增强师生将个人发展与国家和民族的前途命运紧密联系在一起的自觉性，引导师生进行“四史”教育，培育爱国热情。讲好大学经典故事，把大学校训、大学精神作为故事的骨架和传承社会主义核心价值观的鲜活载体，把师生熟悉的名人轶事和贴近师生的“典型事迹”作为故事，不断增强师生对社会主义核心价值观的情感认同、理论认同和行动认同，引导师生做社会主义核心价值观的坚定信仰者、积极传播者和模范践行者。

第二类是高校重要节点。如校庆、校运会、开学典礼、毕业典礼、教师节、毕业季、招生季、迎新季、招新季、考试周、研究生考试、暑期社会实践等，通过重要时间点，来吸引师生关注，传播高校校园文化，凝聚师生力量。

第三类是大学生相关节点。如五四青年节、大学生心理健康日、五一国际劳动节、高考、英语四六级考试、植树节、雷锋月、中国人民抗日战争胜利纪念日、网络安全月、国庆节、世界艾滋病日、国际志愿者日、元旦等。结合与大学生生活息息相关的重要节点，通过新媒体平台加强宣传互动，不断增强师生的“四个自信”和文化认同。

第四类是中国传统节日。丰富多样的中国传统节日是中华民族悠久历史文化的重要组成部分，如除夕、春节、元宵节、清明节、端午节、七夕节、中秋节、重阳节等。传统节日的设置体现了中华民族对自然的认识和尊重，蕴含着厚重的历史与人文情怀，拥有丰富的文化内涵和精神核心。高校通过多种多样的形式，向师生传递中华民族传统节日表达的中华民族价值和思想。

（2）制定热点轴

“追热点”是新媒体选题的最大特点，高校新媒体时间轴之热点轴指校内热点事件或者青年大学生密切关注的网络热点事件、校园新变化，具体的信息来源可关注学校贴吧热议内容及知乎热榜、微博热搜、百度热榜、微信热文（排行榜）等榜单。

热点轴选题对时效性要求最高，有些选题热度稍纵即逝。“追热点”最大的技术要点就是一个字——快。这就要求高校新媒体运营人员要善于制造“热点”，通过主题活动策划、热点议程设置来实现。新媒体运营中，高校新媒体选题要尽量与“热点”结合，善于挖掘切入视角，正面引领青年思想，达到与时代共振的效果。

（3）穿插爆点轴

爆点，即引爆点，就是引起事物全面流行、全面爆发的那个极具戏剧性的点。高校新媒体时间轴之爆点轴指高校新媒体运营中容易引起粉丝关注的话题，有些爆点具有较强的时效性，对推送时间要求较高；有些爆点为长效爆点，即无论何时推送都能够引发关注，不受时间的限制，但他们具有很强的传播爆发力，这就要求新媒体运营人员要关注受众数据，根据“粉丝画像”调整运营策略。

常见的“爆点”有办学特色、教育情怀类、突出荣誉类、杰出校友类、创意美景类、实用信息类、校园美食类、锐评曝光类等。高校新媒体工作人员要在大量数据分析总结基础上，提高创新意识、内容意识、热点意识、互动意识，打造传播广、点击量高、口碑好的爆点轴，作为高校新媒体时间轴之周期轴的有效补充。

高校新媒体时间轴更是一种思维，要在日常的运营过程中坚持“新选题快做、老选题深做”的原则，持续更新迭代，打造选题智库。在确定选题之后，还需要考虑构思创意、布局结构、文章风格等，能够极大增强内容的传播力，尤其是在高校，新的传播技术、传播手段更容易受到青年学生的青睐，从而达到最佳育人效果。

第 2 章　高校新媒体的内容采集

高校新媒体包括微博、微信、微视频、网络视频直播账号、QQ 公众平台、数字出版物以及其他 App 移动客户端。内容是新媒体建设与运营的基石，高校新媒体能否受到广大师生的喜爱和关注，正确发挥其舆论导向功能，主要是看其内容质量的好坏。面对新媒体新形势、新变化、新特点，高校新媒体应因事而化、因时而进、因势而新，遵循新媒体工作规律，从单一的消息发布转变为高质量、专业化的内容生产，提升用户黏度。

高校新媒体平台要充分利用学校校庆等重大活动，围绕高校改革发展中的热点、重点和难点，做好权威发布和政策解读的工作，提升新媒体平台的公信度，为大学和师生、社会公众铺好路、架好桥，可围绕校园发展进程、榜样师生等热点话题，增强内容吸引力与感染力，打造流量、口碑双提升的多赢局面。在发布形式上，由单一的文稿、图片转变为海报、漫画、H5、短视频等多种丰富的形式，推送思想性和吸引力高度融合的新媒体作品，大力弘扬主旋律，在校内与社会上传播正能量，形成良好的高校形象。

视频和直播都是“新媒体+传统媒体”的形式，两种形式都是鲜活的媒体形式，传播力比传统文字、图片更强。优秀的新媒体内容离不开采编人员的辛苦工作。那么高校新媒体团队的采编人员需要具有哪些特征呢?

（1）善于沟通

卡耐基有过关于“沟通”的名言：“如果你是对的，就要试着温和地、技巧地让对方同意你；如果你错了，就要迅速而热忱地承认。这要比为自己争辩有效和有趣得多。”沟通是一种能力。采编人员在新媒体采编过程中需要不断与人沟通，才能将融媒体项目的采编工作顺利完成。

（2）群众性强

《解放日报》在题为《致读者》的改版社论中，明确提出新闻工作的群众性原则，其中写道：“密切地与群众联系、反映群众的情绪、生活需求和要求，记载他们的可歌可泣的英勇奋斗的事迹，反映他们身受的苦难和惨痛，传达他们的意见和呼声。报纸的任务：不仅要充实群众的知识，扩大他们的眼界，启发他们的觉悟，教导他们，组织他们，而且要成为他们的反映者、喉舌，与他们共患难的朋友。”群众性对采编人员要求较高，需要采编人员为师生“发声”，关心人民“意见”，给人民提供“渠道”。采编人员还要掌握一定的采编技巧，并且在自己的采编资源中找到更多与采编内容相关的线索。

（3）以先进的技术支撑新媒体采编

采编人员必须以先进的技术力量为重要抓手，把技术力量的培育放在与内容建设同等重要的位置，从技术上打破现有的传统新闻采编流程，实现传统采编系统与新媒体平台的无缝对接，搭建新媒体采编平台，所有新闻线索统一提交到数字采编系统，由各采访专线值班主任分派线索，发布采访指令。重大新闻线索由值班总编辑统一调度多部门、多条专线协同行动，摄影、摄像记者以及新媒体采编人员适时配合，从而逐步实现对采编人员的扁平化管理，使每条原创新闻都能在第一时间找到最适合发布的媒体平台。

（4）提前做好采访准备

采编通常会通过采访被访者的方式进行采稿，在采访被访者之前，采编要进行充分的准备，甚至需要列出问题采访清单。俗话说“不打无准备的仗”，只要提前做好了访问准备，采编基本都能顺利完成采访。

（5）抓大放小

许多没有经验的采编，往往会“眉毛胡子一把抓”，想尽一切办法“扫光”所有可以采稿的新闻事件。事实上，这种做法非常耗费精力，甚至会“捡了芝麻，丢了西瓜”。有经验的采编总会选择抓大放小的采编模式，采集更加重要的、值得报道的新闻选题，然后用心经营，用心策划。

（6）学会引起关注

当今时代也是一个“注意力时代”，一名编辑想要创作出好的作品，需要对新闻媒体稿件进行包装。有人问：“采编人员也要这样做吗？”对于采编人员而言，他们需要从林林总总、各式各样的新闻事件中找到并截取出容易制造“轰动”的片段，然后进行二次加工，形成一篇篇吸引大众关注和具备社会价值的采编稿件。通常来讲，这样的采编稿件更加具有“轰动效应”，而且也容易让其他内容编辑发挥自己的才华和想象，制作出更加有特色的新媒体产品。

（7）丰富采编形式

采编的形式多种多样，尤其是融媒体时代，采编人员还要学会并掌握各种采编技术，能够从各种媒体渠道找到具有采编价值的媒体内容，再加以处理。采编也需要掌握一些新的处理技巧，如将文字提炼并制成图片，把图片制作成视频……总之，丰富采编形式和手段，也是一种融媒体内容采编技巧。

（8）多走动加深访问

当今时代是一个信息时代，但是所有的信息并非都在网络上。新媒体采编团队要多深入师生一线，多出去走动，搜寻采稿灵感，把最贴近企业的新闻稿件采集到手。

2.1 文字信息的采集

“文案”一词最初的意思是指用于放书的桌子，后来泛指在桌子上写字的人。现在所说的文案就是用文字、图片以及视频等内容来表现创意，也指从事文字相关工作的人。文案狭义上指的是文案标题、正文和口号的撰写；广义上指的是包括文案狭义的概念、文字外的图片以及品牌形象的选择。

从文案传播作用的角度来分类，常见的文案种类包含以下 3 大类：

（1）推广类文案

新媒体文案在推广优化上的效果是不同凡响的，一个优质的文案不仅能起到不错的宣传推广作用，还能通过一传十、十传百的传播，为运营者带来较为可观的流量。

（2）公关类文案

公关类文案是指有助于账号主体处理好内外公关关系，以及向公众传达企业各类信息的文案。公关类文案可以分为公关文案与新闻文案。其中，公关文案就是通过培养良好公众关系来帮助账号主体塑造良好的形象，一旦企业发生口碑危机，可以在第一时间通过公关类文案来进行公关，维护主体的良好形象，避免对主体造成负面影响。

（3）品牌力文案

品牌力文案指有助于品牌建设、累积品牌资产的文案。品牌力文案一般由账号主体主导，可以自己撰写，也可以找人代写，撰写的角度须有利于提升品牌知名度、美誉度和吸引力。品牌力离不开故事推广，甚至故事推广决定了品牌力。一个广告的优劣取决于文案内容的好坏，一个品牌的传播离不开它的品牌价值，而讲故事又是传达品牌价值的一种重要方式。因此，在新媒体文案创作的过程中，创作者要通过故事去传播品牌，传承品牌价值，从而打造传奇品牌。

在众多的网络推广方式中，文案以可看性强、流通性广以及效果持久等特点广受追捧。文案的作用主要包括以下 3 点：

（1）提高关注度

同一时间段发布大量文案，可以很快地使推广的内容获得广泛的关注。这一点对于主体的宣传推广来说特别重要。

（2）增强信任感

通过新媒体平台进行宣传，最主要的一个目的就是增强用户对运营者的信任。因此，运营者在文案的创作过程中，可以宣传主体形象、专业的领域，尤其是运用敏锐的洞察力去解决用户的实际问题，增强用户对运营者的信任感。并且，如果文案的内容和用户切身相关，能为用户提供实际的、有建设性的帮助和建议，那么文案就能更好地说服用户，让用户对运营者多一份信任感。

（3）传播价值观

新媒体文案不同于广告，这主要是因为文案在很大程度上带有个人的分析，而不只是将内容广而告之，这个就属于价值观的一种表达。在新媒体文案中不仅可以表达观点，而且可以宣传主体形象，引导用户关注。

2.1.1　优秀文案的底层逻辑

对于可以称之为“优秀”的文案而言，必须具备以下三个要素：感知价值、情绪波动和理性说服①。

所谓“感知价值”，通俗来说，就是让读者感觉到文章存在的价值。作为高校的新媒体账号，其价值在于三个方面，即教育引导、通知公告和文化宣传，其中最主要的价值在于教育引导。教育引导价值是指通过账号发布的内容对读者和粉丝进行思想、纪律、学习、科学、技能等方面的教育和引导，提升其各方面的知识和本领，提高其思想觉悟和能力。作为高校官方媒体，在思想教育方面应当发挥好正面积极的思想引领作用。通知公告价值是指对于学校的工作安排，在官方媒体上进行编辑转发，传达学校指令，保证信息全覆盖，读者和粉丝可以第一时间接收到通知。文化宣传价值是指对于学校的文化活动、思想价值观用新媒体方式转化并表达出来，让读者在潜移默化中接受到学校的思想文化。

所谓“情绪波动”是指读者和粉丝在阅读文章时，通过对文字的感知，可以激起情绪上的波澜，与作者产生共鸣，即喜、怒、忧、悲、恐、惊。情绪波动是实现新媒体账号运营目标的第一步，首先要让读者感受到作者想要表达的情绪，才能进一步传达观点。

所谓“理性说服”，一般来说主要有几种文案写法可以很容易在理性上说服读者。首先是历史经验。比如，罗振宇为了证明大城市的见识对人很重要，就讲了戴宗给蔡

① 王平钢. 3 个关键词，剖析文案写作的底层逻辑［EB/OL］.（2019-05-25）［2023-12-16］. https://mp.weixin.qq.com/s/e2pzRQIj2waF8MP-MVhEbg.

九知府的老爸蔡京送信的故事。其次是权威背书。如果你说“这本书讲得特别好”，读者不一定相信，但是如果你改为“扎克伯格读这本书研究人性，这是他今年读过的六本书之一”，效果会好很多。接着是公认的事实（精准的数据+大量细节描述）和深入的解读。例如，写个广告文案，只说这款珍珠皂特别好，读者肯定无感，但如果写成“这款珍珠皂的泡沫像奶油一样，绵密细腻有弹性，拿起泡网轻轻一搓，手上立刻就是满满一大坨，Q弹厚实的程度都可以拿来凹造型。这些泡沫直径细小到只有0.01毫米，要知道人的毛孔直径是0.02毫米到0.05毫米，所以它能够深入毛孔里面，把皮肤里的脏东西全部带走，美白保湿成分又能够充分作用在肌肤上”，这种效果肯定很好。最后，科学依据、数据图表等也会让文案更具说服力。

2.1.2 优秀文案的创作方法

2.1.2.1 多看、建优秀标题文案库①

优秀的新闻作品既受新闻内容本身撰写水平的制约，又受其实际传播效果的影响，在整个过程中，新闻标题起着至关重要的作用。对于一篇完整的文章而言，标题就像衣着，干净清爽的衣着会对他人自然形成一种吸引力。一个合格的标题可以让读者眼前一亮，让文章在众多文案中脱颖而出。

以《人民日报》官方公众号为例，从以下几个方面来阐释如何写好一个引人入胜的标题。

第一，运用具有鲜明色彩的词。高校新媒体在传播信息的同时还具有引导舆论的重要作用，因此在制作标题时，若要表明对内容的态度立场，就必须运用感情色彩鲜明的词明确表达，如“血性豪情！你可以永远相信人民解放军”，立场鲜明，情感浓厚，读者看到标题就会不自觉地对解放军产生崇拜之情。

第二，运用指代意义不明确的词。一方面，可使语言的运用具有灵活性；另一方面，也可给读者留白。例如，“快看！中国大陆首次记录到它”，其中的“它”会引发读者的想象，到底是什么在中国大陆上首次出现，文章也通过围绕“它”来展开；又如“这份珍贵的文件，首次对外公布！”中的“这份文件”指代意义不明，留给读者想象的空间，到底是怎样一份文件值得被如此重视；再如“见到此人，请立即报警→”中的“此人”没有在标题中具体解释，但读者一看到这种标题就会立刻警觉。

第三，运用具有特定内涵的词。例如，“路遇一位吃力的‘山城棒棒’，父女来

① 陶瑷丽. 优秀新闻标题的语言特点[J]. 湖南大学学报(社会科学版), 2020, 34(3):154-160.

了一场感人的现场教学”。“山城棒棒”被用来指代重庆的搬运工作者，“山城棒棒”这个词就会让人联想到辛苦的劳动人民，通过这个词来引出后面的“现场教学”会令人更加动容；又如“‘扭扭车’男孩被这所大学录取，还有一个决定”中，“‘扭扭车’男孩”名为张亮，他因为身患“脆骨症”失去了独立行走的能力，却自强不息而为公众熟知，“‘扭扭车’男孩”已经成为张亮的代名词，标题用这个词比用其本名更为显眼！

第四，运用流行词语。流行词语既动态地反映了人们的生活状况，又是语言发展的风向标。如“这背景假吗？因为一句话，小伙把这里推广到了全国”，“这背景假吗”被新疆一个 1997 年出生的小伙子带火，用这句话做标题，既引起了读者对“这里”的好奇心，又增添了趣味性。

第五，运用成语。新闻语言介于口语与书面语之间，一方面，为了读者能充分理解并接受，语言偏口语化；另一方面，新闻标题是以书面语言呈现的，且版面有限，适当运用意义具有整体性、结构具有凝固性、风格具有典雅性的成语，无疑是锦上添花。例如，“中美表态，高下立判”，一个高下立判表现了我国外交部对美国干涉他国内政行为的反对和自己鲜明的立场，简洁明了；又如“国台办：蔡英文言论完全是颠倒黑白、混淆视听”，“颠倒黑白”“混淆视听”，连用两个成语，表现出国台办的愤怒与不满，表达了国台办对蔡英文的强烈谴责！

第六，运用具有强烈对比意义的词。有些词无论就其理性意义而言，还是就其色彩意义而言，都不太可能组合在一起，但经过新闻人独具匠心的组合，会让读者读来眼前一亮。比如“8000 多人被骗取 1.4 亿元，仅 1 人报警”，“8000 多人”和“1 人”形成了强烈对比，让读者一看就会好奇是怎样的一种骗局能如此隐蔽又如此猖獗，为了避免自己也陷入骗局，读者就会自觉打开文章进行阅读。

2.1.2.2　多想、发挥团队力量①

在高校新媒体的运营过程中，任何活动都需要进行多方面的工作，此时就涉及对团队的管理。新媒体运营需要丰富的社会经验、充足的知识储备，需要根据现实情况的变更改变现有的策略，更需要进行头脑风暴，产生新点子新思路新方案。若要做好新媒体运营工作，必须集思广益，最大程度集中团队的智慧，发挥团队的运营力量。

（1）严格把控高校新媒体的准入门槛

习近平总书记指出：“媒体竞争关键是人才竞争，媒体优势核心是人才优势。”这

① 李雪晨，初士兴，白超. 高校学生新媒体团队的现状及建设思考[J]. 决策探索（下），2021（11）：92-93.

对高校新媒体团队来说也同样适用。识才、用才是打造优秀团队的前提，在选人、用人之初，要深入了解对方对新媒体的认知及对宣传工作的立场，要注重其创新能力、责任意识、大局意识，更要重视其是否对新媒体工作具有兴趣。选择好的团队成员，往往会让工作事半功倍。

（2）思想意识提高与专业技能提升并举

宣传工作从来不是单纯的业务工作。首先，要培养团队成员的思想觉悟，组织理论学习，定期开展工作会议，沟通交流关于最新理论知识的想法与建议，提升团队成员的政治素养；其次，要加强团队成员的理论学习，定期举办理论教学讲座，开展新媒体理论培训班，打牢做好宣传工作的基础；最后，要提高团队成员的实践技能，定期组织系统培训，举办新闻写作、采编、摄影、设计等专业竞赛，提升专业能力，练就过硬的脚力、眼力、脑力、笔力。

（3）加大资源投入落实激励机制

家长用玩具激励孩子有好表现，老师用奖状激励学生有好成绩，老板用奖金激励员工有好业务，人受激励会迸发出积极性，这就是人的可激励性。在新媒体工作中，善用激励机制可以极大地提升团队成员的工作积极性和工作效率。首先，要扩大团队成员的话语权。二级学院下属的新媒体团队成员参与报道工作的面广、强度大，但决策权非常小，在工作内容和方式上处于被动状态，导致工作效果不理想。因此，要给每位成员“说话的机会”，让成员敢说话，说真话。其次，要增强团队成员的使命感，强化成员的主人翁意识，与团队荣辱与共，让成员切实参与到团队中来，还可以举办团建活动，增强团队凝聚力，营造良好的团队氛围。再次，要提高试错空间，允许团队成员积极探索，在探索中发现真理，在探索中找出高效运营新媒体团队的方式，在探索中最大程度地发挥成员的工作效能。最后，要建立物质和精神的激励机制，提高团队成员的工作积极性，要寻找资金赞助，加大资金投入，给予成员必要的工作设备，加大经费支持，要建立奖惩机制，对优秀成员和优秀作品予以奖励，增强成员对团队的归属感和对自身价值的认同感。

2.1.2.3 多思、注重用户思维①

读者阅读新闻时的思维活动，大致可以分为三个阶段，即求知、评估、感悟。求知阶段存在于阅读前期，读者在看到新闻主界面和标题时，便对内容有了初步的判断，即新闻主题是什么、新闻目的导向是什么、新闻存在什么样的情感、新闻是否有看点、

① 陆衍东. 读者思维活动的一般规律[J]. 新疆新闻界，1991(3):49.

新闻是否有阅读价值等。若是版面设计不够美观、新闻标题不够吸引人，或是内容选择不够恰当，读者便会在第一阶段丧失阅读兴趣。评估阶段存在于阅读中期，读者对新闻不是机械地不断复制、记录在大脑里，而是在阅读的同时对具体的信息作出自己的评议和估值，这种评估主要是围绕着内容的真实性、品质、风格、价值来进行，内容直接影响读者的评估结果。感悟阶段存在于阅读后期，也可以称之为“回味”，“回味”的时间长短与新闻所表达的主题的深刻程度成正比，新闻的内容越丰富、层次越深、内涵越深刻，“回味”的时间与程度就越久越深。

这三个阶段的思维活动，读者是在不自觉的状态下完成的，思维活动深度也有很大的差异，但从辩证唯物主义认识论的观点来看，求知—评估—感悟，循序渐进，是一条普遍的规律。

若想真正了解读者思维，除了要了解读者的思维过程，还需要新媒体人做到换位思考，知己知彼，百战不殆。在进行新媒体创作时，首先要“知己”，要搞清楚高校新媒体的定位，应当发布什么样的信息，传达什么样的观点，宣传什么样的价值观，把握好这个定位，在有限的空间内最大程度发挥主观能动性；其次要“知彼”，要了解读者喜欢什么、关心什么，大多数读者的评判标准是什么，既要坚守道德底线，又要迎合读者的喜好。

2.1.3　远离文案创作不良禁忌

2.1.3.1　忌标题党①

何克难在《拒做“标题党”，创新需有“诚意”》一文中对“标题党”进行了界定：一味追求阅读量而脱离了新闻事实，或者脱离了新闻事实本身的价值，给读者或受众一种“被骗进来了”的感觉，那这就是“标题党”。

“标题党”有三种表现形式：

第一，断章取义，歪曲事实。标题最重要的作用就是以最精练的词句、用最合适的方式、最吸引人的话语概括出文章的主要内容，但是很多自媒体为了博人眼球，刻意编造与法律、与道德不相符合的奇闻轶事，而实际上文章内容与标题大相径庭。比如，某公众号以“闹市中惊现悬挂于车外的裸尸”为题，内容实则是一辆汽车后备厢上挂了一只被拔了毛的鸡；又如某公众号所发布的“李湘在大街上被人强行拖行”，实

① 何克难. 拒做“标题党”，创新需有“诚意”——微信公众号新闻标题制作初探[J]. 新闻世界，2021(12):49-52.

际上是一个由李湘代言的品牌包装袋拖在地上；再如某公众号使用的标题为“国家一级保护动物缘何命丧公安局长之手？”实际上只是一篇关于《武松打虎》故事的描述。诸如此类与文章内容和主旨完全背离的标题，只顾及点击率，吃相难看，反而让读者反感。

第二，过度设置悬念，消耗读者耐力。设置悬念主要有两种方式：一种是将新闻的关键要素隐去，如“这些习惯，很可能在摧毁你的身体”“学会这几招，能让你的学习效率翻倍”“你为什么不是社牛？这就是原因”等；另一种则是制作超短标题，只选取新闻中最吸引眼球的要素放进标题而不顾其余，如“疫情速报”“中央通报”“十三号文件”等。设置悬念一般可以通过标题简短的几个字让读者知道文章的内容概要，吸引读者阅读。设置悬念的方式本是一种提升阅读量的有效方式，但没有职业素养的媒体却频繁用来恶意博人眼球，像“狼来了”一样，一而再再而三地消耗了读者的耐心。

第三，过度夸大影响。在标题中，恰当利用一些引导性的词汇，对新闻事件的新鲜程度、重要程度进行强调，能够帮助读者提高阅读选择效率，明显提高稿件阅读量。但不加限制的夸大会严重导致标题与内容不符，如“震惊！特朗普宣布美国将在这些领域进行管控！”实际上只是美国政府发布了一般性的文件，并没有可“震惊”之处，这种类型的标题在生活中屡见不鲜，极大地挑战了公众的道德底线和耐心。

做好高校新媒体，引人入胜的标题是点睛之笔，但高校新媒体绝不能做令人唾弃的“标题党”一族。正如何克难所说，标题是新闻稿件的眼睛，也是受众进入一个媒体微信公众号的入口。在争夺眼球和流量的传播环境中，媒体公众号运营者要有足够的定力，摒弃“标题党”的诱惑，坚信“内容为王”，同时对标题进行“有诚意”地创新表达，用优秀标题为内容引流，用优质内容为标题赋值。倘能如此，就能实现“流量”和“人气”的双丰收。

2.1.3.2 忌高级黑、低级红

2019 年 2 月中共中央印发的《中共中央关于加强党的政治建设的意见》明确提出，不得搞任何形式的“低级红”“高级黑”。近年来，国内网络社交媒体的高速发展，为“低级红”“高级黑”提供了一定的时空场域与传播载体，对国家、政党、社会产生了一定的消极影响。

谈到“高级黑”，可能最先想到的是娱乐圈明星的“黑粉”，这与《中共中央关于加强党的政治建设的意见》中提到的“高级黑”异曲同工。比如，网友们在质疑某位“小鲜肉”的演技时，有网友发表评论：“你知道他有多努力吗？”这种评论看似为该

明星助威，实则是激发网友的怒火，引发对明星新一轮的攻击。“高级黑”，主要是指国内网络社交媒体用户或借助网络社交媒体平台通过采取赞美、拔高、奉承等语言表达方式，对部分新闻信息进行表面上看似弘扬正能量的正面宣传，却在有意无意之中贬低某人某事；或在网络社交媒体中采用委婉含蓄、明褒实贬、明赞暗讽、暗语影射、讽刺揶揄等语言叙事方式，通过评论、编辑、加工、转发、传播等途径，蓄意发布、捏造、传播、扩大部分虚假信息或不实观点，以达到故意曲解或抹黑他人他物的目的①。

“低级红”指在低层次的廉价的形式上的“政治正确”举动，有意或无意把党的信念和政治主张简单化、庸俗化。“低级红”有四种表现形式：第一是无中生有，第二是聚焦不准，第三是强赋“精神”，第四是夸大其辞。首先说言之无物。顾名思义，无中生有就是将没有的事情虚构出来，如在新闻上宣传某领导为老百姓做了多少实事，实际上却并不存在，一旦被揭露，便会对该领导和其工作单位，甚至是对政府和国家产生负面舆论，也会导致公众对新闻媒体的信任度下降。其次是聚焦不准，即不尊重事情真相，一味对想要吹捧的对象进行宣传，导致其他关键人物得不到应有的重视，如在高校师生运动会上，只关注参加运动会的老师，而忽视了同样作为运动员的学生群体，这种宣传漠视了师生运动会的本质，不仅达不到赞扬师生关系的效果，还容易激起学生的不满，适得其反。再次是强赋“精神”，这种“精神”是指符合社会主义核心价值观、符合社会道德、人民群众喜闻乐见的精神。部分新闻媒体为了博取读者眼球，满足读者期待，便将一些微不足道的事情强行赋予某种“精神”，如用“公正廉洁”来形容吃素菜的领导，用“舍己为人”来形容在考场上借文具给同学的学生，用“大义凛然”来形容制止他人插队的公民。不可否认，正能量需要进行广泛的宣传，但一旦滥用，便会消磨读者的耐性，降低读者对正能量新闻的敏感度。最后是夸大其辞，就是将微小的事情在范围、程度、结果等方面夸大描写，如在疫情封控期间，为了赞扬医务人员抗击疫情的决心与毅力，某公众号发文称“一名医务人员坚守岗位 37 个小时不曾合眼”，而事实上医院给了足够的时间给医务人员休息并实行轮班制，这种对事实的夸张表述，既不符合常理认知，也不能起到预期的效果。

2019 年，中宣部主管的《党建》杂志刊发解放军报社评论部副主任桑林峰的文章《严防“低级红”“高级黑”》，罗列出 4 个典型案例并一一解析。第一篇文章的主题是“默然姐姐，28 天连续加班，没换过衣服，没洗过头，在执行局干警的心中，她就是

① 罗俊梅，李凯，管前程. 网络社交媒体中“高级黑”现象的实质、危害与应对[J].江南论坛，2021(6)：33-35.

女神、女超人”。这篇文章一晃而过，会让读者肃然起敬，感叹“默然姐姐”高尚的职业操守和一心为公的职业道德；但如果读者稍微转变思路，会对此产生疑惑，“连续加班 28 天”并不符合情理道德，进而就会对现有的制度产生怀疑。第二篇文章的主题是“副市长吃上了自己掏钱买的月饼”，表面在说副市长清廉，实际上通过“吃上了”这三个字暗示此前存在贪污贿赂行为。第三篇文章的主题是“因洗澡 4 分钟没接巡视组电话受警告处分”，看似在表达巡视组工作严格，纪律严明，实则在暗嘲其死板和不近人情，更增添了群众对领导层的反感。第四篇文章的主题是“扶贫干部与女贫困户结婚”，文章表面在叙述一个事件，却让读者不适，可能对扶贫的性质产生怀疑。以上类型的“高级黑”文章会对社会产生不良舆论，会破坏社会主义的正常秩序，违背了社会主义核心价值观。

2.2 图片信息的采集

2.2.1 融媒体时代新闻摄影的新特征

2.2.1.1 新闻摄影传播媒介多样化

互联网的发展与应用，极大地改变了信息传播的生存环境。数字技术将过去报纸、杂志、广播、电视、广告、电影等单一媒介融合贯通，构建出新的、多样化的媒介环境——互联网，不同程度上改变了人们参与社会活动的路径与交流节奏，新闻摄影传播空间也得到了极大拓展。加拿大著名传播学家麦克卢汉在他的《理解媒介——论人的延伸》一书中认为：“媒介即讯息。任何媒介都是人的延伸；任何媒介（即人的任何延伸）对个人和社会的影响，都是由新的尺度引起的；我们的任何一种延伸（即任何一种新媒介技术），都要在我们的事务中引发一种新的尺度。”从这个意义上讲，新技术引发新的媒介诞生，拥有一台计算机或一部智能手机就可以眼看世界、耳听八方，并随时将自己的见解和观点公之于众，实现互动开放和资源共享，这是传统媒体、单一媒介传播无法达到的境界。融媒体环境中，多样化的社交方式让新闻摄影传播的发展突破了传播路径的影响与束缚，移动互联网在潜移默化中改变了人类社会生活的格局，让人们自觉或不自觉地改变生活理念及行为习惯。新闻摄影媒介延伸了人的视觉、听觉、感觉，开阔了人的视野，并带动新媒体语境的发展与进步，极大地提高了新闻摄影的社会影响力。

2.2.1.2　新闻摄影生产和传播主体多元化

新闻摄影工作者是传统媒体信息传播的发起者，但在媒体融合的语境下，新闻摄影正从一种界限分明的专属职业发展成一种更为灵活的报道工具，各网络媒体机构及手机客户端用户都可能是新闻摄影信息的传播源头。专业摄影记者、摄影爱好者以及普通受众汇入了新闻摄影图像采集的大军。图像采集器材的普及，使摄影技术越来越简单化、大众化，为普通大众参与摄影活动创造了简便的硬件设施。移动互联网的发展与支撑，使信息分享与传播都变成了极其简单的事。互联网准入门槛低，自媒体、商业服务网站、手机终端等对传播新闻纪实图像提供了便捷的传播平台。“人人都是摄影师”丰富了网络传播环境，互联网参与形式高度灵活，内容选择空间大，信息发布迅速，普通公众既是新闻的生产者也是传播者，更是网络传播的受众。他们带着亲身经历与感受，带着自己的观点参与新闻图像的拍摄、发布、分享，利用网络交互性和资源共享的特点，极大地扩展了新闻图像的传播途径与范围。受众参与的行为还表现在“参与评论”“推荐链接”“新闻转发”或“延伸阅读”等相关新闻图像的信息领域，在被动接受新闻信息后又主动通过个人微博、微信、QQ、抖音以及社交平台将新闻信息再评价并发布传播，由此引发更多的社会关注，并使一定的社会新闻持续发酵。在融媒体时代，受众对于新闻图像信息而言不再是局外的欣赏者，而是附加了自身思想观点内容的创造者和图像的二次传播者，其传播方式也变成全方位几何式立体化传播。

2.2.1.3　新闻摄影的时效性大幅提升

新闻摄影师对即时发生的新闻事件进行拍摄、报道，让人们经历从未知、预知到感知新闻事件的真实过程，其新闻图像必须具备“新”这一属性。摄影师采集新闻图像必须迅速确定内容、构成画面和情感元素，及时通过媒体与受众见面；媒体也需要最真实的画面、最快的速度和最显著的位置来抢抓新闻头条，凭借专访、独家报道等形成品牌效应。新闻发布的时效性、真实性是评估媒体自身形象、社会认知度和影响力的重要标准。数字影像生产的应用将新闻工作者从过去采集、拍摄、冲洗、编排、印刷、发行等烦琐低效的新闻制作传播周期中解脱出来，变成直接从摄取新闻影像、线上编辑整理到利用互联网平台迅速对外发布，最快的时候该过程只需数秒，新闻摄影的时效性得以大幅提升。当今互联网的信息“海洋”分散了人们的注意力，要想获取受众的关注，就必须投放符合人们喜好的内容，大数据技术的运用使把握每个受众的喜好成为可能，大数据技术同时引领了新闻生产的方向，新闻生产的市场化运作促使新闻生产重“时”求“效”，新闻摄影的时效性顺应了社会生活节奏正在变快的趋势。

2.2.1.4 融媒体时代“人人都是摄影师”的正负效应

新媒体环境中，新闻摄影传播技术比传统媒体摄影更加亲民、方便、快捷，“人人都是摄影师”在带来积极效应的同时也会产生负面影响。当新闻发生时，社会大众可能由于情感冲动或认识不到位，或者为了追求所谓的“关注”和“个人利益”，在没有全面了解新闻事件缘由和过程的前提下，盲目传播不确定或虚假的图片消息，从而造成不良的社会影响，冲击、挤占了严肃的新闻摄影专业空间。此外，新媒体传播中存在海量的信息资源，有高度的自由性，信息识别难度较大，花哨、猎奇甚至挑逗的标题党风格易于吸引大家的注意力，这些都会使信息传播产生较大的不可靠性，并使受众的阅读负担增加，影响受众对新闻事件的正确认知，动摇新闻摄影的真实性本质①。

2.2.2 新闻图片采集的要素

对于一则质量合格的新闻稿件来说，优质的配图无疑是锦上添花，甚至有时可以将图片作为主要内容或者只用图片来表达立意。写文章时配图主要有四个作用：第一，增加文章可读性，提升读者阅读体验；第二，丰富文章内容，增添层次感；第三，突出重点内容，让读者聚焦关键信息；第四，增添文章趣味性，使文章更加生动②。但是，如果配图不恰当，就会适得其反。把握好图片质量、使配图和文章主题相得益彰，是每一位高校新媒体人都应该具备的技能。

2.2.2.1 新闻图片要具有服务主体的效果

新闻图片服务主体的效果即图文要相符，图片要与文章主要人物相关。

其一，突出人物。新闻内容以人为主体时，图片也要相应地突出人物，将关键人物放在图片的醒目位置。例如，在发布师生运动会的相关信息时，要同时突出“师生”的形象，将老师和学生同时放在图片的显眼位置；在发布培训相关的新闻中，配图要着重强调培训的讲师与学员，以培训相关现场作为背景。

其二，突出思想。图片和文章内容的主旨要相符，文章内容是关于国家、社会主义核心价值观等正面内容的，图片相应地就要积极正面一些；文章内容是关于苦难、贫困、突发灾祸等的，图片就要严肃、暗淡一些。另外，新闻图片是媒体向大众表达事实的一种方式，有含蓄的，还有直接的。一般重大新闻事件正在发生或刚刚发生，

① 姚洪. 融媒体时代新闻摄影工作的新特征[J]. 武汉理工大学学报(社会科学版)，2021，34(4)：52-56.

② 文章配图的作用有什么？文章配图的四个作用[EB/OL].（2019-12-27）[2023-12-24]. https://www.gaoding.com/article/5057.

受众总是想第一时间知道现场的状况，这个时候直接的新闻图片就给受众一目了然的感觉，但是直接表达的缺点就是不能给人更好的想象空间。当一个突发事件结束，总能引起人们的深度思考，这个时候通过摄影者的含蓄表达，受众的思维发散，看懂的人能感同身受，看不懂的人则置身事外，但是再含蓄表达的照片也要与所拍摄的事物有关联，不能让受众没有一点联想的可能性。

其三，突出真实性。现在部分新闻媒体为了博取眼球，将陈年老图放在最近的新闻事件中，造成混淆，甚至出现“开局一张图，其他全靠编”的情况。例如，某新闻媒体在陈述唐山烧烤店事件时，将多年前云南发生的凶杀案现场图片模糊化，声称是唐山烧烤店事件的现场图，并加以“润色”，虚构事件的结果，造成社会恐慌，性质极其恶劣。新闻媒体作为一种重要的新闻传播媒介，对社会舆论有着重大的影响，作为新闻媒体来说，最重要的是“讲真话”，在弄清事实之前都不应该擅自发表言论。

其四，突出时效性。新闻的时效性与可利用价值成正比，从热度方面来讲，时效性越强，点击量就越大，这就需要新闻媒体做到“眼观六路，耳听八方”，保持高度的热点敏感度，及时捕捉最新信息。

2.2.2.2　新闻图片要具有画面冲击力

新闻图片的画面冲击力是指抓住受众心理，提高画面视觉效果。

其一，要注重捕捉信息含量大的瞬间。新闻中插入的图片是有限的，要能在有限的空间里最大程度地给读者冲击感，采编者就需要在图片中融入更多的信息。例如，想表现一座校园夜景优美，仅凭某一处校园建筑的照片无法反映校园景色的全貌，也达不到宣传效果。这时如果配图使用鸟瞰全景，效果马上就会成倍增加。当然，捕捉信息含量大的瞬间并不是绝对的，有时也需要对细节进行把控，细节把控得好同样能打动人。再者，在有些情况下，细节里蕴含着更多的信息，如对于核桃手工艺术品，细节越细腻，照片越清晰，给人的震撼感就越强。

其二，要注重捕捉瞬间。巧妙使用连拍或录像截图的方式，寻找动态画面的最高点，还要保持高度的警觉性，对具有新闻价值的画面随时进行拍摄，捕捉瞬间往往比摆拍要更深入人心。例如，在学校运动场上奔跑的运动员、在操场草坪上开怀大笑的朋友，以及蹲下和小猫对视的小孩，等等。

其三，要注重捕捉象征的瞬间。象征的瞬间是一种以形象概括性和寄寓性见长的瞬间，其画面形象经常表露出某种若明若暗的寓意，寓示着某种画外之间的内涵，更多地渗透着摄影记者的主观认识和思想情感。这种瞬间形象一般不把传递的信息直观地、清楚地表现在画面上，而是在较大程度上依靠调动读者的“再创造”引起受众深层次的思索来补充完成，因此信息容量更大，新闻价值更高，视觉冲击力更强，也更富有新意。2015 年 8 月 12 日，天津滨海新区爆炸事故中有媒体拍摄到一张消防员逆行穿过人群赶往火场救援的照片。逆行的消防员与疏散的百姓、消防员的坚毅与百姓的恐慌、橙色显眼的消防服与周围布满烟尘的暗淡都形成了强烈的对比，用一张图便将爆炸现场的惨烈、爆炸对居民的沉重打击和消防员在危难面前的担当体现得淋漓尽致。

2.2.2.3 新闻图片要具有独特性

如果仅仅使用千篇一律的网图，不仅不会给读者带来新鲜感和冲击感，还可能会使文章内容黯然失色。要使新闻图片具有独特性，则需要：

其一，要有独特的思维，以独特的影像思维重建属于自己的特色，拍出的照片有独特的想法、手段和眼光，捕捉正面视角看不见的角落。

其二，要选择独特的拍摄角度、远近距离。例如，在对学校采集核酸的报道进行配图时，不仅可以从侧面视角拍摄核酸队伍，也可以近距离拍摄核酸过程体现工作细节，还可以采用仰拍或俯拍等角度进行拍摄，给读者新鲜感。

其三，要细心观察人物独特的表情及动作，制造反差。例如，看起来凶狠的肌肉壮汉在地铁上给老人让座、西装革履的商务人士逗路边的小猫，类似这种具有独特性、反差性的图片往往更能凸显主题①。

2.2.3 校园新闻的采集技巧

2.2.3.1 校园时事新闻摄影

校园时事新闻涉及国家教育政策法规、学校改革发展政策的制定及其执行等活动，比较常见的时事新闻内容大致有：会议类、会见类、仪式类、调研类、发布类等。校园时事新闻的特征是：鲜明的政治性，高度的政策性，内容的广泛性和信息的重要性。拍好时事新闻，更加强调摄像记者的政治觉悟和业务素养。

拍摄时事新闻要把握以下几点：首先要在思想上重视，在拍摄前充分了解会议的主题及意义，站在学校发展历史见证者和推动者的角度认识时事新闻的重要性，全面、准确、客观地报道时事新闻；其次时事新闻的报道要进行现场调研，要提前到达活动现场了解出席活动的领导、座次安排、人员位置、现场环境、光线照度等细节，通过

---

① 卞萧雅. 对拍摄新闻图片的几点思考[J]. 中国传媒科技，2012(16)：176-177.

会务组织者了解会议议程安排，拍摄前要进行整体规划，做到心中有数，重点拍摄记录时效性最强的历史性瞬间，再拍摄时效性稍弱的镜头，以免错过重要镜头；占据有利位置，抓紧拍摄；再次，拍摄要按照一定的顺序（如出席嘉宾、领导名单）给出人物镜头，并左右兼顾，充分考虑后期编辑的需要，拍摄中全景、中景、近景都要有，拍摄时要做到争分夺秒，大型活动或报告会需要大量地运用与会人员的反应镜头，应以中景、小全景为主，一般不采用特写镜头；最后，时事新闻拍摄要以事为中心，以人为依托，以会议流程为依据，镜头的拍摄才会有条不紊。

校园时事新闻的典型案例如学校每学期初召开的工作布置大会、开学典礼，以及毕业典礼、教代会、学代会、各类交流座谈会等。

2.2.3.2　校园生活新闻摄影

校园生活新闻相对于一般的社会新闻，前者大多侧重师生校园日常生活，反映师生丰富多彩的日常工作、学习与生活，其拍摄要点是：通过活动组织者了解活动安排，拍摄前做到心中有数，以免错过重要镜头；迅速及时到达新闻现场，快速找到相对理想的机位。原则上，拍摄时摄像记者要站在围观人员的前方，新闻主体的后方。但有时由于受活动场所、内容的限制，要灵活选择拍摄角度与位置。对大场面的新闻现场拍摄，特别要选取人数最多、人员动作幅度最大、画面效果最好的角度，不必面面俱到。校园生活新闻变化性较强，较难提前设计，需要在新闻现场具有较强的灵活性，果断决策，记录各种突发的瞬间。校园生活新闻的典型案例如学生开学第一课、教职工粉笔字比赛、图书馆阅读推广季、学生科技文化节等。

2.2.3.3　校园体育新闻摄影

体育新闻是传播人类体育竞技活动、健身运动及其相关信息的新闻报道，旨在宣扬人类挑战自身、超越极限、拼搏进取等人文精神。校园体育新闻是报道本校师生开展的体育竞技活动、健身运动及其相关信息，其拍摄要点可以概括为：事先了解具体赛事的运动规律，比赛要求和赛事特点；了解运动员的比赛场次、跑道位置等；与体育赛事主办方提前沟通联系，取得相应的证件，占据有利的拍摄位置。校园体育新闻拍摄可以分为两类：一是体育现场新闻摄影，即对各种体育比赛现场的拍摄；二是体育特性摄影，即对赛场内外的各种花絮、对体育运动员的追踪报道、对各种体育项目的综合报道等。校园体育新闻的典型案例如学校运动会、CUBA 华中区篮球赛、校友足球赛等。

2.2.3.4 校园文艺新闻摄影

文艺新闻是反映、报道文化艺术活动的现状及其走向的新闻，可视性强、感染力大。由于此类新闻具有场地、灯光等优势，可以为新闻摄像记者提供较大的创作空间。拍摄文艺演出新闻的要点是：演出现场全景的拍摄，演出环境的记录；根据节目单选取内容，拍摄表演精彩、场面大、欢快的节目；大多数演出往往安排在室内和夜晚，再加上舞台背景灯光或 LED 超大屏幕的干扰，因此要特别注意相机光圈和快门的运用；注意抓拍演出现场观众及重要嘉宾的反应镜头。校园文艺新闻典型案例如“卓越之光”武汉理工大学故事展演会、中华传统文化展演会、高雅艺术进校园——中央芭蕾舞团走进武汉理工大学专场演出等。

2.2.3.5 校园大型仪式、庆典类新闻

此类新闻报道的特点是内容丰富、形式多变、画面欢快、感染力强，从拍摄难度上讲除了一些基本的要点外，就是要拍得讲究，要拍出“艺术感”。因此，校园仪式、庆典类新闻报道的拍摄要点是：提前设计拍摄镜头，提前到现场踩点，确定拍摄机位；深入了解活动流程，与组织人员充分沟通，在时间和其他条件允许的情况下，提前演练、试机、调整，把差错率降到最低点；精力集中，镜头稳定，听从调动；以主人翁的态度投入工作，根据现场实际情况随时调整机位，善于发现和捕捉设计环节之外的细节和亮点①。校园大型仪式、庆典类新闻的典型案例，如武汉理工大学举办的数字赋能·智引未来——服务行业高质量发展论坛、2023 年全国教育数字化现场推进会等。

2.3 短视频的拍摄和制作

融媒体时代，高校对视频岗位的需求在增加，许多部门都在招募视频方面的人才。从事视频工作都有哪些要求呢？

（1）有丰富的影像视觉工作经验。如果能够在社会中找到有丰富经验的人才，放到合适的岗位上，就会迅速转化成业绩。如今，许多大学开设了广电、新媒体相关的专业，培养有视频采编技能的学生，丰富的影像策划制作经验可以直接转化成业绩。高校融媒体中心实践平台也可以给相关学员提供培训和学习的机会，继而提升技能。

① 王生玉. 校园新闻的拍摄要点[J]. 新闻窗，2013(6)：90-91.

（2）熟练使用剪辑软件。所谓“剪辑”，就是“剪取”与“编辑”。从事视频工作的人员都知道，视频剪辑的水平决定了视频的效果和质量。著名导演徐克也是一名顶级的剪辑师。磁性时间线可以让视频剪辑人员尝试进行重大修改，不会意外将素材变乱，并且能够更轻松地在时间线中修剪或替换数百个音效和音乐片段，关键字和喜好范围使 Final Cut Pro X 中的归整也更高效、更灵活，而浏览条则是帮视频剪辑人员快速浏览众多脚本素材的绝佳选择，从而使视频剪辑人员总能轻易找到任何需要的剪辑片段。

（3）懂得色彩搭配。视频的色彩搭配也是很重要的，把拍摄的素材进行艺术化的处理，能带来更高质量的新媒体作品。视频编辑需要一定的绘画功底，能更快地把脚本文案转化成分镜头，进而用影像场景还原，这样就有更高的相似度和真实度。

2.3.1 短视频拍摄的底层逻辑①

视频产品的需求逻辑是回归以短视频服务来满足核心需求，能够驱动多轮再传播的内容符合有需求、有效益、有共鸣、有共振的要求。从更深层面解析内容与人的关系可以发现，内容具有实现共知、共处、共鸣、共振、共享、共识六个功能，因而短视频产品的影响逻辑是通过理解人心和利益诉求以获得共情基础。

作为高校新媒体，短视频服务于高校群体，主要拍摄以下三个部分的内容：

第一，“不知道的”。高校传媒是连接学校管理层与学生的重要媒介，短视频可以用更让人接受的方式直白地告诉读者学校正在发生什么事情，或是传达某些价值取向，引导观众树立正确的思想观念。如每周更新的“青年大学习”专题，用学生讲述、视频传达的方式进行，可以让观众在耳濡目染中学习社会最新的政策、增强知识储备、树立正确的人生观和价值观。

第二，“不清楚的”。学校举办的活动有时参与人数是有限的，将活动进行拍摄录制，并以精简视频方式发布，就可以让观众身临其境，能够“不出门听学校事”。

第三，“不能做的”。关于学校的禁止性规定或是某些需要警示的信息，用视频方式表达出来，不仅可以让观众更清楚地明白其底层缘由，减少抗拒心理，还可以通过视觉和听觉的双重影响在潜移默化中加深记忆。

短视频在内容创作过程中必须特别注重立意，立意的高下决定于能否让人在被感染的同时被影响。可以是不知不觉的影响，也可以是有所感受的影响。切入角度很多时候既影响“温度”也影响“硬度”。

① 陆小华. 支撑短视频传播力、竞争力的底层逻辑[J]. 中国出版，2020(24)：24-28.

2.3.2 短视频的创作

在高校新媒体中，常见的短视频形式主要有快闪、音乐剧、微电影、小课堂、宣传片、延时摄影、校园采访、纪录片等。

短视频构图要好看，要考虑拍摄短视频时需要用到的景别。新闻短视频在拍摄的过程中要用到全景、远景、近景、中景以及特写等景别，要根据具体内容来运用合适的方式。如在表现人物个性时，使用近景；表现物体细节时，使用特写；表现大环境时，使用全景；等等。除此之外，还需要考虑主次关系和视觉效果，运用黄金构图法等方法，将主角放在最显眼的位置，利用周围的景衬托主角，避免画面沉闷或主次不分。短视频内容形式要耐看，短视频的内容与形式都要不断呈现出视觉中心的递进关系。

在拍摄画面的过程中，首先要有效结合镜头语言中"动""静"之间的辩证关系①，逐步向重点过渡，把控好情绪的转变，确保整体的拍摄运动要领建立在稳、准、平、匀的基础上。尤其是在高速运动画面的拍摄过程中，必须确保拍摄设备具有较高的稳定性，切忌忽快忽慢，要维持匀速状态。拍摄者可以带动拍摄设备以相同的速度运动，停止过程中必须要有剪力的状态，走直线、迈小步，维持设备稳定性。其次，在拍摄过程中，整体画面必须维持水平状态，尤其是在故事情节推进较为缓慢的过程中，水平运镜可以增强观赏者的观赏感受。再次，要运用好剪辑技术。对于非专业人员而言，剪辑只需要达到流畅、融贯的程度，保证视频内容简短而完整、顺畅而不拖沓，打造出富有节奏感的动态画面即可。最后，要做好后期处理工作。后期工作包括增强清晰度、抠像、字幕、调色、调音、配音、配乐等方面的内容，可以说，好的后期处理可以让视频拍摄事半功倍。要通过既有素材的有效融合，打造完善的构图体系，这样能够有效打造符合观众观看需求的节目内容②。

2.4 新媒体影像、视觉设计

影像设计与视觉设计是新媒体运营中的两项重要工作，高校新媒体相关岗位工作也包括了新媒体影像设计和视觉设计两项工作，其岗位工作人员更要肩负起工作使命，给新媒体项目提供影像和视觉设计方案。

---

① 叶芳. 新闻短视频拍摄及剪辑技巧[J]. 中国报业，2022(5)：86-87.

② 全琳. 高清后期制作及拍摄技巧[J]. 西部广播电视，2021，42(19)：189-191.

2.4.1　新媒体影像设计方案

影像设计是一门技术性很强的学科，影像设计就是视频制作与图像处理。高校新媒体相关人员要掌握相关的技术，才能提供优质的影像设计方案。

（1）数据处理

通常来讲，相关工作人员需要将两个或者两个以上不同源的数据进行融合，形成一个逼真的效果图。在融合的过程中，工作人员需要了解并熟悉各个源数据图片（影像）的相关信息，然后将其中的有用信息整体融合到一起。

（2）影像剪辑

数据处理与融合只是其中一方面，更重要的是对已经进行数据处理的影像进行二次剪辑和调整。工作人员要熟练掌握相关软件的使用方法，按照美学原理对影像进行加工处理。新媒体的影像设计是一项非常专业的工作，有详细的步骤：影像素材的预处理—影像素材的融合—影像的美学校订与修订—影像的裁剪—影像作品（半成品或成品）类型的分类与归类。当所有的工作完成之后，新媒体的影像设计方案（之一）也就产生了。

2.4.2　新媒体视觉设计方案

视觉设计包含部分影像设计，但是更多地体现在“界面”与“图片”方面，视觉设计是针对眼睛功能的主观形式的表现手段和结果。视觉传达既传达给视觉观众也传达给设计者本人，因此深入的视觉传达研究已经关注到视觉的方方面面感受，称其为“视觉设计”更加贴切。

视觉设计包括平面排版、音频处理、素材管理、视频编辑、动画制作、界面网页制作等，这些工作属于技术类工作，需要视觉设计岗位的人员掌握与之对应的技术能力，以此达到新媒体岗位的用人标准。新媒体的视觉设计方案需要如何去做呢？第一步，对目标人群进行分析，了解目标人群在视觉方面的审美需求，然后按照其需求进行设计；第二步，选择合适的视觉素材，借助相关软件设计出半成品，然后进行内测，不断调试与修改，最终达到最好的视觉效果；第三步，形成具体的方案，包括所需要的道具和相关的费用支出；等等。

第 3 章　高校官方微博的运营管理

当今时代，是一个几乎人人都有微博的时代。微博这个以“随时随地发现新鲜事物”为口号的互联网平台，已经汇聚了数亿用户群体，也是当前十分火爆的平台之一。许多年轻人用微博撰写博文、拍摄视频、记录生活。微博的“微”，恰恰是“微时代”的一个缩影，新浪微博已经是时下用户群极大、话题讨论集中的场所和平台。许多高校在新浪微博建立了自己的账号，借助微博平台去分发、推广内容、运营管理，以引起社会的关注。

3.1　什么是微博

3.1.1　微博的定义

微博是通过关注机制分享简短实时信息的广播式社交网络平台，亦称“微博客”。用户可以通过 WEB、WAP 以及各种客户端组建个人社区。全球最早的微博商业应用是美国的推特（Twitter 现已改名为“×”）网站，截至 2012 年 7 月 1 日，推特拥有注册用户 5.17 亿人。2009 年 8 月，中国新浪网推出“新浪微博”内测版，微博在中国得到普及，截至 2012 年 6 月底，新浪微博注册用户总数已超过 3.68 亿人。

微博在“即时性、开放性和集成化程度”等方面远远超越传统博客，并具备五个主要特征：（1）简短内容：通常不超过 140 字。（2）实时信息：最新实时信息。（3）广播式：向进入平台的所有用户公开。（4）关注机制：实现单向和双向两种交流方式。（5）社交网络平台：典型的高效社交工具①。

随着移动端的发展，登录客户端应用的用户比例大幅增长。匡文波指出：“移动微博”是指用户通过将安装在自己手机中的移动博客插件与其在博客网站的用户 ID 及密码进行绑定后，便可随时随地通过手机查看和发表日志、上传手机图片、与好友在线聊天、查看相册和音乐、建立通讯录等②。这极大地改变了用户的使用习惯，也意

① 上海社会科学院信息所. 信息安全辞典[M]. 上海：上海辞书出版社，2013：37.

② 匡文波. 手机媒体概论[M]. 北京：中国人民大学出版社，2006：142.

味着给高校运营官方微博带来了机遇与挑战。

当前，境内微博主要包含新浪微博、腾讯微博等。腾讯微博于 2020 年 9 月 28 日停止服务和运营，因此当前高校的官方微博平台均集中在新浪微博。

3.1.2　微博的基本属性

根据微博平台的具体内容、表现形式和传播方式将基本属性概括为以下三个方面：

3.1.2.1　内容的海量性与个性化

随着互联网的迅速发展，信息的发送不受收订、印刷、运输、投送等现实因素的影响，越来越多的信息聚集在互联网上，人们也逐渐依赖于此获取资讯。

据 2021 年微博第四季度以及全年未经审计的财务报告显示：截至 2021 年 12 月，每天依然有 2.49 亿用户会使用微博，月活跃用户为 5.73 亿人，用户同比净增 5200 万人。可以看出，微博仍然是互联网平台使用人数最多的平台之一。庞大的使用人数，加上平台自身所具有的包容性与开放性，使得微博的内容呈现爆炸性的增长。

此外，受关注人数和计算机算法的影响，微博内容的呈现逐渐向个性化发展。这意味着高校应不断优化发布内容，加强内容的互动性，使自身内容得到微博平台最大程度的推广。

3.1.2.2　形式的多元性与融合性

微博平台以文字、图片、视频等多媒体形式实现信息的即时分享、传播互动，因此在形式上呈现出多元的特征。不同于以文字、图片为主的微信平台和以视频为主的抖音、B 站平台，微博平台更加注重这三者的融合，并鼓励用户融合多种形式来表达观点。此外，微博在玩法上不断进行创新，不仅具有评论、转发、关注、搜索、私信等基础功能，还开发了投票、抽奖、超级话题等特色功能。

除了表达形式的融合性外，微博平台还将不同平台的资讯进行融合——越来越多的官方媒体入驻微博平台，如人民日报、新京报等；传统影视剧平台也主动融入，依托微博平台提高自身热度；自媒体机构更是呈现井喷式增长。

3.1.2.3　传播的即时性与爆发性

微博传播方式既不是最古老的线性传播（One To One），也不是传统媒体的扇形传播（One To N），更不是网络媒体的网状传播（One To N+N），而是一种基于细胞裂变式的传播（N To N+N），这种传播形态的传播速度是几何级的，远远高于之前任何一种媒介产品的传播速度和传播广度，如水银泻地般渗透，无孔不入[①]。传播方式的即时性使消息呈现爆炸式的增长，尤其当传播内容刺痛当下社会热点时，会以热搜榜上“爆”的形式传递给更多的人。

近年来，高校负面网络舆情在微博频发，“浙大努某某留校察看”“南京大学教授学术不端”“山东大学留学生配女学伴”等有违公序良俗的不良事件爆出的同时，“清华学姐”“北大女学生自杀”等掺杂着大量不实信息的反转新闻也频频进入大众视野。因此，高校微博作为官方平台，应不断树立正面的舆论形象，并在爆发突发性网络舆情之时，从传播学、心理学等角度出发，运用恰当的方式加以疏导、处理。

3.1.3 微博影响力排名和指标考核体系

微博影响力指数主要基于微博用户的影响力数据，结合行业市场规模、用户影响力排名水平等因素，综合加权计算得出反映业内平均影响力水平。由于用户的行为对微博影响力数据有一定影响，因此常被用来测算影响力指数，包括转发、评论、点赞等，其与微博传播力的测算有相似之处[②]。

目前，微博平台主要采取 BCI（Micro-blog Communication Index）衡量微博传播指数，即通过微博的活跃度和传播度来反映账号的传播能力和传播效果，所采用的数据及相关指标如表 3.1 所示。

表 3.1 BCI 相关指标与权重

<table>
<tr><td rowspan="5">活跃度 W_1（20%）</td><td rowspan="2">发博数 X_1（30%）</td><td rowspan="5">传播度 W_2（80%）</td><td>转发数 X_3（20%）</td></tr>
<tr><td>评论数 X_4（20%）</td></tr>
<tr><td rowspan="3">原创数 X_2（70%）</td><td>原创微博转发数 X_5（25%）</td></tr>
<tr><td>原创微博评论数 X_6（25%）</td></tr>
<tr><td>点赞数 X_7（10%）</td></tr>
<tr><td colspan="4">标准化：$x'=\ln(x+1)$</td></tr>
</table>

注：计算公式

$$BCI=(20\%\times W_1+80\%\times W_2)\times 160$$

$$W_1=30\%\times\ln(X_1+1)+70\%\times\ln(X_2+1)$$

$$W_2=20\%\times\ln(X_3+1)+20\%\times\ln(X_4+1)+25\%\times\ln(X_5+1)+25\%\times\ln(X_6+1)+10\%\times\ln(X_7+1)$$

① 黄宏，郑国健. 试析微博的媒介属性和传播特征[J]. 中国广播，2013(3)：44-47.

② 曹倩. 高校图书馆微博运营与传播策略研究[D]. 太原：山西财经大学，2022.

3.2　什么是微博话题

微博话题以符号“#”为标志，将关键词放在两个“#”号之间，有利于实现信息的聚合，实质上是微博后台用以营造社会大众热点的一个符号。

微博平台设有热门话题榜单，网民可通过点击话题榜单或者搜索话题词查看话题相关内容。高校官方微博在运营过程中应根据实际情况，开辟特色话题栏目，促进校园内容宣传，加强粉丝互动，以提高官方账号的热度。

3.2.1　特色校园话题栏目及推广

高校特色话题旨在用短小精悍的语言快速吸引大众眼球，进而传递信息。以武汉理工大学为例，高校特色校园话题主要分为以下三类。

3.2.1.1　宣传类

（1）校园生活类：如“#拍不尽的理工#”“#舌尖上的理工#”等日常话题，展现的是校园的风光景色与美食特色，以吸引广大学子报考。此外，为迎合毕业季、高考季需求，可发起特殊话题，如“#武汉理工大学最美毕业季#”“#我在武汉理工大学等你#”等，推出毕业原创歌曲 MV、高考招生宣传片、录取通知书视频等，促进高校宣传。

（2）校内宣传类：如“#理工资讯#”“#新闻经纬网#”等话题，发布学校重大科研成果、座谈会议、文艺活动等，展现立体的武汉理工。

（3）校际宣传类：如“#祝××大学××周年生日快乐#”等校庆活动，加强高校间的交流，保持友好往来与联系。

（4）节日庆祝类：如“#二十四节气#”话题，通过发布特定的节气涵义和注意事项，传播中华优秀传统文化；此外，还可联合微博热点节日话题，如“#春节#”“#劳动节#”“#青年节#”“#国庆节#”等，传递节日祝福，增进校园官方与粉丝之间的距离。

3.2.1.2　互动类

（1）信息公告类：如“#理工提示#”，通过发布重大考试时间、录取分数线、返校时间、校园公益讲座等内容，为广大师生提供便利。

（2）双向互动类：如“#小微夜话#”“#理音与你分享#”等话题，巧妙借助“点歌”等形式，在活跃微博气氛的同时，加强青年学子之间的互动。

3.2.1.3 输出类

（1）经典箴言类：如“#早安理工#”“#理悟#”等话题，通过发布感悟励志类的名人名言和影视剧台词，激励学子积极向上，树立高校的正面形象。

（2）实用技巧类：如“#理工微推#”“#理工放映室#”“#知识在这理#”等话题，通过转载官方媒体的科普知识和实用技巧，丰富微博输出的内容。

3.2.2 热门话题榜单

微博话题榜单可分为热门话题榜单、文娱话题榜单、同城话题榜单等。高校在毕业季、招生季登上微博热门话题同城榜单最多。

以 2022 年毕业季为例，“#北京师范大学 2022 毕业典礼#”“#中国科大 2022 毕业晚会#”“#上外云端毕业典礼#”等毕业典礼均登上同城话题榜前列，“#厦大原创毕业音乐 MV#”“#四川农大夏日操场毕业歌会#”“#中南大学学子原创毕业歌曲#”等话题相关的原创毕业歌曲话题也深入人心。

高校在申请相关热门话题时，一方面要提前准备，及时推出优质内容，注重文字、图片、音频相结合，提高话题阅读量；另一方面要注重话题描述的简练性与精准性，以 8～12 字为最佳，高校名称、具体事件缺一不可。

3.2.3 微博校园活动

微博校园活动按照发布主体，可以分为两大类：一类是以“微博校园”为主体的全网高校活动，另一类则是以“高校”为主体的校园多元活动。前者借助各官方高校平台发布具有创意与特色的内容，如“#来自学校的七夕浪漫#”话题，旨在通过梦幻联动，搭建高校交流互动的平台。后者则通过本校发起自律打卡、毕业照投稿等活动，增强粉丝与官博的互动性。

3.2.4 推广优质内容

高校话题的推广，建立在内容优质的基础上。在高校三大类话题当中，以宣传类话题最为广泛。因此，打动人心的文字、观赏性较高的图片、流畅高清的视频都发挥着举足轻重的作用。高校新媒体部门应建立完整的部门体系，吸引优质人才参与高校微博的建设当中。

3.3 微博运营模式和技巧

3.3.1 实行值班制度

微博平台的互动性和即时性决定了微博内容产出的高效性。高校微博大都为在校学生参与运营，为及时发布相关信息，高校微博部门可建立值班制度。每周末由部门负责人制定排班表，每一天则由对应值班成员进行已审核内容的编辑与发布。

3.3.2 规范发布格式

微博的发布格式主要由以下几个部分组成：

（1）话题

包括学校特色话题和平台热门话题，一般情况下是为了便于对内容进行分类，特殊情况下还可以作为话题主持人，在申请热搜话题上发挥作用。

（2）正文内容

微博正文内容要求语言精练，通俗易懂，针对不同类型发布不同风格的内容，如宣传类可以偏向文艺性、官方性，输出类可以侧重哲理性，互动类可以偏向趣味性，等等。

（3）相关配图与视频

精美的图片可以快速吸引大众眼球，有趣的视频则可以增加官博平台的互动量。此外，官方微博还可以通过添加本校水印的方式提高本校知名度，防止图片和视频被盗用、误用等。

（4）来源

为防止发生知识产权的纠纷，微博发布需要标注内容来源。若内容为引用新闻，需注明来源与通讯员；若内容包含图片、视频，则需注明摄影与后期制作人员；若内容完全引用其他博主产出，需标注原博主账号。

3.3.3 打造特色话题

发布特色话题是彰显高校办学特色、校园氛围的重要途径。高校在微博话题创新方面，一是要立足“学生”这一主流群体，挖掘新鲜事物和玩法，从形式上进行创新；二是要推动优质内容产出，从内容上进行创新。

3.3.4 建立智库平台

互联网时代，高校学生广泛活跃于微博、微信、抖音、B 站、小红书等平台，各种资讯层出不穷。高校新媒体应建立智库中心，实现各部门之间互通有无，共享当下信息，共聚时代焦点，共建美好校园。

3.3.5 健全群审机制

高校微博的官方性决定了内容发布的谨慎性。因此，一条文案在发布之前，应完成当天值班人员、部门负责人、部门指导老师的系列审核。此外，发现错误后，应充分利用微博平台的“再次编辑”功能，及时修改内容。

3.3.6 确定发布频率

持续稳定的输出频率是巩固粉丝群体的重要因素。一般来说，高校的微博发布频率以一天 4~6 条最佳。发布频率过高，难以保证内容质量，也会给正在浏览的人造成不好的印象；发布频率过低，则容易流失粉丝，不利于高校自身宣传。

此外，高校应巧妙选择微博发布时间，如用餐时间、午休过后、晚课过后等都是用户登录数量较多的时间段。

3.3.7 加强友好互动

相较于官方网站、微信等平台，微博是一个气氛相对活跃的平台。此前也提到，微博话题主要分为“宣传类、互动类、输出类”三大类，其中互动类话题需要高校在日常经营中巧妙借助微博平台工具，如投票、抽奖、主持话题等加强互动。

主持话题能不断扩大相关话题的阅读量，抽奖功能大大增加了评论区和转发区的互动数，投票功能则吸引粉丝点击相关选项查看他人想法……此外，在高考季、毕业季、招生季等特定时期回复私信和评论，也有利于建立与粉丝之间的长期联系，促进官博长久发展。

3.4 现场图文实时报道

3.4.1 现场图文实时报道具体流程

现场图文实时报道讲究时效性，在高校众多官方平台中，由于微博平台信息传播速度较快且内容编辑较为便捷，所以适宜在此进行实时报道。现场图文实时报道的具体流程如下：

（1）了解活动内容

活动内容包括活动的时间地点、参与人员、名称主题、具体流程等。只有对内容有一个初步了解，才能进一步设计策划方案。

（2）制订策划方案

方案包括确定人员分工、经费预算、活动总结等。其中，人员分工包含现场跟进、影像采集、影像传输、文案编辑、热点营造等。

（3）提前预设情况

现场图文实时报道易出现突发情况，在前期准备时需注意总结应对措施。具体来说，可由总负责人建立相应的微信群或 QQ 群，明确各负责人的职责范围和联系方式，在事情较为棘手时应及时向老师汇报处理。

（4）发布相关内容

负责场地跟进的人员应根据现场情况，将前期准备的文案进行删减修改，并由指导老师审核后进行发布。

（5）总结报道经验

现场图文实时报道是微博运营中重要的组成部分，各部门应对历次活动进行经验总结，为后续活动更好地开展积累经验。

3.4.2　现场图文实时报道内容发布

一般来说，现场图文实时报道分为三个阶段：活动前、活动中、活动后。

（1）活动前

活动前期注重预热。活动前期可发布相关互动类话题，邀请同学们说出对活动的期待，或发布相关活动海报、节目单等，简要介绍活动内容。需要注意的是，在微博平台还可借助符号“#”创建话题，申请成为话题主持人，为营造热搜创造条件。

（2）活动中

活动中期注重跟进。特色内容、重要讲话、热点话题等是活动中期需要重点呈现的内容。官方微博应及时发布，提高话题参与度，推动同城热搜、实时热搜的上升，以扩大影响力。

（3）活动后

活动后期注重归纳。后期报道主要是为了回顾精彩瞬间，总结活动内容。一是要注意文案的准确性和照片的代表性，二是转载相关新闻时要注明来源。

3.4.3 现场图文实时报道案例分享

案例一　武汉理工大学 2022 年毕业季

（1）活动前

一

#小微夜话#

又是一年盛夏，夏日的蝉鸣连绵不绝，开往未来的列车即将到站，毕业的告别也悄然来临。小微在此祝愿同学们前程似锦，未来可期！［打call］四年的时光，或热烈，或平凡，但一定是独特的！武汉理工大学毕业季活动来袭，邀你一起分享属于你的毕业仪式感，一起讲述你最难忘的毕业故事吧！

投稿形式：个人、团体毕业照及相关视频。

投稿要求：

①注明投稿人班级姓名。

②投稿邮箱：wujiayi@WUTstumedia.onaliyun.com。

二

#拍不尽的理工#［纸飞机］#最美毕业照#

聚散总有时，匆匆又夏天；

毕业扔帽，挥手告别；

山水万程，共赴未来；

未来已来，愿年轻的你永远热烈！

摄影：p1，吴家怡；p2—p4，韩亚。

（2）活动中

三

（转发长江日报微博）

全国最美大学生、我校盲人励志女孩黄莺今日硕士毕业，即将开启博士学习新征程。祝毕业的理工学子们前程似锦，一路繁花！

四

#武汉理工大学 2022 届毕业典礼#

南湖畔、马房山、余家头，
我们相聚在此，
一起走过美好的校园时光，
祝愿即将远行的毕业学子，
山水万程，未来可期，毕业快乐！
摄影：姚洪 万新安 吴世安 安代飞

（3）活动后

五

#武汉理工大学 2022 届毕业典礼#
亲爱的毕业学子们：
愿你们历尽千帆，乘风破浪！
愿你们一路向前，永远追求卓越！
我们更高处见！
视频来源：学生工作部

六

#武汉理工大学最美毕业季——听他们说 2022#系列视频
告白：致 2022 的我们
一句感谢，献给我的武汉理工！
一声告白，致敬我的青春时代！

师心：毕业生辅导员寄语
2022 届的毕业生们，
你们即将披荆斩棘、奔赴下一场山海，
快来看看辅导员们给大家的寄语吧！

家书：毕业生家长寄语
漫漫的求学路上，
父母永远和我们同在，
这里有一封寄来的家书，
欢迎你查收！

时代楷模、校友张连钢寄语

四十年间，在校友张连钢的心中，

关于理工的记忆，仍然历久弥新，

愿大家在未来的道路上，

永远厚德博学，追求卓越！

案例二　武汉理工大学2017年迎新日

（1）活动前

一

#理工提示#

【关于本科生迎新期间南湖校区和余家头校区部分路段实行交通管制的通告】

学校2017级本科生将于9月9日来校报到，为确保迎新安全有序，经研究决定，迎新期间对南湖校区、余家头校区部分路段实行交通管制，具体安排如下图。

二

#武汉理工我来啦#

明天就是新生报到的日子啦！新同学们在入学报到期间，学长学姐在迎新期间，发生了哪些有趣的事呢？拿起手机，发布“#武汉理工我来啦#”+“你遇到的新鲜事”，并关注@武汉理工大学 官方微博，参与微博话题互动就有可能获得小微精心准备的礼物哦。

（2）活动中

三

武汉理工大学迎新日直播

四

#武汉理工我来啦#

还在路上的你，还没有到来的你，是否也在期待今天这新的开始呢？迎新志愿者们一直都在等你们哟！

摄影：陈强

五

#武汉理工我来啦#

热情洋溢迎新生，别具一格展风采！各学院迎新点各显神通，只为等你到来！

摄影：李亚倩

（3）活动后

六

#理工简讯#

今日上午，我校党委书记信思金来到迎新点与新生及家长亲切交谈，并了解志愿服务以及宣传迎新工作的开展情况。

摄影：刘子爱（校报记者团）

七

#拍不尽的理工#

昨天迎新时的导员风采，有找到你们的导员么？

摄影：张旭东

八

#武汉理工大学欢迎你#

什么是检验歌喉的唯一标准？ 校歌！“长江滨，南湖畔，理工筑梦想；薪火传，源流长，育人谱华章……”17 级的萌新们可有学会？没有学会也不用担心，听大艺团合唱队学长学姐们的校歌合唱，再来学习一遍吧！

偷偷告诉你们，迎新晚会当晚，大艺团合唱队还会带来精彩的现场表演哦！

3.5　线上、线下宣传技巧

3.5.1　线上宣传技巧

微博线上宣传主要借助微博平台的特色功能，通过以下三种形式来扩大高校自身影响力。

（1）在线投票

发布原创投票，尤其是在大型活动开始前，可通过此方式进行预热，了解大众想法，活跃气氛。转发活动投票，则主要是为了配合微博校园发起的活动，提高本校的知名度与活动参与度。

（2）抽奖平台

微博抽奖平台发展较为成熟，高校官博可通过抽奖平台设置中奖人数、中奖礼品、中奖条件等。为满足抽奖要求，微博平台还有高级过滤、转发关键词等功能。

（3）线上直播

线上直播主要在招生季、毕业季进行开展。举办直播时，一方面要提前发布直播时间和内容，防止广大网友错过；另一方面要策划活动预案，在发生突发情况时及时与直播方进行沟通。

3.5.2 线下宣传技巧

线下宣传的主要目的是增加官方微博的粉丝人数，进而提高互动量、影响力等，技巧如下：

（1）选取特定的时间和地点

一般来说，开学迎新日、社团招新日、大型活动日等是人流量较为集中的时间点，可在上述特定时间选取人流量较大的地点开展线下宣传。

（2）创新宣传方式

以往的线下宣传往往通过发布海报的方式进行，它的优点在于直观且清晰，缺点在于容易导致审美疲劳和纸张浪费。为了避免海报宣传的缺点，可对宣传方式进行创新，如校园文创制作，在明信片、书签等文创产品上印制官方微博的二维码；校园打卡活动，打卡校园景点发布照片并@学校官博，提高官方微博的互动量等。

3.5.3 案例分享

3.5.3.1 在线投票

案例一 武汉理工大学#为中国最美校园打call#活动

#拍不尽的理工#

走过春花秋月，夏蝉冬雪。你是否也曾驻足在这“理”的某一帧，用镜头记录下某一处风景？一起“#为中国最美校园打call#”，戳此处进入专题页，今天也要记得为武汉理工投票哦！

摄影：微文化工作室摄影团

#拍不尽的理工#

喜欢春天的花，夏天的树，秋天的黄昏，冬天的阳光，还有每天的你。今天，一起来看看 Wuter 镜头下的校园吧！一起“#为中国最美校园打 call#”，戳此处进入专题页，今天也要记得给武汉理工投票哦！

来源：投稿@话梅糖 555 @Jess4X @凌菲 Sandy @是良辰美景哦

#拍不尽的理工#

正是春好时，你还记得那些花儿吗？小微邀你云赏校园春光，一起“#为中国最美校园打call#”，戳此处进入专题页，给武汉理工投票吧！@微博校园

来源：微文化工作室摄影团

3.5.3.2　抽奖平台

案例二　武汉理工大学 2021—2022 跨年活动

【2021 年 12 月 29 日】#与“理”一起跨年#

2021 年就要结束啦！回顾 2021 年你有哪些收获呢？快来给 2021 打个总结吧！转发+带话题“#与‘理’一起跨年#”关注并@武汉理工大学，晒出你的“年终总结”吧！微博抽奖平台将随机抽取 7 份“年终总结”并送出年终礼物噢～快来领取你的专属年终礼物吧！

【2021 年 12 月 31 日】#与“理”分享#

2021 年是怎样的一年呢？关于武汉理工的一切，你的镜头一定记录下了许多美好的瞬间：或是日升月落，或是春华秋实！带话题“#与‘理’分享#”，关注并@武汉理工大学，并晒出 2021 年你相册里最难忘的照片，小微将通过微博抽奖平台，随机抽取 10 名幸运儿获取精美礼品！

【2022 年 1 月 1 日】#2022“理”想有你#

2022 全新的开启，各位理工学子们是不是也许下了新的愿望和计划呢？转发+带话题“#2022‘理’想有你#”，关注并@武汉理工大学，在评论区分享你的愿望和计划，就有机会获得由小微通过微博平台送出的精美礼品哦！展示出富有朝气的计划清

单吧，你就是下一个“锦鲤”！

案例三　争做光盘族，引领新“食”尚——武汉理工大学光盘行动

#武汉理工大学光盘行动#

晒出你的光盘照片并@武汉理工大学，配上打卡文案即算打卡成功！还可以@你的小伙伴一起参加哦！打卡文案为：珍惜粮食，拒绝浪费，我“光盘”，我光荣！第×天光盘打卡。小微将根据打卡天数设置一、二、三等奖各5名。

#武汉理工大学光盘行动#

光盘行动系列比赛邀你参加！主题为：珍惜粮食，拒绝浪费，我“光盘”，我光荣！投稿作品形式不限，相关摄影作品、文章、宣传标语、海报均可，来稿请注明：学院、班级、姓名。小微将根据作品内容择优评选一、二、三等奖各5名。

3.5.3.3　线上直播

案例四　武汉理工大学2020—2022年招生季直播

#高考考生服务月#

高招季，新华社、中国教育电视台推出“云观校”系列网络直播，走进@武汉理工大学，360度沉浸式看校园，足不出户也能抢先体验到未来的学习和生活环境吧~

“让梦想触手可及，高校王牌专业零距离”，2021云上湖北高招会招生访谈系列直播活动武汉理工大学专场来啦！航运学院副院长刘克中教授在极目新闻5G直播间，与大家不见不散~

#理工提示#

【武汉理工大学“2020年招生政策解读”专场直播】想了解武汉理工是一所怎样的学校？武汉理工大学2020年招生政策解读专场直播来啦！下午15：30，期待准时与广大考生、家长、理工校友见面！

3.5.3.4　线下宣传

案例五　武汉理工大学2021年开学季

#开学季#

开学第一天，天朗气清，惠风和畅，欢迎新同学来到武汉理工！合一次影，拍一

张照，签一个名，准备好了吗？在武理的精彩生活由此开启，期待与你相遇！

摄影：白安宁　吴世安　余唯　聂可　殷嘉琦

#小微夜话#

今天你有收到小微发出的明信片吗？欢迎小萌新们在评论区分享今天的心情呀！

摄影：余唯

3.6　高校微博运营策略

微博作为高校集宣传、互动、输出为一体的平台，是高校新媒体平台矩阵的重要组成部分。近年来，高校官方微博运营存在定位不清、特色不明、互动不强、反思不深等问题，需从以下五个方面加强运营建设。

3.6.1　明确官方微博定位

官方微博在思考自身定位时，应注意两个属性，即官方性与互动性。看似相互矛盾的两个属性，实际上构成了官方微博的定位。前者指发布的内容代表高校官方，后者指发布的形式活泼多样。

然而，从当前高校官方微博发布的原创内容来看，部分高校官博陷入了两个极端——过分严肃与娱乐至上。过分严肃不利于粉丝之间的活动，娱乐至上则不符合高校权威性和客观性的身份。因此，官博运营人员对内应严格审核发布内容，对外应树立起高校真诚、开放的形象。

3.6.2　保持高校自身特色

当前高校官方微博在发布形式、具体内容上大多千篇一律，最为核心的原创内容也缺乏新意。高校可从以下几个方面避免同质化内容的出现：

（1）充分挖掘本校特色，如特色专业、特色课堂、特色风景等，借此建立特色话题和个性化栏目；

（2）充分利用信息表现形式，如结合图文、视频、投票、网络链接等形式，增强微博可读性；

（3）打造官博个性化形象，如北京大学的“小北”、武汉大学的“小武”、湖南大学的“小湖”等，借助具有亲和力的姓名，有选择性地回复评论问题、私信疑问等，进而拉近与粉丝之间的距离。

3.6.3 加强平台矩阵建设

近年来，微信、抖音、B 站、小红书等平台纷纷崛起，各高校也在众多平台建立了官方账号。然而，当前高校存在内容重复发布、各平台联合困难等问题。因此，如何区分各平台发布内容、整合各平台资源，是当今亟需思考与解决的问题。

高校自身需建立新媒体宣传中心，以推动各平台资源的流动与整合，增强团队合力。官博运营人员则需加强与其他平台负责人员的联系，促进各平台共同发展。

3.6.4 及时进行反思总结

互联网传播的及时性带来了信息的海量性，尤其是信息呈“细胞裂变式传播”的微博平台，更需要注重风向的收集，以进行运营总结。运营人员可从以下三个方面进行反思总结。

（1）建立微博平台数据库

发布量、关注量、转发量、互动量等是衡量微博平台是否活跃的指标，由于这些数据时刻在变化，官博运营人员应联合宣传部门建立专门的数据分析库，以及时了解当前热点信息与学生具体诉求。

（2）实施常态化总结制度

总结制度具体表现在每周的例会、每月的月报、每年的年报上。总结内容不应千篇一律，应根据运营内容用心总结。如每周例会可提出一个具体化问题，“碎片化的互联网时代下如何加强信息访问深度？”“特殊节日的内容如何编辑更能引发情感共鸣？”等等，以推动运营人员持续思考。

（3）加强高校间经验交流

不同高校特色不同，运营的重点也有差异。官博负责人员应加强与优秀官博运营人员的沟通交流，学习优秀的活动策划案，以促进微博长久发展。

3.6.5 严格把关网络舆情

近年来，高校突发性事件频繁发生，互联网的普及使高校负面事件极易成为网络舆情关注的焦点。由于微博平台传播速度快、传播范围广，突发性网络舆情事件极易蔓延、升级，这严重危害了高校的声誉和公信力，给高校的舆论管理、宣传工作等带来了极大的挑战。

党的二十大报告提出，要“加快建设网络强国、数字中国”“加强全媒体传播体系建设，塑造主流舆论新格局”“健全网络综合治理体系，推动形成良好网络生态”

“强化网络、数据安全保障体系建设”等要求。良好的网络空间，需要网民、媒体、国家多方建设，要强化网上议题设置，创新传播形式、手段、语态，策划一批重大网络主题宣传活动。作为高校微博运营人员，一方面要认真审核发布内容，防止因内容不当引发网络舆情；另一方面要及时发现“敏感”信息，并向学校上报处理，作出适宜的官方回应，保障官博健康运营。互联网是意识形态工作的主阵地、主战场、最前沿，要在狠抓网络意识形态工作责任落实上出真招，牢牢守住网络意识形态主阵地；在强化舆情监测预警和研判处置上下苦功，健全舆情处置“一体化”扁平应急指挥体系。

第 4 章　高校官方微信的运营管理

微信（WeChat）是腾讯公司于 2011 年 1 月 21 日推出的一个为智能终端提供即时通信服务的免费应用程序。微信支持跨通信运营商、跨操作系统平台通过网络快速发送免费（会消耗少量网络流量）语音短信、视频、图片和文字，同时也可以使用通过共享流媒体内容的资料和基于位置的社交插件“摇一摇”“朋友圈”“公众平台”“语音记事本”等服务插件①。

自 2011 年腾讯推出微信以来，微信公众号平台的出现吸引了大量组织机构与个人入驻，纷纷开设自己的账号。随后，智能手机的普及推动互联网逐渐深入平民大众，微信公众号也凭借着与生俱来的优势——庞大的用户量和传播网逐步增强影响力。在微信平台用户不断增多、影响力逐渐扩大的情况下，众多高校申请了官方微信公众号。有学者认为，高校微信公众号已经不是一个单纯的新媒体平台，而是逐渐演化为全新的宣传窗口。高校品牌是校园文化、人才培养、师资力量、硬件措施以及学校品位的体现，高校如果在新媒体平台上的影响力不足，新媒体平台定位不够明确，缺乏与受众的互动，就会对校园品牌的构建和推广不利。部分高校新媒体平台还不能很好地提升校园知名度和影响力，不能向受众展示出高校特有的校园文化。

4.1　什么是微信公众号

4.1.1　微信公众号的定义

微信公众平台于 2012 年 8 月 23 日正式上线，吸引了众多企业、事业单位、个体工商户、媒体、开发者等加入微信阵营，形成了 O2O 微信互动营销的微信公众平台，以应对不同的微信运营主体（政府、组织、企业、个人、媒体等）。微信公众号是公众号主持方与订阅者之间进行互动、沟通与对话的平台，同时也成为用户在移动端的一个重要信息接入口②。

---

① 张艳. 微信朋友圈的广告传播[J]. 新闻世界，2015(6)：160-161.

② 黄楚新，王丹. 微信公众号的现状、类型及发展趋势[J]. 新闻与写作，2015(7)：5-9.

微信公众号的账号可以分为订阅号、服务号和企业号三种。

（1）订阅号

订阅号主要用于为用户传达资讯，构建与读者之间更好的沟通与管理模式。订阅号可以为关注者提供有价值的内容和资讯，大部分高校微信公众号就是这一类型。订阅号每天（24 小时内）可以发送 1 条群发消息。

（2）服务号

服务号主要用于服务交互，比订阅号的功能更全，旨在为企业和组织提供更强大的业务服务与用户管理能力。与订阅号、企业号定位不同，服务号是企业对外运营的微信公众平台，能够实现企业与用户的面对面交流沟通，能够极大地提高用户群体的黏性。服务号在服务过程中可申请自定义菜单，1 个月（自然月）内可以发送 4 条群发消息。

（3）企业号

企业号主要用于企业内部通信，是一款企业级移动应用，应用于企业、政府以及各种组织机构的内部管理、沟通和交流之中，用来快速建立上下游供应链以完成移动化办公，加强企业文化建设和提高公告通知、知识管理效率，实现企业应用移动化，节省人力、财力、物力，是实现企业对员工内部管理以及公司业务传递的一种公众平台。企业号需要先有成员的通信信息验证才可以注册。通过企业号，可以建立企业内部沟通的管理流，能有效地简化管理流程、提高信息的沟通和协同效率、提升对一线员工的服务及管理能力。

4.1.2 微信公众号的基本属性

以高校微信公众号为例，作为新时代高校精神文明建设的一大阵地，其为高校形象宣传、文化建设提供了新机遇。在展现高校形象的过程中，凸显了微信公众号本身的基本属性，其基本属性包括媒体属性和平台属性。正确地认识微信公众号的媒体属性，及时高效传达信息，可以有效扩大公众号的影响力；把握好微信公众号的平台属性，遵守互联网平台的行业规范，对建设优质的公众号平台是极为重要的。

微信公众号的媒体属性在很大程度上弥补了传统电视媒体、报纸媒体、广播媒体的局限性。公众号的运营成本较低，在统计反馈机制方面具有较大优势，人群锁定性强，有自己独特的定位，使新闻信息推送更便捷、更新颖、更有感染力。一般而言，高校的官方微信公众号会进行新闻、热门话题的及时推送，提供信息服务。2022 年 6 月 23 日，武汉理工大学官方微信公众号发布了关于 2022 年毕业典礼的推送，当日举行的毕业典礼在推送中以多张图片来呈现，场面宏大，既有集体的大合照，又有个人的专属记忆，图文相间，读者隔着屏幕便可感受到毕业的喜悦。2022 年 6 月 18 日，武汉大学官方微信公众号发布了一则“武大 4 名医学生深夜见义勇为，赞赞赞！”的推文，阅读量达到 5.5 万次，推文中详细描写了 6 月 16 日凌晨 4 名医学生见义勇为的场景，他们分工合作、有条不紊，一则发布及时、内容全面的推文让更多人为武大人“点赞”，弘扬了社会正能量。第一时间发布高校重点新闻资讯，可以让用户及时了解校园信息。高校官方微信公众号专业的新闻业务能力和准确多样的信息来源也为信息的真实、客观和公正提供了保障。

微信公众号的平台属性，可以理解为是一种规范和价值观。高校微信公众号不仅在原创内容生产上具有优势，同时也要承担社会责任，遵守互联网平台规范，传递正确的社会价值观。2016 年 2 月 19 日，在党的新闻舆论工作座谈会上，习近平总书记强调：“做好党的新闻舆论工作，事关旗帜和道路，事关贯彻落实党的理论和路线方针政策，事关顺利推进党和国家各项事业，事关全党全国各族人民凝聚力和向心力，事关党和国家前途命运。”高校官方微信公众号在内容的选择上要秉持弘扬主旋律、正确引导舆论的原则，为用户提供有价值的新闻，表达主流思想。

高校官方微信公众号作为思政教育的有效载体，应深入落实立德树人根本任务，牢记为党育人、为国育才使命，推动高校传统思想政治工作与信息技术高度融合，增强思政工作的时代感和实效性，充分发挥政治引领、思想引领、价值引领、文化引领的网络思政育人功能，培养德智体美劳全面发展的社会主义建设者和接班人，培养担当民族复兴大任的时代新人。

（1）政治引领

在内容建设方面，高校官方公众号强化把握大政方针，实现对青年群体的政治引导。深入开展习近平新时代中国特色社会主义思想学习宣传教育，引导师生领悟精髓、把握真谛，用真理的力量坚定理想信念，坚定中国特色社会主义道路自信、理论自信、制度自信、文化自信。深入开展“四史”宣传教育，加强爱国主义、集体主义、社会主义教育，加强中华优秀传统文化和革命文化、社会主义先进文化教育，培育和弘扬社会主义核心价值观，引导广大师生听党话、跟党走，立志扎根人民、奉献国家。高校官方微信公众号作为党的理论宣传重要窗口，要开辟学习、互动专栏，积极响应中央重点工作部署，配合做好重大主题宣传工作，及时宣传高校学习开展情况，引导学生知史爱党、知史爱国，培养大学生爱党、爱国、爱社会主义情感。

（2）思想引领

思想引领主要体现在高校官方微信公众号的示范引领作用。高校官方微信公众号积极参与重大主题宣传联动任务，头部账号有示范引领作用；推文接地气，一方面积极宣传时代楷模，另一方面也注重宣传身边人、身边事，给大学生树立了看得见、摸得着、有血有肉的身边榜样，不仅吸引大学生的关注，而且在一定程度上拉近了榜样与大学生之间的距离，从而能够更好地发挥榜样引领的作用。

（3）价值引领

高校官方微信公众号稿件库涵盖教学科研、人才培养、科学研究、国际合作、社会服务、文化传承等方面的内容，同时还在关键节点联合各高校校内新媒体账号联动宣传、共同发声，发挥新媒体矩阵的效应，形成传播合力，对大学生群体的价值引领起到重要的推动作用。

（4）文化引领

高校官方微信公众号要注重文化引领工作，积极宣传推介各高校建设发展的有益经验和做法，依托校园文化，不断整合文化育人载体，提炼文化精神，展示文化特色，凝聚文化合力，全方位、多角度展示校园文化建设成果，真正起到文化引领作用。

4.1.3　微信公众号影响力排名和指标考核体系

微信公众平台作为新媒体的典型代表，其主要信息源就是微信公众号。微信公众号为了实现其预期的信息传播目的和效果，借助微信公众平台向微信粉丝及其他用户传递信息，从而对个体或社会产生影响，其本质是使受众获取信息，这种微信公众号通过信息的传递对受众认知、观点、态度、信仰及行为产生影响的力度或程度，称之为微信公众号影响力。总体影响力，即微信公众号在受众中甚至是在全社会的整体热度、传播度和舆论引导效能等，是一个集传播度、覆盖度、认可度等指标于一体的综合指标，一般用微信传播指数（WCI）进行评价①。

清博指数 WCI 是目前较为权威的微信公众号影响力指数，是运用统计学方法将一组不同性质和计量单位的指标值进行标准化处理的经济效益综合评价方法，其指标考核体系中（清博指数）的一级指标包括阅读指数、点赞指数，权重分别为 80%、20%；二级指标包括总阅读数、平均阅读数、最高阅读数、总点赞数、平均点赞数、最高点赞数，权重分别为 40%、45%、15%、40%、45%、15%，并采用熵值法进行标准化。微信 WCI 测算方式如表 4.1 所示。

① 张平，周广. 高校官方微信公众号内容特征及影响力实证研究——基于首批重点建设的全国 54 个高校官方微信公众号 WCI 的数据分析[J]. 传播与版权，2023(11):45-48.

表 4.1　教育官微传播力（微信 WCI）测算公式

一级指标	二级指标	权重	标准化方法
阅读指数 90%	总阅读数 R	40%	$\ln(R+1)$
	平均阅读数 R/n	45%	$\ln(R/n+1)$
	最高阅读数 R_{max}	15%	$\ln(R_{max}+1)$
点赞指数 10%	总点赞数 Z	40%	$\ln(10\times Z+1)$
	平均点赞数 Z/n	45%	$\ln(10\times Z/n+1)$
	最高点赞数 Z_{max}	15%	$\ln(10\times Z_{max}+1)$

注：传播力=10×（90%阅读指数+10%点赞指数）^{2}

以 2022 年 7 月份教育部直属高校官方微信排行榜（部分）（表 4.2）为例（榜单数据来自“清博大数据-新媒体指数”，WCI 是指通过公众号推送文章的传播度、覆盖度及公众号的成熟度和影响力，来反映微信整体热度和发展趋势），从中可以看到，7 月份教育部直属高校 75 个微信账号推出多篇阅读量 10 万+文章。其中，“北京大学”“武汉大学”“清华大学”“浙江大学”等均产出多篇热文，北京大学以 1696 的 WCI 值位居第一。从内容方面来看，高校别出心裁的录取通知书、学子被高校录取的圆梦故事等引发网友广泛关注，传播范围较广。对于排名靠前的微信公众号而言，应该重点通过优质文章的发布来加强粉丝之间的互动，提高头条阅读量和整体最高阅读量，最终通过阅读量较高的文章来带动影响力的提升。

表 4.2　2021—2022 年教育部直属高校官方微信排行榜 10 万+文章对比分析表

类型		活跃度（N）	覆盖度（R）		认可度（Z）		推荐度（K）		互动度（C）		影响力 WCI
			$\bar{x}\pm s$	R_{max}	$\bar{x}\pm s$	Z_{max}	$\bar{x}\pm s$	K_{max}	$\bar{x}\pm s$	C_{max}	篇均
创作类型	原创	5944	24840.52±12791.44**	100001	382.72±108.55**	58707	141.77±58.44	41136	63.12±19.74**	12507	112.08±42.98**
	普通	16475	14268.24±9841.24	100001	224.22±88.54	21236	137.77±88.47	12892	24.09±9.55	5916	64.19±27.64
策略类型	嵌套营销	1589	31037.18±12453.64**	100001	421.56±124.67**	14425	204.54±103.67*	12982	59.54±23.54**	11959	109.54±62.35**
	其他	20830	11734.90±8942.58	100001	254.44±99.57	58707	156.89±68.44	24514	32.52±15.67	12507	67.88±29.64
形式分类	图文	19218	17542.54±6324.55**	100001	321.24±75.84*	58707	188.54±92.88	41136	39.78±12.54*	12507	97.54±30.89**
	纯文字	1524	9845.55±864.55	65778	284.74±55.88	5033	104.77±45.89	4090	24.56±7.51	1425	64.68±18.54
	视频	1392	15245.65±714.22	100001	391.54±23.54	21236	178.55±35.89	12892	35.65±11.44	4080	83.54±17.97
	图片	173	8987.54±546.35	87450	198.54±20.24	4091	112.42±12.87	4169	17.24±3.85	55	67.78±8.76
	音频	112	8895.94±254.41	65412	187.45±15.56	1166	54.55±6.57	536	13.54±2.54	140	27.83±4.54

续表 4.2

类型		活跃度（N）	覆盖度（R）		认可度（Z）		推荐度（K）		互动度（C）		影响力 WCI
			$\bar{x}\pm s$	R_{max}	$\bar{x}\pm s$	Z_{max}	$\bar{x}\pm s$	K_{max}	$\bar{x}\pm s$	C_{max}	篇均
内容分类	活动报道类	6100	20145.57±4514.54**	100001	354.54±85.45**	14498	167.54±21.81**	13711	38.65±9.87**	12507	75.78±25.98**
	服务和通知类	4735	22442.24±3331.52	100001	289.77±76.58	21236	154.54±18.77	12982	39.54±12.58	11956	76.65±19.87
	显性思政教育类	3137	5243.42±423.44	89940	84.55±43.54	4571	44.57±7.59	4090	12.45±3.57	391	32.84±9.87
	传统文化类	2139	15472.52±2354.14	100001	241.55±44.88	4091	78.85±11.58	3301	30.54±7.44	5036	65.75±23.58
	校园深度通信类	1941	25472.45±2344.45	100001	337.1±35.89	58707	178.54±24.58	42236	37.85±8.57	1379	99.54±31.87
	党史学习教育类	1797	5537.57±1245.54	33605	48.54±10.54	7460	37.55±6.98	4748	10.56±2.14	615	18.77±8.84
	转发官媒类	1017	8653.54±1354.51	85205	57.58±18.58	600	35.88±7.77	3238	11.68±3.54	99	15.38±6.84
	专题策划类	993	19854.04±978.54	100001	315.5±98.54	14498	144.78±29.45	12892	40.57±8.87	1394	88.45±23.77
	投票及调查类	560	28545.22±1254.54	100001	330.54±72.58	7845	105.58±22.98	1275	40.87±7.85	1235	76.48±17.38

注：组间不同类型相比$^{*}P<0.05$，$^{**}P<0.01$；统计数据时间区间为 2021 年 4 月 1 日至 2022 年 3 月 31 日。

4.2　什么是微信菜单及账号功能定位

微信公众号支持自定义菜单，可以让开发者根据服务的客户来定制功能菜单。开发者可以在会话界面底部设置自定义菜单，菜单项可按需设定，并可为其设置响应动作。用户可以通过点击菜单项收到设定的响应，如收取消息、跳转链接等。

4.2.1　自定义菜单的操作方法

进入微信公众平台点击“功能”选项，添加自定义菜单，进入自定义菜单页面以后，首次使用需要开通。菜单开通以后，在菜单管理一栏点击“+”按钮，即可新建一个菜单，在主菜单之下可以创建子菜单。需要注意的是，首先，最多创建 3 个主菜单，主菜单名称名字不多于 4 个汉字或 8 个字母。其次，每个一级菜单下的子菜单最多可创建 5 个，子菜单名称名字不多于 8 个汉字或 16 个字母。最后，在子菜单下可设置动作，如发送信息，可发送信息类型包括文字、图片、语音、视频和图文消息等，未认证订阅号暂时不支持文字类型。跳转到网页，所有公众号均可在自定义菜单中直接选择素材库中的图文消息作为跳转到网页的对象，认证订阅和服务号还可直接输入网址。编辑中的菜单不会马上被用户看到，点击发布后，会在 24 小时后在手机端同步显示，粉丝不会收到更新提示，若多次编辑，以最后一次保存为准。

4.2.2 自定义菜单的功能

不同的公众号主体想要呈现的内容不同，微信自定义菜单的功能满足了公众号主体的多样化需求。自定义菜单可以根据主体需要差异化定制，将具有主体特色的自定义菜单添加到公众号中，增加公众号的记忆点和独特吸引力。以武汉理工大学官方微信公众号为例，有新闻经纬、信息查询、全景校园三个主菜单，在信息查询中还有教务信息和招生信息两个子菜单，既满足了学校通过公众号进行新闻宣传的需要，又有利于全面便捷地展示学校的基本信息，提升学校知名度和影响力。

自定义菜单的功能也便利了用户的日常使用，如用户点击菜单，将回复内容配置在关键词里，用户点击菜单，相当于触发了这个关键词，然后用关键词的配置回复内容、回复用户。在武汉大学官方微信公众号的页面，有信息服务、展览预约、党史学习三个主菜单，其中信息服务还包括武大官网、武大官博、宿舍保修、校招信息、梅操电影五个子菜单，用户点击“展览预约”即可跳转到预约界面，入口清晰，操作简单，极大地为用户节省了时间成本和信息成本。

4.2.3 账号功能定位

4.2.3.1 定位策略

（1）用户画像

你的微笑想要吸引什么样的人？可以从地域、性别、收入、年龄、受教育程度、行业特征、使用场景这七个维度入手。

（2）留存策略

如何吸引、留住这些用户？可以从内容、服务、活动、渠道、社群五个维度入手。

（3）周期规划

需要用户关注的周期是多长？微信公众号真实粉丝数量=铁杆粉丝数量+最近三个月活跃粉丝数量。微信公众号是有生命周期的，应通过统计与观察用户的周期，设计一个在每个周期结束前就能完成涨粉、圈粉的方式，这样有助于公众号的长期运营。

4.2.3.2 品牌策略

（1）适应性

微信公众号不仅是一个新的推广渠道，还需要考虑微信生态的特点，在原有的品牌积累上围绕微信的特点来进行设计。

（2）系列化

这是强化品牌存在感的重要手段，反映在微信推送中，就是周期性的固定栏目或形式，可以从标题强化、封面图、开篇导航三个维度考虑。

（3）视觉化

视觉化设计可以从配色、封面图、表情包三个维度着手，使用户对微信公众号产生独特的整体视觉感受。

4.2.3.3　推送策略

（1）选择合理的时间推送，培养固定的阅读习惯

通常来说，一般以下四个时间段是推送的黄金时间：7：00—9：00 为新一天的开始，又正好是上班路上，人们对信息的需求量较大，也需要打发时间；11：30—13：30 是吃饭、午休的时间段，看手机的概率比较大；18：00—19：00 在下班路上排队等车、坐车；22：00 以后，许多人睡觉前躺在床上最后一件事大都是看手机。

（2）错峰时间推送

正因为以上四个时间段是推送的黄金时间，所以也是各类公众账号推送扎堆的时间段，这个时候错峰推送也不失为一种策略，不过最好还是结合之前的用户画像，找准用户的使用时间场景来推送。

（3）活跃分析推送

可以通过分析数据把握用户活跃的时间段，在合适的时间段进行推送。不论选择以上哪个时间段，每天的推送时间最好都定时，以培养用户习惯。

（4）推送频次

对不同的营销对象，可以采取不同的推送时间，同时也要注意推送频次。太过于频繁但内容不丰富的推送，容易让粉丝“取消关注”。

4.2.3.4　明确功能定位和发展目标

微信公众号中的订阅号主要偏向于为用户传达资讯，服务号更偏向于服务交互。目前高校微信订阅号大部分是从“学校想让用户知道什么”考虑，而非“用户想知道什么”；高校服务号也仅仅提供一些基础服务，缺乏对服务功能的开发和完善，服务号的交互优势并未得以充分发挥，这也在很大程度上导致了高校微信公众号关注度和利用率的不足①。由此可见，高校官方微信公众号的功能定位和发展目标不明确是阻

① 王晓敏. 高校图书馆微信公众号发展困境与思考[J]. 新媒体研究，2019，5(13)：83-85.

碍其进一步发展的普遍问题。

微时代、新媒体时代、自媒体时代已经到来，大学生对微信运用自如，高校开通官方微信公众号既可以服务学生，也可以了解学生，更有利于占领意识形态的高地，传播正能量，塑造自我正面形象，增强自身的文化软实力。

无论是订阅号还是服务号，高校微信公众号的发展目标都是提供并优化用户服务和体验，强化学校与用户的沟通交流，展现学校良好的形象。沟通和传播是高校官方微信的核心功能，服务本校师生主要是沟通功能，对外展示学校文化主要是传播功能。

首先，必须了解关注高校官方微信公众号的受众对象是哪些。在校学生、本校教职工、本校毕业生、学生的家长、上级教育机关和普通公众等都是潜在对象。其次，必须了解对象的需求是什么，对于在校学生和教职员工来说，获得服务是第一位的，如查成绩、查课表、查班车等；对于本校毕业生和学生家长来说，最重要的是获取信息资讯，如学校在发展过程中的成绩、校园的基础设施、校园的四季风景等；对于上级教育机关来说，高校发布的消息不能跨越红线；对于普通公众来说，高校官方微信公众号学校的官方微信公众号要做好自我推广工作，以彰显学校的实力，赢得社会的认可。

基于此，高校微信公众号应致力于拓展与优化微信公众号的功能，提供满足受众需求、吸引受众关注、引导教育受众的服务，将实体服务与新媒体技术结合的优势发挥到最大。高校官方微信公众号还应突破传统服务项目，创新深度信息服务项目，拓展其他相关信息服务项目，以增加用户关注度和黏性，如学校地图智能导航、在线学术资源下载以及校园一卡通充值等。

总结起来，高校官方微信公众号可定位为：基于高校文化的自我宣传“媒体中心”、基于在校师生文化交流的“信息中心”、基于在校生与毕业生交友互动的“好友中心”、基于招生宣传的“服务中心”、基于学院风貌传播的“休闲中心”、基于深入大学生日常生活的“娱乐中心”等①。

4.3 微信运营模式和技巧

用户关注高校微信公众号的初衷是获取服务或感兴趣的信息，因此，微信公众号

① 黄朝峰，石周燕，邱佳铃. 高校官方微信的研究现状、运营特征和管理策略[J]. 扬州大学学报(高教研究版)，2016，20(1)：49-52.

推送的内容是用户体验的根源，必须要做好、做精。那么，如何在爆炸式的信息潮中输出一篇高质量的微信推送呢？可以从图文写作、图文排版、群审机制、学习智库、友好互动五个方面着手。

4.3.1　图文写作

首先，在推送制作之前，作者要搭建一个文章的整体框架，一般的微信推文会有顶部、主体、末尾三个部分。顶部，即文章标题与导语，文章的标题是吸引用户的关键。在浩如烟海的文章中，如何让用户点开你的文章，一个好的标题是必不可少的。好的标题字数不应过多，简短精练的标题易于用户阅读，抓取概括文章的主要内容，吸引读者的兴趣。同时，封面图和标题是相映衬的，用户在看标题的时候也会关注图片。一个好的封面图可以将标题蕴含的意思传达得更加清楚，给读者继续阅读的兴趣。导语在一定程度上相当于文章的摘要，让用户快速捕捉文章的要点，简洁明了的概要既为文章展开提供了一个良好的开端，又引发了遐想点，便于引导用户关注。

文章的主体要有适当的图文混排，而在图文编辑中，内容是最重要的，要分享有价值的内容，找准内容定位，如大家喜闻乐见的风景、美食，最近的热点事件或者独树一帜的内容，从而形成有特色的栏目。在高校微信公众号的推送中，经常会有校园风景类的原创推送，这是大部分在校学生、学生家长、教职工喜闻乐见的内容，这些内容价值高的推送他们就会乐于分享，从而吸引更多的用户关注。

文章的末尾也要和顶部的导语一样，要有一个简短的结束语，作为整篇推送文章结束的标志，有始有终形成完整的文章，完善用户的阅读体验。同时，可以温馨提醒用户扫描二维码或点击关注公众号；为了方便用户操作，可以在底部添加超链接进入公众号的其他相关的推送文章，引导用户继续阅读。

4.3.2　图文排版

文章排版也十分重要。一篇排版精美的推送，会让用户赏心悦目，文字和图片的精巧搭配，错落有致的排列版式，会让读者有舒适感，促使用户继续阅读。

4.3.2.1　精美排版的方法

（1）排版工具

目前使用最多的排版工具为秀米编辑器、135 编辑器和 i 排版编辑器。其中，秀米编辑器相对其他工具而言最容易上手，推荐新手入门使用；135 编辑器模板样式非常丰富，自带“一键排版”功能；i 排版编辑器的设计和运营非常用心，适合简约风格的文字。除此之外，还有易点编辑器、新榜编辑器、96 微信编辑器、小蚂蚁微信编辑器等。

（2）排版基础元素

①字号。一般建议使用 14px、15px，标题字号建议使用 16px，大号字在视觉上会显得不够精致。后台默认的 16px 也可以，最小为 12px。②行距。微信默认是 1，视觉上会感觉有点拥挤，行间距可设置为 1.8，字间距可设置为 1.6，合适的间距会使文章有呼吸感，段落间也可根据文章的语境进行回车空行。③段间距。由于手机屏幕较小，文章不要大段文字堆砌，要多分段或用小标题区分，让文章有呼吸感。④边距。文字和屏幕之间的距离，一般设置 10px 比较合适。⑤字体颜色。字体的颜色不要过多，文章中的文字颜色尽量不要超过 3 种，一般字体的颜色是灰色（正文）+黑色（标注）+品牌色，由于一般情况下推送的整体背景色为纯白色，而文字的默认颜色为纯黑色，这样在暗光环境下会非常刺眼，影响阅读体验，所以正文字体为灰色能为用户带来更舒适的阅读体验。

同时，可以通过排版将文章内容的重点、金句、逻辑结构突显出来，清晰传达文章高价值信息，提高阅读效率，让用户一目了然。在碎片化的传播时代，对用户来说没有重点，就相当于没看过这篇文章，也不想花过多时间去看。此外，篇幅一般不超过 2000 个字，且中间最好搭配与内容相关的图片或者视频，以缓解文字阅读的疲劳。

（3）排版的四大原则

①对齐。一篇文章的格式只有对齐了才能显得精美整齐，比较常用的对齐方法是居中、两端对齐。②对比。它指的是标题和正文内容的对比、重点内容和正文内容的对比，可以通过加粗文字、加大字号、改变字体颜色或者改变背景颜色等进行文字强调。③重复。文字排版使用的样式求精不求多，一个公众号最好能够有几个固定样式的排版，这样便于形成公众号的风格。④统一。一篇文章的字体、字号、颜色、行距等要统一，公众号所有的选图风格、排版样式、开头结尾样式要统一。

（4）常见排版场景

①封面图、头图的比例是 900×500，次图的比例是 200×200，同时要将图片的主要信息集中在正中方形区域。②引用。文章内容设计名句或者经典句、诗词等的引用，要与正文进行区分，一般可以借助微信自带编辑器的“引用”格式或者第三方编辑器的引用样式来实现。③人物介绍。人物图片尽可能选择背景干净、清晰度高的，文字介绍内容简洁有力，在第三方编辑器中有很多模板可以选用。④指引。文章中的配图最好能有说明文字，这样更有指向性，可以用线条和指向性符号引导视线。

（5）建立素材库

一篇文章的组成素材有文字、图片、音频、视频等，建立素材库可以节约大量的时间，也是微信推文团队在线编辑的有效方式。

4.3.2.2　不同第三方工具的优势

当用户通过微信编辑器编辑文章时，需要先选择自己满意的模板，然后将相对应部分的文字填入模板中。用户修改该部分的文字、段落、配色等设置后，选择下一个模板重复该操作直至完成整篇文章的编辑。这种编辑方式需要借助第三工具来完成，当前市面上的微信编辑器有十余种，这里简单介绍三种编辑器的特点，以供大家在编辑时选择使用。

（1）秀米编辑器

秀米编辑器提供了大量免费模板，多样式的模板可以增强文章的多样性和可读性，尤其是让没有专业基础的新手用户也能通过简单的操作呈现出效果多样的公众号文章。秀米的文字编辑功能十分强大，提供了诸多功能，对文章中的字体、字号可以自由更改，并且秀米的预览功能对新手十分友好，只需要扫一扫预览二维码就可以在手机上看到完整的推送，便于作者修改。

（2）135 编辑器

135 编辑器的提示多、易操作，延伸功能较全，含有多种样式、模板、图片素材思维导图，一键配图，视频制作，运用工具等。135 编辑器的图片功能相当完善，可提供几乎所有的图片编辑功能，满足各种图片处理要求。此外，135 编辑器的亮点功能是可“秒刷”的格式刷功能，好用便捷。在导出功能上表现也很优秀，提供的功能很全面，而且用户将文章通过复制粘贴上传至公众号后台后，文章的还原度最高。

（3）i 排版编辑器

i 排版编辑器仅提供基础服务，操作简单，适合对编辑功能要求不高的用户。它的页面简洁，可直接点击心仪模板在空白处修改复制到公众号，大多操作都很人性化，且免费模板基本够用、易操作，适合新手，可把多篇图片按顺序排列，组成一个多图文的文章后，一键同步到公众平台，同步成功还可以生成永久链接。

4.3.3　群审机制

首先，高校微信公众号的信息发布工作，严格遵循“上网不涉密，涉密不上网”“谁上网谁负责，谁发布谁负责”的总原则，并且在高校微信公众号发布的信息必须符合国家法律和法规，不得含有下列内容：违反宪法所确定的基本原则；危害国家安全，泄露国家秘密，煽动颠覆国家政权，破坏国家统一；损害国家的荣誉和利益；煽动民族仇恨、民族歧视，破坏民族团结；破坏国家宗教政策，宣扬邪教，宣扬封建迷信；散布谣言，编造和传播假新闻，扰乱社会秩序，破坏社会稳定；散布淫秽、色情、赌博、暴力、恐怖内容或者教唆犯罪；侮辱或者诽谤他人，侵害他人合法权益；法律、法规禁止的其他内容。

其次，高校微信公众号信息实行三级审核制度，常规信息发布前由指导老师初审，分管负责人审核后发布；重大或特殊信息由主要负责人审核后发布。网站管理人员对上网内容要严格审核、管理，以确保网上信息的合法性、真实性、准确性、及时性，坚决禁止不健康的信息上网。信息审核内容包括：上网信息是否涉及秘密，上网信息是否符合国家法律法规，上网信息是否符合保护知识产权的有关规定，上网信息是否会给其他单位、个人造成危害，上网信息是否有利于本地的宣传和发展，上网信息目前对外发布是否适宜，信息中的统计数据是否准确，信息格式是否正确。各方采集的信息经负责人校审后交由公众号管理人员审核，根据分级发布和分级负责原则，对照有关规定审定后方可提交上网发布。上网的信息必须经审核，未经审核的信息不得以任何理由或借口在网上发布。如有违规，追究相关人员责任。

最后，建立上网信息复查制度，指定专人负责上网信息复查工作，发现问题应及时更正，及时撤除不符合规定的上网信息。造成不良影响的，要追究相关人员责任，并由责任单位和个人负责消除影响。

4.3.4 学习智库

面对海量的信息资源，人们很难迅速地从中获取到真正想要的信息。因此，高校官方微信公众号需要一个信息整合的学习智库为用户提供更有价值的信息资源，方便用户更准确地获取所需要的信息。

在学校内部，可建立自己的素材库，由专门的同学分类整理素材库中的内容，不同校区、不同季节、不同地点等都有清楚的标记，并且素材库会及时更新，增加新的内容，以便编辑公众号内容的同学们使用。在推送前，要将摄影要求反馈给学校的摄影摄像部门，拍摄完成后，由分管素材库的同学统一处理上传，这样一个完整的素材链为公众号高效地运营提供了保证，也在一定程度上提高了推文的质量。

4.3.5 友好互动

高校官方微信公众号可以通过公众号与用户的友好互动提高校园知名度，增加公众号用户的黏性。当前高校最常用的微信公众号互动方式有以下几种。

4.3.5.1　需求性互动

高校在策划微信公众号时，依据需求设置互动方式可以大大增加与客户之间的黏性。例如，不少高校官方微信公众号在新生入学时会有招新板块，同学们如果有相关方面的需求，可以按照招新要求发送简历，从而增加用户好感和参与感。

4.3.5.2　内容互动

作者可以在微信公众号的内容中和用户互动，如在文章中引用用户的评论、来信等来互动。例如，武汉理工大学官方微信公众号在每年年终时会整理汇总一年内公众号后台收到的暖心评论，选取同学们在有代表性的事件、时间节点发表的推送中的评论展示出来，这样既回应了用户对公众号的热情，又为公众号一年的工作做了一个简单的回顾。同时，因高校官方微信有固定的团队运营，如果条件允许，还可以设置一个答疑类的栏目或环节，每天固定时间帮助用户解答问题。

4.3.5.3　调查互动

调查互动也是高校官方微信公众号互动方式中的一种非常传统却非常有效的方式，这种方式不但促进了和用户的交流，还能搜集各种数据，更加全面地了解微信用户习惯等，是诸多互动方式中最为高效便捷的一种方式。

4.3.5.4　有奖互动

有奖互动的形式多样，竞猜、征文、设计征集，任何时候都能让用户乐此不疲。有奖竞猜，如猜歌名、猜谜语等，将推送的主题与谜底答案相联系，引导用户深刻记忆主题；有奖征文，如果征文有难度，也可以选择简单一点的方式，如看一些公众号文章或者图片，续写自己的心得体会等；设计征集类的互动方式，最好门槛低一点，相关条款规则越简单，越容易吸引用户参加。展开有奖互动，不仅可以加强与粉丝的交流，还能够让很多好友愿意帮助转发或者分享。当用户的设计被采纳时及时通知用户，让用户在收获参与感的同时又有成就感。高校官方微信公众号还可以采集一些具有高校特色的纪念品作为奖品，这样既宣传了学校的特色文化，又收获了用户的喜爱。

4.3.5.5　用户评比互动

公众号可以定期推出一些用户评比小活动，如评比转载量最高、点击率最高、参与度最高的用户等，这种互动方式的好处在于一来能和用户产生互动；二来可以树立典型，培养核心粉丝；三是让用户之间产生竞争感；另外也是用户参与的一种小趣味。

4.4 线上、线下宣传技巧

4.4.1 线上宣传

4.4.1.1 链接形式引流

高校官方微信公众号代表着高校的立场，所以公众号后台一般不开放广告主。线上宣传以二维码或者图片链接的形式引导用户关注，公众号的其他内容可以在这里获得较多的展示机会，相关推送会以文字或者图片链接的方式展示在公众号图文消息底部，这样用户在点击这个链接时，会被提醒关注公众号。

4.4.1.2 合作推广

高校公众号之间可以进行合作推广，在特殊的节日或者时节在公众号上展开互动。例如，2022 年 3 月，武汉理工大学与华中师范大学在樱花盛开的时节进行联动，两校拍摄了各自学校的樱花美图，寻找角度相似、建筑相似、主角动作相似的图片进行组合，并且在文案中回顾了两校深厚的情谊，交相呼应，收获了极高的点赞量和浏览量。此外，高校联合出品时，还可在图文信息里推广彼此的文章或者公众号，以此吸引更多的用户关注。

4.4.1.3 定期活动

线上宣传还包括定期做活动保持氛围活跃，可以准备一些用户比较感兴趣、与学生生活息息相关、与学校特色紧密相连的奖品，如介绍学校历史的明信片、带有学校名字的徽章、印有学校风景的文化衫等，将这些奖品的特点告诉用户，关注公众号即可获得奖品。

4.4.2 线下宣传

高校官方微信公众号的线下宣传则以同学们自发组织的宣传队伍为主力军，在新生入校时，在各个专业的班级中进行宣讲，通过介绍公众号的主要职能，分享公众号的推送来吸引更多新同学的关注。同时，还可以制作印有公众号二维码的周边，在迎新活动时，通过发放明信片等周边，给用户一个简单的提示，就能让同学们感觉很贴心，更有想要关注公众号的兴趣。

4.4.2.1　二维码推广

二维码的出现让线上线下的营销成为一个整体，二维码不但没有空间限制，而且不存在时间限制。用户只要扫描二维码，就能实现添加关注的行为，操作非常简单。移动终端都可以通过简单的扫描完成复杂的电脑操作过程，让推广方式有了质的改变。二维码可以印制在产品的外包装上，还可以印制在户外广告、海报、宣传册、名片上。

4.4.2.2　活动推广

基于活动的推广可分为线上和线下，线上还包括互联网和微信活动，方式众多。比如，在微博上发起活动，关注就有机会获得礼品；或者在微信里发起活动，介绍身边的朋友即可获得折扣礼品，等等。线下方式如需要推广自己的微信号，只要推出活动让每个来的人关注微信，即可享受折扣或赠送礼物，等等。

4.5　微信运营容易陷入的误区

4.5.1　只注重阅读量，不关注内容

很多高校在初期进行公众号运营的时候，都会花费大量的人力和物力进行微信公众号的推广，想方设法将公众号推送到用户的面前。但如果文章质量不佳，就很难留住用户，成本高、效果低。只有有价值的内容才有被传播、被转载的机会，注重内容质量，虽然有时获得的曝光量较低，但是用户转化率比较高，性价比也较高。作为高校官方微信公众号，其目标精准粉丝大部分是在校学生及学生家长。既然是精准粉丝，就要为粉丝设计关注后的活动行为路径，让他们能够充分享受微信公众号给予自身的特定服务。

4.5.2　只关注热点内容，不关注粉丝需求

运营公众号不是漫无目的的每天更新文章，机械地刷存在感，这样不会有任何运营效果。微信运营往往过度聚焦内容，好的内容固然是传播的主要前提和因素，但是在写内容前，需要依据高校官方微信公众号的属性和目标用户特征，推送用户关心的内容，也就是说不要一味地关注内容本身，还要依据高校官方微信公众号的定位和粉丝特征确定发布内容，没有明确定位的微信公众号是做不好的。对于在校学生和教职

工来说，获得服务是第一位的；对于本校毕业生和学生家长来说，最重要的是获取信息资讯；对于上级教育机关来说，高校发布的消息不能跨越红线；对于普通公众来说，高校官方微信公众号要做好自我推广工作，以彰显学校的实力，赢得社会的认可。

4.5.3 只关注粉丝数量，不关注公众号价值

在运营公众号的时候关注数据、关注粉丝增长情况是必要的，但是也不能只关注公众号的后台数据，不然就会本末倒置。在运营公众号的时候应该找到公众号的价值，可以是具有学校特色的风景推送，也可以是知识干货，等等。在策划公众号的活动时要注意以下几点：要有恰如其分的文案表现和设计呈现；活动的宣传渠道和活动目标人群高度匹配；活动的用户行为动线设计简单合理，用户易于学习和参与；活动要有预期，同样要有活动总结报告，为下一次活动提供参考依据；活动目的明确，且不宜过多，最好设置在两个以内。

4.6 优秀案例

4.6.1 优秀“10 万+”推文案例

目前，大部分高校官方微信公众号的粉丝数量集中在 15 万～30 万左右，而北京大学、清华大学、浙江大学、上海交通大学等少数高校官方微信公众号已经突破百万粉丝数量大关。实际上，粉丝数量与其高校本身事业发展水平和影响力息息相关。“双一流”高校，特别是头部高校官方微信公众号的粉丝数量明显高于其他普通高校，原因在于“内容为王”是微信公众号茁壮发展的根基，内容是平台的核心竞争力，读者会主动依附在好内容身边，形成聚集效应。“双一流”高校具有一定的办学规模、历史积淀、学科优势和发展潜力，能够挖掘的内容素材相对较多。同时，由于高校在办学理念、管理模式、校园文化及所在区域等方面差异较大，社会对于中东部地区高校官方微信公众号的关注度明显要高于西部和东北地区高校。教育部公布的两批 24 家教育融媒体建设试点高校中，有 15 家位于中东部地区[①]。我们可以参考几所高校官方公众号浏览量达到“10 万+”的推文（表 4.3），通过优秀案例学习制作推文的经验，指导高校官方微信公众号的运营。

---

① 胡振宇，张铁根，白梦天. 高校官方微信公众号的发展策略研究——基于中国青年报“2022—2023 年度中国大学官微十强”排行的分析[J]. 新媒体研究，2023，9(20)：15-19.

表 4.3　中国青年报公布的“2022—2023 年度中国大学官微十强”具有代表性的“10 万+”文章统计表

微信公众号	标题	在看数	点赞数	发布时间	文章类别
北京大学	这是 125 岁的北大！	2885	6042	2023 年 5 月	时间节点（校庆）
武汉大学	一方山水，六载奋斗，武大不会忘记！	2407	4875	2022 年 11 月	新闻资讯
清华大学	从黑暗到黎明！清华新生拉练暴走四十里！	660	2289	2022 年 8 月	校园生活
晚安华师	华师，89 岁生日快乐！ 90 周年倒计时！	3833	4507	2022 年 11 月	时间节点（校庆）
浙江大学	杜江峰同志任浙江大学校长	539	2136	2022 年 12 月	新闻资讯
北京航空航天大学	今天，亲爱的北京航空航天大学，70 岁生日快乐！	3912	10080	2022 年 10 月	时间节点（校庆）
上海交通大学	今天，127 岁生日|这就是，上海交大！	773	2087	2023 年 4 月	时间节点（校庆）
华中科技大学	免费送！华中大专属月饼上新了！	7745	9049	2022 年 9 月	时间节点（中秋）
西北工业大学	祝贺！西工大“飞天一号”发射成功！	603	2383	2022 年 7 月	新闻资讯
北京科技大学	天气转冷，北科大羽绒服上新！	6248	7364	2022 年 11 月	活动策划

4.6.1.1　武汉大学

2022 年 8 月 16 日，武汉大学官方微信公众号发布了一则“是她！学业、爱情双丰收的武大博士生”的推文（图 4.1），收获了“10 万+”的浏览量，作为一篇人物采访，推文的标题就为读者制造了“她是谁”的悬念，并且点出了“学业”“爱情”“博士”三个重点，简洁精练，让读者想要打开推文一探究竟。

文中导语以关键词概括人物的主要特征，简单介绍了这位风云学子的事迹，回应了标题中设置的悬念；结语选取了人物最有代表性的事迹展现人物风貌，作为文章的点睛之笔。首尾呼应，有始有终。

在推文中，采用小标题分类，让推文的整体结构清晰明了。小标题不仅概括了各个部分的主题，还在点题之余吸引了读者的阅读兴趣。同时，人物的具体事迹以时间顺序串联，详略得当，既有描述人物默默付出的细节片段，又有精神升华的理论总结，让读者仿佛看到了一个鲜活的人物在屏幕上跃动。文字细腻动人，图文相辅相成，截取了部分人物学习或工作的动图在推文中，使篇幅较长的推文更具有趣味性，让读者在阅读时不觉得枯燥乏味，反而想要继续深入了解这位风云学子。

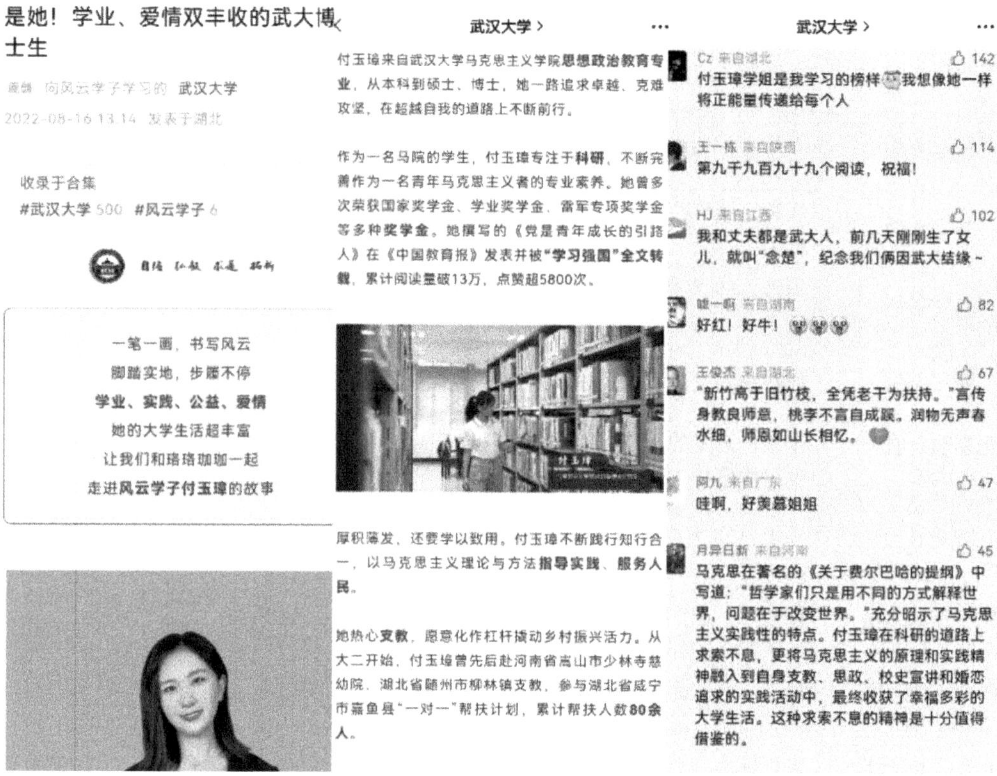

图 4.1　武汉大学官微推文与评论区截图（部分）

4.6.1.2　华中科技大学

2022 年 5 月 20 日，在这个特别的日子，华中科技大学官方微信公众号官宣了他们的校歌，“520 特别的爱，华中科技大学校歌官宣！”一文的阅读量达到了“10 万+”（图 4.2）。

首先，推文发布的日期特殊，特殊的日期对读者具有不一样的意义，会收获更多用户的关注，给读者留下深刻记忆。

其次，在推文中插入音频，校歌节奏明快，悠扬上口，让用户能边听校歌边看文章，在欣赏校歌的同时也保持着继续浏览的兴趣。文字部分则简单介绍了校歌的来历，重点是插入视频版的校歌，截取一段又一段的视频详细分析校歌歌词的含义，介绍了华中科技大学的地理位置、发展目标、校园景色等，图文交相辉映，让读者看到了一代代华中大人筚路蓝缕、以启山林的画面。

这则推文既在公众平台正式发布了校歌，收获更多用户关注，又为读者宣传普及了华中科技大学的校园文化，增加了用户对华中科技大学的了解，内容价值很高。

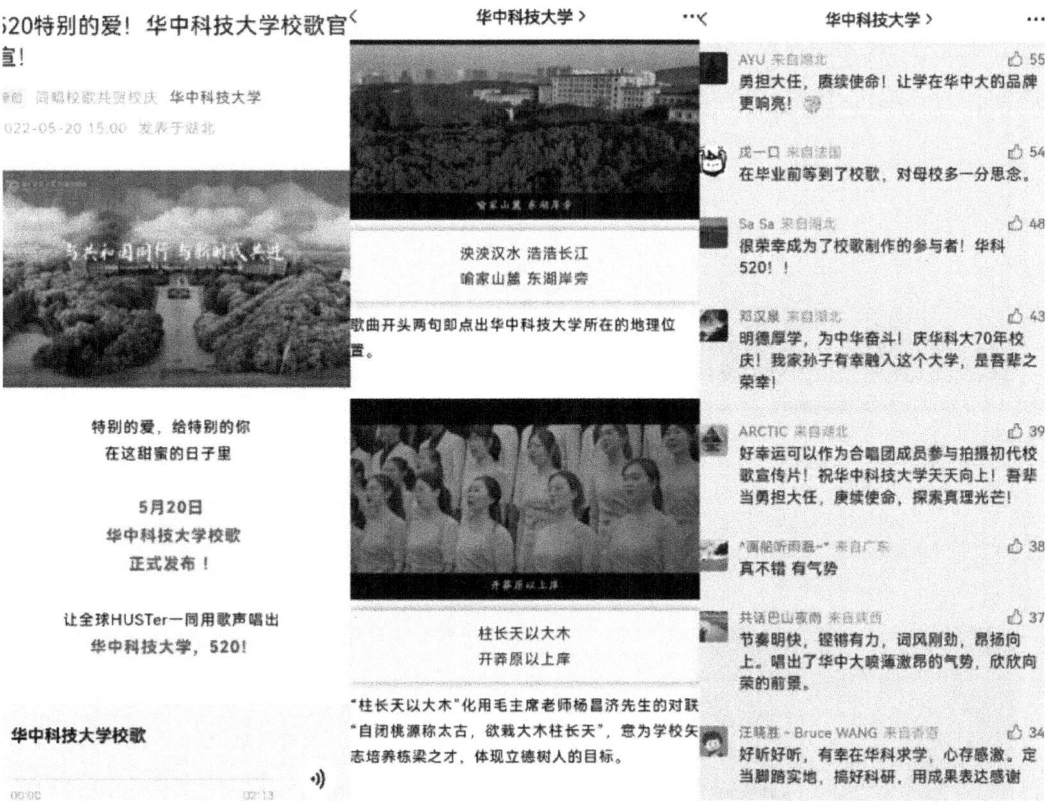

图 4.2　华中科技大学官微推文与评论区截图（部分）

4.6.1.3　武汉理工大学

2019 年 5 月 27 日，武汉理工大学官方微信公众号发布了校庆的相关推文，“5·27，祝福你的生日”（图 4.3）。简单的文字标题，在点明了校庆日期的同时又传达了对学校的祝福，真挚的情谊打动着读者，牵动着每一位关注武汉理工大学发展的校友的心。

在导语中，用数字抓住读者的眼球，点出了武汉理工大学的占地面积、学科门类等信息，对学校进行了简单又不失重点的整体介绍。在正文部分，以宣传片的形式回顾了武汉理工大学的发展历程，从建校史到发展史，有选择地列举了学校的成就和为学校发展做出贡献的领军人物，用学校的品牌色标记重点，方便读者阅读。

在正文排版中，文字在前，图片在后，是武汉理工大学排版的特色之处。先用文字介绍背景，让读者对学校的发展史有一个简单的了解；后用图片辅助，加深读者记忆，图文结合，更便于读者的理解。

一个个的小标题有序分类了主要内容，新突破、新成果、新高度，既有相同的“新”，表明学校飞跃式的发展，又有不同的关键词区分不同的领域差异，有详有略。回首学校合并组建近 20 年的改革发展，初心不改，奋勇向前，在文末以拟人的手法将武汉理工大学称为“她”，仿佛一位母亲，号召武汉理工人为母校庆生，为母校发展奋斗拼搏。

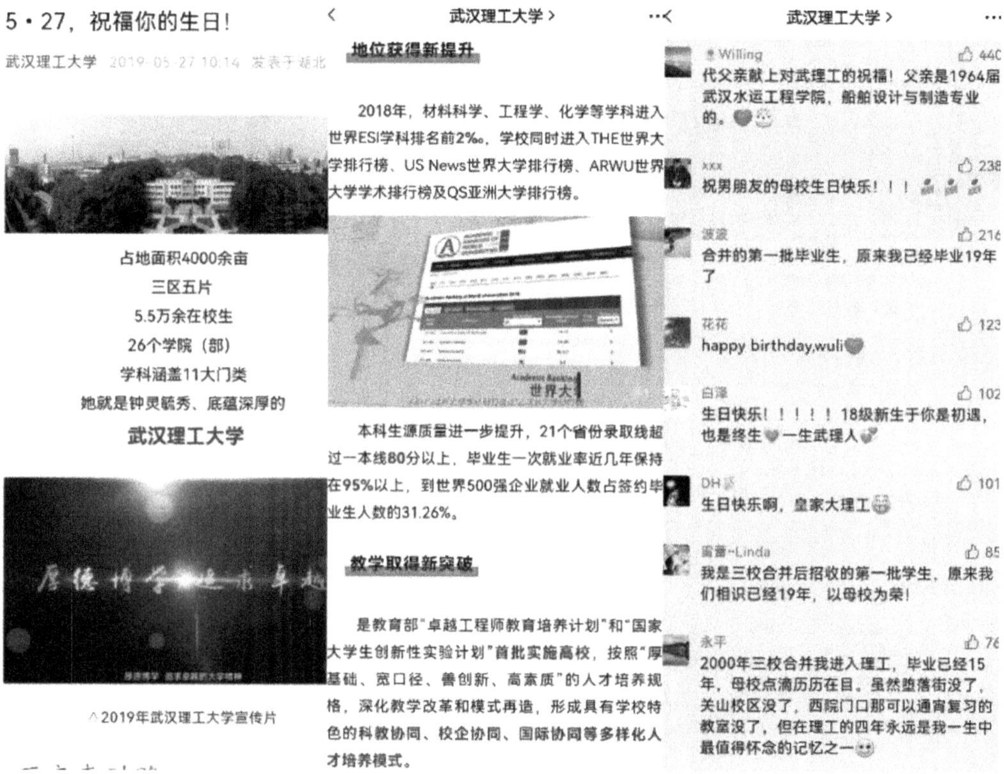

图 4.3 武汉理工大学官微推文与评论区截图（部分）

4.6.1.4 华中师范大学

2021 年 10 月 2 日，华中师范大学的“亲爱的华师，118 岁生日快乐！”（图 4.4）达到了“10 万+”的浏览量，推文的文笔流畅，引经据典，首尾呼应，不仅有对仗的句式让读者读起来朗朗上口，还有排比的修辞回环反复，极具音韵美和节奏感。

同时，在推文中以时间顺序追溯了华师过往的发展历程，并插入大量图片展示了华中师范大学发展过程中取得的成就，以及为华中师范大学做出贡献的先辈们，图文并茂。除此之外，还插入了华中师范大学版的《少年》MV，以音乐视频的形式展现华中师范大学当代学子的青春面貌，传递了“为党育人，为国育才”的初心。在排版时用华中师范大学的品牌色将文章内容的重点、金句、逻辑结构突显出来，清晰传达文章的高价值信息，牢牢抓住读者的兴趣。

最后，在文末展开互动，赠送校庆大礼包，既宣传了华中师范大学独具特色的校园文化，为每位关心和支持华师发展的校友们留下了一份难忘的记忆，又吸引了更多读者的点赞和转发，引导用户关注公众号。

图 4.4　华中师范大学官微推文与评论区截图（部分）

4.6.2　高校官方微信公众号运营经典案例

4.6.2.1　北京大学——微信公众号的思政教育内容优化路径

（1）突出思政教育功能，内容策划突出受众思维

北京大学官方微信公众平台创建于 2013 年，定位为“发布北大权威信息，展示北大校园生活，服务广大师生校友”，具体设置有北大主页、北大新闻、参观北大、校园服务等功能服务菜单，设立了“百年初心”“读诗”“不一样的科学家”“蓝图北大”“学者书房”“定格”“大学堂·北大讲坛”“北大公开课”八个专题栏目。北京大学除

发布思政教育类主题推文外，还设立思政教育类专题栏目，充分发挥了思政教育功能，取得了良好的传播效果。例如，北京大学官方微信公众号结合建党百年重要节点设立了“百年初心”专题栏目，2021年全年制作推文26篇，共计点阅量155万次，其中“北大里的一场快闪，歌声穿越百年”“杨振宁、许渊冲等‘主演’！史上最强阵容电影”等推文阅读量有“10万+”。

在高度同质化的同类新闻中，如何杀出重围，实现“破圈”传播，就要在巧借“东风”的同时挖掘选题深度，贴近受众需求。北京大学官方微信公众号利用开学季、毕业季、校庆纪念日、重大会议召开、社会时政等重大新闻节点制作思政教育推文，推文内容既紧扣思政教育主题，又贴近独属于北京大学师生的日常生活，且内容有亮点、有干货，具有针对性和代入感。例如，北京大学“北大清华：棠棣之情手足之谊”“亲爱的厦大，北大祝你百岁生日快乐”这两篇校庆送祝福的推文均收获了“10万+”的阅读量。像“北大开学”突出实用和温馨的特点，一方面，通过校历、开设课程内容介绍和校园服务新设备的介绍满足同学们的实际需要；另一方面，以校园各类服务人员贴心温暖的服务表达新学期学校对同学们的热切期待。“回家！123岁的北大，为你补一场盛大典礼”打破会议类新闻的报道模式，将同学们对学校不舍之情、同学间不舍之情甚至包括恋人间的爱情作为新闻报道的重点，将校长讲话、老师代表和学生代表的发言化为一句句殷切的嘱托，大量使用视频和图片，增强了毕业仪式的现场感，将感恩教育融入字里行间。由此可见，创新是新闻策划的灵魂，只有力争在内容和形式上打破常规，才能在同类素材的新闻中破圈突围。

（2）内容制作善于借势，充分挖掘新媒体交互性特点

高校官微中的思政教育类内容要善于借势，不应和社会热点“绝缘”。善于将思政教育的内容与同学们关注的热点问题、热点现象作合理嫁接，提升思政教育内容的传播效果。借助热点问题、热门事件，转变内容报道视角、转变推文语态，多做加工、解读，寻找热点问题、热门事件与校园思政教育内容的交叉结合点，寻求二者的“最大公约数”，借力打力、借势造势，提升传播力。此前，电视剧《觉醒年代》大火，在各类媒体上关于《觉醒年代》的各类新闻层出不穷。北京大学微信公众号紧紧抓住《觉醒年代》中与北京大学校史强关联的特点，推出了一系列相关推文，取得了良好的传播效果。其中“独家！觉醒年代与北京大学”“大钊先生，请回答”“泪目！今天，《觉醒年代》在北大”等都取得了“10万+”的阅读量。以北京大学“10万+”推文“大钊先生，请回答”为例，这篇推文以几名学生对李大钊先生的祭奠生发出去，介绍了李大钊先生在北京大学工作生活的经历。文章中多次运用电视剧《觉醒年代》的剧照、动图和截取视频，既有效地借助热点，又使这篇关于李大钊先生生平的推文，人物形象

鲜活、丰满。这篇推文是在北京大学开展党史学习教育背景下制作推出的，北京大学充分利用红色资源，复原了李大钊担任图书馆主任时的办公室，打造“大钊阅览室”作为党史学习教育专题阅读区。这篇推文将党史学习教育线下举措与线上推文形成了有机联动，真正做到了将党史学习教育融入日常生活，让党史学习教育鲜活起来。

从思政内容建设上来讲，微信公众号订阅号可以通过投票、评论、调查等方式实现与受众间的互动，不断增强受众黏性。例如，北京大学的推文都增加了“百年初心”“学者书房”“定格”“北大师说”“北大学科”“北大体验”等专题推文推荐的超链接，受众可以通过点阅的方式直接跳转至感兴趣的专题，便于受众点阅浏览。“来北大，这样读书”是在世界读书日的时间节点推出的一篇“10 万+”的推文，文中不仅通过视频、动图等形式展现了北大浓浓的书香校园氛围，还介绍了北大图书馆的历史变迁，尤其提到了李大钊任北大图书馆主任时期引进新思想书籍，使北大图书馆成为传播马克思主义和新文化运动的重要基地。文末，小编还邀请同学们在评论区分享读书故事，收获精选留言 71 条。通过这种互动，受众不再是单纯地接受信息，也参与到了信息持续的生产过程中，思政教育取得了良好效果。“妈妈，北大学子用 21 种语言说爱您”是母亲节这一时间节点推出的一篇“10 万+”推文，文中通过视频的形式展现了北大外国语学院 21 名同学用 21 种语言向母亲深情表白的感人画面。这篇推文中插入了 21 种不同语言的教学视频，便于受众尝试跟读学习，文末还设立超链接，制作了一个名为“测一测，你适合哪种语言？”的小游戏，通过新媒介交互性的特点极大地增强了推文的趣味性，增加了受众黏性[①]。

4.6.2.2　浙江大学——微信公众号运营与品牌形象的构建策略

（1）标题的精雕细琢

①切中要点

新媒体平台传播的实现主要依靠人们的碎片化时间，而一个吸引人的标题可以使传播效果事半功倍。浙大公众号部分推文的标题采用了直截了当、较容易带动人们情绪的标题。如“机器人都会泡茶了！”这样一篇推文，标题简单直接，围绕创新的成果机器人展开，又联系泡茶这样一个日常生活中人们所熟知的动作，成功地引起人们的好奇心。又如，关于征兵季的相关报道，浙大用“这！也！太！帅！了！吧！”这样一个极富感情色彩的标题表现对入伍学子的赞许，这样的一种拟题方式用最直接的

① 徐佳宝. 浅析高校微信公众号的思政教育内容优化路径——以北京大学官方微信公众号为例[J]. 民族高等教育研究，2022，10(6)：55-59.

手法告诉受众相关内容，但又不透露细节，吸引人点进文章一探究竟。

②设置悬念

如“浙大，又来了！55535633，232655！”这样一篇文章，标题的神秘数字引起人们的好奇心，在文末通过歌谱解答疑惑，前后形成了呼应，以此用祖国生日贺礼推文斩获了 8.5 万的阅读量。这样一种标题设置悬念的手法不仅可以将一些较为主旋律的内容变得更加亲民，同时也可以吸引人将推文完整地看完。

③紧贴热点

在 2019 年暑假期间，浙江大学发布了这样一篇推文“你怎么这么好看！浙大十二时辰，每一秒都美到极致”巧妙地将校园美景用十二时辰表现出来，“十二时辰”这样一个名称与当时的热播网络剧《长安十二时辰》相映衬，高质量的图片配上诗意的文字和巧妙的创意，合成了一篇别出心裁的推文。

（2）贴近生活的优质内容

高校新媒体的推文内容多来自于校园相关生活，因此对于校园生活细节的捕捉和校园相关人物的展示显得尤为重要。

①形式多样

技术的不断发展和流量费用的降低使图片和视频的使用更加广泛，公众号平台允许用户使用多种形式来对内容进行表达。浙大官微结合平台特征，综合使用漫画、视频、图片等形式，表现出学生生活的风采。如推文“浙大祝你一举高‘粽’”，在高考之际用风趣的漫画内容，结合端午节和高考的热点，为广大考生带来了暖心的祝福。这样丰富的展现形式和图文并茂的表现方法，有利于碎片化时间的快速浏览，同时结合视频的推送，可以满足部分用户深入了解相关推送内容的需求。

②频率固定

保持一日一推的更新频率也是浙大官方公众号的特色。在当今新媒体账号众多的大环境下，保持一定的更新频率是吸引住读者的重要因素。浙大官方公众号从丰富的校园相关内容中总结归纳，每日更新，保证每个相关选题都能有所涉及，合适的频率也有利于受众保持一定的新鲜感。

③人文关怀

在越来越娱乐化、快餐化、肤浅化的短视频时代，一些温情的故事显得弥足珍贵，这些故事总是能够抓住很多人的心，能够在浮躁繁华的大环境里保持人文情怀、保有人情温度，能够很好地体现高校的高度与气质。如“校园保安苦读学习”“浙大夫妻的爱情和科研故事”“国庆活动”等内容，让人在新媒体平台这样一个空间里感受到分量与厚度。真正有温度的内容，受众是无限的，所有人都是潜在受众，因而温度也应当是高校新媒体值得注意的部分。

④精选评论

由于微信公众号平台的特殊性，评论区的评论都是由公众号编辑挑选展示出来的，一些良性的、有趣的评论被筛选出来后也有利于读者引起共鸣，并且刺激下一步的互动。虽然读者和公众号主体不是进行即时的交流，但是由于微信的互动提示机制，依然有利于受众与公众号之间、受众与受众之间的交流。如在推送“122 对‘比翼齐飞’戒等你，缘定浙大校友集体婚礼”这样一篇推文后评论数将近 100 条，内容大多是与自己情感经历相关的小故事和抒情的小诗歌，在评论区第一条小诗获得了 1000 多个点赞，可以看出受众对于该条评论的赞赏和共鸣。精选评论有利于受众在读完公众号出品内容后继续留在当下页面进一步阅读，并且通过评论区加以了解更多的相关内容，从而达成公众号与读者之间的共同情感诉求①。

4.6.2.3　武汉理工大学“543”工作理念打造校园最大首发媒体

党的二十大报告中指出，要巩固壮大奋进新时代的主流思想舆论，加强全媒体传播体系建设。全国宣传思想文化工作会议中习近平总书记对宣传思想文化工作作出重要指示，明确要求“着力提升新闻舆论传播力引导力影响力公信力”。武汉理工大学深入学习贯彻相关指导精神，把新媒体建设作为提升新闻宣传吸引力、凝聚力的重要抓手，打造了虚拟网络思政形象“武小理”，力求让新媒体平台生动起来，着力打造服务师生、传播动态的信息平台，学校宣传的媒体平台，新时代高校形象塑造展示的文化平台。

“武小理”是武汉理工大学官方微信的 IP 昵称，由党委宣传部主办，账号于 2013 年 12 月注册。截至 2023 年 10 月 30 日，“武小理”已拥有粉丝 29 万人，发布推文 3360 条，月度最高 WCI 值为 1301，共发布 5 篇 10 万+推文，其中单条推文阅读量最高的有 41 万人次，官方微信在教育部直属高校新媒体月榜中稳居前 40 名。

作为目前校园影响力较大的首发媒体，平易近人的“武小理”深受广大师生校友喜爱。自 2013 年以来先后荣获“全国教育系统最具影响力官微”“中国大学官微百强”等省部级以上奖励 30 余次；光明日报、中国教育报、教育部网站、新华网、人民网等权威媒体对武汉理工大学官方新媒体建设工作进行专题报道 15 次，新媒体建设工作成效显著，为学校改革发展营造了良好的舆论氛围。

---

① 周颖，黄佳兰，陈慧婷，等. 高校微信公众号运营与品牌形象的构建策略研究——以浙江大学官方公众号为例[J]. 新媒体研究，2019，5(23)：50-53.

（1）“五大举措”建强校园网络新阵地

“武小理”的形象设定为工科男生，他是理工人思想的“引路人”，在理工资讯、闪闪发光理工人、拍不尽的理工版块，传播校园新闻资讯、传递校园正能量、传承校园文化；他是理工人身边的“知心人”，在教育教学、科技创新、文化艺术版块，师生校友关心关注的话题都能聊；他是理工人生活中的“贴心人”，在信息查询、通知公告、热点回应版块，理工小微总在你身边，你需要的都能第一时间反馈给你。

①明方向，唱主角

学校坚持实施产品化战略，坚持内容为王，创新网络文化供给，用优质爆款传播声音。官方新媒体要追求流量，更要追求质量；要健康流量，更要绿色流量，讲求流量和质量的高度统一。接天线、连地线、守底线，是“武小理”成长过程中坚守的“三线”，先后组织“青春向党说”“云端共唱卓越之歌”“卓越面对面”等丰富生动的系列网络文化活动，形成了以《理工一分钟》《点亮理工美景》《武汉加油》等为代表的一批高质量融媒作品。

②建队伍，定规则

学校组建了师生策划采编的专、兼职队伍，制定了一系列工作规则，包括重大新闻宣传活动策划制度、新闻线索报告制度、每周例会制度、培训管理制度、绩效考核制度等，明确了各项工作纪律和要求，以及一系列操作运行规范。

③勤学习，强本领

广泛招募优秀学生加入“武小理”工作室，设置新闻采编、摄影摄像、新媒体运营、视觉设计等组别，开展一系列新媒体策划、摄影摄像、创意设计等专题课程，日策划、周例会、月培训，学习不止、探索不止、创新不止。“武小理”工作室致力于将每位成员都培养成能拍、能写、能剪、能创的宣传多面手。

④强策划，抓典型

围绕党和国家的大事喜事，先后开设“喜迎二十大　奋进新征程”“学党史　铭初心”“众志成城　共抗疫情”等一批学习宣传党的创新理论、感知感悟伟大实践的专栏；聚焦学校改革发展成就和经验，先后开设了“聚焦教育高质量发展”“数字化战略行动实践”“理工金课”等一大批网络专题专栏；挖掘人民教师育人故事、学子成长故事、校友报国故事、百年校史红色故事等，彰显理工名人、理工学人的精神风貌，打造“理工力量”“闪闪发光理工人”“拍不尽的理工”等品牌栏目，通过身边典型传播理工声音，讲述理工故事，营造强大的网络正能量。

⑤建矩阵，齐发力

建立传播“新堡垒”，成立武汉理工新媒体联盟，完善校园新媒体矩阵建设，发挥集群效应，打破“独唱”格局，致力于“四个新阵地”的打造，即打造思想政治教育新阵地、新媒体研究新阵地、网络文化育人新阵地、网络舆情引导新阵地。

（2）“四个坚持”凸显时代媒介新亮点

①坚持正确方向

坚持正确的舆论导向和以师生为中心的创作导向，积极践行网上群众路线，同时结合本校和行业特色工作实际，借助官方微信发布一批有吸引力、有感染力、有影响力的新媒体稿件。坚持原创导向，讲好理工故事，打造“拍不尽的理工”“闪闪发光理工人”等新媒体特色品牌栏目，从以文字、图片为主向 svg 动画、视频兼顾转变，增进价值认同，凝聚思想共识。积极运用新媒体平台开展学习宣传党的最新精神活动，通过图文、视频等方式推送系列内容，让党的最新精神入脑入心；围绕学校即将召开的党代会，在官方新媒体持续推送喜迎党代会系列文章，为党代会营造良好的舆论氛围。

②坚持聚焦民生

为更好提升主题教育宣传效果，学校融媒体中心利用“报、网、微、号”共同发展的融媒体平台，对学校主题教育开展情况进行全媒体、立体式地传播。2023 年 4～7 月，学校在新媒体平台开设“主题教育在线”专栏，官方新媒体各平台累计发布主题教育稿件 33 篇。在学期初，积极发布开学资讯以及相关温馨提醒，学期末发布寒暑期服务指南，保证师生假期无忧；镜头聚焦水电工、食堂阿姨、宿管大叔等人物，挖掘温馨感人先进典型故事，关注学校后勤、后保、网络、安保等涉及服务师生一线的典型人和事。

③坚持内容原创

保持较强的原创作品生产能力和活动策划能力。学校官方微信公众号 2023 年在教育部直属高校新媒体月度排行榜中排名前四十，其中 5 月榜排名第十九。在校庆日推出《5·27 武汉理工，生日快乐！》，阅读量达 41 万人次，创历史新高；围绕武理・华师友谊门开启策划专题新媒体，其中友谊门推文被人民日报、光明日报、中国青年报等官方微信公众号转载，当天相关话题登上新浪微博湖北同城热搜榜单第一名。

④坚持打造精品

策划制作一图读懂“5·30”行动计划、《一“研”为定，加油！》svg 动画、360 全景校园等新媒体形态文化产品，以更好的形式、更优质的内容、更美的视觉做好专题内容的宣传。制作学校一分钟宣传片《“理”，好！》、党代会献礼片《初心》、学校办学 125 周年宣传片《时代的回响》等新媒体爆款短视频，展示学校教学科研成果。建好“武小理”工作室，打造理工融媒体IP形象“武小理”，持续推进融媒体“武小理”IP形象及周边文创产品设计，打造有温度、接地气的新媒体形态产品。

（3）“三步战略”唱响高质量发展主旋律

凡是过往，皆为序章。面向未来，武汉理工大学微信公众号将不忘初心、牢记使命，及时总结经验教训，认真研究发展战略，积极回应时代呼唤，建强校园网络新阵地，打造“方向正确、聚焦民生、内容原创、打造精品”的时代媒介新亮点，坚持“三步战略”，唱响高质量发展主旋律，为校园媒体文化奉献更多的精品力作，为网络思政育人提供更多的精神食粮。

①秉持“一心”，坚持守正创新、服务师生

坚守讲好记得住、传得开的教育故事的工作核心，整合更优质的内外资源，用更多精品力作唱响学校高质量发展主旋律。抢占互联网舆论阵地，充分发挥教育融媒育人功能；加强优质内容建设，提升教育新闻舆论“四力”；加强传播手段建设和创新，积极发展各种互动式、服务式、体验式新闻信息服务，实现新闻传播的全方位覆盖、全天候延伸、多领域拓展。

②做到“四坚持”，打造网络文化工作室品牌

a. 坚持导向为魂守底线。向质量要流量，要健康流量，要绿色流量，要红色流量；以正能量促聚流量，激活校园网络主流媒体的传播力、引导力、影响力与公信力。b. 坚持内容为王铸精品。结合学校党委的工作重点和师生的工作学习需求策划内容，讲好向上向善向美的理工故事。c. 坚持创新引领保活力。充分调动各方积极性，外部形成正能量舆论场，内部构建创新活力场，守正创新，团结互助，形成干事合力，激发创新活力。d. 坚持学以致用育人才。激发“武小理”工作室成员的主观能动性，学习新媒体策划运营技能，完成新媒体运营实践，让媒体为个人成长赋能，成为一专多能的融媒体人才。

③“五要”生产传播，提升宣传工作质效

创新、互动、挖掘、设计、赋能，是“武小理”工作室未来提升发展的路径。积极开拓垂直领域，满足师生用户多样化需求，寻求新媒体内容和形式的创新，技术为内容表现形式持续赋能，增强内容观感，提升内容的传播力、影响力；重视账号与粉丝之间的互动关系，加强师生、校友的归属感，使用交互式语言让账号富于亲和力，使用时兴热词等表达方式来吸引读者兴趣；贴近师生校友、切实满足需求，以小见大、接近真实、内容升华，引起师生、校友、家长的共鸣；加入更多新的视觉设计方式，运用更加协调美观的模板与挂件，提升新媒体产品的美感；紧跟先进技术发展趋势，

让技术为教育融媒赋能，牢牢把握 5G、大数据、AI 等技术广泛应用的历史机遇，使技术研究成果及时应用于传播实践。

4.6.2.4　北京科技大学——以“三个聚焦”打造网络思政育人阵地

（1）聚焦重大主题事件，凝聚思想共识

①学习重要回信精神，牢记初心使命

2020 年 5 月 17 日，习近平总书记给学校全体巴基斯坦留学生回信。2022 年 4 月 21 日，习近平总书记给学校老教授们回信，肯定学校 70 年来作出的积极贡献，并对学校下一阶段的发展提出殷切期望，迅速掀起全体师生学习热潮。两次回信，学校官方微信公众号都在第一时间宣传报道，传达习近平总书记回信内容，报道学校全体师生学习重要回信情况，并持续宣传报道学校贯彻落实习近平总书记重要回信精神情况。把握重要时间节点，推送切实做法成效，让回信精神入脑入心、落地生根。

②紧跟党的脚步，勇担时代重任

在中国共产党成立 100 周年之际，学校官方微信公众号联合各部门专题策划推出《2000 人合唱！超燃现场！唱！响！北！科！大！》，千人放声高唱，深情颂歌献党。2021 年 7 月 1 日，庆祝大会举行当天，学校官方微信公众号第一时间推出《第一现场！全体北科人深情祝福党的百年华诞！》，通过文字、图片、视频等形式，全面、直观、立体、形象地展现了全体师生对党的无限忠诚和衷心祝福。

③弘扬冬奥精神，厚植爱国情怀

北京 2022 年冬奥会和冬残奥会期间，来自学校的 400 余名师生志愿者用完美的服务、精彩的表现共赴这场冰雪之约，高质量完成“冬奥”任务。学校官方微信公众号全程跟进报道，推出《倒计时 20 天！ 400 余名北科大学子出征冬奥会！》《祝贺谷爱凌夺冠！北科大又有两项冬奥“黑科技”曝光！》等二十余篇宣传报道，全面展现了学校冬奥志愿者的风采，生动讲述了学校以科技服务冬奥的故事，进一步激发全体师生的爱国主义情怀。

④投身疫情防控，彰显责任担当

抗疫三年来，学校始终把师生的生命安全和身体健康放在第一位。学校官方微信公众号充分发挥新媒体力量，及时、准确发布抗疫信息，传达防疫政策，回应师生关心关注的重点热点，推动疫情防控工作有序开展；同时，联合各部门、各单位推出《全体北科大人团结一心！并肩战疫！》《@全体北科大人！携手同心，勇敢向前！》等文章，宣传报道投身疫情防控第一线、站在抗击疫情最前沿的师生员工事迹。

（2）聚焦学校事业发展，汇聚奋进力量

①共迎校庆，传承校史精神

2022年是北京科技大学建校70周年，学校在校庆倒计时200天时发布70周年校庆主题、标识和网站，并推出《70周年校庆倒计时200天宣传片》，回应全校师生员工、海内外校友及社会各界人士热切关注、热忱支持和热情参与。学校官方微信公众号联合校庆办等各部门持续推出《倒计时100天！致全体北科大校友的一封信！》《70岁生日快乐！亲爱的北科大！》等二十余篇校庆专题报道，阅读量超100万，营造了浓厚热烈的校庆氛围，展现了学校70年的校史底蕴。

②共赞成绩，推动科研创新

学校始终秉承“钢铁强国、科教兴邦”的历史使命，在科技创新的道路上奋勇向前。学校官方微信公众号聚焦科研团队分享、科技成果展示、科创能力突破等主题进行宣传报道，推出《赞！北科首个！“十四五”国家重点研发计划项目！》《全国10人！祝贺张跃教授当选发展中国家科学院院士！》等文章，认真讲好学校的科研创新故事，全面展现学校的科研创新实力，激励广大师生勇立时代潮流、勇攀科技高峰。

③共育人才，落实立德树人

学校全面落实立德树人根本任务，培育一流人才。学校官方微信公众号结合学校实际工作，推出《我叫胡正寰！》《您好呀！我最最最敬爱的导师！》等文章，以名师风范展现育人力量；推出《赞！北科大这门课程荣获金奖！》《喜报！这些课程和教材入选！你知道吗？》等文章，以课程质量体现育人价值；推出《刚刚公布！北科大冶金蝉联世界第一！》《超赞！北科大光荣榜！》等文章，以优异成绩凸显育人效果。

④共绘蓝图，展望美好未来

学校官方微信公众号瞄定“建设世界一流大学”目标，描绘学校事业发展蓝图。围绕学校新规划，推出《中国共产党北京科技大学第十二次党员代表大会隆重开幕！》等文章；围绕学校新变化，推出《面积2665m^2，北科大新幼儿园来啦！》等文章；围绕学校新校区建设，推出《重磅！北科大雄安校区总体规划设计正式开启！》等系列报道，团结引领北科大人奋进新征程，一起向未来。

（3）聚焦师生成长需求，团聚温暖人心

①树立朋辈先锋榜样，做“贝壳引路人”

深入挖掘在专业学习、科研竞赛、实习实践等各方面表现突出的优秀学生榜样，共计推出《他叫宋震！12门课程100分的学生会主席！》《全员保研！这个宿舍有亿点强！》等100余篇“贝壳”人物文章，生动形象地讲述北科大学子追求卓越、勇于争先的“贝壳”故事，以身边人、身边事激励青年学生以梦为马，不负韶华。

②服务学生成长发展，做“贝壳知心人”

学校官方微信公众号时刻关注学生成长发展，为学生的“学业、毕业、就业”保驾护航。在迎新、毕业重要阶段推送系列文章，增强学生归属感；在比赛、考试等关键时间点发布通知，提升学生获得感；在求职就业期间推送“就业信息整合”“就业数据分析”等文章，培养学生自我价值感。

③服务师生生活需求，做“贝壳贴心人”

深入师生身边，走进师生内心，学校官方微信公众号积极宣传报道学校师生的精彩生活和高光时刻，为他们提供全方面信息和全方位服务。《立冬，亮灯！》《连续 17 年！这份专属于北科大的温暖，再次来袭！》等宣传推送获得师生的广泛关注和积极反馈，用温度和力度提升师生的幸福指数。

④营造校园文化氛围，做“贝壳暖心人”

用热爱做宣传，打造官微的动漫形象贝贝和小柿，以盲盒形式推出四款形象，《惊喜！ 150000+！北科大盲盒来啦！》文章阅读量达 10 万+，深受师生喜爱；用文化润沃土，大力宣传报道科创、实践、文体等第二课堂育人成效，助力学生德智体美劳全面发展；用情怀汇人心，以校园景观、校园标识为核心元素创作校园文化产品，推出《惊喜！ 5800 块积木！北科大主楼模型震撼来袭！》等文章，充分满足广大师生对美好生活的向往[①]。

---

① 薛浪，邢华超，杨美偲. 以“三个聚焦”打造网络思政育人阵地——以北京科技大学官方微信公众号建设为例[J]. 北京教育(高教)，2023(4):78-80.

第 5 章　高校官方强国号的运营管理

当前，网络已成为越来越多青年集聚的阵地，高等教育工作者要强化网上思想引领，把思想政治教育工作与互联网深度融合，既要做到“面对面”，也要做到“键对键”，从而加强“环境”育人的实效性。2021 年 7 月中共中央、国务院印发的《关于新时代加强和改进思想政治工作的意见》指出，加强网络思想政治工作，推动思想政治工作传统优势与信息技术深度融合，使互联网这个最大变量变成事业发展的最大增量。高校开通学习强国号，对于做好网络思政工作，推进师生思想意识宣传教育和校园文化建设具有促进作用。

5.1　什么是高校强国号

2019 年 1 月 1 日，中宣部上线的“学习强国”学习平台，是中央宣传部为落实习近平总书记关于加强学习、建设学习大国的重要指示精神着力打造的互联网学习平台，也是一个多媒体呈现、多资源聚合、多技术应用的融媒体平台。

2020 年 10 月 29 日，《中国共产党第十九届中央委员会第五次全体会议公报》发布，公报勾勒出“十四五”美好蓝图，为各地区各部门提供了强大战略支撑和正确行动指引。其中，在建成社会主义现代化国家远景目标中，“文化强国”“教育强国”“人才强国”“体育强国”“科技强国”“制造强国”“质量强国”等一系列规划内涵丰富、振奋人心，激励鼓舞广大党员干部奋进“十四五”，为“强国号”成就巡礼不懈奋斗、矢志奉献。

5.1.1　强国平台及强国号的建设背景

“强国号”激活“最强大脑”，敢启时代之先河。在规划部署、统筹推进全面建成社会主义现代化强国中，“坚持创新在我国现代化建设全局中的核心地位”提纲挈领、纲举目张，为“十四五”定好向、开好局、起好步。

以创新激活“强国号”发展潜力，要坚定不移推进改革，继续扩大开放，把牢以创新抓发展、以创新谋未来的“主脉搏”，始终坚定不移谋复兴、保稳定、促和谐。以创新激活“强国号”内生动力，在资金投入、要素配置、资源倾斜、人才注入等方面下好“全国一盘棋”，要不断释放“大脑中枢”传导优势，在因地制宜、精准施策中不断探索创新、总结推广。以创新激活“强国号”干事活力，为想干事、能干事、干成事的党员干部撑腰、鼓劲，形成上下互动、齐头并进的良好风貌，为资源“走进来”、人才“留下来”注入源源不断的力量源泉。

“学习强国”学习平台是中共中央宣传部组织力量创办的，是以习近平新时代中国特色社会主义思想和党的十九大精神为主要内容，立足全体党员、面向全社会的学习平台，于 2019 年 1 月 1 日上线，由 PC 端和手机客户端组成。上线之初，该平台 PC 端有“学习新思想”“学习文化”“环球视野”等板块 180 多个一级栏目，手机客户端有“学习”“视频学习”两大板块 38 个频道，聚合了大量可免费阅读的期刊、古籍、公开课、歌曲、戏曲、电影、图书等资料。用户可以通过利用碎片化时间，以视频、文章、在线答题等多种方式学习习近平新时代中国特色社会主义思想，坚持正确的宣传舆论导向，以科学的理论武装人，以高尚的精神塑造人，以优秀的作品鼓舞人，时刻传输着党的政策和总书记的指示精神，同时不断提高自身的政治意识和担当意识，俨然成了党员工作和生活的教育加油站①。

建设“学习强国”学习平台，是贯彻落实习近平总书记关于加强学习、建设学习大国重要指示精神、推动全党大学习的有力抓手，是新形势下强化理论武装和思想教育的创新探索，是推动习近平新时代中国特色社会主义思想学习宣传贯彻不断深入的重要举措。建好用好学习平台，必须突出思想性、新闻性、综合性、服务性。要坚持主题鲜明、突出重点，全面呈现习近平总书记关于改革发展稳定、内政外交国防、治党治国治军的重要思想，打造学习宣传习近平新时代中国特色社会主义思想全面、丰富的信息库。要坚持立足全党、面向全社会，围绕党中央关于理论武装的工作部署，着眼于提高广大干部群众思想觉悟、文明素质、科学素养，丰富学习内容和资源，创新学习方式和组织形式，为建设马克思主义学习型政党、推动建设学习大国作出贡献。要坚持开门办、大家办，发挥各方面积极性，齐心协力打造内容权威、特色鲜明、技术先进、广受欢迎的思想文化聚合平台②。

5.1.2　高校强国号的建设背景

搭建类似“学习强国”的学习平台，有助于官方媒体占据传播的主流阵地。无论

① 刘汉俊. 以媒体融合优势做强“学习强国”学习平台[J]. 先锋，2019(2):12-15.

② 崔道锋. 加快推进媒体融合发展巩固发展地方舆论阵地——扬州推进媒体融合发展的实践与思考[J]. 新闻战线，2017(19):46-48.

信息如何爆炸，内容永远是制胜的关键。伴随着“办好强国号”的口号，主流媒体逐步建立起地方的学习平台，从中心向外辐射，传播主流媒体信息，扩大主流媒体声音，展示主流媒体形象，逐步占领舆论传播的主流阵地①。

随着“学习强国”学习平台不断发展壮大，在全国的影响力与日俱升，不少单位纷纷申请开通“学习强国号”，期寄借助“学习强国”的强大辐射力，扩大用户增量，提高其影响力。

“栽下梧桐树，引来金凤凰。”2020年元旦以来，“学习强国”学习平台批准开通的“强国号”，涵盖了行政机关、事业单位等各类主体类型——“学习强国”学习平台秉持“全党办、大家办”理念，坚持开门办平台，积极与社会各界交流合作，结成“我的平台就是你的平台，你的精彩就是我的精彩，我的影响提升你的影响”的命运共同体，达到互利多赢、相得益彰，共同传播科学真理、共同壮大主流舆论的目的。

2019年12月20日，北京大学开通强国号；2020年2月25日，清华大学入驻平台；2020年3月24日，复旦大学跟进；随后，国内名校纷至加入。截至2020年5月，全国共有17所高校先后上线强国号，其中除暨南大学以外，其他16所皆为“985工程”院校。名牌大学陆续开通强国号，形成了初步集聚状态，合力奠定了品牌基础。截至2020年10月，华东师范大学、华南理工大学、兰州大学等35所高校也陆续开通了强国号，加上前期上线的17所，已集聚了52所高校。从办学层次来看，有39所“双一流”高校（皆为“211工程”高校，其中31所为“985工程”高校）；从分布区域来看，强国高校圈成员较多的省份为江苏（14所）、北京（8所）、上海（4所）、广东（4所）。高校资源的大量集聚，为强国高校圈打造了品牌优势。

高校强国号是高校师生学习宣传贯彻习近平新时代中国特色社会主义思想走深走心走实、落实立德树人根本任务、高质量推进高水平大学建设的重要载体，是全面展示学校人才培养、教学科研、社会服务及文化传承与创新等重要成果的传播平台，也是集中展示高校历史底蕴、发展活力的重要窗口。各高校强国号精心开设了“校园新闻”“党建思政”“文化影音”“人物风采”“名师讲堂”等栏目，通过文字、图片、视频等全媒体形式，汇聚校内外优质内容资源，发布学校事业发展取得的最新成果，讲述师生坚苦自立、砥砺奋进的好故事，分享内涵丰富、形式多样的精品课程资源，展示丰富多彩、昂扬向上的大学文化。

高校强国号主要发布学校在人才培养、科学研究、社会服务、文化传承与创新、国际合作与交流等方面发生的重要新闻事件、取得的成果和获得的荣誉；转发各大媒

① 梁嘉琪. 从“学习强国”看融合媒体在舆论战线中的作用[J]. 档案，2019(9)：50-53.

体刊发的有关学校的宣传报道作品；发布学校推进学习宣传贯彻习近平新时代中国特色社会主义思想走深走心走实的重要举措与成功经验，常态化推进“不忘初心、牢记使命”主题教育的重要活动与成效；发布学校在党的建设、思想政治工作等方面获得的荣誉以及取得的理论成果等；发布反映学校人文和自然风景、办学条件、师生精神面貌等的图片，各类电视宣传片、专题片、短视频等；发布师生在学习、科研、社会实践、文体活动、精神文明和道德建设等方面的典型报道；发布品德高尚、事业有成的优秀校友的新闻报道；发布学校教师主讲、主持的金课、优秀慕课和在线课程等内容。

名校集聚的强国高校圈，其运营态势与发展情况如何，需通过实践来检验：第一，从发文数量上看，各高校发文数量差别较大；第二，从发文频率上看，少数高校实现了每日更新，大部分高校间隔性更新，也有高校断更时间较长，更新频率与上线时间关联不明显；第三，从发文时间上看，大多是在每天 8～14 点，发文时间对读者的影响并不明显，内容发布大多在正常工作时间，而大多数阅读者更习惯在非工作时间浏览，发布与浏览的时段并非密切正相关；第四，从读者反馈上看，发文量多的学校集聚的信息资源多，影响力也随之较高。

各高校强国号发布内容包含以下特点：第一，推文内容多集中在高校工作、学者论坛、校庆、时事要闻等方面，从而吸引关注该话题的用户，发挥了传播的集聚效应。第二，从权威性来看，信息技术的发展引发了“信息爆炸”，一系列连锁反应给人们的日常生活带来了许多负面影响①。强国高校圈对信息进行筛选，选择有价值的内容发布，为用户打造了绿色的网络学习空间。第三，从覆盖面来看，该平台除高校新闻外，还包含了党政思想、科技文化、专业慕课等内容。一方面，创作者以热门话题集聚信息，打造品牌特征；另一方面，吸引关注该话题的用户，提高平台的影响力。

高校强国号建设面临的问题包括：

第一，发展定位不清，未能自成一格。一方面，信息内容同质化现象严重，强国高校圈的整体设计，与新浪微博、微信公众号等平台相比，并未表现出明显的差异性，没能形成产品的唯一性；另一方面，内容创新点不足，强国高校圈的原创性内容较少，大部分文章皆转自其他平台。二次传播强调的是传播者对信息的进一步解读，但强国高校圈目前仅是对信息进行简单的集聚与汇总，没能充分发挥平台优势，对信息资源进行深入的整合与分析②。

---

① 李爱武，柳晓春. 国内外信息素质教育[J]. 高校图书馆工作，2002，22(4)：1-5，12.

② 张于心，智明光. 综合评价指标体系和评价方法[J]. 北方交通大学学报，1995(3)：393-400.

第二，发展水平不一，缺乏评价标准。各运营主体无论是发文总量、发文频率，还是阅读量、点赞量，都存在着较大差别。究其原因，一是各主体对强国高校圈的重视程度与认可程度不一致，整体积极性有待提高；二是各主体多是参照清华大学、北京大学、武汉大学等高校强国号的运营模式，缺乏自我创新。

第三，审核时间较长，平台功能不全。强国高校圈审核的时间成本与应用的功能划分上都存在部分缺憾。一方面，审核周期较长且机制不完善，导致发文时间与上线时间不对等。新闻的时效性包括了“时间性、时新性和时宜性”①，而强国高校圈尚未在三者之间形成良好的互动。另一方面，平台的部分功能尚未完全开发利用，如模糊关键词搜索、分类信息检索等，而学习强国特有的加密通话、视频会议等办公功能也并未得到应用。

5.1.3 高校强国号的特点

5.1.3.1 导向正确，内容权威

在利益驱动的企业管理模式下，市面上的新媒体 App 难免存在信息混杂、良莠不齐等问题，而强国号上发布的内容均经过中宣部审核把关，内容的导向性有保证。将“学习强国”作为高校思想理论武装的重要载体，无疑是为高校的思想政治教育工作注入“强心剂”。从信息审核看，强国号有一套专业清晰、权责分明的供稿系统和审核标准。以资讯类信息为例，强国号依托庞大的供稿系统进行运作，稿件经逐级审核，层层把关，并利用大数据技术及时发布，在保证资讯质量的同时又兼顾了时效性。从内容资源看，强国号的思想性强，汇聚着主流媒体的精华资源，内容公正严谨客观，具有鲜明的政治性、正确的导向性、绝对的权威性和突出的思想性。强国号不仅能为高校思想政治教育工作提供优质内容，更能为大学生加深对习近平新时代中国特色社会主义思想以及国家时事政治的理解、提升自身理论素养和树立坚定理想信念提供有效路径②。

5.1.3.2 资源丰富，媒体融合

“学习强国”是一个典型的打通内容、技术、管理环节的融媒体平台，是党对“资源融通、内容兼容、宣传互融、利益共融”的新型媒体的成功尝试。在中宣部的

---

① 晁阳. 浅谈新闻的时效性[J]. 新闻知识，2001(3)：33-34.

② 王燕. 高校发挥“学习强国”思想政治教育优势的路径探析[J]. 福建警察学院学报，2022，36(3)：9-17.

统一调度下，“运用中央厨房式的操作模式进行统筹调度，统一审稿预发布，形成全新的聚合与服务，核心是将技术平台作为支撑来实现实时有效的信息传送，并且平台借助数字化、智能化等先进技术，引入算法等先进推送技术，打破单系统、单平台的操作模式，使新闻形成全新的运行模式”①；同时链接各省、各单位不同学习平台的强国号，实现全国范围内媒体讯息互联互通，以大众喜闻乐见的形式实现媒体形态优势共享。“学习强国”能以丰富的学习资源、多种选择的学习模式和融通的媒体形式满足现代大学生多样化的学习需求，有助于改变传统思想政治教育单向理论灌输形式，增强高校思想政治教育工作的时代感召力和吸引力。

5.1.3.3　组织严密，立足公益

从组织架构来看，“学习强国”是以党内学习组织关系为支撑，大学生实名注册后便可使用，特别是学生党员还能在“学习强国”上加入自己所属的党支部。每所高校的管理员还可在“学习强国”后台直接查看学生们学习的相关数据，实时了解其学习状况。“学习强国”严密的组织性更有利于开展思想政治教育工作。同时，立足于打造免费教育 App 的“学习强国”真正做到了零广告，页面设计整洁，既没有五花八门的广告信息，也没有猝不及防的弹窗，避免了无效信息的干扰，加大了思想政治教育信息的密度，提升了用户学习的专注度。

高校要突出强国号建设，深入挖掘其育人功能，不断地提升思想政治教育亲和力，将强国号逐步打造成学校发展的“记录者”、舆论阵地的“把关人”和高校精神的“传声筒”，打造成思想政治教育新阵地。

一是建强专业队伍。要提升队伍人员的思想政治素养，坚持正确的政治导向、舆论导向，坚持意识形态工作责任制，守好意识形态责任田；要加强队伍人员的文字编辑能力，定期邀请专家学者、知名新媒体运营团队进校开展相关讲座，安排固定时间开设新闻素养、新媒体运营方法、视频制作、照片拍摄处理等相关课程，以常态化培训提升团队的新媒体运营能力；要充分掌握新媒体运营之道，善用传播规律，用学生喜闻乐见的方式做好热点、重点工作的宣传。

二是坚持内容为王。高校强国号要在众多强国号中异军突起，须深入挖掘自身所特有的精神文化内核，遵循新时代大学生思维特点，建立集思想性、学习性、娱乐性、交互性于一体的综合平台，结合“Vlog+文字”、“短视频+故事”、HTML5 等表现方式，打造精品专题，扩大强国号影响力。

① 聂新宇. “学习强国”平台内容创新与用户使用情况研究[D]. 呼和浩特：内蒙古师范大学，2021.

三是融合技术平台。要利用建设强国号的有利契机，推动资源整合，壮大主流声音，着力打造官方宣传平台的“中央厨房”，在一个平台上完成媒体新闻产品的内容加工、生产、发布，避免内容同质化推送和资源反复内耗，实现学校融媒体中心“一体策划、一次采集、多元生成、全媒分发”的功能定位，提高主流媒体的传播力和影响力，为高校思想政治教育工作提质增效。

5.1.4 强国号的编辑发稿规范

5.1.4.1 强国号编辑规范

“学习强国”学习平台致力于为广大内容创作者提供良好的创作环境，打造健康有序的内容生态。广大党员和群众均可通过供稿系统提交优秀原创稿件。“学习强国”学习平台的良好可持续发展，有赖于各位作者的共同维护与支持，因此建议每位作者在投稿前仔细阅读本规范。

（1）稿件内容：要求导向正确，健康向上，观点鲜明，结构完整，语句通畅。在学习平台刊发的稿件均受行政法规及法律约束，所有投递稿件均不得违反宪法确定的基本原则，不得危害国家安全、泄露国家秘密、颠覆国家政权、破坏国家统一，不得损害国家荣誉和利益、破坏民族团结、破坏国家宗教政策，不得散布谣言、淫秽、色情和暴力等内容。稿件须确为作者本人作品，若已经在其他媒体发表，请注明以便转载。在尊重作者观点和论述完整的基础上，编辑保留对刊发稿件的修改权。

（2）标题：力求准确精练，出实题而非虚题，字数控制在30个字以内。如果需要肩标题、主标题和副标题的，可在正文前方以字体加粗的形式展现。

（3）正文：正文文字不作首行缩进，左对齐即可；段落间和正文末尾不人为留空行；正文中小标题需加粗；各地稿件中：“我省（市、区）”“全省（市、区）”“本省（市、区）”等表述请一律修改为“××省（市、区）”（全称），以便在全国平台推广和传播；文章标题和正文中出现“今日”“昨日”“3日”“10日”等表述，请改成“××月××日”。

（4）配图：正文中所配插图，有图片说明的需将说明文字放在图片正下方居中位置，不要放在图片后面正文处。

（5）来源和署名：每篇稿件的作者和作者单位务必填写在正确位置，作者栏请勿填“佚名”，也不要用单位名称替代。

5.1.4.2　强国号发稿规范

每位学习强国号作者在发文前仔细阅读本规范，如发布的内容存在规范中提到的以下问题，将无法通过审核或不被系统推荐，违规严重账号将受到处罚。

（1）格式错误。标题中含有错别字/繁体字/特殊符号，或标题不通顺，标题使用全英文/外文（经许可外）等；正文（视频）存在全文使用繁体字/全文英文/少数民族文字，且无翻译（字幕）；文章含有大段乱码/未分段/无标点。

（2）内容违规。发布标题党内容：使用过度夸张的惊叹词，故意营造悬念引人好奇；题文不符，标题存在歧义，断章取义，捏造正文中不存在的人、物、情节等。发布的内容涉嫌色情低俗：文字、图片、视频对性部位和性行为进行描述或展示。对性部位和性行为进行暗示或内涵表述：如展示形似性器官的物品，或形似性行为的动作等。违背公序良俗的性观念：如性虐等；低俗下流的艺术、声乐作品。发布的内容含有广告信息：含有二维码、电话、个人微信/QQ号、微信群/QQ 群等推广信息或者含有多处推广信息；推广与所发内容无关，如一个科技类账号推广关注微信公众号看手相；推广微信公众号时，带有“回复××，获得××”等营销意图；发布的内容中含有购物链接、网盘资源下载链接等；发布商业产品、品牌、活动的推广软文及广告；任何形式的与正文毫无相关性的推广。

（3）发布旧闻或重复内容。发布过时的法律法规、国际政策；已过期的强时效性内容，如体育比赛、活动或节目预告、天气预报等；用新近发生的语气陈述早已发生了的事件；与平台已有内容重复；发布不实内容；内容违背科学常理；发布与已发生事实相悖的事件情节。

（4）内容低质。文章不完整/不丰富，如以图片为主体/图文夹杂的文章，图片少于 3 张；以文字为主体的文章，字数在 200 字以下（诗歌、短新闻等除外）；视频不清晰，无声音或声画不同步，过半时间黑屏/白屏/花屏，视频时长过短等；图集主题不明确、图片之间无关联；图片质量低、画面不清晰；图集内容为个人化生活组图；组图少于 3 张图片、内容简单。

（5）发布的内容违背相关现行政策与法律法规。违反宪法确定的基本原则的；危害国家安全，泄露国家秘密，颠覆国家政权，破坏国家统一的；损害国家荣誉和利益的；煽动民族仇恨、民族歧视，破坏民族团结的；破坏国家宗教政策，宣扬邪教和封建迷信的；散布谣言，扰乱社会秩序，破坏社会稳定的；散布淫秽、色情、赌博、暴力、恐怖或者教唆犯罪的；侮辱或者诽谤他人，侵害他人合法权益的；含有法律、行政法规禁止的其他内容的，如枪支弹药、管制刀具、毒品等买卖途径、制作方法、拆解展示的违法内容。

（6）修改。对于不符合学习强国号发文格式规范的文章，可根据展示需求，对文章格式进行重新排版。对于文章的审核，主要是关于其内容主题是否合规，以及是否有明显错别字进行审查。对于内容主题不合规或不适合在学习强国号上发布的，原则上不作修改，审核不通过；对于出现明显错别字的，可不经与作者协商直接修改（个人作者声明保留该项权利的除外）；对于宣传文化系统的机构媒体提交的文章，可不经作者同意，对文章内容作适当修改，但须在电头前加注“据”，事后可将修改事由告知作者；对于其他机构和个人发布的文章，确需修改发布的，应提前与原作者联系，获得同意。内容急需发布、无法联系作者的，经“学习强国”学习平台值班总编书面同意后，可先行发布，事后联系获得同意。

5.2 什么是高校“同学汇”

学习强国“同学汇”于 2021 年 11 月上线，是展示高校资讯动态、校园文化，为学子提供交流互动、就业服务等的重要平台（图 5.1）。学生通过实名认证、专业信息填写等可申请加入，找到学校专属“朋友圈”。学习强国“同学汇”是“学习强国”学习平台面向高校师生打造的一款集内容社交、IM 即时通信、教育教学、课程学习、动态分享、查询服务等功能于一体的安全、可靠的社交空间。

“强国高校圈”是“学习强国”平台为各高校量身打造的板块。“强国高校圈”以重大数据信息为资源，以有影响力的用户为中心，以应用平台为传播路径，将信息传送给不同的目标人群，进而实现信息传播的集聚效应。

学习强国“同学汇”栏目联合全国百所高校共同推出“嗨，少年，我在大学等你”高考招生宣推特别策划，并每日在首页“推荐”栏目集中展示。专题分为关注高校、走进大学、专业巡礼、招考专题、师生风采、大美校园、高考测评和智能答疑八个栏目。其中“走进大学”“专业巡礼”“招考专题”“师生风采”以图文、音视频等形式全景式呈现学校简介、办学特色、招考政策、招考专业、校园文化、师生典型等内容（图 5.2），为考生搭建起全方位了解学校的官方权威平台。“高考测评”和“智能答疑”栏目则是学习强国平台推出的特色栏目，为考生提供职业测评、专业倾向和线上智能咨询服务。此外，学校还会以“朋友圈”发短图文的形式，在专栏中发布最新的招考动态和新闻资讯。

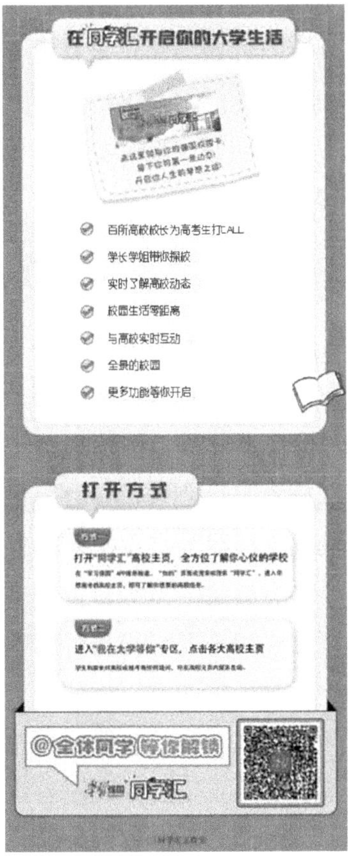

图 5.1　学习强国"同学汇"主页

图 5.2　学习强国"同学汇"学校广场

5.3　强国号运营模式和技巧

5.3.1　强国号新闻稿件的编辑流程

新闻稿件采写完毕后，将标题复制到强国号的标题框，标题不超过 100 字，正文按照去除格式的样式导入正文编辑框，在文章合适的位置导入图片素材，单张图片大小不超过 2MB，图片编辑框正下方可以用小标题来简要描述图片新闻的内容。在下方文章属性版块录入文章来源、作者、编辑、发布时间、栏目等信息，提交待审即完成了图文的排版。

如果要编辑图集，则在专题版块依次上传图片，录入图片属性、提交待审后即完成图集的排版。在"我要上传视频"版块上传视频，支持上传视频格式包括 flv、mp4、 avi、wmv、mpg、mov、mkv、f4v、rmvb、3gp 等，然后设置视频名称、视频封面、视频简介、栏目类别等视频稿件属性信息。添加音频素材，在素材库版块添加素材，导入音频文件，支持上传格式包括 mp3、flac、wav、ape、wma、ogg、m4a、aac 等，然后录入音频标题、封面图、作者、栏目类别等属性信息，提交待转码，在“我要上传音频”版块创建音频集，将上传好的音频素材加入音频集提交待审。

5.3.2　强国号新闻稿件的三审机制

若审核员开始审核，则文章状态变为审核中，供稿员无法撤销审核，其他审核员无法审核；签发通过稿件可再次重编，供稿员在“我的供稿”操作；重编内容需等待签发通过后方可生效；重编内容签发通过前，展示原始内容；审核或签发不通过稿件，供稿员可重新编辑并提审；审核员无法在“待我审核”查看自己创作的稿件，供稿系统不支持审核员自供自审；可对签发通过内容进行下线或下线内容再次上线的操作；需注意操作上/下线前，稿件需为签发通过状态；若操作了重编，需等待重编内容签发通过后再操作；稿件签发通过后存放在“未分配”栏目，用于各栏目进行内容运营。

添加内容后，需点击“送签”，等待栏目签发通过方可生效；待送签/签发通过栏目，可再次对栏目进行运营操作（送签中的栏目不可操作）；可对栏目下内容进行移除、下线、置顶等操作；若栏目内稿件出现红色标记，代表该内容被重编，运营员需将栏目送签并等待栏目签发通过，App 端更新修改后内容；将签发通过的栏目，与 App 运营进行关联，需点击“发布”，App 端即可生效；已关联到 App 运营的栏目，后续栏目管理添加内容，点击送签，并等待签发通过即可，App 端自动同步该内容。强国号单位日常工作流程如图 5.3 所示。

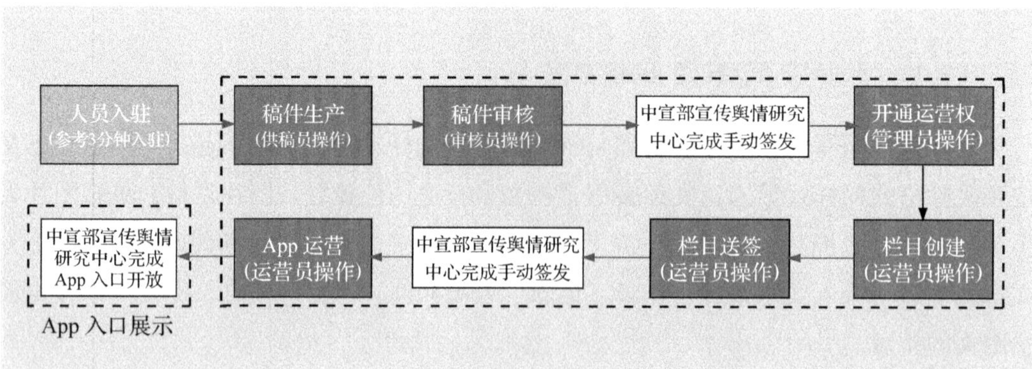

图 5.3　强国号单位日常工作流程

5.4　强国号运营容易陷入的误区

5.4.1　标题编辑误区

供给“学习强国”学习平台稿件的标题，以精练、平实、准确、要素齐全为原则，要出实题，不用虚题。

标题如涉及中央领导同志，领导同志名字一般在标题前段，以防出现折行；如涉及省部级领导，建议名字不直接表述在稿件标题中。

标题一般不出现逗号、句号、分号，数字、空格及英文字母用半角，冒号和双引号一般使用全角（视情况可用半角）；一般不出现破折号、问号、叹号，若出现，破折号使用全角，问号和叹号使用半角。

标题中出现“今日、今天”等词汇需删除或修改为具体日期。有关地方新闻的标题，必须显示所在地区，如“××省××市”。

页面标题只用主标题。如果需要肩题、引题、主题和副题的，在正文前方以加粗的形式展现。

标题字数控制在 30 个字符以内。标题内容要主旨鲜明、简练准确、新闻性强，切忌题不对文、耸人听闻，搞标题党，严防技术处置不当造成政治性差错。

5.4.2　素材来源注意事项

供给“学习强国”学习平台的所有稿件均须注明出处。各供稿单位可视情况标注单位名称（如：文化和旅游部）、媒体名称（如：法制日报）、网站名称（如：人民网）、新媒体账号名称（如：女性之声）等。部门名称、地名一律用标准简称。

5.4.3　文案内容误区

所有稿件要有全国意识，标明省份；同时要有永久意识，不轻易用“将于明天”等类似表述。正文中避免出现“今日”“今晨”“昨天”“明日”等词语，须改为具体日期，如原文的“今天”“上月”“去年”，须改为“×月×日”“×月”“×年”。文中出现“本省”“本市”“省委书记某某某”“本报”等，须改为具体名称，如“浙江省”“杭州市”“浙江省委书记某某某”“人民日报”等。

电头：转发新华社通稿，一律保留电头。新华社消息类稿件电头由三部分组成：新华社+发稿地点+发稿日期，如：“新华社北京 5 月 18 日电”。稿件内容如有改动，电头前加“据”字，如“据新华社北京 5 月 18 日电”。电头之后如果没有记者、作者名字，须在电头和正文之间空 1 个半角空格。

正文中的标点符号、数字、字母等，字体字号要保持一致。小标题须加粗。

文章作者是记者的，将记者放在文末用“( )”括起，多个记者或作者名字之间用空格隔开，不使用逗号或顿号（如××日报记者张三 李四 王五）。尽量避免“本报记者”“本台记者”“本刊记者”这种表述，且记者名字不要重复出现在作者框一栏。作者不是记者的，可将作者姓名或者单位名称放在“作者”框内。作者单位信息放在文末用“( )”括起。

配图要确保与内容一一对应。图片说明应与内容一致，并放入图片说明编辑框内。截取为封面图时，注意人像照是否头面部完整，不完整的要手动调整，或者换图。

稿件送签前须通读全文，并用一键排版功能删除段首空格和空行，确保预览无误。签发后，须到相应页面检查，杜绝错别字、折行、文中空格等现象。出现问题，及时联系“学习强国”学习平台予以处理。

内容为视频的，须检查视频是否能正常播放、画面显示是否正常、字幕是否有错别字、视频是否有缺漏、来源是否准确等。

5.5 学习强国平台建设典型案例

5.5.1 案例一 首批省级试点，持续办好办优

2018 年 10 月，湖北省作为首批试点省份，承担学习管理与内容建设“双试点”工作。2019 年 1 月，湖北学习平台作为“学习强国”第一个省级平台率先建立，率先运行。近年来，“学习强国”湖北学习平台取得了良好的工作成效。首批省级试点工作实现创先领先，内容建设持续办好办优，推动党员理论武装和群众思想教育走深走实，助力我省外宣工作出新出彩，为经济社会发展营造良好思想舆论氛围。

要持续办好用好“学习强国”学习平台，进一步充分发挥学习平台在新时代党的理论武装和思想教育工作中的重要作用，推动习近平新时代中国特色社会主义思想深入人心。加大推广力度，面向全社会进一步扩大注册用户覆盖面。把“有组织地学习”落实到位，充分调动用户学习积极性，加大激励奖励力度，提高平台日活率。激发“三员”在学习平台建设中的主动性，实行统筹管理，做到一呼百应。在总结前几年工作经验基础上，推进“二次创新”，在内容、活动、传播等方面加大创新力度，提高平台吸引力、影响力。

5.5.2　案例二　发挥特区“圳”能量，打造一流标杆平台

深圳学习平台致力于打造党员干事创业的理论宝库、强魄铸魂的精神家园，有力展现了深圳经济特区奋进发展 40 多年的蓬勃“圳”能量。例如，聚集优秀融媒体人才，以高标准推进平台建设；整合优质内容资源，打造媒体融合的精品力作。同时，发挥特区特殊功能，打造城市平台一流标杆。在打造媒体融合精品力作的过程中，首先，重大主题宣传要浓墨重彩地开展，如 2020 年平台开展“特区 40 年”主题宣传；其次，要对标全国平台，有针对性地组织稿件、成系列推荐稿件；再次，要加强联动策划，拓展优质资源；最后，要推出原创稿件，努力办出特色。

5.5.3　案例三　发挥媒体优势，传播济南声音

济南学习平台一手做“对上供稿”、一手抓“对下推广”，通过两手抓、两手硬的形式，做大做强全传播链的影响力。济南学习平台在栏目设置上，把握“学习”这一平台建设宗旨，确定了“今日济南”“讲习时间”“文明泉城”等 9 个栏目。同时，通过发挥基层组织作用，建设供稿员队伍，策划了一系列亮点突出的活动、专题，把学习带入基层。此外，济南学习平台在发挥本地媒体优势这一方面，不仅通过济南广电优质纪录片展播，而且利用济南报业、出版社的优势资源，提供了高品质的内容。

5.5.4　案例四　做好原创首发，提升竞争能力

青岛学习平台以“内容为王”理念闯开路子，打造“内容+服务”的生态平台，生产出万余篇品质优、格调高的新闻产品。平台强调，各级供稿中心不能只做稿件的搬运工，要扩大优质内容产能，追求原创、追求首发，不断强化自身内容生产优势，并用心用情注重用户体验。除了新闻，平台还重视互动服务功能，在各个区建设线下互动空间，推出优质课程，并将线上老师请到线下开展互动。平台始终认为内容是核心，应增强内容供给的精准性、契合度，提供更多个性化、特色化产品，在提高内容数量和质量上下功夫。

5.5.5　案例五　突出历史特色，加强文化服务

西安学习平台大力开发本土人文历史特色资源，优化资源整合，加强文化服务，让平台吸引力、感染力更上一层楼。平台依托西安 3000 多年的建城史，开设“每日瑰宝”“丝路起点”等栏目；讲好发展故事，开设“全面小康幸福西安”等专题。另外，

对西安的绿色故事、文物故事、美食故事等进行了音频、视频节目等多形式的呈现，并坚持“大家办、开门办”理念，充分整合市属媒体、区县融媒体中心力量，吸纳40余个市级部门及众多文化单位加入供稿链。

5.5.6 案例六 利用指尖移动端，打造理论“掌中宝”

南京学习平台着力做大、做强主旋律在指尖上的移动影响力，努力打造集“学、思、践、悟”为一体的理论“掌中宝”。在平台建设理念方面，平台不仅为好作品提供展示窗口，还为各区、各单位提高影响力，扩大覆盖面，放大各区主流声音、形成主流舆论。在这个过程中，做到尊重各区版权，充分展示优质产品价值。此外，还积极发挥媒体创新优势，形成平台学习特色，并充分开发平台综合功能，推动建设学习矩阵。

5.5.7 案例七 健全环节制度，重视阅享空间

苏州学习平台以“五个一”的一体化举措，聚焦苏州探索实践、反映苏州责任作为、掌握苏州学习动态、展现苏州古今风采，建立起思想文化聚合的主流舆论新高地。“五个一”即瞄准一个平台定位，建设思想文化聚合平台、科学理论学习阵地、科学知识传播高地、人民群众精神家园；织密一张供稿网络，各级通讯站日均供稿150余篇；健全一套工作制度，明确审校环节和奖惩管理，每周通报相关数据；树立一批学用典型，把平台打造成移动的“实践课堂”，助力乡村振兴，推动实践成果转化；办好一系列线下推广活动，因地制宜建设“学习强国”阅享空间。

5.5.8 案例八 坚持内容为王，讲好厦门故事

在融媒时代，学习平台要从简单的“信息提供者”转型为“知识管理者”。厦门学习平台坚持内容为王，整合传统媒体优质新闻资源和各区融媒体中心力量，提供高品质的新闻和信息服务；坚持视频优先，推出视听厦门频道，凸显“视频学习”的分量；坚持本地特色，注重内容的贴近性，认真做好厦门经验、厦门创新、厦门速度、厦门样本的报道，讲好厦门故事，并充分挖掘闽南人文历史，有鲜明本地特色的稿件更容易被选用，阅读量更高。此外，厦门学习平台还加强人物新闻的报道，探索讲好故事的技巧，在内容生产中注意个性化的方式、故事化的表达、人性化的呈现。

5.5.9 案例九 在“学习强国”开拓地方党媒融合新阵地——以“长沙晚报”强国号实践为例

新时代对党媒的融合创新提出了新使命、新要求。长沙晚报社肩负新型主流媒体

的历史使命，一直在推动媒体融合向纵深发展的路上不断前行。2020 年 7 月 2 日，“长沙晚报”强国号正式上线，在“学习强国”学习平台这块融媒主阵地，探索党媒融合新路径，开启为长沙“打 call”崭新模式。在全国 900+“学习强国号”的激烈竞争中，“长沙晚报”强国号坚持融合创新，强化宣传引领，2021 年推出专题 22 个，发稿 5075 篇，其中 87 篇被全国平台选用（数据截至 2021 年 12 月 23 日），单篇点击量最高达 947 万+，在“学习强国”学习平台强国号推荐中稳居前十，助力长沙的文化宣传。《长沙晚报》是长沙市委机关报，入驻“学习强国”学习平台开设强国号，是《长沙晚报》拓展新闻分发渠道、借助大平台进一步扩大自身影响力的有力举措，也体现了为长沙宣传思想文化工作增加宣传阵地的职责担当。“长沙晚报”强国号主页设置“特别关注”“民生观察”“影像长沙”“学习思考”4 个一级栏目，对标平台“科学理论学习阵地、思想文化聚合平台”的功能定位，又立足长沙本土，展示长沙特色。在推进重大主题宣传中，“长沙晚报”强国号与《长沙晚报》、“掌上长沙”App、“长沙晚报”官方微信、长沙晚报抖音号等多媒体、多平台通力合作，统筹采编力量及技术资源，进一步壮大了新型主流媒体宣传声势，扩大了地方优势资源传播效果。

5.5.9.1　聚焦重大主题，体现主流担当

作为市委机关报网络官方号，“长沙晚报”强国号牢牢把握“党媒姓党”方向，重点关注党的十九届六中全会精神、湖南省党代会精神等在长沙的宣传，集纳《长沙晚报》、“掌上长沙”权威、公信的新闻信息，推出专题“党代表通道”“湖南省党代会精神宣讲”“‘五进’系列报道”“党代表之声”及“党代表风采”，发布“长沙晚报评论员”理论系列文章，凝聚共识、汇聚力量。2021 年，为庆祝中国共产党成立 100 周年，“长沙晚报”强国号挖掘长沙红色资源，活用本土元素，推出“党史绘本”“红色文物会说话”“湖湘英模事迹”等系列稿件。其中，《红色文物会说话丨见证徐特立与毛泽东师生情谊》《红色文物会说话丨金色徽章见证长沙人力车工人运动》等多条稿件被总平台采纳。中宣部简报刊发《长沙建好用好长沙学习平台、“长沙晚报”学习强国号，夯实党史学习教育主阵地》，点赞长沙经验。

5.5.9.2　紧跟时事热点，展示星城形象

围绕长沙市委重要决策部署和全市生动实践，“长沙晚报”强国号精选主题，动态开设“清廉长沙”“文明长沙”“智造长沙”“食安长沙”“双减在长沙”等专题专栏，在壮大融合传播中展现自身作为，《湖南长沙：政务服务 24 小时“不打烊”》《把学习主动权还给孩子，家长不做家庭教育“局外人”》等 54 条稿件被“学习强国”学习平台首页

推荐采用。在大主题、大事件等重要时间节点，“长沙晚报”强国号推出长图、海报、视频 Vlog、条漫等群众喜闻乐见的稿件，如在长沙疫情防控期间，推出《拒绝交叉感染！核酸检测攻略奉上》《与“德尔塔”赛跑的长沙密码：36 24 400 1 28000》等防疫海报；在中国农民丰收节期间，推出《湖南长沙：看星城大地　好一幅秋收景象》《丰收长沙：“身高”一米八　禾下能乘凉》《长沙：金秋九月话丰收》等作品，均被总平台青睐选用。国庆黄金周，抓住网红城市的担当与责任，发布《湖南长沙百名志愿者日夜守护五一商圈》稿件，在“学习强国”学习平台首页重点推荐。截至 2021 年 12 月，该稿件阅读量达 947 万次，点赞数达 35.9 万次，在创造“长沙晚报”强国号单篇点击量“顶流”的同时，也在“学习强国”这个优质平台强有力地宣传了长沙全国文明建设的城市风采。

5.5.9.3　深耕本土特色，讲好长沙故事

“长沙晚报”强国号深入挖掘具有长沙地方特色的湖湘文化，如湘绣、湘菜、湘剧、花鼓戏、湘茶等，打造文化长沙特色 IP，推出“湖湘非遗影展”“历史文化名城长沙”等专题，全方位展示长沙深厚的历史底蕴、独特的文化魅力，这些稿件被总平台传播中国、实播中国、文化等栏目采用，助力长沙本土文化出圈。2021 年 9 月起，“长沙晚报”强国号推出《长沙特色日历》原创专题，通过每天一张日历海报，展示了“长沙诗词、长沙景点、长沙美丽乡村、长沙民谣民谚”等内容，日历海报制作精美，内容丰富，从不同角度、不同方面秀出长沙多彩魅力，点开《长沙特色日历》，既是第一时间“唤醒”长沙学生粉丝们的“闹钟”，也是大家开始学习积分的美好期待。

5.5.9.4　深化多元创新，加强党报引领

在产品策划和活动开展中，“长沙晚报”强国号不断“解锁”内容创新、形式创新、渠道创新“姿势”，通过大量原创、首创扩大党报影响力。国庆期间，“长沙晚报”强国号推出“长沙红”系列策划，聚焦长沙市各大中小学“迎国庆”主题升旗仪式，推出《海报丨向国旗敬礼》，表达对伟大祖国、对新时代的礼赞；联动红色景点策划“红”文章，策划推出了一组以青少年游客为主角的红色宣传海报《国庆假期“助燃”红色旅游　“长沙红”更青春》，生动描绘了一幅网红长沙、青春长沙后浪奔涌、生机勃勃的画卷。教师节期间，“长沙晚报”强国号推出系列双语视频策划“外教在长沙”，借由生活在长沙的外籍教师视角分享长沙的城市变迁、生态环境，展现“异乡客”们对星城的归属感。视频一经推出，收获大量点赞，5 条视频稿件均被“学习强国”学习平台专题采用。大量的多元产品在强国号上传播，不断提升了党报的传播力、引导力、影响力。

5.5.9.5　开通交流平台，加强学粉互动

秉承“全党办、大家办”的工作理念，“长沙晚报”强国号建立长沙学生粉丝群，范围覆盖长沙各机关政府、企业、学校各行各业党员群众，通过各项线上互动，更即时、更深层次地与受众进行互动交流，了解民意，提高粉丝黏度。群里有通关“学霸”、高分“学习达人”，也有中国好人、理论大咖。热情的学生粉丝在群里为“长沙晚报”强国号投稿、提建议，主动转发强国号的文章，为强国号写诗……长沙学生粉丝群成为大家学习交流、分享学习成效的活跃平台。2021 年 10 月，“长沙晚报”强国号开设“星城悦读”音频征集活动，通过在线广泛征集，联动供稿单位，加强学生粉丝互动。截至 2021 年 12 月，共收到音频作品千余条，内容涉及散文、诗歌、儿童文学等，投稿的学生粉丝年龄最大的 69 岁，最小的 6 岁。其中，长沙市老干部艺术团朗诵队提供的《苦难辉煌》音频稿件合集已达 200 余条，有 20 条音频被“学习强国”总平台采用。在学习强国上看到自己的作品，听到自己的声音，学生粉丝们大受鼓舞。“星城悦读”成为“长沙晚报”强国号最受欢迎的经典栏目。探索新路径，开拓新阵地……在“两个一百年”奋斗目标的历史交汇期，长沙晚报社积极推进“长沙晚报”强国号建设，进一步打造精品强国号的“长沙样板”，不断巩固壮大主流舆论阵地，通过多平台传播、多渠道创新，构建起融媒传播矩阵，为更好地传播长沙声音，讲述长沙故事，展示长沙形象体现了党媒担当、党媒作为。

5.5.10　案例十　把握“四个维度”，做好高校“学习强国号”

“学习强国”学习平台 2019 年 1 月 1 日正式上线后，依托于内容的权威性、资源的多样性、交流的便捷性、体验的丰富性、功能的灵活性，备受高校师生群体的青睐，迅速成为理论学习和文化建设的重要载体。据不完全统计，全国已有 100 多所高校开通“学习强国号”。

高校“学习强国号”是融媒体背景下推动理论宣传创新的重要载体，是高校适应新时代宣传思想文化工作要求的重要举措，有效实现了校园文化建设的工具创新和价值重塑。编者认为，在实践过程中把好关、传好声，做好高校“学习强国号”，推动宣传思想阵地建设，可以从政治、引导、效用、热点应对四个维度深入思考、谨慎把握。

5.5.10.1　从政治维度看，要把关识别“显性差错”与“隐性差错”

习近平总书记强调，做好新形势下宣传思想工作，必须自觉承担起举旗帜、聚民

心、育新人、兴文化、展形象的使命任务。政治性是“学习强国号”宣传思想阵地的第一属性。政治立场对不对、稳不稳、牢不牢决定着宣传思想工作方向的正确与否。

在把握宣传作品的政治立场时，要从大处着眼、细处入手，认真把关，文章的选题、立意、遣词造句、标题，处处都能体现政治倾向性。由于有严格的审核把关体系，一般而言，文章出现表述性、技术性等“显性差错”的可能性相对较小，最大的风险反而是可能关涉全文整体的“隐性差错”。出现“隐性差错”的文章通常表面上没有问题，但仔细思考后却感觉问题很大。第一种表现形式是“品味低下”，价值导向不正确；第二种表现形式是“逻辑错乱”，为了宣传效果而忽视事实因果、逻辑关联，随意拔高硬贴标签；第三种表现形式是“时度效”存在偏差，由于大局意识、系统意识不强，用力过猛，在不合适的时机发声，造成不良影响。

一个好的“把关人”，必须始终坚持马克思主义新闻观，始终坚持党性原则，不断淬炼政治意识，提高大局意识，充分运用辩证思维，做到胸中有大局、文里识乾坤。要始终坚持整体论、系统论、辩证观，真正做到明察秋毫，确保“学习强国号”建设行稳致远。

5.5.10.2 从引导维度看，要把握好全面展示与重点用力的关系

建设高校“学习强国号”，不仅要推动高校展示学习宣传贯彻习近平新时代中国特色社会主义思想方面的好经验、好做法，宣传办好人民满意的高等教育取得的成就，讲好立德树人、教书育人、以文化人的师生故事，更要深刻把握全面与重点的关系，推广使用好“学习强国”学习平台。

首先，既要全面做好“学习强国”学习平台上时事政治热点、理论著作、红色文化等各类重要资源的普及使用，又要把握好高校“学习强国号”建设方向，重点从思想战线建设方面办好高校“学习强国号”，让高校成为学习研究阐释党的创新理论的重要阵地，让高校“学习强国号”成为学习宣传理论和实践成果的重要阵地。

其次，既要从高校新闻、党建思政、教育教学、学术科技、文化建设等方面全面反映高校事业发展情况，又要重点推出具有高校特色的宣传作品，特别是重点打造能够反映高校坚持“四为”方针为党育人、为国育才的初心使命的优秀作品。

最后，要发挥好“学习强国”学习平台优势，既要在高校全面推动“学习强国号”的使用，又要重点抓好党员干部特别是领导干部对“学习强国”的使用，让“学习强国”学习平台成为基层党建的助手、理论学习的平台、文化建设的窗口，在高校宣传阵地中发挥好排头兵作用。

5.5.10.3　从效用维度看，要把握好宣传意图与用户心理的关系

宣传工作不仅要做好“宣”，更要做好“传”。没有传播量、点击率，没有引起用户的注意，宣传工作就达不到目的。

高校“学习强国号”建设必须遵循传播规律，善于运用传播规律。要统筹处理好宣传意图与用户心理的关系，以用户关心关注的事件、动态为载体，用喜闻乐见的方式实现“嵌入式传播”“浸润式传播”。以“学习强国号”中高校每日校训为例，如果只是干巴巴地对校训加一些教条式的解释，难以引起师生的兴趣。为此，不少学校开动了脑筋，有的结合校史，有的结合校园美景，有的详解典故，有的讲述故事，文图视频并举共融，提升了点击率与好评度。

2020 年以来，很多高校“学习强国号”结合科研优势，运用融媒体多元化报道形式，推出医疗救治、科普信息等内容的栏目，及时报道疫情防控的工作举措和成效，宣传抗击疫情中的先进典型和感人事迹，营造了良好的舆论氛围，获得了很好的传播效果。

5.5.10.4　从热点应对维度看，要把握好热回应与冷处理的关系

热点事件的应对是高校“学习强国号”的重要职责。从热点处理角度看，要尽可能避免单向思维和线性思维，有的事件需要推一推、促一促、加把火；有的事件需要即时处理、即时回应；有的事件则需要放一放、冷一冷、静一静，通过多样化观点的充分展现让舆情实现理性回归。对于什么情况下需要热回应，什么情况下需要冷处理，似乎见仁见智，但也并非没有规律可循，需要在充分了解事件的因果、本质，把握潜在发展态势的基础上作出冷静判断。其中，有三个关键因素需要决策者深入思考以供决策参考：一是客观评估公众态度的多样性和发展方向；二是客观评估事件本身的延展度、发酵性；三是客观评估舆情发酵的触发条件。当然，无论是热回应还是冷处理，热点事件产生都有其基于客观事物、社会心理的内在原因，平台所起的关键作用就在于解疑释惑并推进解决问题。

第 6 章　高校官方短视频号的运营管理

如果有人问："当下最火的短视频软件是什么？"恐怕大多数人都会回答：抖音、快手、B 站（哔哩哔哩）！抖音、快手、B 站是当前非常火爆的短视频推广平台，许多年轻人甚至中老年人都在刷短视频。短视频制作简单，随手拍摄，随手发送。网红最大的特点就是影响力大、有流量、粉丝多，甚至可以直播获得收益。

6.1　什么是高校短视频号

6.1.1　短视频的定义

短视频即短片视频，是一种互联网内容传播方式，一般指在互联网新媒体上传播的时长在 5 分钟以内的视频。截至 2020 年 12 月，中国短视频用户规模为 8.73 亿人，较 2020 年 3 月增长 1.00 亿人，约占网民整体的 88.3%。

高校短视频号，即指由代表高校的官方组织在各短视频平台开通并经过平台认证的视频账号。当下高校进驻较多的平台主要包括抖音、快手、B 站等视频平台。

6.1.2　短视频的基本属性

高校短视频号代表了学校官方的形象与权威，一般由高校宣传部、团委、招生办等部门开设。抖音作为一款创意短视频 App，凭借"潮流""创意"等标签，具有全民化、高渗透、高活跃度等特征，拥有近 6 亿日活用户，是国内短视频平台的代表。目前，全国超四成的高校已经入驻抖音，并利用抖音拓展其数字化宣传渠道。

抖音平台于 2016 年正式上线。2018 年起，各大高校开始陆续入驻抖音平台，在 CNUR 前 100 名的高校中，91%的高校已开通官方抖音账号，其中大连理工大学于 2017 年 10 月 28 日发布第一条作品，是其中最先涉猎短视频领域的高校。短视频具有以下一些基本属性。

6.1.2.1　碎片属性

技术发展，效率提升，物质充盈，闲暇时间增多，带来旺盛的精神需求，认知交往日益增多。短视频短小零星，闲暇成为短视频成长的土壤。短视频碎片属性是一种精神文化，伴随着物质文明的发展而发展。

6.1.2.2　自我实现属性

寻找理解与归属，自我展示与表达，被认可与尊重，是人的高级追求。短视频个性化的表现张力，是数据凝聚的重要单元。短视频是一个便捷的载体，散发着传播的魅力，是目前最方便、最高效的信息载体。

6.1.2.3　技术属性

短视频是时代的产物，带着技术的烙印，原生表现到专业制作，成为融媒体传播的亮点。SDK 的出现，把编辑制作推向一个新的高度。大数据是短视频发展的重要因素，人工智能算法以及高效的范围分拣，是短视频精准营销的表现。

6.1.2.4　社群属性

互联网的便捷形式，强大的感染力，不分时间地域，没有国界种族。同类聚集，携手前行，成为短视频社区的价值载体，个性化社区是社群集中的表现。

6.1.2.5　价值属性

短视频的核心价值体现在商业传播与流量聚合的双重属性，已然成为现代信息生态中不可或缺的传播节点。

6.1.3　短视频的基本特征

短视频制作并没有特定的表达形式，生产流程简单，制作门槛低、周期短，参与性强，更具有传播价值，内容趣味化，对短视频制作团队的文案以及策划功底有着一定的要求，需要高频稳定的内容输出和强大的粉丝渠道，丰富了新媒体原生广告的形式。

高校短视频号作为高校官方对外传播信息的视频账号，集新闻性、学术性与趣味性于一体，内容贴合校园生活，促进学生产生情感共鸣，话题讨论贴近学生家长期待，引导粉丝互动，同时具备视频平台所特有的创新性和趣味性，立体化传播校园资讯，正能量与主旋律齐鸣。

6.1.3.1　及时发布权威、公正的信息，积极弘扬主旋律

高校短视频号之所以区别于短视频平台上的其他账号主体，主要在于“官方”二

字。顾名思义，高校官方账号代表高校官方机构，其以官方的身份对外发布信息、展示学校形象，所传递的信息更具引导性、公正性和权威性。账号自带官方属性，较之其他视频账号具有更加明确的方向性。因此，坚持正确的政治方向，坚决拥护党的领导，准确传递学校党委和学校行政的声音，是高校官方短视频号义不容辞的责任。及时发布权威、公正的信息，积极弘扬主旋律，传播社会正能量，更是天然地内含在官方账号的基因之中①。

6.1.3.2 有温度有内涵，既严肃又活泼的“网红达人”

高校官方账号也主动适应了各大短视频平台的传播风格，通过丰富多彩的形式，用心打造出有温度、有内涵、既严肃又活泼的“网红体质”，即在保证内容权威可信的同时，能够利用平台上的流行舞蹈、音乐、剧情、话题等，寓教于乐，将枯燥乏味转化为趣味十足，适当增添活泼的成分。

6.1.3.3 满足当代碎片化阅读需求，增强新闻宣传效果

短视频平台鼓励用户用文字搭配动态画面的视频形态，并加入音乐、特效等素材进一步包装来传播信息。用户可以在平台内实现信息的即时共享，与他人分享讨论或是独自欣赏收藏。这种高效实时的传播方式不仅满足了当前快节奏社会用户碎片化的阅读需求，而且打破了以往宣传系统传统被动的工作方式，通过立体化的形式展现事件的前因后果，使新闻报道更丰满，宣传效果更佳。

6.1.4 湖北部分高校短视频平台运营状况梳理

以抖音平台为例，从高校官方抖音账号的出现时间和开通数量来看，2018 年是高校官方抖音从无到有、从少到多的快速发展期。自 2018 年 6 月以来，抖音、快手陆续启动教育政务号项目，全国各大高校纷纷入驻开通，短视频逐渐成为高校政务新媒体的重要组成部分。借助短视频手段提升高校传播能力，短视频平台已成为高校网络思政和新媒体的重要载体。

从时间布局上看，各家短视频平台启动教育政务号项目的先后顺序为：抖音—B 站—快手—央视频—微信视频号。从入驻数量上看，以学校名称命名认证的官方抖音号入驻 900 余个、官方快手号入驻 400 余个、官方央视频号入驻 200 余个、官方 B 站号入驻 200 余个、微信视频号入驻 100 余个。截至 2021 年年中，在抖音上以“大学”

① 李勇图. 高校官方抖音建设的现实审视与思考[J]. 文化软实力, 2020, 5(3):57-64.

“学院”为关键词进行用户搜索，可检索到通过抖音认证的高校官抖账号已超过1000个①。

从内容类型上看，各个官方账号基本都与学校的学科建设和发展定位有关，大致分为：校园新闻类、时间节点类、优秀人物类、日常生活类、校园风光类等。

湖北省部分高校短视频平台运营状况见表 6.1。

表 6.1 湖北省部分高校短视频平台运营状况

	学校	是否开通B站	发布情况/条	粉丝数/万	获赞数/万	是否开通抖音	发布情况/条	粉丝数/万	获赞数/万	是否开通快手	发布情况/条	粉丝数/万
湖北	武汉大学	是	280	13.8	26.2	是	1900	134.7	1747.0	是	1584	128.0
	华中科技大学	是	154	11.8	28.3	是	1285	94.9	1482.6	是	587	80.4
	武汉理工大学	是	35	0.6	1.1	是	541	10.0	110.4	是	470	6.7
	华中师范大学	是	251	3.8	15.1	是	1104	42.3	405.4	是	71	0.2
	中国地质大学(武汉)	是	145	2	5.5	是	604	5.7	47.5	是	108	0.1
	中南财经政法大学	是	27	1.3	1.3	是	531	15.3	94.2	是	86	1.2
	华中农业大学	是	389	2.6	8.8	是	666	5.8	47.4	是	681	10.9

注：统计时间截至 2022 年 7 月 25 日。

6.2 短视频运营模式和技巧

6.2.1 短视频生产步骤

第一步，手机安装抖音、快手、B 站 App。

第二步，选择登录方式。如今，大多数人都会选择手机号验证的方式，一方面便于找到好友，另一方面省心省力。

第三步，选择合适的音乐。选择音乐是很重要的一步，尤其是要选择符合情景的音乐，这需要短视频拍摄者提高自己的音乐鉴赏水平。

第四步，按键进行拍摄。通常来说，拍摄者应该拟定拍摄脚本，包括从哪里开始拍、拍多久等，再进行拍摄。只有这样，才能拍出有价值的视频。

第五步，选择封面，添加视频。可以选择与自身相关的封面图片，更加有利于推广和宣传。

第六步，发布。可以简单写一点文字介绍，感性一点的、文艺一点的文字介绍能更加吸引观众观看。

① 李凌，杨涛. 短视频对高校新闻宣传的赋能和模式创新[J]. 传媒，2021(1):85-87.

6.2.2 热点话题

6.2.2.1 短视频创作者为什么要追热点

在巨大的短视频流量池中，谁率先用有热度的创意生产短视频作品引起观众的关注，谁就占据了先机。

热点话题自带流量属性，想让作品被更多人看到，最好的方法就是追热点、蹭热度。

对于短视频创作者来说，根据热点策划、制作内容，是一种性价比较高的方式，只需要找到一个合适的切入点稍加创新，就能轻易获得较高的关注度。

6.2.2.2 如何追热点

以抖音为例，点击搜索界面会出现抖音挑战榜，抖音官方剪辑软件剪映也会每日或每周更新抖音飙升榜、最火玩法等（图 6.1）；在搜索栏中输入“创作热词”，点击“查看更多创作主题”，找到适合自己的领域选择话题，发布时带话题；利用抖音热点宝；等等。高校短视频运营成员可从以上几个方面搜集平台热点，分析热点的时效性、

图 6.1 抖音挑战榜与热门话题

传播度、话题度，选取与高校账号定位能够紧密结合的、内容与话题贴合度高的，进行有选择地、有针对性地“追”，同时加入自己的想法，实现热点与创意灵活结合，速度快、立意准、角度正，最终达到“1+1 ＞ 2”的效果。

高校官方号可定期推送一些活动公告，如“2022 云端毕业季”“2022 高考加油”，运营成员可及时关注，根据玩法清单参与活动创作短视频，关联热点即可获得视频加热和流量赠送等额外的扶持奖励。

6.2.2.3　从追热点到生产热点

追热点在短期内可以得到较多的流量加持，但是长远的发展依然需要通过原创内容生产来支撑。比如可以预判到的大型节假日、高考等常规性热点，这些内容准备周期较长，可以尽早进行选题策划、拍摄制作。依据特殊时间节点并结合学校活动或风光进行创意选题，就是一种简单直接的自创示例。

6.2.2.4　案例

案例一：2021 年七夕武汉理工大学与华中师范大学联合创作七夕视频

（1）视频拍摄要求

拍摄时间：7.29—8.9

照片素材：武汉理工大学校门正面照片一张，华中师范大学正面照片一张；武汉理工大学南湖图书馆正面照片一张，华中师范大学图书馆正面照片一张；武汉理工大学博学楼正面照片一张，华中师范大学教学楼正面照片一张。照片示例如图 6.2 所示。

图 6.2　武汉理工大学南湖校区图书馆（拍摄者：梁广治）

视频拍摄素材：竖屏，全身，最好是室外晴天，背景为树或绿化，拍摄动作为男生举右手比心，女生举左手比心。

视频比例示例：屏幕左边是武汉理工出镜人，右边是华中师大出镜人（图 6.3）。

图 6.3　视频拍摄比例示例图

（2）**后期制作要求**

制作时间：8.9—8.12

图 6.4　武汉理工大学与华中师范大学发布联动视频

制作建议：按照学校正门、图书馆、教学楼的排列顺序，以中线为分割，各展示建筑的一半或全貌，同时在每组图中间添加爱心元素（如果没有正面竖屏照片，可以根据照片样式换成斜面分割或者横向分割）。最后是两位出镜人向左向右用手连成一个爱心。

视频中间的爱心可以用特效或贴纸，最好做成卡点视频，两边分割最好横面、竖面、斜面都用，增加视频的趣味性和生动性。

七夕当天，两校在抖音与快手平台同时发布联动视频（图 6.4），获得了较好的流量数据，产出原创热点“武汉理工七夕表白华中师大”，获得同城榜前三的优秀成绩。

案例二　优秀学子介绍短视频策划

优秀学子介绍短视频策划脚本如表 6.2 所示。

表 6.2　短视频策划脚本

景别	画面	解说	字幕
1	朝着镜头走来	大家好，我是陈××，来自法学与人文社会学院广告 1802 班	平均学分绩点 4.353（专业第一）；获评国家奖学金、校三好学生标兵；已推研至香港中文大学
2	看书学习 竞赛小组讨论 实习工作状态	身为广告学子，我将理论与实践相结合作为学习信条。大学期间，我参加了许多专业竞赛，在万博宣伟和迪士尼乐园的两段实习经历也让我收获了宝贵的经验	第 12 届全国大学生广告艺术大赛国家一等奖；2020 全国大学生英语竞赛国家二等奖，并代表学校参加上海国际广告节新锐营提案挑战赛，获得世界参赛高校前四强，现于世界 500 强华特迪士尼公司旗下的上海迪士尼度假区实习
3	志愿爱好视频照片	学习之余，我喜欢为爱发电。在生活中，我可以沉浸表演放飞自我，也可以在烘焙中轻松安心	作为人口普查志愿者扫楼；为校留学生外出拜访提供志愿翻译
4	正面照片	这就是我，不要求扬名立万，但一定要精彩纷呈	前路浩浩荡荡，未来可期

6.2.3　文案编辑

6.2.3.1　短视频文案的作用

（1）解释说明——给平台看

对视频主要内容的概括，算法依照文案贴标签，关联热点，将其推荐给可能感兴趣的人。

（2）制造悬念——给用户看

引起受众好奇心，促进视频完播率，从而促进视频推广。

（3）受众互动——给用户看

通过文案提出问题或者发起号召，提高视频评论留言数、转发数等数据。

6.2.3.2　短视频文案结构

高校官方抖音、快手视频一般的文案结构：文字主体部分+有关#话题+@账号。

文案风格应基于账号定位，适当结合短视频的内容主旨与类型，使文案发挥作用。话题方面优先选用与视频内容或表达主题相关的校园话题，关联性较弱的热门话题和商业话题次之。一般发布每条视频都可@抖音校园或快手校园，平台会适当给些推荐。

案例一：武汉理工大学部分视频文案（图 6.5）

图 6.5　武汉理工大学官方抖音部分文案截图

（1）滴！你有一份桂花香待接收，2021 年已经过了 300 天了，请带着桂花香继续前行！

将视频中的桂花内容提炼，并结合第 300 天的特殊节点编写文案。

（2）致敬！我校张教授不惧长江急流黑夜奋勇救人！

新闻视频，简单直接概括内容。

（3）幸运来自坚持不懈地努力，来听听优秀学长的逆袭经历吧！

总结视频主题，激发受众好奇心理去观看视频。

案例二：华中科技大学&武汉大学 520 街采（图 6.6）

B 站视频发布文案包括标题及简介，一般标题需要突出重点，简明扼要，可采用视频类型+一句话陈述的模式，或单句抒情、玩梗的形式编写。简介则一般用于注明视频参与人员分工及姓名，同时可对视频背景进一步阐述。

图 6.6　高校 520 主题视频案例截图

6.2.3.3　短视频标题要点

（1）吸睛词汇，引起用户关注

标题是视频的“灵魂”，在视频中有着举足轻重、无法替代的作用。标题展示着一个视频的大意、主旨，甚至是对故事背景的诠释，一个视频点击率的高低，与标题的好坏有着密不可分的联系。在撰写标题的时候，运营者可以加入一些能够吸引受众眼球的词汇，比如“惊现”“福利”“秘诀”“震惊”等。但是不要偏离了主题，而且最好不要使用太长的标题，以免影响视频的传播效果。

（2）突出重点，用数字化标题

在标题中呈现具体的数字，通过数字的形式来概括相关的主题内容。数字不同于一般的文字，它会带给用户比较深刻的印象，与用户的心灵产生奇妙的碰撞，很好地吸引用户。打造数字型标题的时候，最好使用阿拉伯数字，统一数字格式，尽量把数字放在标题前面。

（3）体现主题，增强用户信任度

尽可能地让标题与内容紧密关联，通过提问的形式将问题提出来，用户可以从提出的问题中知道视频内容是什么，从而增强用户信任度。

6.2.3.4 视频文案建议

（1）主体文案

新闻性强类：重点在于简洁正式，及时准确，不需要加过多的修饰。日常自制类：可适当活泼玩梗，增强互动感。特殊节日类：符合节日特点的俗语、诗词，平常多积累，可以与受众互动。校园风景类：可活用文艺温柔的句子，注重平时积累。正能量人物：如优秀学子等，简要说明优秀事迹并可号召学习。

主体文案的撰写需要运营人员对短视频主要内容及表达意义充分熟悉，精练归纳，适合的视频素材可引用诗词、俗语，并可适当结合特殊时间如考试周、高考等，做到“随刷随收藏，随用不慌张”。

（2）话题标签

直接搜索。通过各平台热点榜或“猜你想搜”查看；挑选文案主体部分中的某个词语直接带标签（tag），如“你的#2021flag#是什么”或直接搜索视频想表达的主题关键词，选择引用量较高的代入。

官方推荐。抖音校园、快手校园、B 站校园定时会发起部分话题参与，如“#2022高考加油”等。

（3）软件加持

文案狗、梅花网、顶尖文案等多个平台均可提供文案撰写帮助及案例参考，善用软件常常能达到事半功倍的效果。小红书、微博以及其他平台文案相关账号也是积累素材、迸发灵感的来源，多关注多收藏，在临场的文案编写过程中也能提供思路。

6.2.4 群审机制

审核人员要对视频进行选题内容的方向把控，以及制作方面的细节追求。

6.2.4.1 基于账号定位与受众创作高质量短视频

对于短视频选题与切入点，有以下几种方式供参考：

（1）粉丝选题法

关注粉丝的评论留言，如粉丝在评论区发送“想看校园的猫咪最近怎么样”，即可号召同学们拍摄与猫咪相关的视频与照片制作短视频。

关注同学的朋友圈，如云朵、天空、晚霞等均是同学们朋友圈的常客，随手一拍就是美景。

关注趋势热词，大家正在讨论的话题、玩的新梗，都可以适当加入视频。

（2）热点选题法

热点选题法可依照“预期热点早策划，突发热点及时跟，过期热点做改造，网络热点做结合”这样的方法策划选题。

（3）时令选题法

基于生活季节与校园活动，及时策划当下最新的校园视频，既贴合学生的日常生活，又符合家长的期待。

6.2.4.2　视频结构、呈现方式契合短视频推广要求

（1）前几秒的吸引力

短视频有“黄金前五秒”这样的说法，在当下快速碎片化的社会中，要想抓住用户的目光，短视频的前几秒很重要，可以从悬念、幽默、反转这几个方面入手。

（2）短视频结构

短视频不同于长视频，最重要的就是要循循善诱地在最短的时间内交代出清晰的内容。可以在 3 ～ 5 秒处设置吸睛点，如人物的动作、视频的特效、音效等；10 ～ 15 秒时创造“反转”，在内容质量上升华；最后在结尾发起互动，达到评论、涨粉的目的。

（3）主题内容

主题内容是整个视频最核心的部分，一切的内容都不能偏离主线，否则内容就会变得杂乱无章，让人没有耐心看下去。在剪辑的时候，只能围绕一个事情进一步展开，只讲一个故事，过多的信息反而会把想要表达的主题掩盖起来。

（4）视频呈现

呈现方式为内容结构服务，即视频制作者是否以清晰、有趣、通俗的手法将视频脚本内容呈现出来。

6.2.4.3　注意不同平台视频构图

短视频的构图规则跟视频拍摄构图规则一致。但短视频受播放设备屏幕较小、视频内容节奏较快限制，因此拍摄者在进行画面构图时，应尽可能保证画面主体表达清

楚，这也是短视频构图的最基本准则。

抖音、快手平台适合竖版视频创作，B 站平台则更适合横版视频。当然这并不是固定的，可结合视频风格和传播意义改变。竖版视频适合情绪传达，横屏虽有距离但更高级，同时能展现更多环境信息。此外，还要注意抖音、快手平台文案位于视频最下方，对视频画面会有部分遮挡，适当上移中心位可以使短视频获得更好的观感。

6.2.4.4　不同短视频平台视频时长把控

抖音、快手平台视频长度尽量控制在 15～20 秒，B 站作为较长视频平台，控制在 3 分钟以内即可。

6.2.4.5　出镜人形象与服饰管理

官方视频号的出镜人代表了学校的形象，因此要符合当代大学生朝气蓬勃的青春状态，同时注意服饰方面尽量不要出现较大的品牌标志，以免被审核为广告。

6.2.4.6　素材效果及音乐匹配和版权问题

贴纸、动画、特效等包装素材要适当使用，过多会显得花里胡哨，影响观感，过少则会枯燥乏味。音乐风格既要贴合视频内容，又要符合高校账号的定位，同时注意版权问题。

6.2.5　视频发布

6.2.5.1　发布日历

针对特殊日期和节点，运营人员可提前制订素材排期和发布日历，避免错过热点或误压视频的情况出现。

6.2.5.2　发布时间选择

视频发布时间应选择视频平台流量较高的时间段。以抖音为例，流量峰值主要集中于四个时间段：

（1）7：00—9：00

这时候用户大部分在地铁、公交通勤的路上，以及工作或课前的早餐时间，不上班上课的用户，也大部分醒来并有碎片化的时间刷视频。一般这个时间段，社会新闻类等热点新闻或正能量视频，能给用户带来新鲜知识，因此最受欢迎。

（2）12：00—14：00

这个时间段是用户吃午饭和下午工作、上课前休息放松的时间段，较愿意花时间刷视频。

（3）18：00—20：00

这个时间段是下班、下课高峰期，一般这个时间段娱乐类、玩梗类等能让人放松的内容会更吸引用户去点赞评论。

（4）21：00—24：00

这个时间段是短视频发布的绝佳时间段，大部分用户在休息睡觉前会选择刷短视频，是当天的流量高峰时间段。

除此之外，可进入创作者服务中心查看流量曲线图，获得更精准的用户活跃时间和粉丝画像。

6.2.5.3　发布频率

根据不同平台特点和视频创作难易程度，高校应在多方面考虑后制订视频发布频率。抖音、快手平台主要为短视频创作，相对简单且热点更新迭代较快，注重时效性，因此发布频率应适当高一些；而 B 站平台主要为中长视频创作，拍摄剪辑工程量较大，对技术要求较高，且 B 站平台常有 up 主“鸽”视频，从而产生与用户的趣味互动，故可适当降低发布频率。

6.2.5.4　关联话题选择

视频发布时关联话题的选择很重要，平台会根据视频所带话题和视频内容与同类标签的视频进行 PK，成功即可获得推荐。话题应优先选用与视频内容或表达主题相关的校园话题，关联性较弱的热门话题和商业话题次之。

6.2.5.5　封面选择

封面的选择需要突出视频重点，以达到吸引目标受众目光的效果，让粉丝快速地找到其想要看的内容，也能让主页看起来非常的干净整洁、有规划。抖音、快手平台部分以内容输出为主体的视频可将视频主要内容精练为几个字写在封面上，方便用户提炼视频主题。标题要放在封面正中心，不要太靠边，不然在转化成封面缩略图的时候，边上就很容易被“吃掉”，就起不到标题作用，封面就白做了。如果开启了动态封面选项，封面是会动的，此时封面图的展示时长最好是在 0.1 ～ 0.3 秒，太短会因为动态封面而变得闪烁，起不到封面的作用，但是也不能太长。B 站由于其平台特色，相较抖音快手平台对封面的要求更高，制作封面可能需要用到 PS 等处理软件，需要进行视频画抠图，加以线条勾勒、特效贴纸丰富等二次创作手段，使封面更加吸引眼球，适应平台风格。

6.2.5.6 视频合集选择

发布视频时可选择将其添加到特定的视频合集中，将同类视频归纳到一个合集，有助于用户寻找其想观看的视频内容，如武汉理工大学合集“拍不尽的理工”“闪闪发光理工人”。

6.2.6 评论互动

结合短视频平台的灵活性、趣味性，高校应当改变互动方式，积极借助评论、弹幕等方式“翻牌”“抽录取通知书”，与学生、家长、粉丝交流互动，加强引导，多以活泼的口语化的形式展开，让用户更易接受，更愿意形成讨论互动。

6.3 线上、线下宣传技巧

创作出更多充满正能量而又被青年喜闻乐见的优质短视频，是高校发展短视频、做好新闻宣传工作的核心要素。真正发挥短视频平台的作用，讲好校园故事，高校短视频必须打破现有的体制机制限制，回归高校育人属性，通过创作激励、中心建设、强化人才培养等多种方式，提升利用短视频开展宣传的能力。

6.3.1 线上宣传

6.3.1.1 建立投稿机制

通过浏览各大高校短视频平台主页，会发现很大一部分学校会将投稿邮箱打在显眼的账号简介上，甚至还有部分高校开通了粉丝交流群。这充分说明在媒体融合时代，高校学生不仅是媒介内容的接收者和传播者，也是内容生产的创作者。当用户将自己的原创内容通过平台展示给其他用户，这不仅减少了视频项目工作的设备、金钱、人员等投入，还激发了用户的创造力。因此，在日常生活这样的选题项目中，学生日常捕捉、采集的画面非常适用。不过这种创作模式易造成内容质量良莠不齐，宣传部门需要注意筛选素材的兼容性和内容方向的正确性，必要情况下可在部门内基于用户素材进行二次创作。

6.3.1.2　多级账号多种媒介矩阵协作

建立以学校官方账号为主体、二级学院账号为支撑的短视频矩阵联盟，高效整合新闻资源，融合内容生产机制，提升组织力，扩大覆盖面，在产生集群效应的同时可与校园微信、微博、校报、电视台等不同媒介交流协作，实现有效联动，提升校园媒体的综合影响力。

6.3.1.3　与短视频平台加强合作

高校短视频的发展不能简单停留在校内。一方面，抖音、快手、B 站各个短视频平台均能为高校官方账号提供流量扶持，对内容进行加权推荐、流量赠送、曝光倾斜，将优质内容精准推送至广大用户；另一方面，高校能为平台生产优质内容，尤其是在重大宣传节点上，如开学季、毕业季、高考季等，双方可以联合策划、共同发起线上主题活动，如直播活动、专题项目等，以加强平台用户和高校的互动交流，从而实现合作共赢。

6.3.1.4　加强受众反馈收集

平台在运营过程中，可通过粉丝社群、评论区等媒介收集受众群体的信息反馈和建议，了解高校视频号传播信息过程中存在的问题，展开积极的互动交流，及时变更表达形式，增强时空互动黏性，实现主体双方的交流互动①。通过月报总结等形式定期归纳上报，不断更新选题方向，改善拉片思维，提高新媒体运营水平。

6.3.2　线下宣传

6.3.2.1　拓宽线下应用场景

在充分发挥短视频平台优势的同时，还应重视线下应用场景，打造“短视频+校园”生态服务圈。“短视频+校园”生态服务圈是将校园场景和高校学生直接联系在一起，构建线上线下全方位网上大学的关键举措。高校借助短视频平台的产品技术优势和资源聚合能力，开展“短视频+直播”“短视频+招生/就业”等系列线上线下活动，便于师生、校友、社会人士足不出户就可以网上学习、参观校园等。2020 年 3 月，快手与武汉大学联合推出“珞珈之春，樱花盛开”系列直播活动，以线上观赏樱花为切

① 蒋寿杰. 短视频场域互动视阈下高校网络思想政治教育的实践特征、现实困境及优化路径[J]. 老区建设，2022(11)：69-75.

入点，结合校史故事、人文建筑、学生校友、校园生活等方面，两场直播活动观看人数累计 700 余万，点赞人数累计 435 万。

6.3.2.2 强化人才培养

高校短视频发展，必须强化人才培养。一是师生共建，发掘专业资深教师宣传工作者以及有潜力的学生骨干，引入相关培训，通过手把手经验传授，让学生宣传队伍系统性学习文稿撰写、摄影技巧、后期剪辑、新媒体平台运营等专业技能，丰富高校短视频制作队伍层次，搭建融媒体中心等平台，在实践过程中培养和提高短视频的策划、拍摄、后期制作能力。二是构建学生阶梯式培养机制，按照“基本技能—专项技能—综合技能”的顺序，采用分年级、分层次、循序渐进的项目化培养，从掌握“稳镜头、取场景”等基本技能，到掌握大型直播、宣传片拍摄、采访拍摄等专项技能，再到提升制定选题策划、把握团队分工和管理官方账号的综合技能①。

6.4 短视频运营容易陷入的误区

6.4.1 内容建设不足

内容建设是高校短视频号建设的核心，当前一些高校存在内容建设不足的问题。一是内容的同质化问题比较严重。部分高校的短视频经常依赖于转载，大量短视频与学校网站或官方微博、微信上发布过的视频雷同，以 PGC（专业生产内容）为主，缺乏 UGC（用户生产内容）的联动。二是个别高校短视频号内容比较枯燥，创新能力不足，没有真正实现校园与平台的搭建桥梁，既缺乏社交性和趣味性的传播元素，也缺乏短视频竖屏的叙述思维意识，这使得大学新闻宣传工作仅仅只是换了平台，并没有就传播形式和传播内容进行相应的转变。缺乏对内容的挖掘，没有去基层寻找好素材，从而变成了学校的新闻联播频道，“宣传味太浓”，难以产生广泛的影响力。

6.4.2 创新与创意不足

由于去中心化的算法推荐原则和较低的产品复制成本，用户可以较为轻松地根据收到的推荐视频进行作品的再加工，一些拍摄成本低或者是搞笑的段子因为其能获得较高的阅读和点赞量，使得用户纷纷模仿，同一类型或同一背景音乐作为构成要素多

① 李凌，杨涛. 短视频对高校新闻宣传的赋能和模式创新[J]. 传媒，2021(1):85-87.

发布的视频被大量复制，在各种因素的推动下，许多用户就会盲目跟风，短视频里面的内容容易出现千篇一律的现象。短视频平台应该继续鼓励和坚持 UGC+PGC 的产品生产方式，鼓励原创和创意视频。应提供更多的视频模板、音乐、道具、特效及滤镜，鼓励用户记录生活，展示自我，让一些追求时尚潮流、寻求创新、有想法的短视频作品脱颖而出，进入大众视野。此外，还可邀请一些专业性强、编排完成、内容丰富的用户发布超过 15 秒的短视频以吸引用户的关注和互动。

6.4.3　互动体验感有差距

短视频平台赋予了用户强烈的在场感，增强高校短视频号的互动性，提升用户的体验感，是高校短视频号吸引更多受众并实现有效引领的关键。“在？抽个录取通知书”“@你的大学你来拍”，浏览评论区不难看出，平台用户对高校的期待与关注度较高，但是大部分高校官号与粉丝群体的互动只限于内容生产层面，而在账号评论区的即时互动上显得较为迟钝，甚至经常置之不理。

6.4.4　泛娱乐化内容审核不严

归根到底，短视频平台主要是打造为满足用户休闲娱乐需求的应用软件，平台内较多的热点玩法及挑战是泛娱乐化的，具有很强的刺激性。部分高校官方短视频号在做内容输出时没有找准“度”，具有泛娱乐化倾向，不符合社会主义核心价值观导向，不仅削弱了高校思政教育对学生价值观的正确引导，而且影响了学生的全面成长。

6.4.5　缺乏数据与舆情的分析

在定位之初，账号运营人员就已明晰了目标用户：主要是学生、校友与家长群体，同时基于他们的活动时间确定了账号活跃时间，并致力于用合适的方式出现在目标用户的眼前，以吸引到他们的目光。但这些运营模式并不是一成不变的，部分高校使用固定的章程执行，却忽视了环境与社会变化可能随时对流量和话题讨论产生影响。同时，部分高校在舆情应对方面能力不足，没有充分关注热点问题、监管网络舆论，在出现相关舆情时处理不及时。短视频平台可以进一步加大对用户使用行为的数据挖掘工作，引入满意度、有用性等其他的考量维度，优化产品内容评价体系的分层分类，避免加剧“蚕房效应”。适时调整兴趣内容与其他内容的分发比例，同时提高平台的识别能力，对所谓的“网红”短视频内容要加强甄别，提高原创视频的推广力度。对积极传递社会正义、弘扬社会正能量的优质作品，以及有利于社会和谐稳定发展、体现人民利益价值的作品，要着重推广。

6.5 爆款短视频案例及数据分析

6.5.1 爆款视频案例

6.5.1.1 B 站高校招生

B 站作为受年轻人喜爱的平台之一，承接了高校“发射火力”的战场，纷纷推出各种形式的宣传片，不遗余力抢夺生源。

东南大学 2022 招生宣传片（图 6.7），自称“九龙湖幼儿园附属东南大学”，提出“爆炸性”的 120 周年报考狂欢，将历史成就、主攻方向以及校园环境用诙谐的方式展现出来，图文组合、声情并茂，复古感极强，字里行间都呐喊着“入股不亏”，让人看完心向往之，不禁感叹“官方整活有一套，羡慕哭了！”

图 6.7　东南大学 2022 招生宣传片截图

南开大学宣传片则采用近几年较流行的纯字幕高爽踩点形式，看起来节奏感很强，还可以最大程度地传递所有信息。短短两分钟的视频就完整地介绍了南开大学的历史沿革、杰出校友、衣食住行、地理位置、基础设施、校园活动……，承诺带你去世界级合唱团“喊个麦”，去拉拉操锦标赛“蹦个迪”，顺便“凡尔赛”地告诉你，南开大学男女比例 1∶1。

除了官方独自美丽，还有一些高校选择与名人或网红合作。重庆大学就在 B 站联动知名主播合作了一首高水准填词说唱，这种方式很合年轻人胃口，既舒服又洗脑。

此外，招生新玩法“可莉邀请你报考××大学”更是掀起了一股热浪，将自己学校的宣传语和风光景色加入画面，二次元“可莉”成为各大高校新晋代言人（图 6.8）。

图 6.8　天津大学招生新玩法

这些风格迥异的新尝试，表达了学校与时俱进的决心，并且在以流行的短视频形式和小众文化深入年轻人群体、改变其温吞厚重刻板印象的同时，该有的信息一个没少，该喊的口号一句没落！

6.5.1.2　中国人民公安大学官方抖音

不同的高校短视频平台运营风格和手段各有不同，关键在于找准自我定位。作为公安部警官学院，中国人民公安大学立足学校特色，聚焦展示警校生风采，通过深挖学校的优势潜力，全面对接学校的学科特色，并较快地抓住话题热点，积极创新，加入警校元素，运用真实训练道具、服装、场地，“海底捞”高颜值高才华学生出镜，在吸引用户目光的同时宣扬了高校特色，成功打造了独特的校园抖音文化品牌（图 6.9）。

图 6.9　中国人民公安大学官方抖音主页截图

6.5.1.3 清华大学官方抖音

清华大学发布的第一条抖音视频是邢高熙教授带领学生、保安、厨师等，在清华学堂、大礼堂等标志性建筑前一起欢快地跳恰恰舞，高喊为祖国健康工作五十年（图 6.10）。为祖国健康工作五十年是清华大学一直以来倡导的理念，鼓励师生们积极参加体育锻炼，保持强健体魄，找准了全民性的定位，有力地突出了学校特色，内容贴近生活，结合社会热点，同时呼吁学校全员共同参与。视频中人物的呈现了从学校领导、老师、同学到保安、宿管阿姨等不同群体，更具观赏性和娱乐性，拉近了与受众之间的距离。

图 6.10 清华大学官方抖音爆款视频截图

通过分析以上爆款视频的内容特点，不难归纳出“新”“清”“近”“美”这四个字。“新”是视频时效性强，内容原创独家或是在二次编辑中做到了 1+1 ＞ 2 的效果；“清”是视频节奏与亮点明确清晰，短时间内让受众明白其内涵；“近”则是话题互动性强，与用户息息相关，代入感强，能够引发共鸣；“美”就是视频整体的观感好，从旋律到画面、语言、意义，均给人舒服的感受。

6.5.2　数据分析

数据分析前，先需要了解短视频的各项数据用语。短视频数据用语包括播放量、完播率、点赞量、评论量、转发量、收藏量等。视频的背后是标题和封面的吸引力，关注的背后是视频的可看性或价值，点赞的背后是对内容的认可或共鸣，评论的背后是带来了思考，收藏量背后是实用性，完播率背后则代表着视频内容和分发到用户的匹配度。浏览大量的爆款视频，不难发现他们的点赞量、评论量与转发量均有所长，表示了用户对作品的高度认同感。

在运营本校短视频号的过程中，也要根据发布的短视频的数据进行分析，观察潜在用户的活跃时间，结合发布视频的时间段寻找更精准地获得推荐和流量的区间。对本校与其他高校视频作品持续进行数据分析，及时调整内容方向，优化标签，从而生产出更加符合目标用户需求的内容。

第 7 章　高校国际新媒体的运营与维护

中国大学既是国际传播的重要主体，也是中国国际形象建设的有机组成部分。中国大学国际传播能力是“双一流”建设成效的重要体现。近年来，互联网成为信息传播的主阵地、主渠道。随着 5G 时代的到来，社交媒体、短视频广泛普及，成为跨文化、跨地域交流的主要传播方式。

提升大学海外传播力也是大学服务国家战略的使命要求。中国作为最大的发展中国家和世界第二大经济体，国际话语权与全球治理能力的持续提升，“一带一路”倡议等国家战略的提出，对我国大学加速国际化进程提出了迫切要求。高校是国际文化交流的窗口，承载着文化传承和创新的重大使命，高校的对外传播力直接影响着国家的对外传播力。国际教育、人文和学术交流是国家公共外交的重要手段，是我国面向全球传播中国声音、汇聚中国精神、宣传中国道路、凝聚中国力量的重要战略举措①。

我国高校重国内宣传、轻海外传播，海外网络传播建设基本上是处于自发和被动状态，对海外网络传播平台的利用也极其有限，没有把现代传播的双向性、互动性和发散性的理念应用到海外传播中，尚未把对外传播当作塑造学校国际形象、扩大学校国际影响力的重要工作来推进，内外传播着力不均。各高校对微博、微信公众号等国内社交媒体的运用和建设都比较重视，有专业团队负责运营，但对于 Facebook、Twitter、Instagram 等国外社交媒体则基本没有官方运营，相关内容发布也极少。

7.1　高校海外传播力现状

7.1.1　头部高校账号影响力较稳定

清华大学、北京大学、复旦大学连续 7 年进入内地（大陆）大学海外网络传播力前十名，2021 年北京外国语大学、中国科学技术大学重返榜单前十名。2014—2021 年

① 任友群.“双一流”战略下高等教育国际化的未来发展[J].中国高等教育，2016(5)：15-17.

内地（大陆）大学海外网络传播力前十名如表 7.1 所示。

表 7.1　2014—2021 年内地（大陆）大学海外网络传播力前十名

排名	2014 年	2015 年	2017 年	2018 年	2019 年	2020 年	2021 年
1	清华大学	北京大学	清华大学	北京大学	清华大学	清华大学	清华大学
2	北京大学	清华大学	北京大学	清华大学	北京大学	北京大学	北京大学
3	中国人民大学	南开大学	南京大学	中国美术学院	中国美术学院	上海交通大学	浙江大学
4	北京师范大学	复旦大学	复旦大学	南京航空航天大学	浙江大学	浙江大学	上海交通大学
5	上海财经大学	浙江大学	浙江大学	南京大学	天津大学	南京航空航天大学	北京外国语大学
6	复旦大学	厦门大学	南京航空航天大学	浙江大学	南京航空航天大学	天津大学	复旦大学
7	中国石油大学	南京大学	上海交通大学	复旦大学	复旦大学	中国美术学院	华东师范大学
8	中山大学	上海交通大学	中国科学技术大学	天津大学	北京航空航天大学	复旦大学	中国美术学院
9	上海大学	中山大学	对外经济贸易大学	北京航空航天大学	北京师范大学	华中师范大学	天津大学
10	东北大学	上海大学	北京外国语大学	四川大学	南京大学	华东师范大学	中国科学技术大学

7.1.2　内地（大陆）大学社交平台建设力度加大，社交平台账号活跃度显著提升

将 2020 年和 2021 年的 141 所内地（大陆）大学的海外社交平台建设情况进行对比，发现内地（大陆）大学在 YouTube、Facebook、Twitter、Instagram 等海外平台的账号注册数量、粉丝数量、发文量等均有不同程度的提高，社交平台账号活跃度显著提升。2020 年 141 所内地（大陆）大学中仅有 58 所注册了 YouTube 账号，到了 2021 年增加到 79 所。2021 年 Facebook 平台账号平均粉丝数量为 48460，相较 2020 年增加 35.74%。2021 年 Twitter 平台有 7 所大学发文量超过 500 条，16 所大学发文 100～500 条，年发文量高于 100 条的高校共有 23 所，相较 2020 年增加 53.33%。2021 年内地（大陆）大学 Instagram 账号信息年均信息发布量为 51 条，相比 2020 年的 32 条，增加 59.38%。

7.1.3　学术成果与文化议题成为中国大学海外网络传播亮点

通过分析 2021 年中国内地（大陆）大学在各平台所发布的内容，可以发现大学的学术成果和文化议题受到更多关注和认可。在 Google 平台上，中国内地（大陆）地大学的学术创新成果、重大研究进展等学术性信息建构起了各大学的正面形象，如上海中医药大学通过医学领域的前沿研究成果扭转了 2020 年备受国外媒体质疑的

负面形象。在 Facebook、Instagram、YouTube 等平台上，各大学纷纷通过图文、直播等形式同步传播学术成果，其点赞量和评论数明显优于其他内容。此外，各大学在文化传播层面推出系列主题活动并获得广泛好评，如在 Facebook 平台上，北京大学推出“Wisdom Wednesday”栏目，北京外国语大学推出“Let’s learn Chinese idioms together！”栏目，在国际文化语境中讲好中国文化故事，提升国际影响力。由此可见，中国大学应围绕自身定位，以学术和文化作为切入点，推动中华文化走出去，打造国际传播特色①。

2024 年 1 月 13 日，《2023 中国大学海外网络传播力建设报告》（以下简称为《报告》）在北京师范大学发布。该报告由北京师范大学新媒体传播研究中心、中国日报网、光明网和北京师范大学教育新闻与传媒研究中心联合发布。

清华大学、北京大学、浙江大学、中国美术学院等进入我国内地（大陆）大学排名前十

2023 年我国内地（大陆）大学的海外网络传播力综合指数排名前十的依次是清华大学、北京大学、浙江大学、中国美术学院、武汉大学、上海交通大学、复旦大学、北京理工大学、中央音乐学院和中国科学技术大学。

参考近 7 年我国内地（大陆）大学海外网络传播力指数排名，清华大学、北京大学、浙江大学和复旦大学连续 7 年位居前十。另外，在近 7 年的排名前十榜单中，中国美术学院 6 次上榜，上海交通大学 5 次上榜。2023 年，武汉大学、中央音乐学院和北京理工大学首次跻身前十。

北京大学、武汉大学、西安交通大学等高校粉丝量大幅增长

结合 141 所我国内地（大陆）大学与 41 所我国港澳台地区大学 2023 年的海外社交平台建设情况数据，发现中国大学在Facebook、X、YouTube、Instagram等平台的账号注册数量、粉丝（好友）数量均有不同程度的提高，海外传播力建设不断加强，在各大海外社交媒体平台的影响力显著提升。

例如，在 Facebook 平台上，2023 年中国大学账号平均好友数量为 71212，相比于 2022 年的 62473 增长了 13.99%。在X平台上，各大学粉丝数量均有不同程度的提升。头部大学中，北京大学的粉丝数量为 691689，相较 2022 年的 292934 增幅高达 136.12%；武汉大学的粉丝数量为 17456，相较 2022 年的 1795 增幅高达 872.48%，用户基数实现大幅攀升。在YouTube平台上，2023 年新跻身头部高校行列的西安交通大学平台浏览

① 方增泉，祁雪晶，元英，等.双一流”建设背景下中国大学海外网络传播力特征分析［J］.教育传媒研究，2022（5）：72-75.

总量超出平均水平达 1102.49%。在Instagram平台上，中国大学账号单条视频信息最高播放量为清华大学的 1444000 次，较 2022 年的 21000 次增幅达 6776.19%；中国大学账号单条视频信息平均最高点击量为 38006 次，较 2022 年的 6783 次增长 460.31%。

清华大学在海外网络传播力综合指数方面逐渐赶超我国港澳台地区大学，但与美国头部大学相比仍存在差距

将六年来我国内地（大陆）大学海外网络传播力指数排名第一分别与当年美国、日本、韩国及我国港澳台地区的参照大学排名第一进行比较发现，我国内地（大陆）第一的大学（清华大学）已经明显超过我国港澳台地区大学第一（香港大学），但 2023 年被日韩参照高校第一（高丽大学）反超。同时，与美国参照大学第一（斯坦福大学）比较可以发现，清华大学与斯坦福大学之间的差距进一步扩大，尤其在全社交平台的关注度与讨论度上仍有差距。但在平台自我建设方面，我国内地（大陆）头部的清华大学、北京大学逐渐赶上，差距正在显著缩小，表明我国内地（大陆）大学的海外传播力建设取得了明显的进步。

南京大学等高校的前沿科研成果成为海外传播的突出亮点

回溯并分析内地（大陆）各个大学在各平台发布的内容可以发现，前沿科研成果与传统文化两大主题是当前我国内地（大陆）大学海外传播的突出亮点。在 Google 新闻中，学术成果是国际媒体报道、关注与评价大学的重要议题，也是各个大学提升 Google 海外网络传播力的重要手段。以南京大学为例，南京大学一年内正向新闻数量较 2022 年增幅达 20.73%，从内容上看，2023 年南京大学的新闻报道主题主要为对材料科学、生物学、地质学、生物进化学、物理学、考古学、历史学等自然科学领域以及人文科学领域的研究成果。例如，“超导物理与材料研究中心温海虎团队推翻美国罗切斯特大学朗加 · 迪亚斯（Ranga Dias）团队室温超导研究”“南京大学和布里斯托大学研究人员研究发展第一批羊膜动物的胚胎保留时间和胎生期延长”“南京大学材料学家朱斌探索纳米薄材料来覆盖和隔离冰川的保护方法”“南京大学、中国气象局和上海航天技术研究院将联合发射羲和二号”等在科研与节能环保方面的成果产出与报道，能够向世界展示中国大学的科研水平与积极承担社会责任的担当，对展示正面形象也会起到重要作用。

中国美术学院、武汉大学等高校将中华优秀传统文化作为海外传播发力点

传统文化主题是内地（大陆）各大学展示自身特色、弘扬中华优秀文化的重要发

布内容，其点赞量（或转发量）与评论量明显优于其他主题。以中国美术学院为例，从内容上看，中国美术学院延续其发掘、弘扬中华优秀传统文化的特色，发挥院校优势，以艺术为切入点传播中华优秀传统文化，如在每个节气发布介绍视频，用中华优秀传统文化内核搭配英文表达和中国风配乐，带给用户强烈的视听觉冲击，单条内容可收获超 1.5 万次点赞，用户反响良好。武汉大学结合学校自身独特的校园景观与标志性建筑，在X平台发布与樱花、桂花有关的摄影作品，并对外展示校园内诸如老斋舍、十八栋和宋卿体育馆等具有代表性的历史建筑，向受众展示集自然风光与深厚历史底蕴于一体的高校形象，传达具有鲜明特色的武大符号，发帖获得良好反响，成为海外社交媒体平台大学形象传播的良好典范。

香港科技大学等高校通过知名校友互动、顶尖人才访问带动中国大学海外传播力增长

吸引媒体和社会公众关注是提高大学传播声量的关键。与知名校友进行互动以及邀请顶尖人才访问的相关报道具有较高的新闻价值和吸引力，他们的成功故事、学术成就和创新思维不仅成为媒体报道和公众关注的焦点，还提升了大学的知名度和声誉，成为拉动大学海外传播力的新增长点。例如，在X平台上，香港科技大学对优秀校友和师生代表的大力宣传为其带来更多的社会关注。

内地（大陆）大学与港澳台地区大学在社交媒体平台的传播力整体存在一定差距

通过比较内地（大陆）大学与港澳台地区大学在Facebook、X、YouTube、Instagram等海外社交平台上的传播力指数差异，发现内地（大陆）大学与港澳台地区大学在社交媒体平台的传播力上存在差距。其中，内地（大陆）大学在X平台上的传播力得分均值与港澳台地区大学最为接近，而在Instagram、YouTube，尤其是在Facebook平台上的传播力指数大幅落后于港澳台地区大学。

具体而言，内地（大陆）大学在X平台上的传播力指数均值为 4.00，约为港澳台地区大学的 89.48%，表现最好；而在YouTube、Instagram和Facebook平台上，内地（大陆）大学的传播力得分均值均不及港澳台地区大学的 50%，尤其在Facebook平台上甚至低于港澳台地区大学得分平均值的 25%。结合 2022 年的数据结果，内地（大陆）大学在X平台上的活跃程度不减，但在YouTube、Instagram和Facebook平台上的活跃程度仍有待提高。

我国内地（大陆）大学海外社交媒体平台整体互动性有待提高

综合来看，我国内地（大陆）大学海外社交平台的点击量、点赞量、转发量与评论量整体还相对偏低。在X平台，我国内地（大陆）大学账号平均评论总量为94.61，仅为美国参照大学的1.45%；在Facebook平台，我国内地（大陆）大学账号平均评论总量为305.04，为我国港澳台地区大学的45.14%和美国参照大学的11.17%；在YouTube平台上，我国内地（大陆）大学账号平均最高评论数为0.73，仅为我国港澳台地区大学平均回复量的15.76%；在Instagram平台上，我国内地（大陆）大学账号平均回复量为5.40，仅为我国港澳台地区大学平均回复量的2.18%、美国参照大学平均回复量的0.99%，存在显著差距。

7.2　高校海外传播力提升策略

7.2.1　抓住“互联网+”新机遇，提升海外网络传播力

全球化、全民化、全媒化的“互联网+”时代，极大地推进了整个世界对于中国的知晓和沟通，但中国高校与世界名校在英语网络世界的传播力上仍有差距。中国高校的海外网络传播基本上仍处于被动状态，缺乏利用海外网络平台传播的意识，对海外网络传播平台的利用也很有限。习近平总书记曾经多次在讲话中强调利用网络等新媒体进行对外宣传的重要性：“互联网发展对国家主权、安全、发展利益提出了新的挑战，必须认真应对”“要把网上舆论工作作为宣传思想工作的重中之重来抓”“要创新对外宣传方式，着力打造融通中外的新概念、新范畴、新表述”“要加强国际传播能力建设，精心构建对外话语体系，发挥好新兴媒体作用，增强对外话语的创造力、感召力、公信力，讲好中国故事，传播好中国声音，阐释好中国特色。”

中国高校应充分利用现代传播的双向性、互动性和发散性的特点，充分使用海外传播的新媒体平台：学校主页应国际化，建设英语、法语、西语、俄语、日语、韩语等多语种的网站，全方位提供学校各项资讯服务，设立学校招生就业、校园动态、公共服务等板块，使传播内容“走出去”；把海外社交媒体用起来，和传播对象“谈得来”；把维基百科词条完善好，将学校各项内容“添起来”。高校要把对外传播当作塑造学校国际形象、扩大学校国际影响力的重要工作来推进，要把社交媒体作为我国公共外交的重要平台和抓手，积极参与国际的互动交流，塑造学校形象、传播中华文化、促进国际交流①。

① 王湘宁，张小锋.中国大学海外传播力提升研究[J].北京教育（高教），2017(6)：16-18.

7.2.2 增强国际学术话语权，提升科学研究水平

有研究表明，高校海外网络传播力的强弱与学校学术实力基本呈现正相关关系，如中国“211 工程”高校中，在海外网络传播力得分排序越靠前的学校，在“世界大学学术排名”的排序也越靠前。提高中国高校科研和学科建设水平，提升中国高校国际学术话语权水平，无疑有着重要的理论与现实意义。《统筹推进世界一流大学和一流学科建设总体方案》中提出，要以国家重大需求为导向，提升高水平科学研究能力，为经济社会发展和国家战略实施作出重要贡献。要提高基础研究水平，争做国际学术前沿并行者乃至领跑者。要打造一批具有中国特色和世界影响的新型高校智库，提高服务国家决策的能力。要建立健全具有中国特色、中国风格、中国气派的哲学社会科学学术评价和学术标准体系。

近年来，关于提升我国国际学术话语权的呼声越来越高，来自不同学科的中国学者纷纷呼吁要在国际科研产出评价的舞台上发出我们的声音，在全球化背景下体现中国学术的国际学术对话能力和话语权，即中国学术的海外影响力。举办国际学术会议，建立深度合作的国际学术共同体更有利于中国学术海外影响力的提升。不同国籍的学者立足学科发展前沿，服务国际行业产业变革需求，确定共同科研选题，共建科研团队或平台，形成学术共同体，才能进一步拓展国际学术交流的广度、深度，催生出实质性的学术成果，这业已成为国际学术交流的趋势。“中国社会科学的发展也必须从内向型向外向型转变，亦即必须要在切实地研究当下中国的基础之上，贡献出我们自己根据中国的理想图景，从而为世界学术作出自己独特的贡献”①。

7.2.3 中国故事国际叙述，立体化地打造高校国际形象

各种大学排行榜在世界范围内确立了“好大学”的标准，而海外传播力是评价“好大学”的一项重要参考因素。高校品牌影响力越强的大学其发展潜力也越大。面对当前的媒介环境，高校若想提高自己的知名度和美誉度，就必须变被动为主动，积极地利用各种媒体和平台来宣传推广自己。任何一所中国大学都不能漠视高等教育发展所面临的这种趋势，不能游离于趋势之外而放弃与国际高等教育界的对话和融入。要学会“讲故事”，通过动人的“高校故事”，承载理念、传递魅力、塑造品牌、感动世界，立体化地打造中国高校的国际形象。“在走出去的过程中，要了解对方，要知道怎么讲人家听得懂。”这就需要在“走出去”的过程中，不能只站在自己的立场和

---

① 邓正来.中国社会科学的当下使命[J].社会科学,2008(7):4-11,189.

角度进行传播，而是要了解对方，要知道怎么讲对方才能听明白。

需要注意的是，高等教育国际化也不应导致大学文化的同质化。在国际化进程中，既要放眼世界，学习国际上先进的办学理念，更要立足于本土特色，明确自己的定位，这样才能通过国际化最终形成符合自身实际的办学特色，才不至于在国际化的浪潮中迷失方向。习近平总书记在讲话中指出，“办好中国的世界一流大学，必须有中国特色”“世界上不会有第二个哈佛、牛津、斯坦福、麻省理工、剑桥，但会有第一个北大、清华、浙大、复旦、南大等中国著名学府”。赵启正提出“中国立场，国际表达”“中国故事，国际叙述”的对外传播方式，其中“中国立场”和“中国故事”是传播的根本和中心，是立足点和归宿点，而“国际表达”和“国际叙述”是传播的一种环境和一种要求[①]。这就需要构建高校海外传播的本土化策略，它包括语言的本土化策略和运作的本土化策略。“在文化软实力问题上要注意是‘走出去’，而不仅仅是‘送出去’。”

7.3　高校海外传播力案例

（1）清华大学：打造高质量传播矩阵，全面立体展现清华形象。

清华大学作为世界一流大学，海外传播力水平高，具有较强的国际知名度和世界影响力，在各个海外平台上都有优异的表现。从六大平台传播力表现来看，清华大学海外传播力平台建设较为全面，在各平台均有较好的表现。报告显示，清华大学在 Google、Facebook、YouTube 平台中位列中国大学第 1 名；在 Wikipedia 平台位列中国内地大学第 1 名；在 Instagram 和 Twitter 平台中仅次于北京大学位列中国大学第 2 名。清华大学在 Twitter、Facebook、Instagram 平台的账号均获得了官方认证，且账号粉丝数量多、活跃度高，其发布信息包括清华大学校园风景、学生活动、学术会议演讲、国际交流等方面内容，展现了其开放兼容的校园文化、深厚的文化底蕴和高精尖的科技创新水平。凭借完善的传播矩阵和专业的账号运营能力，清华大学全方位塑造了其海外形象。

（2）北京大学：全平台均衡发展，文化内蕴与开放包容并存。

北京大学在六大平台中表现优异，分别位居 Instagram、Twitter 平台中国大学第 1 名；在 Google、Facebook、Wikipedia 和 YouTube 平台中位列中国内地大学第 2 名。北京大学平台建设完善，发布周期稳定，传播内容多元并包、兼收并蓄，形成了全方位

---

① 韦伟.提高媒体塑造中国国家形象能力[J].军事记者，2010(7)：51-53.

的传播矩阵。北京大学海外社交平台粉丝增速快，2022 年 Twitter 粉丝相较于上一年度增长 113%，Instagram 粉丝数量相较于上一年度增长 78%，Facebook 粉丝数量相较于上一年度增长 39%，全社交平台粉丝量增长迅速。从内容来看，北京大学充分利用社交平台图、文、视频结合的特点，发挥平台的互动优势，既展现了燕园的历史文化风貌，也突出了一流的学术能力和国际交流合作水平，在海外平台反响热烈，赢得了民众的广泛好评。

（3）南京师范大学：关注世界环保和传统文化，科研成果促进正向传播。

南京师范大学在一年内共有 Google 正向新闻 182 条，相较于上一年度增幅达 85%，正向传播量大幅度提升。从内容来看，南京师范大学的新闻报道主题主要为对世界环保和中国传统美学研究等领域的突破，如多家媒体报道了“中国的碳中和可以缓解全球变暖研究”“山水画家范扬记录国家变迁”“用纠缠的双奇异重子探测 CP 对称性和弱相”等方面的成果。在 Google 平台上有关南京师范大学的新闻中，既有全球议题的关照，也有传统文化的探寻，从而用学术影响力构建出其独特而积极的国际形象。

（4）中山大学：彰显校园历史底蕴，丰富文化传播内容。

中山大学的 Wikipedia 词条内容丰富，包含校史、学术、精神与传统、校区与建筑、教研单位与师生概况，且设置有三级标题展开具体介绍。词条的详细程度高，历史性强，向阅读者展现了具有学校特色的历史文化改良和传承。同时，中山大学的 Wikipedia 建设突出图文并茂特征。在介绍校史时配合油画、徽章、历史照片在内的多种图片资料作为辅佐材料，生动地向外传播了学校的历史与文化；在介绍校区与建筑时，配有标志性建筑的图片，细致展现了学校的沿革和发展。此外，中山大学 Wikipedia 对外链接广泛，其外部词条链接达到 2112 条，涉及知名地点、各大高校、历史事件、著名人物等，提供了广泛信息链接和参考内容，扩大了学校的影响范围，也为海外用户了解中山大学提供了畅通的、多方位的渠道。

（5）上海交通大学：立足全球视野，贴合国际话语，创造交流契机。

上海交通大学在 Wikipedia 平台上的建设情况凸显国际化学术氛围，其在 Wikipedia 平台上的词条编辑内容立足全球视野，贴合国际话语，充分考虑目标受众在文化、思维方式、认知判断习惯等各层面的差异，提供上海交通大学在各大著名学校排行中的位次信息，并综合展现其代表性学术成果和科研水平。上海交通大学还列出了学校与国际及港澳台地区高校签订的交换合作项目，凸显了其积极与其他高校展开学术交流的形象，为 Wikipedia 用户了解上海交通大学提供了绝佳契机，也拉近了与海外用户学术交流的心理距离。

（6）浙江大学：注重互动效果，把握热点事件，拓展信息来源，讲述浙大故事。

浙江大学 Twitter 账号建设突出高校定位和互动特征，其首页以浙江大学的校园风光为背景，并附 Facebook、YouTube、Instagram 平台的链接。浙江大学善于把握开学季、毕业典礼、校庆日等学校重要新闻时刻，以及学校重大科研成果发表、科创实践成果转化、学术论坛开幕等热点事件，推出大量优质内容。同时，浙江大学广泛收集各类学校机构、社团组织以及个人的优质内容，展现丰富、立体、全面的学校形象。浙大官微、党委宣传部、求是学院、浙大书画社等均是其内容建设的主要参与者。此外，校园生活的点滴也借由官方账号呈现在全球用户眼中，如通过休憩的猫、湖中的天鹅、热气腾腾的午餐等校园生活细节来讲述生动真实的浙大故事。

（7）重庆大学：地域特色打造视听盛宴，高校风格融入城市肌理。

重庆大学的 Twitter 账号将摄影图片、海报、视频与短促有力的文字结合，较为频繁地使用感叹号、引号、@等增强话语接近性的符号来增强内容的吸引力。同时，重庆大学从重庆的城市肌理中汲取灵感，融入重庆火锅、歌乐山、芋儿鸡、重庆小面等具有鲜明地域特色的文化符号创作内容，展现重庆热烈火辣的生活气息。视频还多次用重庆方言讲述故事，将重庆这座城市与重庆大学联系起来，连接记忆、交互情感，为海外用户了解重庆和重庆大学提供了真实可感、交互碰撞的体验。

（8）北京航空航天大学：发扬航空航天特色，秉承“空天报国”传统。

在活跃情况方面，北京航空航天大学基本维持日更的频率，保持着较高活跃度。在内容方面，北京航空航天大学发布的内容以校园生活、学生活动、科研成果、学术会议为主，语言轻快，富有校园青春活力。从受众来看，北京航空航天大学充分发挥 Facebook 对外交流的优势，注重展示留学生在学校内的生活动态。例如，北京航空航天大学发布了一则介绍 4 名留学生在“爱上北京的 100 个理由”短视频大赛中获奖的帖子，展示了留学生丰富多彩的校园生活。同时，北京航空航天大学注重宣传师生学术研究与各类竞赛成绩成果，展现中国航空航天事业的成就与风采，传递其“空天报国”的办学精神。

（9）中国美术学院：立足学科特点，弘扬中华优秀传统文化，展现艺术魅力。

中国美术学院在海外传播力的多个指标上表现优异。从活跃程度看，其 Instagram 账号一年内发布内容数量 364 条，排名中国大学第 4 位。从互动效果来看，最高点赞数量 49000+，排名中国大学第 3 位；单条视频最高播放量 281000+，排名中国内地高校第 2 位。从内容看，中国美术学院致力于弘扬中华优秀传统文化，借助书法、国画、丝织品、剪纸艺术等中国传统艺术品，将发布内容融入中华优秀传统文化的视觉符号，利用其学校学科优势将中华优秀传统文化和艺术传递给海外用户，在世界艺术的大格局中讲好中国故事、弘扬中华优秀传统文化。

（10）复旦大学：关注丰富校园生活，展现名师学术风采。

从内容来看，复旦大学发布的内容多为师生在校的日常生活与体验，如与“Echo合唱团”相关的表演视频和学校的毕业 MV 视频等，全方位、多角度打造优质校园风貌、展现丰富多彩的校园生活。同时，复旦大学时常推出名师专家的优质课程讲座，内容涉及各个学科，展现复旦大学的名师风采及前沿学术成就，向全球用户建构了“关注校园生活，展现名师风采”的复旦形象。

第 8 章　高校官方直播间的运营管理

当下，大学生已成为短视频博主中的一支庞大队伍，直播内容涉及课业学习、音乐、舞蹈、健身、游戏、美食等。高校官方直播根据活动目的和形式大致可以分为如下五种情形：线下活动+线上直播，专家讲座视频直播，本科研究生招生直播，节目形式的视频直播，系列活动直播。

8.1　直播间的运营特点及表现形式

现在是一个全民直播的时代，直播带货、直播游戏、直播活动等深入寻常大众中。在这样的环境下，高校网络直播也得到了很多人的欢迎，这是因为网络直播平台为这种新的新闻形态打下了基础。另一方面，当有重大活动开展的时候，师生可以通过网络直播获取第一手的资讯，满足其迫切得到消息、增强现场体验感和互动感的需求。

8.1.1　网络直播的概念

广义的“网络直播”包括两类：一类是电视节目的网络直播；另一类即现在所说的网络视频直播。与以前的图文直播不同，网络直播是基于互联网的技术优势，利用视讯方式进行直播，是一种视频直播，其直播渠道包括 PC 端、手机端等。网络视频网站，一方面播出电视台制作的节目，另一方面播出自主制作的网络视频直播节目。网络视频直播即视频直播网站自给自足的节目，基于现场架设独立的信号，通过上传网络供公众观看。

新闻直播是一种利用简便且实用性强的技术来进行新闻信息生产的新闻模式，新闻主要通过实时的视频和语音来展现事件，从而展现全方位的、如临其境的新闻形态。近几年直播平台如雨后春笋般涌现，其中以抖音、快手、B 站、一直播、斗鱼、虎牙等为代表的视频直播平台的崛起，开启了全民直播新时代。据《2016—2020 年中国网络直播行业深度调研及投资前景预测报告》显示，网络直播行业在影响力、经济收入、用户人数等方面都发展较快。目前，中国的直播电商产业市场正处于高速增长阶段。2023 年，直播电商产业市场规模达到 45657 亿元，同比增长 30.44%。

与电视直播相比，网络直播的突出特点是主体多样化，电视直播只能由电视台直播，被电视台垄断，而网络直播则是普通民众都可以参与。在内容方面，电视直播一般是针对突发事件或重大事件进行直播，而网络直播的内容局限性较小，涉及才艺展示、产品展示等多个方面。相对于电视直播的单一性、严肃性、复杂性、专项性等特点，网络直播具有直观性、互动性等优势，可以说，没有弹幕就没有网络直播。另外，与电视直播不同，因网络存储的无限量，网络直播内容还可以实现回放、重播。

从技术形式来讲，网络视频直播又分为网络现场直播和网络互动直播。例如，一个大型活动可以进行网络现场直播。网络现场直播类似电视直播，相对于电视节目来说更加低廉、方便、快捷、及时。

8.1.2　校园直播的概念

校园网络直播也面临更多的机遇和挑战。一方面，借助校园直播可以更好地满足学校教学、科研等工作需求，促进学校信息化水平的快速发展；另一方面，随着互联网技术的发展，网络直播也呈现出迅猛的发展态势，各类网络直播平台、多样化的网络直播需求层出不穷。此外，直播硬件设备的迭代速度和直播技术都取得了长足发展，应抓住难得的发展机遇，更加透彻地了解新兴网络直播技术，努力推动校园网络直播的发展。

校园网络直播与传统媒体直播相比，前者具有不受媒体平台限制、参与门槛低、直播内容多样化等特点。校园网络直播包括场景、人物、事件 3 个要素。场景指整个事件的现场，即展现真实画面与场景，让受众有亲临现场的感觉；人物指直播的主角，可以是主播或者直播嘉宾，也可以通过采访的形式介绍本次直播的相关内容，并且同观众实时互动；事件指的是直播的主题或关键活动，如人物访谈直播、互动提问直播、会议直播、活动现场直播等，重点在于要让受众获得重要信息。

8.2　直播平台的优势分析

网络直播作为一种新型传播方式，将引领媒体信息传播与互联网应用向更高层次发展，这都源于网络直播有其独特的优势，如表现方式多样、互动性较强、体验好、受众范围广、时空适应性强等，这都决定了网络直播必将逐步取代传统媒体和其他形式的网络媒体，受到更多人，尤其是年轻一代网民的青睐。

8.2.1 直播火爆的优势

（1）真实性

现场直播更真实。直播可直接呈现事件的全过程，让信息来源的真实性更加强，尤其是一些社会热点事件。现场直播可以使受众同步看到事件的发生、发展与结果，第一时间反映现场的状态，为受众了解信息提供直观、及时的方式，特别是发布会、资讯、投票类的直播活动，可以邀请观众同步参与互动。网络直播不会对拍摄内容进行后期加工，受众也是新闻事件的第一见证人，因此内容更加真实，能满足受众获取第一手信息的需求。

（2）传播性

更有利于信息扩散。网络时代，直播作为微社交时代的社交方式，由于融合了文字、语音、画面等多种表现形式，内容观赏性更强，适宜人群更广，老少皆宜。因此在传播性上比传统传播方式具备更大的优势，传播范围更广，传播速度更快。

（3）社交性

融互动、有趣于一体。纵观大多数网络直播平台，无一例外都带有一定的社交性。即使定位不同，针对的人群不同，功能有所差异，如主播和粉丝之间的互动、粉丝与粉丝之间的互动，但都是以社交为基准的。网络新闻的直播过程，是一个由信息传递和信息反馈组成的双向循环流程，受众在观看直播时可以同步进行评论、点赞、刷弹幕等实时互动，粉丝的互动也会对新闻主播的行为产生一定的反作用效果，双向的交流互动打破了传统直播单一、封闭的状态。

（4）平台性

容易形成特定的圈子。直播由于依托的受众人群不同，也逐步形成了各式各样的直播圈子。特定圈子文化使直播平台能够建立更深层次的社交关系，让人们的社交关系得到沉淀和扩散，从而增强用户和平台之间的黏性。目前直播平台常见的类型有秀场圈、游戏圈、泛娱乐圈等。

（5）分享性

可将直播分享到多个平台。直播之所以能火爆，主要原因还在于它所承载的平台是一个开放式的平台，包括上传、互动、分享等，使直播者与观看者、分享者之间形成了一个完美的闭环：主播现场直播，供用户在线观看；观看者在观看完直播之后，可将自己感兴趣的，或者认为对自己以后有用的信息分享，如分享到自己的直播账号，或转发给第三方。

由此可见，直播的能力很强大，无论是自带流量的影视明星，还是普通的草根一族，只要善于利用直播，就可以获得巨大的曝光量和更多的关注度，从而实现更大的商业价值。

8.2.2 主流直播平台的特点

目前，主流直播平台有一直播、微信视频号直播、抖音直播、B 站直播、快手直播等，这些平台都很受欢迎。一般来说，平台用户越多，受众市场越大。下面对这些校园常用的直播平台进行简单介绍。

8.2.2.1 一直播

2016 年 5 月 31 日，新浪微博与秒拍宣布共同推出移动直播应用——“一直播”，用于承担微博的直播业务。微博用户可以在微博内直接发起直播，也可以通过微博直接实现观看、互动和送礼，一直播界面如图 8.1 所示。

微博是一个流量非常大的平台，用户非常多，而且微博用户的活跃度非常高，使用微博收看一些热点内容成为人们生活当中的一部分。所以说，在微博当中直播可以很好地进行引流。需要注意的是，在微博当中用户非常杂，直播间的地域性质也不会特别明显，所以在地域限制这一块会比其他的平台要好一点。

图 8.1 微博“一直播”界面

8.2.2.2　微信视频号直播

2020 年 1 月，微信上线视频号功能。微信视频号在灰度测试“直播”功能，能点赞、能带货、能转发和分享到群聊或朋友圈，微信群也有了群直播的功能，微信的直播布局跨出了关键性的一步，直播 C 位加速出道。微信作为国内体量最大的社交软件，一不缺流量，二不缺技术手段。微信视频号成为很受欢迎的一个微信功能，用户可以在线阅览各种有趣视频，也可以上传分享自己的视频内容。微信视频号直播界面如图 8.2 所示。

图 8.2　微信视频号直播界面

8.2.2.3　抖音直播

抖音的定位是有趣、好玩、时间短，在快节奏的前提下，为用户带来新奇又具有魔性效果的直播。抖音一线城市用户居多，抖音名气更大，是一款国际化很成功的软件。抖音是拥有全新流量的价值洼地、有群体参与的口碑爆发地、有行为驱动的爆款孵化器，具有一定的趣味性以及用户跟随模仿的自我满足特性，完全掩盖了“广告”本身，让品牌露出更为自然。抖音可以给品牌带来更碎片化、更具视觉化的品牌内容输出，填补了微信、微博端的空白区。抖音直播界面如图 8.3 所示。

图 8.3　抖音直播间界面

8.2.2.4　快手直播

相比抖音，快手用户主要分布在二、三线城市。快手比较写实，粉丝忠诚度高。快手平台日活率（日活率是衡量一个平台是否良好的标准之一，活跃用户越高，做品牌曝光的效果越好）达到 2 亿，远高于其他平台，因此可以保证广告主进行品牌宣传推广时，实现有效的曝光。快手平台的用户非常热衷于分享自己的生活，通过真实、质朴的内容引起其他用户的共鸣。快手直播界面如图 8.4 所示。

图 8.4　快手直播界面

8.2.2.5　B 站直播间

B 站最大的特点就是弹幕，其提供三种常用弹幕模式，即滚动弹幕、顶端弹幕和底端弹幕，用户可以用弹幕来发表一些自己的见解、想法。B 站直播界面如图 8.5 所示。

图 8.5　B 站直播界面

8.3　直播活动的运营设计

随着花椒、映客、一直播等手机直播 App 的兴起，广大的群众有了更方便的展示自我的机会，如何利用当下热点，利用自己的平台做宣传，是直播运营者需要思考的问题。

8.3.1　直播活动中的策划点

直播的兴起，成就了一大批有颜值、有才艺的年轻人；手机直播平台的兴起，大大降低了直播的成本，成为一种新的营销方式和渠道。相对于传统意义上的营销策划活动，直播的成本较低，这也让很多的高校活动使用直播的方式开展。但是高校活动直播与个人直播不同，更多考虑的是活动的效果。

例如，高校招生直播，虽然看起来只是简单的专题，视频内容也并不精致，但它成功地让观众对学校和自己未曾涉足的领域有了新的认识，给想要报考这所学校的考生提供了更加多样化的信息。

从前，在填写高考志愿时，由于对高校和专业的不了解，人们更多依靠的可能就是身边过来人的经验以及亲戚朋友的建议，这就导致很多学生在大学期间对学的东西可能并不感兴趣，或者对未来的人生缺少属于自己的规划，最终也很难在所学的领域有所作为。

因此，在互联网如此发达的今天，借助网络直播这个流量巨大的社交平台进行学校和学科的介绍，是非常有意义的一件事。比起门户网站或者高考志愿书上生硬的文字和图片，视频直播的呈现方式更加生动直观，让受众在观看的过程中获得一种“在场感”，给没有条件亲自前往学校考察或者联系老师的同学提供近距离“围观”的机会，拉近了学生与高校之间的距离。

高校校园文化活动视频直播的另一个最为显著的特点，是突破了高校原来校园文化活动受时间与空间的限制，增加了高校校园文化活动的参与人数，使更多的学生都能够参与到校园文化活动中来，增强了文化育人的效果。高校校园文化活动可以通过线下和线上两种方式增加参与人数。在线下，校园文化活动的主办单位可以通过海报宣传等方式，通过添加二维码的方法，让更多的学生扫码观看活动微直播；在线上，高校可以通过官方微博、微信对校园文化活动微直播进行直播前的预热，让更多的学生了解活动的内容、时间等信息，及时关注直播。

在增强互动频率方面，高校校园文化活动微直播可以在直播前，通过“剧透”文化活动相关内容，引发学生的联想，吸引学生的注意力，及时通过微信、微博后台了解学生对活动的需求等情况，强化直播前的互动；在直播过程中，可以通过抽奖、有奖问答等环节的设置，增强直播过程中的互动；在直播之后，可以设置反馈的环节，通过直播平台了解学生对活动直播的意见与建议，争取根据反馈不断改进。

在提高正面评价方面，高校校园文化活动微直播需要迅速及时地将活动的精彩内容，以较为有吸引力的方式引发学生的关注，尤其是要站在学生的立场，对活动中的各个环节有所设计，增强学生对活动主题的认识，从而引导学生进行正面的评价。当然，高校也可以组织学生干部对活动的焦点环节进行集中性的正面评价，从而带动其他参与直播的学生对活动进行积极评价。

8.3.2 直播活动全流程设计

直播最基本和最核心的价值就是把直播内容传递出去，让更多的人观看，提升品牌价值，带动流量变现。

8.3.2.1 直播策划

一场成功的直播活动，需要一个完整的直播流程，前期做好活动直播策划，这是直播关键环节之一。此外，一场完美的活动直播还需要进行直播推广和前期预热。不管是利用新媒体进行宣传，还是利用社群进行营销，这些都是不错的推广方式。

8.3.2.2　直播执行

一场直播活动需要有支专业的直播执行团队，直播主体需要跟执行团队沟通流程各个细节，进行活动直播彩排。前期的踩点测试不可少。

直播设备：直播活动服务需要专业的直播设备，包括直播摄像机。通常一场直播活动至少要准备 2 个以上的机位，拍摄的画面通过各级导播的实时切换，展现给观众的是一场完整、生动、翔实的活动现场，大到覆盖场地的全景，小到人物面部的特写，一应俱全。

直播技术人员：一场活动需要直播摄像老师、直播技术支持、导播老师等人员，经验丰富的直播技术人员可以做好直播预案，避免直播时出现问题。

直播平台：直播活动平台很重要，需要稳定流量保障。

8.3.2.3　直播环节

前期进行了充足准备，那么在正式直播的时候，就需要直播执行人员的认真工作了，包括拍摄导播和直播推流，要做好预案准备，在直播的过程中引导好观众，做好互动，及时地回答问题，在保障直播的效果的同时提升吸引力。线下直播或者说现场直播与线上直播不同，具有更强的互动性以及感染力，可以更好地获得反馈。主播可以准备一些能够暖场的互动形式，如随机拉取观众做分享、简述感受、现场点名观众等互动，提前针对主题进行设计问答脚本。直播都带有目的性，要突出直播主题，让直播间热闹起来。

8.3.2.4　直播总结

一场活动直播服务，直播总结是必不可少的，包括统计直播数据、问题的收集、奖品发放等，最终目的是让观众体验一场高品质的直播服务。

8.4　直播技术保障和直播间管理

校园网络直播主要由三个环节组成：一是现场音视频采集，二是多平台推流，三是校内外多平台统一直播。视频信号主要通过多路摄像机采集，音频信号通过无线麦克风或无线领夹式小蜜蜂采集，PPT 或视频信号则通过一路 HDMI 信号采集。

8.4.1 校园直播硬件设备

8.4.1.1 高清摄像机

学校大中型活动的拍摄往往会使用专业的广播级新闻机、电影机拍摄。为了采集多角度和多场景的视频内容，一般会安排多个摄像机位，比如通常会有全景机位、左右近景机位、返拍机位和游机等。

8.4.1.2 视频线缆

拍摄的摄像机机位与工作台位置往往距离较远，使用 SDI 接口线缆进行传输更为合适。SDI 信号通过 BNC 同轴线缆传输，传输距离可达 300～500 米。接口具备锁扣，不会轻易脱落，更为稳定可靠。

8.4.1.3 导播切换台

切换台是现场制作流程的核心设备，多个摄像机位、多路音频输入切换台，经切换台进行输入选择、效果制作、画面切换等操作后，制作为用于播出的 PGM 节目信号。

8.4.1.4 广播录机

大中型活动直播同时需要录像。除去摄像机本身要记录拍摄的画面以外，通过切换台制作的内容也需要用录机记录。

8.4.1.5 推流设备

推流设备体积小巧且携带方便，推流更稳定。针对直播常用的 SDI 与 HDMI 信号输入，直接将输入信号硬编码后通过网络推流输出。校园直播平台多机位硬件设备如图 8.6 所示。①

学校的大型活动往往还会在公共平台官方账号同步直播，如学校的官方微博、微信视频号、B 站、抖音等直播平台。一般多采用拉流和推流相结合的方式满足平台多样的直播需求。

---

① 刘宸，毛琦，王玉婷，等. 西安交通大学：校园直播平台构建与应用[J]. 中国教育网络，2021(12)：65-66.

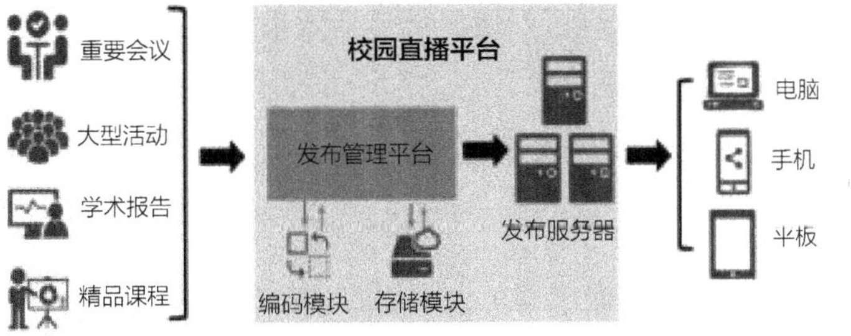

图 8.6　校园直播平台多机位硬件平台

8.4.2　直播间的管理

不是所有的校园文化活动都需要进行直播，也不是所有的校园文化活动都可以直接进行直播。一般而言，负责直播的专业机构，应该以年度为单位，在年初向校内文化活动主办单位征集微直播文化活动，由校内教学科研单位、学生管理机构、学生社团组织等报送校园文化活动直播计划，再由直播专业机构将适合进行直播的活动遴选出来。随后，直播专业机构还应该会同文化活动主办单位，共同按照直播的要求，对校园文化活动进行适当的优化，从而确保直播的过程中相关的活动效果能够得到完美地呈现。直播过程中，参与到校园文化活动直播过程中的学生，可以随时随地地对活动过程进行评价与反馈。

因此，如何进行直播的把关与控制，成为直播专业机构的一个重要任务。一些高校可能存在关闭直播间评论、点赞、弹幕功能的做法，以简单的方式确保直播过程中不出现负面的评价反馈；也有一些高校可能会组织网络评论员在评论区中主动作出积极、正面的评价，做出积极的引导作用；还有一些高校在直播过程中，设置“把关人”（直播间管理员）专门负责删除不良评价信息。此外，在直播间评论区关键词屏蔽中也可以设置负面关键词，一定程度上屏蔽不良信息。更好的直播间管理在于积极地通过相关活动的流程设计，做好校园文化活动微直播效果的引导与提升。所谓“校园文化活动直播效果的引导与提升”，就是要求文化活动主办单位与直播专业机构之间，在活动开始之前或者在直播进行过程中，对活动的直播有着充分评估与预判，有着高超的调节与把控能力，对活动直播过程中的亮点具备准确的理解与认知，再结合直播的图文、视频技术进行适当引导，从而提升直播传播效果。比如，在高校毕业典礼活动直播中，一般都有授予学位证书的环节，而这类活动往往每个学生都会有各自的特色，直播时运用视频画面的变化，可以更好地呈现学位授予仪式的精彩瞬间。又如，在一些高校的微直播过程中，在把握表达观点正确的前提下，适当采用一些学生喜闻乐观的网络语言文体进行直播，能够更好地提升传播效果①。

8.5 高校直播活动案例及数据分析

案例一　武汉理工大学2022年毕业典礼直播

毕业典礼作为高校一年一度的重要节点活动，受到学生、家长、校友、社会的多方关注，以往学校毕业典礼总是在学校的大礼堂举行，学生线下分批参加毕业典礼，而且由于场地的限制，有许多人并不能来到现场参加毕业典礼，家长也不能现场观礼。但是随着网络技术的发展，网络直播逐渐在高校毕业典礼上面兴起。

不管在寝室还是室外，毕业生和家长都能观看毕业典礼直播，参加直播互动。可以说，网络直播拓展了毕业典礼的开展形式，极大地方便了观众，加速了信息的传播。

（1）毕业典礼网络直播的意义

毕业典礼通过网络直播可以让观众轻松地看到现场的真实画面，并且直播并没有经过后期剪辑和处理，观众能够体验最真实的现场氛围，更加快速地了解毕业典礼实况。网络直播可以在全网上共享，全网受众都可以通过直播来观看，也就扩大了宣传学校的效果。

（2）毕业典礼网络直播的优势

直播的主要优势有三种。第一个优势，也是最大的优势——免费便捷。随着网络的快速发展和网络在全国的覆盖，网络生活方式逐渐走进人们生活，无论是毕业生、老师、家长、校友，都可以随时随地第一时间关注毕业典礼的信息。第二个优势是即时快速。网络直播的时效性能让观众第一时间感受到现场的氛围。第三个优势是互动性强。在传统媒体中，信息传播是单向的，受众被动接受，很难实现互动交流。而利用网络媒体观看毕业典礼，信息传播是双向的，可交流、可互动，受众参与效果明显。受众可以通过发弹幕参与进来，主播可以通过滚屏实时看到受众的交流情况，受众可以切切实实地参与到活动中。

（3）毕业典礼网络直播的设计

本届毕业典礼网络直播机位布置如图8.7所示。毕业典礼现场屏幕、直播画面设计脚本如表8.1所示。

① 陈旭.高校校园文化活动微直播专业指导力量建设[J].科教文汇(中旬刊),2017(29):140-141.

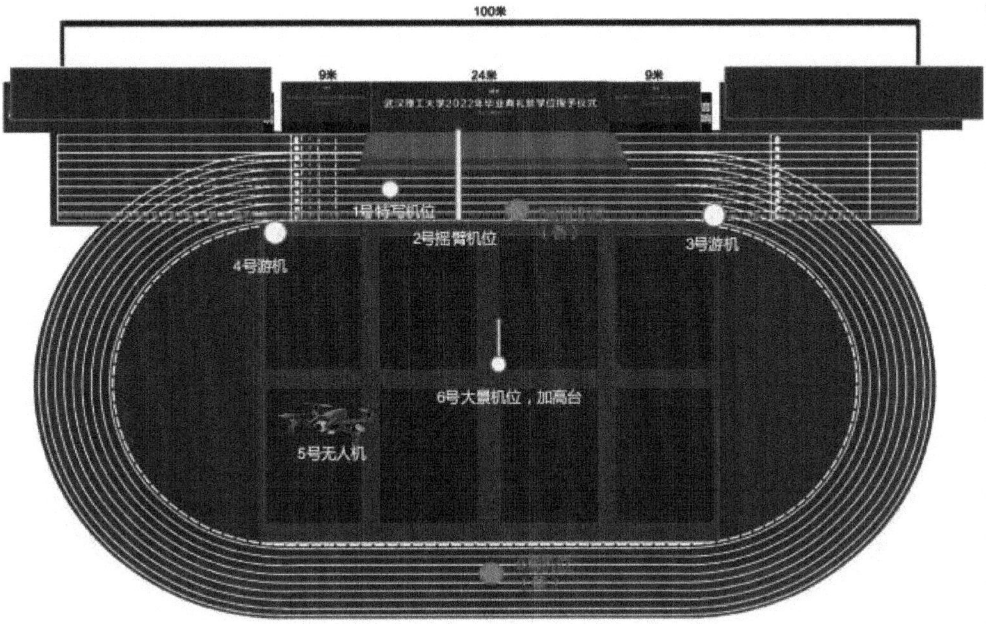

图 8.7　毕业典礼网络直播机位布置示意图

表 8.1　毕业典礼现场屏幕、直播画面设计脚本

议程	现场大屏画面	现场副屏幕画面	直播画面	时间/分
学生入场	主背景	3、4 号机位拍摄学生入场画面；1、5 号机位拍摄全景；根据拍摄效果切换画面	1、5 号机位拍摄主席台中景远景；2、3、4 号机位拍摄学生入座；根据拍摄效果随机切换	40
暖场	根据暖场节目播放视频	1 号机位拍摄主席台中景；2、3、4 号机位拍摄演员；根据效果切换	1 号机位拍摄主席台中景；2、3、4 号机位拍摄演员，根据效果切换	28
校领导入场	主背景	2、3 号机位拍摄领导入场	2、3 号机位拍摄领导入场；4 号机位拍摄学生欢迎画面；1、5 号机位拍摄中景远景；根据效果随机切换	1
奏唱国歌	该环节主背景	1、2、3 号机位拍摄领导、学生歌唱国歌画面的中景；4、5、6 号机位拍摄歌唱国歌全景；根据以上机位效果，现场随机切换	1、2、3 号机位拍摄领导、学生歌唱国歌画面的中景；4、5、6 号机位拍摄歌唱国歌全景；根据以上机位效果，现场随机切换	3
校长致辞	该环节主背景	1 号机位拍摄校长致辞；2、3、4 号机位拍摄学生认真聆听画面；5 号机位拍摄全景；根据以上机位效果，现场随机切换	1 号机位拍摄校长致辞；2、3、4 号机位拍摄学生认真聆听画面;5 号机位拍摄全景;根据以上机位效果,现场随机切换	15

续表 8.1

议程	现场大屏画面	现场副屏幕画面	直播画面	时间/分
教师代表致辞	该环节背景	1 号机位拍摄教师致辞；2、3 号机位拍摄领导、学生认真聆听；根据以上机位效果，现场随机切换	1 号机位拍摄教师致辞；2、3 号机位拍摄领导、学生认真聆听；根据以上机位效果，现场随机切换	5
优秀校友代表发言	主背景	1 号机位拍摄校友发言；2、3 号机位拍摄领导、学生认真聆听的中景；根据效果切换画面	1 号机位拍摄校友发言；2、3 号机位拍摄领导、学生认真聆听的中景；根据效果切换画面	5
毕业生代表发言	主背景	1 号机位拍摄毕业生发言；2、3 号机位拍摄领导、学生聆听画面的中景；根据效果随机切换	1 号机位拍摄毕业生发言；2、3 号机位拍摄领导、学生聆听画面的中景；根据效果随机切换	5
校党委书记为优秀毕业生代表颁发证书	主背景	1 号机位拍摄证书颁发画面；2、3 号机位拍摄领导、学生鼓掌画面的中景；根据效果随机切换	1 号机位拍摄证书颁发画面；2、3 号机位拍摄领导、学生鼓掌画面的中景；根据效果随机切换	5
毕业生代表学位授予仪式	主背景	1、2、3、4 号机位分别对应拍摄 3、3、3、4 位领导；5、6 号机位拍摄学生鼓掌的全景；根据效果随机切换	1、2、3、4 号机位分别对应拍摄 3、3、3、4 位领导；5、6 号机位拍摄学生鼓掌的全景；根据效果随机切换	35
全体齐唱校歌《卓越之歌》	主背景	1、2 号机位拍摄领导；3、4 号机位拍摄学生歌唱全景；根据效果随机切换	1、2 号机位拍摄领导；3、4 号机位拍摄学生歌唱全景；根据效果随机切换	3

（4）毕业典礼网络直播数据分析

总体来说，本次毕业典礼直播效果还是不错的，其中直播间观看 16 万余次，直播间收获点赞近 36 万，分享近万次，本次直播结束吸引粉丝关注 1000 余人。详细数据如图 8.8 所示。

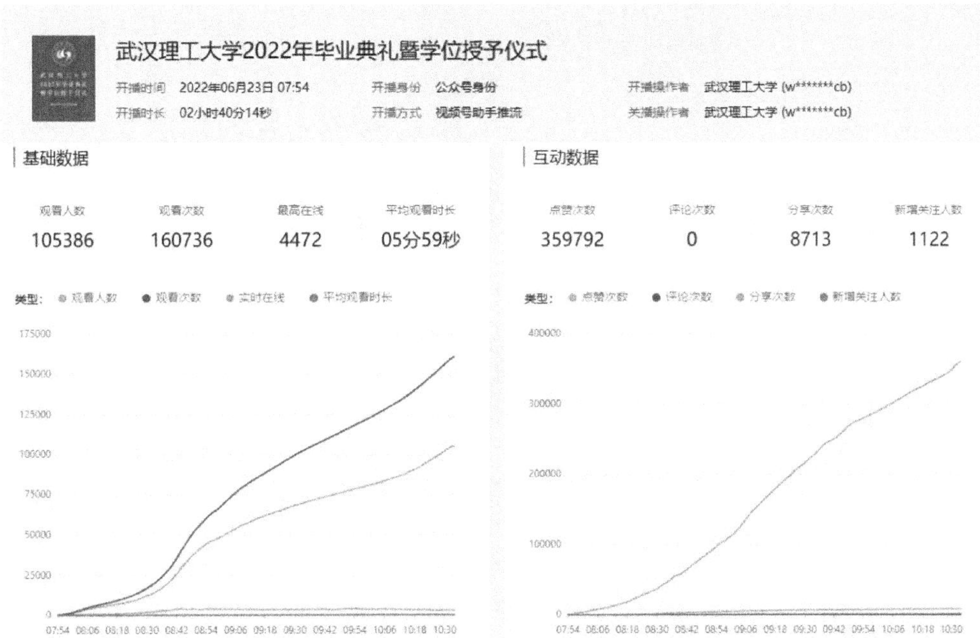

图 8.8　武汉理工大学 2022 年毕业典礼直播数据

案例二　武汉理工大学校史文化大赛活动直播

百年历史源远流长，文化传承任重道远。校史文化大赛是学校文化建设的重要载体，通过师生校友喜闻乐见的形式，厚植爱校情怀，凝聚奋进合力，激励全体师生和广大校友为早日建成特色鲜明的世界一流大学贡献力量，为“建设让人民满意、让世人仰慕的优秀大学”不懈奋斗。

武汉理工大学校史文化大赛是学校着力打造的文化建设品牌活动，每两年举办一次，通过知识竞赛、征文比赛、演讲比赛等形式不断深化师生校友对校史文化的认识和理解，弘扬理工精神，厚植爱校情怀，凝聚奋进合力，为学校文化传承增光添彩，为学校建设与发展添砖加瓦。

团体赛共分为四个环节，分别是必答题、抢答题、限时快答题和风险题，题目范围涵盖了学校 124 年办学历史中的重大事件、重要时间节点和在人才培养、科学研究、服务经济社会发展方面的重要成就。参赛队员精神抖擞、意气风发，展现了当代理工人奋楫扬帆、澎湃向前的奋发姿态。

图 8.9　武汉理工大学校史文化大赛预热推广截图

比赛紧张激烈、扣人心弦，参赛队员展现出了最佳状态，为观众呈现了一场精彩的赛事。决赛前，在各网络平台做直播预热（图 8.9）、设置直播间开播提醒，在直播间设置花样新玩法进行现场互动。

直播数据分析：本次活动直播观看人数不算多，但是参与互动（点赞、评论）数据较多，充分显示了直播间设置双向互动、抽奖等活动吸引了众多粉丝的参与，活动也取得了不错的直播效果。相关数据如图 8.10 所示。

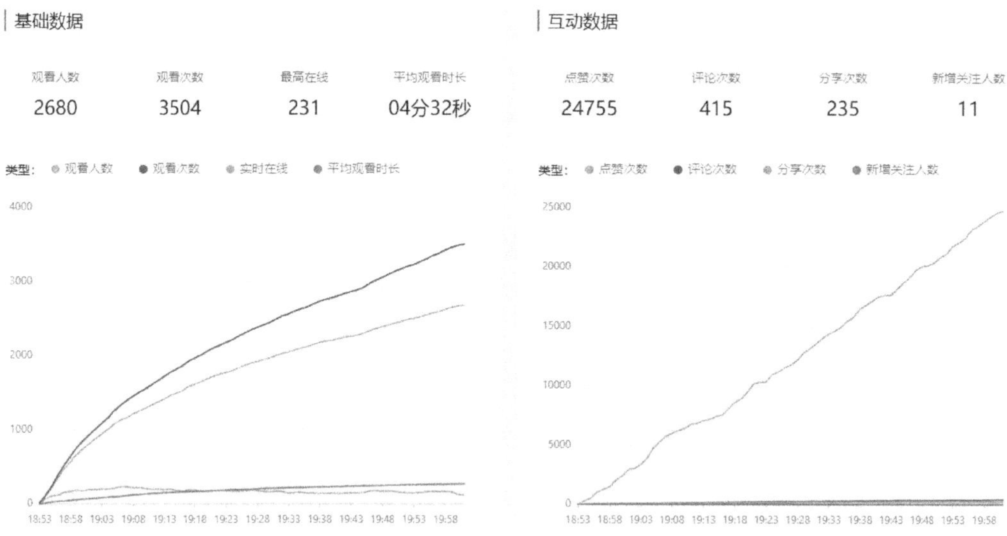

图 8.10　武汉理工大学校史文化大赛直播数据截图

案例三　清华大学开学第一课快手直播吸引 10 万人在线观看

2020 年 2 月 3 日上午 10：00，清华大学以在线直播的方式，通过清华大学快手号（快手 ID：1087936424）、雨课堂平台、人民日报客户端和清华大学官方微博等多个渠道，与全校师生同上一堂特殊的“开学第一课”（图 8.11）。“开学第一课”持续了 1 小时 50 分钟，清华大学党委书记陈旭介绍了清华大学的疫情防控情况，校长邱勇则向师生们同步介绍了疫情防控期间清华大学的教学模式调整为远程线上教学等相关教学安排。

此次直播不仅在清华大学官方媒体平台获得了极高的播放量，在快手平台也吸引了超 10 万人次的在线观看，累计获赞量达 65.2 万。

随着互联网的发展，网络凭借其开放性及交互性等天然优势，正逐渐渗透到各个领域，其中在线教育也越来越受到各大高校及教育工作者的高度重视。相比于传统教学模式中师生的面对面交流，师生通过直播教学的方式，可以不受时间、地点的限制，只要在能上网的地方，就可以展开学习。在直播过程中，学生还可以随时以留言的方式与老师进行更加顺畅的沟通，便于“不懂的问题课上解决”。

图 8.11　清华大学“开学第一课”快手直播截图

案例四　华中科大出版社：3 个月直播交易达百万实洋

3 个月直播交易总额百万实洋，目前直播间关注人数超 6 万，月均复购占比大于

20%……华中科技大学出版社自2023年4月初正式开始运营官方视频号以来，7个多月已在出版社新媒体运营方面探索出不少有益经验。该社融媒体中心经理李升炜向《中国新闻出版广电报》记者分析，新媒体运营应明确定位和风格，做好底层建设；进行社交互动，重视客户反馈；数据驱动决策，精细化运营。此外最重要的是，要明确直播间背后的意义：不只是在卖书，也在推广大众阅读。

（1）走差异化路线，做宁静舒缓的直播间

“快节奏时代，我们用读书陪你慢下来。”11月28日16点半，伴随着舒缓的乐声，在暖黄色调的书房场景下，每天一播的华中科技大学出版社视频号准时开播。5个小时的直播里，主播团队向观众推荐了《感谢生命的美意》《书里书外》《资治通鉴全本新注》《企鹅布鲁姆》等图书。两位主播娓娓道来，专业又不失亲切，吸引了许多粉丝点赞，并下单购买图书。

“人们对直播间的定位，往往是喧闹、嘈杂，对于购物类直播间尤其如此，我们的则有所不同。”李升炜告诉记者，华中科技大学出版社走差异化路线，最终确认下来的定位是“做宁静舒缓、影响和鼓励大众阅读纸质书的直播间”。

这一定位是依据该社的品牌风格，以及前期一系列的调研、学习优秀同行账号经验及读者消费习惯的基础上制定的。为应对新媒体时代的挑战，社领导研究决定成立融媒体中心，部门的定位是“资源通融、内容兼容、宣传互融、利益共融”。

近年来，融媒体中心多次开展融合营销实践。例如2021年，中心借助精准定位及点对点推广，让定价198元的《其命维新——刘道玉口述史》售出5000余册；通过小书店联盟、公众号以及小红书博主的组合营销，“伍尔夫作品集”系列图书销售2万余册，并且还在平台上持续发力……

“融媒体时代，传统出版社的营销宣传要在扩大传播范围、提高营销效果、增强互动性、优化资源配置、创新发展模式五个方面进一步突破。”李升炜说，近几年来，出版机构、书店、大型图书销售平台纷纷尝试以“短视频+直播带货”的形式进行销售，在此背景下，该社也在经过充分调研准备的基础上，紧跟时代潮流，开始创建自营直播间。

（2）围绕“人”“货”“场”不断下功夫

“我们筹备自营直播间，无论是在定位、风格等软性条件，还是在场地、设备、人员等硬性条件上，都得到了社领导的大力支持。基于这些支持和信任，我们才敢于尝试，大胆试错。”李升炜介绍，在确认基础定位后，他和同事们又进一步提炼出直播间的关键词——陪伴、信任、阅读推广，希望从“利他”和“长期”的角度来打造直播间，与观众建立长期信任关系，不断提高自身的影响力和销售业绩。

好内容+好货品+好服务=更多的自然流量，华中科技大学出版社在直播间的“人”“货”“场”上不断下功夫。

人是万事万物的根本，直播间营销是以“人”为中心的，主播的选择极其关键。“我们需要一位真实、自然的主播，他/她要做的是分享、介绍图书，成为出版社和读者之间的桥梁和纽带，尽心阅读、诚信分享，但不用做（也做不到）完美、全面、渊博的讲书人。”李升炜说，该社融媒体中心采取弹性工作、柔性管理，关注个体的配合、信任和协同工作，而不仅是单一任务的完成，这有利于工作和生活的平衡，更好地提高工作效率。

关于直播间的场景布置，华中科技大学出版社综合运用图片、音乐、布景、灯光和机位等要素，打造出有高级感、有质感、不喧嚣的镜头场景，并且会根据节点和相关策划大胆调整。与此同时，直播间也确定了一套立体的选品策略：主推优质图书，包括内容丰富、影响深远、装帧精美的高价书，以及内容经得起考验、适合大众阅读的平价书，并以一些价格偏低的其他类型图书作为福利产品，来降低用户的决策成本。

经过几个月的实践，华中科技大学出版社直播间在一些关键数据上获得了成绩：直播间关注人数超 6 万，自然流量累计 500 万观众；销售额从不足百元提高到单场最高 5 万元，开播 3 个月内直播交易总额达百万实洋；20%的客户有复购行为，他们不但自己买，也推荐给他人购买。

（3）客户长期信任是最宝贵资产

面对成绩，李升炜表示，客户的长期信任是最宝贵的资产，要好好珍惜。长期信任带来持续复购、免费的口碑宣传，也带来意见、建议和客户期待。“客户信任带给我们成交、流量以及品质改进。对于这些细节，我们往往容易忽视，我们在卖产品的同时，更多是在卖服务。”

在具体的运营中，华中科技大学出版社注重和用户的社交互动，重视用户的反馈。客户服务中尽量做到及时、周到，以解决用户问题为目标，逐条分析已下单用户的留言。“我们这项工作才起步，这也是我们和用户共同成长的过程。当收到客户的肯定、鼓励以及批评建议时，我们会尽力回复每一条留言和私信。”在李升炜看来，建立直播间，不仅是要带来销售额的提升，也是出版社和读者高效链接的机会。

除了进行社交互动，华中科技大学出版社还注重数据的分析与应用。微信视频号提供了强大的数据分析功能，可以帮助出版单位更好地追踪观众行为，揭示什么图书受欢迎、什么内容需要改进，从而驱动运营策略调整，提高直播间内容的吸引力，更好地满足用户需求。相关工作人员每天会跟踪实时数据，并在直播结束后进行复盘、研判，及时调整直播策略。

“经过持续深耕，我们在视频号直播方面虽然取得了一定的成绩，但趋势不等人，如何进行跨媒体融合，利用AI技术实现智能化营销、全渠道营销，提供更精准的个性化定制服务，是我们自营直播间，以及融媒体中心亟须回答的问题。”在李升炜看来，现代人面对的焦虑和许多难题，都可以通过阅读纸质书来探寻答案。“当我们不断地提醒自己不忘初心，不只在卖书，也是在推广大众阅读时，就能更好地面对短期困难，践行长期主义[①]。”

① 汤广花.华中科大出版社:3个月直播交易达百万实洋[N].中国新闻出版广电报，2023-12-12(007).

第 9 章　高校新媒体的推广与吸粉

新媒体时代，各类新媒体平台紧跟互联网通信技术的发展而迅速壮大，粉丝经济随之而起。各高校为了实现形象传播和社会声誉的提升，纷纷采取各种方式和手段来增加官方新媒体平台粉丝的数量。吸粉的方式和手段有很多种，但新媒体账号的运营者绝不应局限于增加粉丝数量的层面，在吸粉之后对于粉丝的管理和账号信息传播的科学合理经营才是最应该引起新媒体运营者重视的，也是账号长远发展的必由之路。

9.1　社会引流推广

9.1.1　运营平台官方个人微信号

在运营平台官方个人微信号过程中，应注意以下一些问题。

在内容上可以立足于学校特色，结合社会热点、用户需求，针对性地策划让用户眼前一亮的主题内容。譬如，在新生收到录取通知书等待开学报到的这个时间段，是新用户最为活跃的阶段，也是最容易与其建立良好关系的重要时期，此时平台官方个人微信号可以推出“带你一起游校园”“我与学校的故事”“吃在学校”等一系列吸引用户的推送、视频，增进与用户之间的互动，和他们建立最为真挚的情感。

在功能上，应该有效发挥账号的服务与回复功能，让用户切身感受到公众号平台不是一个“没血没肉”的机器人，而是他们的知心朋友。同时，对于用户在私信中所提问的问题，应该及时反映给学校宣传部、学校后勤等部门，帮助其尽快解决。例如，宁波大学新媒体平台突破地点和时间的限制，采用微信公众号服务反馈、线上交流等形式，对学生反映的学校教育、环境建设等情况和问题，及时、有效地进行回复和解决，打造服务师生共建共享线上平台。

在形式上，可以选用用户最为喜欢的图文、视频等音影图像形式，增进宣传的吸引力和亲和力，让师生更好接受，促进宣传效果最大化。另外，还可以研发、推广 H5 小游戏，增进与用户之间的交流互动，提升用户的活跃度。例如，2022 年 5 月，武汉理工大学团委微信公众号发送“我的武汉理工，生日快乐”校庆推文，通过音乐、短视频、图片等多媒体方式，将迎接校庆的喜庆氛围穿插进新闻推送中，让同学们从生动的图片、感人的视频中了解武汉理工大学的创学、办学、兴学历史。

在时间上,应该在根据调查研究结果的基础上,结合师生的生活习惯和学习规律适时发布,以提高内容的点击率。比如,在学生午休前以及晚上自习结束后,是他们刷微信的最密集时间段,在这个阶段进行文案推送能够有助于提高内容的二次传播率,从而引起用户的关注和转发热度。同时,微信公众号一天推送的次数不宜过多,一般不超过3条,推送的内容不宜过长,要注重语句凝练、图文并茂,保持微信公众号的适宜热度。

案例：武汉理工大学团委公众号运营分析

“青年在哪里，共青团就要在哪里”，武汉理工大学团委把新媒体建设作为提高团的吸引力、凝聚力的重要抓手，打造了虚拟网络思政形象“小薇”，力求让新媒体平台生动起来，让青年思政工作鲜活起来。

截至目前，“武汉理工大学团委”微信公众号的代言人“小薇”已拥有粉丝12万余人（图9.1），在2021年度全国高校共青团微信公众号综合影响力榜单中排名全国第一；在2022年上半年全国高校共青团微信公众号单周影响力榜单排名中获5次全国第一，14次全国前三，稳居全国前十。武“小薇”的形象设定为大三女生，她是青年思想圈里的“启心人”，三观持正，在青年大学习、理工青年说、理好新青年版块传播党团新思想、好声音；她是青年朋友圈里的“知心人”，温暖体贴，在创新创业、志愿服务、文化艺术、社会实践版块，青年关心关注的话题都能聊；她是青年生活圈里的“热心人”，无“薇”不至，在信息查询、通知公示、咨询答疑、社群交流版块，拥有靠谱硬实力。

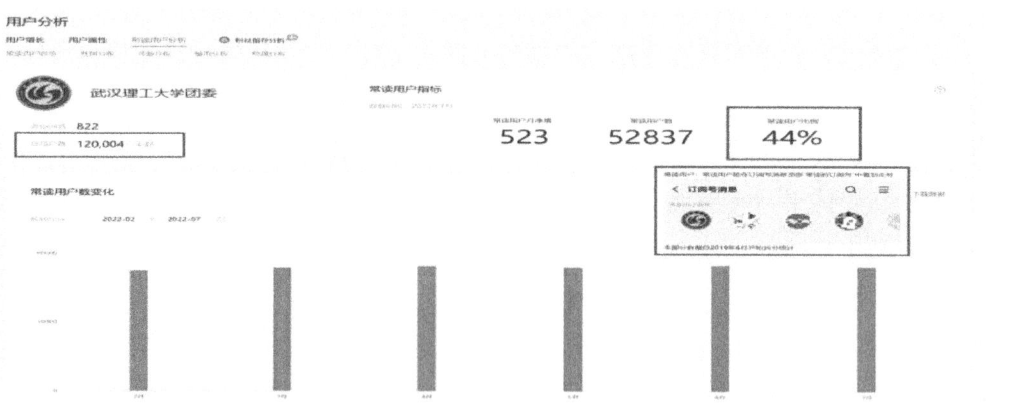

图9.1　武汉理工大学团委公众号运营相关数据

9.1.2　铁杆粉丝群

铁杆粉丝群是通过用户对特定对象的一种喜爱和关注而汇聚在特定网络社交区中的特殊群体，他们大多是年轻人，经常活跃在网上交流、互动平台一带，有着一定的共同价值取向、精神诉求等。在当今的许多社会新闻事件中，有很多正是通过他们这一类特殊群体而提升扩散传播的效果，从而引发其他人甚至全社会的广泛关注。

在铁杆粉丝群运营上，要注意以下几方面问题。

第一，要注重培育圈子文化，以更好地维系同类群体的组织关系，打造共同热点，最大限度提升粉丝群的活跃度。例如，武汉理工大学官方微博可以开通超级话题内容，将理工师生汇集在“#武汉理工大学#”“#武汉理工大学美食#”超级话题内，在理工人的专属话题中，师生们可以交流、互评等，提高粉丝之间的联系。另外，可以利用加精、置顶、签到等功能，发挥小主持人意见领袖与日常管理功能，更好地培育铁杆粉丝。

第二，要精心挑选那些典型、先进、正面的人和事迹，并以更加生动活泼的表现形式体现出来，把故事讲生动，增进情感共鸣，提升宣传效果。例如，武汉理工大学把先进、典型师生推广内容融到微博超话中来，通过“理工青年”“理工最美教师”“优秀校友”等短视频、推文，不仅能够有力推广学校的正面公众形象，扩大学校在全社会的影响力，还能够力促大家增强对自身学校的认同感和自豪感，同心同德、凝魂聚气，打造良好的校园舆论氛围。

第三，要在粉丝群内保持发布适当的话题、新闻，增加粉丝群的存在感，促进粉丝之间的交流互动。可以借助用户最近关注的热搜榜，捕捉适合“蹭”的热搜话题，将热搜话题与学校特色结合起来，借助“热搜”东风，在粉丝群中传播自己的内容，打开一个宣传校情和校史的有效渠道。例如，可以借助电影《我和我的祖国》，讲述理工人前赴后继、不屈不挠的报国事迹。

第四，应该注重微博粉丝群运营队伍的培养，粉丝群群主和管理员要充分掌握话题的发布规律和设置，在群中尽快可能答疑解惑、正面发声，当群中出现舆情时，应该进行有效的甄别和处理，勇于发声、敢于亮剑，尽量把问题解决在萌芽阶段，做好学校新媒体的信息员和发言人。

9.1.3　建立校院班矩阵网

习近平总书记在中共中央政治局第十二次集体学习会议上强调：“推动媒体融合

发展，要坚持一体化发展方向，通过流程优化、平台再造，实现各种媒介资源、生产要素有效整合，实现信息内容、技术应用、平台终端、管理手段共融互通①。”在信息化时代的发展下，越来越多高校开始构建以新媒体矩阵为主、传统媒体为辅的传播图景。当前，建立校院级矩阵网，要广泛运用高校校园媒体资源。

一是要充分发挥新媒体的特殊优势。习近平总书记指出，要根据青年群体与媒介平台的特点，建立有针对性的新媒体矩阵。因此，构建高校新媒体矩阵可以利用微信公众号、微博和客户端以及抖音短视频平台进行对外传播，对关乎学校和学生切身的重大利益问题进行及时回应，对学校的各种信息进行及时有效更新，取得良好的传播效果，为师生服务。例如，“武汉理工大学”“武汉理工大学招生办”等官方抖音平台，在日常运营当中，把同学们关注的热点、难点和重点问题，以可听可看、可读可感的视频形式进行第一时间回应，并及时更新学校日常信息，为师生们提供良好服务。

二是要充分用好各种媒体资源。建立完善校院班矩阵网，必须要用好各种各样的媒体资源。当前，在高校媒体平台建设过程中，存在着运营敷衍、职责模糊、效率不高等问题。因此建立媒体矩阵，要着力完善新媒体运营机制，定期进行内容发布、编排和审核，完善运行体系，对活跃度较高的新媒体平台进行大整合大优化，减少疏于管理的情况发生，从而实现统一管理、统筹协调和自上而下的媒体联动。

三是要搭建多层级全媒体矩阵。要以校级官方媒体作为核心建设对象，将各个部门和院系以及其他团体的媒体平台作为围绕核心的外圈圈层，构建出一个从上到下的多层级传播矩阵，加强各级媒体之间的交流，发挥各自的媒体力量，改变过去单一媒体的境遇，实现资源共享、信息互通，提升校园官方媒体的综合力量。例如，武汉理工大学在校园内设立校园媒体联盟，打造传统媒体和网络媒体互联互动的系统平台，增强学校全媒体矩阵的传播效果，形成传播合力。仅在2022年，武汉理工大学广泛运用报纸、板报、书籍和抖音、强国号、腾讯视频等开展开学典礼、学校运动会和毕业典礼等宣传活动，为打造全媒体矩阵作出了有益实践探索。

案例：武汉理工大学青年新媒体矩阵网建设

直面大学生群体，建立传播“新堡垒”，武汉理工大学成立武汉理工青年融媒体

① 习近平主持中共中央政治局第十二次集体学习并发表重要讲话［EB/OL］.（2019-01-25）［2022-06-10］. http://www.gov.cn/xinwen/2019-01/25/content_5361197.htm.

工作室，完善多种新媒体矩阵建设，发挥集群效应，打破“独唱”格局，致力于“四个新阵地”的打造，即打造思想政治教育新阵地、新媒体研究新阵地、网络文化育人新阵地、网络舆情引导新阵地（图 9.2）。2020 年初疫情来袭，武汉理工大学团委依托新媒体平台开发小程序，第一时间开展青年团员到社区村报到工作，实时掌握 2 万余名疫情防控青年志愿者动态。

图 9.2　武汉理工大学新媒体矩阵网

9.1.4　培育网络新媒体工作室

当前，高校在教学改革、新闻宣传、思想教育等方面正在呈现“互联网+高校”的发展态势，基于学校宣传工作的需要，高校新媒体建设要在队伍、资金、机制这三个方面重点下功夫，补足短板、发挥优势。

其一，网络新媒体工作室必须要培育一支专业化的队伍。在这支队伍中，专职老师负责专职管理，学生负责具体运营。同时，必须依照技术研发、素材采编、活动管理这三个板块进行分工。技术研发小组负责对后台的技术开发和维护；素材采编小组负责素材收集、整理、策划和编辑工作；活动管理小组负责做好线上线下活动的落实和衔接工作，做到线上有阵地、线下有活动。另外，要建立完善考核评价和成长成才机制，有计划、有针对地对新加入成员开展媒体采编、运营和摄影等专业培训，提高新成员的新媒体运营能力。通过专业化培训，提高工作室的专业性、科学性，提升成员的归属感。

其二，网络新媒体工作室必须要有充足的资金支持。网络新媒体工作需配备固定的工作场所、办公电脑、打印机以及用于宣传运营的各种硬件设备，还需要设立一定的稿酬奖励，以那些抖音、微博、微信阅读量高的作品作为奖励参考，从而激发工作人员的工作热情。

其三，网络新媒体工作室要坚持以学生为中心。学生作为校园生活的最直接体验者，最贴近日常生活，只有真正以学生为中心才能够创造出学生喜闻乐见的新闻产品，因此，要始终不渝坚持以学生为导向，充分发挥学生工作者的创新能力进行内容创作，使得新闻产品形式多样、内容丰富多彩，更好贴合学生青年群体的喜好，将网络新媒体平台打造成学校宣传的最大增量。

其四，网络新媒体工作室需要形成工作合力。网络新媒体工作室建设覆盖学校教学、管理等方面，单靠宣传部一个部门的力量，难以充分发挥宣传效能，因此必须整合和优化学校各个资源和平台，如可以整合学校教务处、学工处、校团委、图书馆等部门的资源，为学生提供成绩查询、借书咨询、电费充值等服务，及时发布校内外讲座、新闻资讯等时事新闻。

案例：武汉理工大学青年融媒体工作室

武汉理工青年融媒体工作室，统筹运营校团委官方微信公众号、视频号、B站号，号号联动，各有侧重，共同建设好小薇新媒体生态圈。同时，建立专兼职相结合的指导老师团队，广泛招募优秀学生加入青年融媒体工作室，设置手绘、文创、文编、视频、音频以及原创音乐等组别（图 9.3），致力于将每位成员都培养成能拍、能写、能剪、能创的宣传多面手。

图 9.3　武汉理工大学青年融媒体工作室组织架构一览

9.1.5　校园大 V 分享

在高校新媒体的推广与吸粉中，校园大 V 能够起到非常大的作用。“校园大 V” 一词源于网络定义，通常是指在学校内有一定粉丝并通过微博实名认证的博主。他们通常喜欢在微博发表自己的观点以引起粉丝的关注、传播和共鸣。他们通过对信息的筛选和整理，传播一定的信息和观点，进而影响他们周围的群体，从而成为校园当中的意见领袖。因此，在高校新媒体推广与吸粉中，校园大 V 的作用显得尤为重要。

首先，校园大 V 作为公共领域的活跃分子，处在信息交流和思潮交锋的最前沿，能够及时收集、整理、提炼各种信息，以便向自己的粉丝传达最新的消息，抢占信息的制高点。

其次，校园大 V 发布的信息在很大程度上反映着自己的价值观、成长经历、学识高低等发展因素。如果他们发布和传播的信息是积极的，那将会对自己的粉丝起到正面引导的作用，从而使学校的文化氛围也呈现出积极向上的状态，促进学校思想教育工作的高效、有力发展。

最后，校园大 V 作为消息信息发布最为活跃的群体，同时又是处于不同组织阶层的群体，其影响效率和传播速度超过普通群体和手段。因此可以充分引导他们发布积极、向上的正能量信息，用正确的思想和价值观引导人、教育人、塑造人，充分发挥思想引领作用。

案例：武汉理工大学篮球博主向紫龙

简介：2019 年 12 月 25 日，2020CUBA 全明星阵容出炉。精英队：向紫龙（武汉理工大学，后卫），抖音粉丝量为 77.2 万；微博粉丝量为 27.8 万（图 9.4）。

（1）毕业不是散场，梦想就在前方，此去山高水长，未来必将乘风破浪破浪！法学与人文社会学院研究生向紫龙在抖音短视频上分享了自己在学校的毕业典礼。他在视频中回顾了三年的研究生生涯，表达自己在今后的未来道路上，必将传承理工人“追求卓越” 精神，奋发图强、一往无前，在青春的赛道上接过历史的接力棒。（点赞量 6.3 万）

（2）今天给大家分享一个投篮抗干扰的训练方法，大家赶快收藏起来，抓紧练起来！（点赞量 2.1 万）

（3）哈喽大家好！我是向紫龙，刚刚代表法学与人文社会学院打完理工杯的一场小组赛，发现我们队伍在破二三联防上还是不太擅长，所以我就让大家都留在场地，我们来一次训练，教大家如何来破二三联防，来吧，大家看完后也可以一起练

起来！（点赞量 15.3 万）

图 9.4　向紫龙短视频个人账号

9.2　功能引流

9.2.1　开发功能菜单

实用的服务功能是增强用户使用率的重要保障。因此，在利用校园新媒体推广引领中，要充分利用网络平台的服务功能。

首先，可以根据学校师生的实际情况，建设微信服务大厅，设置“查地图”“查课程”“查话费”等师生生活服务功能，有效降低服务获取门槛，提高观众互动率。

其次，可以充分利用“服务机器人”，在聊天一栏设置关注度较高的关键词，及时回应用户比较疑惑的问题，同时可以引导不在自动回复范围内的问题转到人工回复程序，从而保障留言的回复率和准确率。

最后，要顺应“互联网+服务”的发展大势，将服务功能延伸，以内容策划为切入点推动后台开发，提供新闻资讯、校园新闻、校园生活等多功能，在发挥新媒体宣传作用时，更好地服务师生。

案例：武汉理工大学团委微信公众号功能分析

以武汉理工大学团委微信公众号为例，最初只是一个向师生们宣传党的政策理论的新闻平台，后发展成为师生提供学习生活服务的多元平台。运用武汉理工大学团委微信公众号开发功能菜单，可以促进学生们自由学习，降低教学成本，丰富思想政治教育内容和形式，增添学习趣味。“通讯录”可查询学校各部门联系方式；“小薇的聊天室”是提供给学生反映问题和情况的线上反馈平台；“校车查询”可以帮助学生查询武汉理工大学各个校区的校车发车时间，为同学们出行提供便利；“三维地图”收录了学校南湖、马房山、鉴湖、余家头各个校区的全景三维动态地图，能够帮助报考的家长和新入学的学生提供校园指南（图 9.5）。由此可见，武汉理工大学团委微信公众号功能丰富多彩，涉及学习、生活、出行等方面，并以其权威性、专业性、全面性成为理工师生自主学习、活动交流的方便、快捷平台。

图 9.5　武汉理工大学团委公众号功能菜单

9.2.2　设计周边产品

学校周边产品是学校文化的一张重要名片，透过周边产品，可以了解到学校的历史传承和文化底蕴。作为校园文化和历史积淀的重要产物，周边产品还担负着向外界宣传学校的使命。例如，大连理工大学在2012年创办的校园纪念产品店 Yagoo，产品包括校园明信片、校园文化衫、校园特色茶杯等，在网上受到了极大的关注，并获得了校内外学生的一度追捧。武汉理工大学也依据自身理工学校特质，创办了武汉理工大学品牌文化店，并依托学生团队授权设计具有理工特色的文化产品。加强对学校周边产品的开发，一方面可以有效传播学校文化和精神、办学理念、优秀校风，起到以文化人、以物化人的作用，更好满足师生高层次的精神诉求，打造和谐共处的校园精神文明建设；另一方面，以其实用性效果、立体化视角赢得用户的喜爱和使用，有利于融入用户的学习和生活的各个方面，使其在润物细无声中感受到学校深厚的文化内涵和底蕴，自觉做学校文化的传播者，在宣传效果上具有不可比拟的特殊优势。

案例：学生创业团队文创设计将武汉理工大学建筑“捧起来”

这是一款以武汉理工大学南湖新图书馆为原型的触摸小夜灯，采用3D打印制作而成，是悟理文创团队的首款产品（图 9.6）。说到校园文创产品，我们普遍能想到的就是明信片、书签、笔筒等，这个团队看到了创意性不足的缺点，从事工业设计专业的他们打算运用创意设计结合最新工业制造技术来开发新型的校园文创产品。该团队的

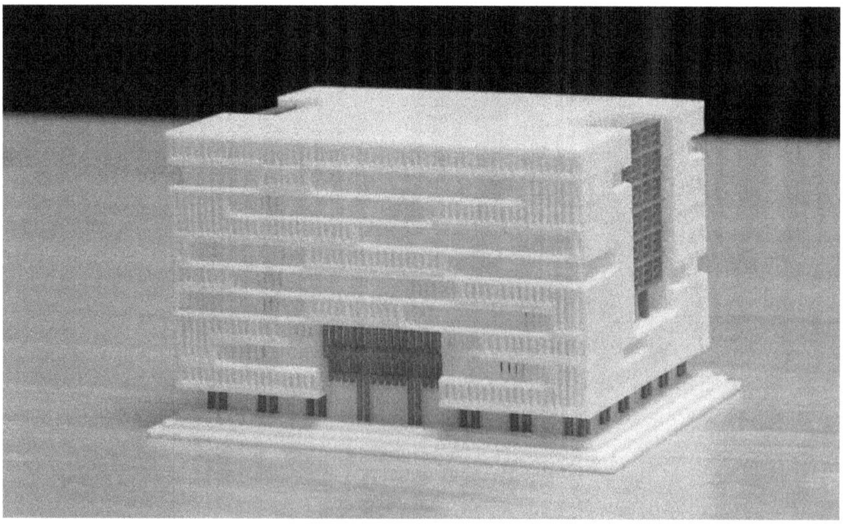

图 9.6　武汉理工大学文创产品——触摸小夜灯

首款触摸灯便采用了3D打印的制造方式，成功地将“最美图书馆”复制出来。它不仅具有武汉理工大学的纪念意义，还能作为小夜灯使用，有没有为它的灯光效果感到惊艳呢！据称，这款产品用手机的充电器就能给它充电。不止于此，这个团队接着又有了新的创意。

这款产品是他们最新开发的一款文创产品——“纸述武理”之南湖图书馆立体贺卡（图 9.7），原型依然来自武汉理工大学标志性建筑“南湖新图书馆”，利用巧妙的结构设计，将纸片拼合成建筑的样式，翻开便得到立体的效果。这款产品的设计师说：这款产品的设计确实花费了很大的心血，看似简单的结构都需要精心地设计，参考了无数次图书馆图纸和类似产品的结构设计，也试验了无数次，使纸片结构尽量还原图书馆建筑的效果。不同于触摸灯，这次他们采用的是激光雕刻来进行制作。此外，“纸述武理”系列立体贺卡之鉴主教学楼，同样通过折纸的方式，巧妙地展示出了鉴主建筑的立体效果。

图 9.7 武汉理工大学文创产品-南湖图书馆立体贺卡

9.2.3 微信投票

如何在成千上万个微信公众号中脱颖而出，快速增加粉丝量，是高校新媒体建设中面临的一个新的难题。一些高校充分利用微信公众号进行大胆尝试，开展特色投票活动，以低成本吸引了一大批粉丝。由此可见，在高校新媒体推广中，可以因势利导、因时而进，合理发挥微信投票的推广功能。

一方面，在运营微信公众号过程中，可以及时、有效地针对近期的热点、重点问题，给出若干选项，设置一个时间段，让用户投票，从而激发他们的参与意识、主体意识，也为校园推广提供一个媒介机会。另一方面，在微信投票设置上，可以采用H5等第三方软件进行设计，完善投票设置和选择，打造精美的投票画面，吸引用户的兴趣。同时，对于投票靠前的作者，可以设置相应投票奖励和奖品，刺激各选项支持者之间的互动，以点带面，提升微信公众号的粉丝量。

案例：2021年度武汉理工大学十大新闻评选

2021年，武汉理工大学各项事业快速发展，取得了令人鼓舞的成绩。回望过去的一年，有哪些不容错过的大事？由武汉理工大学党委宣传部主办的“武汉理工大学2021年度十大新闻网络评选”活动正式启动。经过前期征集与初选，我们按照新闻发布的时间顺序列出了30条候选项进行投票，期待您的积极参与，选出您心中的年度十大新闻。请在图文最下方的“投票版块”，为2021年度十大新闻投下宝贵一票(图9.8)!

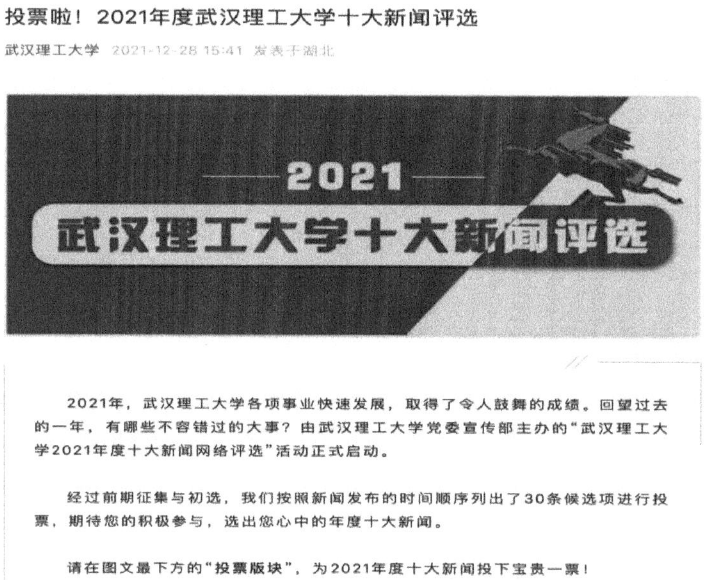

2021年，武汉理工大学各项事业快速发展，取得了令人鼓舞的成绩。回望过去的一年，有哪些不容错过的大事？由武汉理工大学党委宣传部主办的“武汉理工大学2021年度十大新闻网络评选”活动正式启动。

经过前期征集与初选，我们按照新闻发布的时间顺序列出了30条候选项进行投票，期待您的积极参与，选出您心中的年度十大新闻。

请在图文最下方的“投票版块”，为2021年度十大新闻投下宝贵一票！

图9.8　2021年武汉理工大学十大新闻评选投票推文

投票规则：从候选新闻中选出十项进行投票；

投票时间：从即日起至2022年1月4日0时止；

投票地址：下方投票板块。

粉丝福利：

完成投票后，在本条推送下方评论留言，说出你在武汉理工2021最难忘的瞬间。截止到2021年1月4日0点，评论区留言点赞第一的粉丝，获得专属文具套件；评论区留言点赞第2～6名，获得专属帆布袋+软抄本。快转发分享到朋友圈，让你的朋友们都能参与，领取新年礼物吧！

9.2.4 微博抽奖

作为我国最大的社交媒体之一，日超 2.4 亿用户的微博正在被越来越多的信息发布者频繁使用。特别是近几年，随着支付宝“锦鲤”红包抽奖活动的兴起，各式各样的微博抽奖活动正映入用户的眼帘，在给用户带来极致互动体验的同时，也起到了极大的产品宣传作用。因此，在高校新媒体平台建设中打造微博抽奖等活动，有利于提升学校新媒体的传播力。

首先，在高校微博建设的起步阶段，可以通过设置微博抽奖吸引更多的校内外用户驻足，达到涨粉的目标。

其次，学校的许多校园庆祝活动和晚会需要极大的关注度和期待感，这就可以通过高校微博发起学校周边产品、数码产品抽奖活动，吸引大批用户的转发和点赞，从而实现宣传活动的目的。

最后，在举办学校的一些学术活动、安全宣讲时，宣传活动总是一件令人头疼的事情，但当以发放一定小礼品的抽奖活动在微博扩散时，不仅能够以较小的成本提高人们对活动的好感度，激发对活动的了解兴趣，同时成功地宣传了学校，一举两得。

案例：2022 年武汉理工大学高考助力微博抽奖

高考顺利结束，美好的大学旅程即将启航，萌新们做好准备迎接大学新生活了吗？武汉理工大学将和@小米商城@小米湖北一起发起“点亮自己心中无限宇宙”活动，快来开启自己的小宇宙吧！带话题“#力挺你的大学新生活#”，发布图片/视频，把你期待的大学生活与小微一起共享吧！关注@武汉理工大学，转评赞，参与话题互动，抽送 1 支小米手环 7（图 9.9）。

图 9.9　武汉理工大学高考助力微博抽奖界面

9.2.5 活动直播

网络信息技术特别是互联网技术的飞速发展，抖音、快手、腾讯等视频软件方兴未艾，我国正逐步进入“全民直播”时代。网络直播所具有的时效性、趣味性、互动性和可视性等优势，越来越得到学生们的青睐。这种传播方式在丰富人们物质和精神生活的同时，也为高校新媒体的推广与吸粉带来了新的契机。

首先，直播活动在很大程度上能够满足用户猎奇、娱乐和减压的心理需求，激发学生对事物的关注和兴趣。同时，当有的学生在宿舍观看活动直播时候，他的行为可能会吸引其他舍友的关注，并使其加入直播行列，从而增加官方媒体的关注度。

其次，活动直播能够充分发挥互联网辐射范围广的优势，将学校活动实时完全地展现在社会公众面前。这种情况下，如果活动举办得好、反响强烈，那么学校就会得到更多的认可，从而提升学校的知名度。

最后，活动直播作为“互联网+宣传”的一种新模式，突破了传统媒体的时空限制，用户可以在评论区对活动的情况进行实时点评，活动的参与感更强，获取活动信息也变得更加便捷，这种体验感和便捷性能够引导关注官微的连带反应。

案例：2022 年武汉理工大学毕业典礼直播

一、毕业典礼和学位授予仪式安排

第一阶段：学校集中举行毕业典礼暨学位授予仪式

时间：2022 年 6 月 23 日（周四）上午 9：00

地点：南湖体育馆

参会人员：校领导、校长助理，校学位委员会委员，党政办、组织部、宣传部、学工部、团委、余区管委会、本科生院、研究生院、保卫处、后保处、社会合作处、后勤集团主要负责人，各学院党政主要领导、分管学生工作副书记、毕业班辅导员，教师代表，校友代表，全体 2022 届毕业生。

第二阶段：各学院分别举行学位授予仪式

二、直播平台

武汉理工大学 2022 年毕业典礼暨学位授予仪式将在微赞直播平台、武汉理工大学微信视频号同步直播，欢迎届时收看（图 9.10）！

三、注意事项

1. 参加第一阶段的所有 2022 届毕业生，请按照学工部、研工部和学院的安排，有序入场，上午 8：30 前入场完毕；参会的职能部门领导、学院领导、老师，上午 8：30 前入场完毕。

2. 会议将严格落实新冠肺炎疫情防控要求，请各学院提前确认参会人员 14 天内未到过中高风险地区，近 3 天内没有省外旅居史，核酸检测、健康码和行程卡显示正常，无发热、咳嗽、咽痛、乏力、腹泻、味觉嗅觉异常等症状。

3. 所有参会人员进入会场前配合工作人员测量体温，参会期间全程正确佩戴口罩，做好个人卫生防护。

图 9.10　武汉理工大学校长杨宗凯在 2022 年毕业典礼上讲话

参考文献

[1] 匡文波."新媒体"概念辨析[J]. 国际新闻界, 2008(6):66-69.

[2] 马歇尔·麦克卢汉. 麦克卢汉如是说[M]. 北京:中国人民大学出版社, 2006.

[3] 明安香. 信息高速公路与大众传播[M]. 北京:华夏出版社, 1999.

[4] 来沅晖. 对"新媒体"概念的重新思考[J]. 西部学刊, 2018(8):29-32.

[5] 林刚. 新媒体概论[M]. 2 版. 北京:中国传媒大学出版社, 2021.

[6] 彭兰."新媒体"概念界定的三条线索[J]. 新闻与传播研究, 2016, 23(3):120-125.

[7] 胡海龙. 对网络媒体的一点探讨[J]. 国际新闻界, 1999(6):32-37.

[8] 黄佳嫄, 张宏. 基于可穿戴设备构建个人生态信息系统的探讨[J]. 现代传播(中国传媒大学学报), 2015, 37(2):139-142.

[9] 谭辉煌, 刘淑华. 新编新媒体概论[M]. 重庆:重庆大学出版社, 2018.

[10] 明均仁, 操慧子, 涂瑞德, 等. 社会化媒体信息生态系统要素及结构研究——以图书馆微博为例[J]. 现代情报, 2019, 39(11):128-136.

[11] 宫承波. 新媒体概论[M]. 3 版.北京:中国广播电视出版社, 2011.

[12] HENRY JENKINS. Convergence Culture[M]. New York University Press, 2006.

[13] 陈力丹. 新媒体的发展趋势与悖论[N]. 人民日报, 2015-10-11(005).

[14] 杨乾坤. 高校新媒体运营与创新[M]. 合肥:中国科学技术大学出版社, 2021.

[15] 王平钢. 3 个关键词, 剖析文案写作的底层逻辑[EB/OL]. (2019-05-25)[2023-12-16]. https://mp.weixin.qq.com/s/e2pzRQIj2waF8MP-MVhEbg.

[16] 陶瑗丽. 优秀新闻标题的语言特点[J]. 湖南大学学报(社会科学版), 2020, 34(3):154-160.

[17] 李雪晨, 初士兴, 白超. 高校学生新媒体团队的现状及建设思考[J]. 决策探索(下), 2021(11):92-93.

[18] 陆衍东. 读者思维活动的一般规律[J]. 新疆新闻界, 1991(3):49.

[19] 何克难. 拒做"标题党", 创新需有"诚意"——微信公众号新闻标题制作初探[J]. 新闻世界, 2021(12):49-52.

[20] 罗俊梅, 李凯, 管前程. 网络社交媒体中"高级黑"现象的实质、危害与应对[J]. 江南论坛, 2021(6):33-35.

[21] 姚洪.融媒体时代新闻摄影工作的新特征[J].武汉理工大学学报(社会科学版),2021,34(4):52-56.

[22] 文章配图的作用有什么？文章配图的四个作用[EB/OL].(2019-12-27)[2023-12-24].https://www.gaoding.com/article/5057.

[23] 卞萧雅.对拍摄新闻图片的几点思考[J].中国传媒科技,2012(16):176-177.

[24] 王生玉.校园新闻的拍摄要点[J].新闻窗,2013(6):90-91.

[25] 陆小华.支撑短视频传播力、竞争力的底层逻辑[J].中国出版,2020(24):24-28.

[26] 叶芳.新闻短视频拍摄及剪辑技巧[J].中国报业,2022(5):86-87.

[27] 全琳.高清后期制作及拍摄技巧[J].西部广播电视,2021,42(19):189-191.

[28] 上海社会科学院信息所.信息安全辞典[M].上海:上海辞书出版社,2013.

[29] 匡文波.手机媒体概论[M].北京:中国人民大学出版社,2006.

[30] 黄宏,郑国健.试析微博的媒介属性和传播特征[J].中国广播,2013(3):44-47.

[31] 曹倩.高校图书馆微博运营与传播策略研究[D].太原:山西财经大学,2022.

[32] 张艳.微信朋友圈的广告传播[J].新闻世界,2015(6):160-161.

[33] 黄楚新,王丹.微信公众号的现状、类型及发展趋势[J].新闻与写作,2015(7):5-9.

[34] 张平,周广.高校官方微信公众号内容特征及影响力实证研究——基于首批重点建设的全国54个高校官方微信公众号WCI的数据分析[J].传播与版权,2023(11):45-48.

[35] 王晓敏.高校图书馆微信公众号发展困境与思考[J].新媒体研究,2019,5(13):83-85.

[36] 黄朝峰,石周燕,邱佳铃.高校官方微信的研究现状、运营特征和管理策略[J].扬州大学学报(高教研究版),2016,20(1):49-52.

[37] 胡振宇,张铁根,白梦天.高校官方微信公众号的发展策略研究——基于中国青年报“2022—2023年度中国大学官微十强”排行的分析[J].新媒体研究,2023,9(20):15-19.

[38] 徐佳宝.浅析高校微信公众号的思政教育内容优化路径——以北京大学官方微信公众号为例[J].民族高等教育研究,2022,10(6):55-59.

[39] 周颖,黄佳兰,陈慧婷,等.高校微信公众号运营与品牌形象的构建策略研究——以浙江大学官方公众号为例[J].新媒体研究,2019,5(23):50-53.

[40] 薛浪,邢华超,杨美偲.以“三个聚焦”打造网络思政育人阵地——以北京科技大学官方微信公众号建设为例[J].北京教育(高教),2023(4):78-80.

[41] 刘汉俊.以媒体融合优势做强“学习强国”学习平台[J].先锋,2019(2):12-15.

[42] 崔道锋.加快推进媒体融合发展巩固发展地方舆论阵地——扬州推进媒体融合发展的实践与思考[J].新闻战线,2017(19):46-48。

[43] 梁嘉琪. 从“学习强国”看融合媒体在舆论战线中的作用[J]. 档案，2019(9):50-53.

[44] 李爱武，柳晓春. 国内外信息素质教育[J]. 高校图书馆工作，2002，22(4):1-5,12.

[45] 张于心，智明光. 综合评价指标体系和评价方法[J]. 北方交通大学学报，1995(3):393-400.

[46] 晁阳. 浅谈新闻的时效性[J]. 新闻知识，2001(3):33-34.

[47] 王燕. 高校发挥“学习强国”思想政治教育优势的路径探析[J]. 福建警察学院学报，2022,36(3):9-17.

[48] 聂新宇. “学习强国”平台内容创新与用户使用情况研究[D]. 呼和浩特:内蒙古师范大学，2021.

[49] 李勇图. 高校官方抖音建设的现实审视与思考[J]. 文化软实力，2020，5(3):57-64.

[50] 李凌，杨涛. 短视频对高校新闻宣传的赋能和模式创新[J]. 传媒，2021(1):85-87.

[51] 蒋寿杰. 短视频场域互动视阈下高校网络思想政治教育的实践特征、现实困境及优化路径[J]. 老区建设，2022(11):69-75.

[52] 刘宸，毛琦，王玉婷，等. 西安交通大学:校园直播平台构建与应用[J]. 中国教育网络，2021(12):65-66.

[53] 陈旭. 高校校园文化活动微直播专业指导力量建设[J]. 科教文汇(中旬刊)，2017(29):140-141.

[54] 汤广花. 华中科大出版社:3个月直播交易达百万实洋[N]. 中国新闻出版广电报，2023-12-12(007).

[55]习近平主持中共中央政治局第十二次集体学习并发表重要讲话[EB/OL].(2019-01-25)[2022-06-10].http://www.gov.cn/xinwen/2019-01/25/content_5361197.htm.

[56] 任友群.“双一流”战略下高等教育国际化的未来发展[J]. 中国高等教育,2016(5):15-17.

[57] 方增泉，祁雪晶，元英,等. “双一流”建设背景下中国大学海外网络传播力特征分析[J]. 教育传媒研究，2022(5):72-75.

[58] 韦伟. 提高媒体塑造中国国家形象能力[J]. 军事记者， 2010(7):51-53.

[59] 王湘宁，张小锋. 中国大学海外传播力提升研究[J]. 北京教育(高教)，2017(6):16-18.

[60] 邓正来. 中国社会科学的当下使命[J]. 社会科学，2008(7):4-11,189.

附录　网络宣传思想工作重要文件与资料节选

序号	文件名称	链接地址	序号	文件名称	链接地址
1	《关于促进移动互联网健康有序发展的意见》		6	《关于规范网络转载版权秩序的通知》	
2	《关于加快推进新媒体深度融合发展的意见》		7	《互联网用户公众账号信息服务管理规定》	
3	《国务院办公厅关于推进政务新媒体健康有序发展的意见》		8	《网络信息内容生态治理规定》	
4	《中共教育部党组关于进一步加强教育新闻发布工作的实施意见》		9	《信息网络传播权保护条例》	
5	《关于进一步加强和改进新形势下高校宣传思想工作的意见》		10	《国务院关于积极推进“互联网+”行动的指导意见》	

前　　言

本教材就目前开设的具备翻转课堂教学理念、MOOC 理念的智慧商科多专业综合实训编写了一本较全面的实训教程，涵盖了实训承担的各种职能岗位的实训规范流程，具体包括制造企业企业管理、人力资源、财务管理、采购、生产、仓储、销售 7 大部门 18 个岗位；政务服务中心的工商局、税务局、社保局等岗位；供应商代表；商户客户代表；服务公司；银行。本实训教程全面围绕制造企业搭建了一个虚拟商业社会环境，为学生真实打造了一个工业园区生产氛围，让学生在实训中体会到现实操作与课堂学习的联系与区别，为学生更好更快地融入社会企业生产起到积极推动作用。

本书稿中的数据均来自于真实的企业数据，为了保证企业的私密性，企业名称做了相应的修改，真实的数据体现出作者客观性的态度，也可以让实训更贴近现实。在整本教材的撰写中，杜萍教授、吕成文副教授付出了艰辛的劳动，他们积极联络企业，和一线员工紧密交流，尽量模拟真实的社会企业环境，做到“实训场所在校园，操作方法是企业”的真实情景再现。

《智慧商科多专业综合实训教程》一书，立足于财经类专科教学实践，在体系结构方面较好地把握了与经管类专业其他课程的衔接和分工，突出了经管类学科实践教学这一重点。本教材很好地避免了过多的理论阐述，突出实践，便于每个实训岗位上的学生很好地对照，也便于教师的指导安排。

本书第一部分至第三部分由杜萍教授编写，第四部分至第六部分由吕成文副教授编写，智慧商科综合实训中心其他老师亦参与了编写。由于水平有限，书中难免存在错误和不足之处，欢迎广大读者批评指正。

作　者

2017 年 4 月

目　录

第 1 章　仿真实习导学

每个人的时间和精力都是有限的。在有限的生命中，我们每一天都面临着这样的选择：做什么和不做什么。决定做一件事之前，一般我们要了解“为什么”和“是什么”，决定做的时候则关心“怎样做”，待做过之后会反思“做得怎样”。

本篇导学篇的目的旨在回答实习者关心的下列问题：为什么要学习这门课？学习这门课对我个人未来的职业发展有什么好处？如何学习才能事半功倍？

1.1　理解为什么——目标

按照知识经济时代对管理人才的全新定义，学生不但需要具备胜任某一个专业所对应岗位与岗位群的工作所需要的能力，还需要具备从事相近、相关专业所对应岗位与岗位群的工作所需要的能力。传统的学科体系培养的学生，就像图 1－1 中的这只蛙，每人都挖了不同深度的一口专业井。可以理解，学校按照学科划分专业是为了方便教学实施，强化专业性，让每个人“学有所长”；但不可避免地会造成学生从职能/专业的角度片面看待问题，相对我们所生存的商业社会环境“只见树木不见森林”。飞速发展的信息技术把我们带入一个新新时代，具有知识＋技术＋综合素质＋创新精神的“宽专多能”式人才更受企业青睐。

图 1－1　一口专业井与新新时代人

VBSE 是虚拟商业社会的简称，是为行将就任岗位工作的上岗者提供一个综合实习的平台。综合实习的基本目标定位是培养高潜质、有全局观的实务型岗位人员。这个目标是通过以下几个逐级递进的设计来实现的：

（1）能够按照业务岗位要求填报与完整业务流程相关的单据、表格，熟悉岗位常用表单的作用及填制方法。

（2）理解岗位业务动作背后的处理逻辑及对其他业务可能造成的影响。

（3）结合实际业务，理解业务流程和岗位的业务策略和管理理论。

（4）能够针对新的管理目标综合应用管理知识，提出对业务的优化建议。

VBSE 虚拟商业社会提供模拟实习的引导系统和相关教学环境，让学生在自主选择的工作岗位上通过完成典型的岗位工作任务，学会基于岗位的基本业务处理，体验基于岗位的业务决策，理解岗位绩效与组织绩效之间的关系；真实感受企业物流、信息流、资金流的流动过程；全面认知企业经营管理活动过程和主要业务流程；体验企业内部门间的协作关系及其与企业外围相关经济组织、管理部门之间的业务关联。学生通过反复练习，进而形成自然的、符合现实经济活动要求的行为方式、智力活动方式和职业行为能力，达到全面体验岗位职位要求，胜任岗位工作的初级目标。通过在不同职业岗位"工作"，训练学生从事经济管理的综合执行能力、综合决策能力和创新创业能力，感悟复杂市场环境下的企业经营，学会工作，学会思考，培养全局意识和综合职业素养。

1.2 了解是什么——内容

1.2.1 澄清概念

VBSE虚拟商业社会之企业管理全景仿真是一个仿真现代制造业与现代服务业运行环境的模拟经营与管理综合实习平台。它以制造企业为核心，在虚拟的市场环境、商务环境、政务环境和公共服务环境中，根据现实工作业务内容、管理流程、单据，结合教学设定的业务规则，将经营模拟与现实工作接轨，进行仿真经营和业务运作，可进行宏观微观管理、多人协同模拟经营和多组织对抗等。

企业管理全景仿真提供模拟经营教学的组织工具系统和相关教学环境，通过模拟企业运营，训练学生在仿真环境中运用已经掌握的专业知识。通过在不同职业岗位"工作"，训练学生从事经济管理的综合执行能力、综合决策能力和创新创业能力，感悟复杂市场环境下的企业经营，学会工作，学会思考，培养全局意识和综合职业素养。企业管理全景仿真的教学活动不只面向某个专业，而是关注行业、企业、岗位、任务的工作过程的训练。既要求体验环境，又要求完成决策，同时还要求执行各种经验管理岗位的任务，达到决策、执行、体验三位一体的实践教学目标。

企业管理全景仿真是通过在校园内搭建企业运作的仿真环境，设置企业运作的职能部门，让学生在自主选择的工作岗位上通过完成典型的岗位工作任务，学会基于岗位的基本业务处理，体验基于岗位的业务决策，理解岗位绩效与组织绩效之间的关系；真实感受企业物流、信息流、资金流的流动过程；全面认知企业经营管理活动过程和主要业务流程；体验企业内部门间的协作关系及其与企业外围相关经济组织、管理部门之间的业务关联。通过实习，达到全面体验岗位职位要求，胜任岗位工作的初级目标。

企业管理全景仿真以经管类专业人才培养为目标，以创新管理人才培养模式为切入点，可使受训者在一个相对短的时间内充分运用所学现代管理理论和方法，进行现代企业经营管理的实践性尝试，获得在实际工作中需要若干年才能体验到的经验，缩短了经管类人才的培养周期，探索了一条有效培养现代企业经营管理人才的新途径。

企业管理全景仿真可以解决高等院校普遍存在的实习难的根本问题；可以有效检验学生专业知识的掌握程度和对知识的综合运用能力；培养学生的沟通能力、协调能力、分析和解决问题的能力。

1.2.2　系统特性

1. 自主式学习

满堂灌的"填鸭式"教学方式压抑了学生作为主体的能动性。企业管理全景仿真采用开放式教学设计，以任务为引领，极大程度激发了个人潜能，以学生为主体，倡导自主学习，学以致用，以用促学，边用边学，学用结合。教师不再作为教学活动的主体，而是作为企业管理全景仿真实习内容的设计者和指导者。

2. 全仿真设计

(1) 机构仿真。

企业管理全景仿真中包含了制造业、服务业、行政管理机构等多种形态的仿真组织，每个机构中提炼了关键的职能部门和主要的工作岗位，构建了完整的虚拟商业社会环境。

(2) 环境仿真。

现代企业组织无外乎两种管理环境——传统手工管理和信息化管理。企业管理全景仿真中涵盖了企业组织从手工管理到信息化实施到信息化管理的完整设计，使受训者深刻体验到两种管理环境下的业务流程及工作要求的不同。

(3) 流程仿真。

作为全国领先的管理软件公司，用友拥有几十万各行各业的优质客户，丰富的资源库支撑了管理流程和业务流程的提炼。

(4) 业务仿真。

企业管理全景仿真以岗位胜任为第一目标，针对实习岗位提炼了近百个关键任务和日常工作任务，懂业务才能会管理，针对每项任务，均有任务流程及执行的指导。

3. 跨专业应用

不同的专业培养不同方向的专门人才，企业管理全景仿真中可以支撑工商管理、财务、市场营销、信息管理、金融、贸易、工业工程等多专业综合实习。每个专业的同学可以自主选择自己的工作岗位，并和企业中其他部门同仁一起协同工作，共同为企业创造价值。

4. 多层级目标

跨专业综合实验中心的教学活动不指向某个专业，而是关注行业、企业、岗位、任务的工作过程的训练。既要求体验环境，又要求完成决策，同时还要求执行各种经验管理岗位的任务，达到决策、执行、体验三位一体的实践教学目标。

5. 对抗性竞争

企业管理全景仿真中可以设定多个相同性质的组织，营造一个竞争的氛围，有利于激发大家的"斗志"，发挥自己的"潜能"。细节设计体现在以下方面：

(1) 效率。现代社会追求快节奏和高效率。企业管理全景仿真中记录了每个岗位任务的完成时间和整个企业的运营时间作为描述效率的指标之一。

(2) 效益。每个员工的绩效考核是和企业的整体绩效、部门的绩效分不开的，企业管理全景仿真中以绩效目标为引领，将岗位工作与绩效融合在一起。

1.3 明确谁来做——角色

1.3.1 明确实习要求

1. 做好“职业角色”

接任某一个岗位工作后，要按一个真正职业人的角色要求自己，按时出勤，遵守企业的各项管理制度和工作规范，做好“上级”分派的每一项任务，学会与人共事，协同工作，“干一行，爱一行”。

2. 学会自主学习

为了实现企业管理全景仿真开放自主、师生互动的设计理念，系统中配套了多种辅助教学资源，包括针对岗位的实习指导手册、形式多样的学习课件、灵活开放的任务引领等，为自主学习创造了资源环境。学会学习是新时代对职业人的基本要求，是发展自我、不断超越自我的必要条件。

3. 注重分享创新

企业管理全景仿真鼓励分享与创新。实习的每一天都会给不同岗位的同学分派不同的工作，在完成工作的过程中不可避免地会遇到各种问题，可以通过自我学习来攻关，也可以“同行”之间相互交流寻找解决方案，也可以获取外部帮助，通过分享累积自己的成就感，建立自信心。在熟悉岗位工作的基础上可以提出使企业经营更有效率和有助于提高企业效益的创新方案，可以是基于岗位工作的业务创新，也可以是业务流程完善创新或者企业制度改革创新，只要你有所作为，都会真实地反映到实习成绩中。

4. 记录个人成长

实习期也是每个实习者的快速成长期，每天面对新任务、解决新问题，辛苦而充实，“痛”并快乐着。这是一段难忘的人生经历，就像写真要留下青春的靓照一样，岗位工作日志是对每天工作的总结；实习报告是实习结束时要提交的一个全面反映实习收获的文档，也是送给自己的一份厚重的相簿。

1.3.2 确定岗位角色

1. 组织设置

企业管理全景仿真分为主体企业和外部服务机构两大部分。主体企业由若干家同属一个行业的生产制造公司组成，它们所处的市场经济环境完全相同，每一家制造公司在企业经营运作过程中做出的决策不同，导致最终的经营业绩不同，它们彼此之间是相互竞争关系。外部服务机构主要为配合生产制造公司的主体经营活动而设置，并通过交易活动和市场管理活动与生产制造公司发生联系，包括政务服务中心、客户、供应商、银行、综合服务中心等。

2. 岗位分工

企业管理全景仿真抽取了企业经营真实环境的基本要素和主要特征，以生产制造企业为中心，根据真实企业的职能设置、岗位胜任力要求，由学生选择扮演不同的角色，组建模拟组织，包括生产制造企业及与其发生关联的工贸企业、经销商、银行、工商、税务等虚拟组织。

岗位分工，如表1-1所示。

表1-1　岗位分工

组织类型	明细岗位			
制造企业	总经理	行政助理	人力资源经理	人力资源助理
	采购经理	采购员	仓储经理	仓管员
	生产计划经理	生产计划员	车间管理员	
	营销经理	销售专员	市场专员	
	财务经理	成本会计	财务会计	出纳
经销商	总经理	采购经理	行政经理	营销经理
	仓储经理	财务经理	出纳	
工贸企业	总经理	行政经理	财务经理	业务经理
工商银行	银行柜员			
税务局	税务专员			
工商局	工商专员			
社保局	社保公积金专员			
服务公司	总经理	业务员		
物流企业	总经理	业务经理		
国贸企业	总经理	进出口经理	内陆业务经理	
连锁企业	总经理	仓储经理	西区店长	东区店长
招投标	总经理			
会计事务所	项目经理	审计师	审计助理	
海关	海关专员			
中国银行	中国银行柜员			
进出口服务	办事员			

1.4　了解做什么——实习过程

整个实习过程分为实习准备、岗位体验和实习总结三个阶段。

1.4.1 实习准备

1. 实习总动员

仿真实习开始之前，由实习组织者就本次实习的目的、内容、时间安排、组织形式、实习要求、实习考核等内容做统一宣讲。通过实习动员会使学生：

(1) 理解本次实习的意义；

(2) 明确实习的要求及工作规范；

(3) 了解实习考核评价指标体系。

2. 岗位胜任力测评

实习之前，对所有同学做综合素质测评。综合素质测评由实习系统自动抽题、自动计分，题目类型包括基本素质、通用管理、营销、采购、生产、仓储、人力资源、行政管理、财务等各方面内容。

在参与仿真实习的学生中，根据岗位胜任力测评结果，选取综合测评最高的作为CEO备选人选，再参考个人意愿及教师推荐，指定若干位CEO候选人。

3. 竞聘CEO

CEO(Chief Executive Officer)，即首席执行官。首席执行官是在一个企业中负责日常经营管理的最高级管理人员，也称行政总裁。CEO向公司的董事会负责，在公司或组织内部拥有最终的执行经营管理决策的权力。

在企业全景仿真综合实习中，采用竞聘方式确定每个管理团队的CEO。

(1) 竞选发言。由竞聘者陈述对CEO角色的理解、价值主张、处事原则等。

(2) 所有参与实习的学生可以参与投票，最终以竞聘者得票多少决定是否胜出。

4. 招聘管理团队

为了快速组建公司管理团队，CEO需要立即着手招聘企业人力资源主管。待人力资源主管选定后，和人力资源主管一起制作招聘海报、提出岗位职位要求，收集、筛选招聘简历，面试应聘人员。

每个学生持个人填写的应聘登记表去意向单位应聘，经过双向选择，最终确定自己的企业及岗位。

每个同学应充分重视这次面试，做好面试前的准备工作。详细提示参加本章1.5节的内容。

5. 公司成立，熟悉企业基本情况

公司管理团队确认后，CEO召开公司成立大会，介绍公司组织机构，对企业战略和企业未来发展前景与管理团队进行分享。

6. 领取办公用品

在正式开始实习之前，需要领用必需的办公设备及办公用具。

信息化时代，公司为每位管理人员配备了电脑，并安装配置在工位上。

除此之外，还要领用实习用到的单据、账表、企业公章、模拟货币等。

办公用品领用完成后，各企业各岗位可以布置自己的办公区，为自己打造一个舒适的办公环境。

7. 岗前培训

现在每个人都有了明确的工作分工，也领取了开展工作必须的物品。那么在正式上岗之前，必须要接受岗前培训。

岗前培训要交给员工完成工作所必需的知识和技能，让新员工掌握干好本职工作所需要的方法和程序。换句话说，就是让他们工作起来更富有成效，犯错误的可能性更小。

在企业管理全景仿真实习中，岗前培训阶段必须掌握的内容有业务规则、关键任务和原始凭证。

(1) 熟悉业务规则。

企业管理全景仿真中，把企业必须遵守的内外部环境限制抽象为业务规则，企业竞争是在同一环境下的竞争，熟悉业务规则就会掌握竞争的主动权。

(2) 理解关键任务。

每个实习同学在企业中都扮演着不同的岗位角色，相应地具有不同的岗位职责。岗位职责明确规定了职工所在岗位的工作任务和责任范围。

企业管理全景仿真中，每个角色定义了不同数量的关键任务，学会这些关键任务的处理即具备了该岗位的基本胜任能力。

(3) 认知原始凭证。

原始凭证是指经办单位或人员在经济业务发生或完成时取得或填制的，用以记录经济业务发生或完成的情况、明确经济责任的会计凭证。例如，购物取得的发票。

因此，无论担任什么岗位，都要掌握原始凭证的填制、识别等基本技能。

由于各项经济业务的内容和经济管理的要求不同，各种原始凭证的名称、格式和内容也是多种多样的。但是，所有的原始凭证(包括自制的和外来的凭证)，都是作为经济业务的原始证据，必须详细载明有关经济业务的发生或完成情况，必须明确经办单位和人员的经济责任。因此，各种原始凭证都应具备一些共同的基本内容。原始凭证所包括的基本内容，通常称为凭证要素，主要有以下几点：

① 原始凭证的名称；

② 凭证的编号；

③ 填制凭证的日期；

④ 接受凭证单位名称(抬头人)与填制单位名称；

⑤ 经济业务简要内容；

⑥ 金额(单价、数量)；

⑦ 有关人员(部门负责人、经办人员)的签名盖章。

如果是开给外单位的原始凭证一定要加盖填制单位的公章或专用章。从外单位取得的原始凭证，也应由填制单位加盖公章或专用章。

为了保证岗前培训的效果，可以结合运用多种培训方式，包括教师现场培训、新手上路——多媒体课件和自学。

8. 熟悉企业期初业务数据

新的管理团队成立之后，要与好佳童车厂上一代管理者进行各项业务的交接，尤其关键的是要理清各部门管理的未完结的各项业务，以使各项业务能够连贯地接续下去。部门职责不同,决定了其管理的业务类型不同。

1.4.2 岗位体验

岗位体验是综合实习的主体内容,根据企业管理环境不同分为手工管理环境岗位体验和信息化管理环境岗位体验两个阶段。

1. 认知业务流程

业务流程是为达到特定的价值目标而由不同的人分别共同完成的一系列活动。活动之间不仅有严格的先后顺序限定,而且活动的内容、方式、责任等也都必须有明确的安排和界定,以使不同活动在不同岗位角色之间能够相互配合协同完成。业务流程是对企业关键业务的描述,从中可以体现出企业资源的配置、企业组织机构的设置以及一系列管理制度。

传统的高等教育是划分了多个专业方向,专业的划分有利于教学实施和专业化发展,但同时会弱化全局观、不利于工作协同。因此,仿真实习的首要目标是认知企业业务流程,学会与他人协同工作,共同实现企业目标。

2. 完成岗位工作

仿真实习中,每个岗位的岗位工作都划分为两类:一类是业务流程中串接的工作,与他人的活动有严密的逻辑关系,称之为业务工作,如计划员在编制主生产计划时一定要根据营销部提供的销售订单汇总和市场预测数据;另一类是与岗位相关与其他部门无关的日常工作,如报销办公费等。

业务工作需要遵从逻辑关系,按照业务流程执行的先后顺序在系统提示下依序完成。日常工作可以根据需要随时完成。

3. 体验手工管理

这里的“手工”是指企业全部的业务处理及管理全部采用人工管理的方式。这是作为管理者必须亲身经历并深度体验的一个阶段。

制造企业通过生产过程将原料转化为产品。要从这个转化过程中获得最大的价值,必须设计能高效生产产品的生产过程;进而必须管理作业从而更加经济地生产产品;管理作业就意味着对过程中使用的资源(即人力、财力和物力)进行计划和控制。管理层的计划和控制的主要方法是通过物料流动,物料流动控制着流程绩效。

手工管理方式下,无论是经济业务的发生,还是物流、信息流、资金流的流动都是以单据来体现的。通过手工管理方式,能清晰地洞察企业业务的发生以及如何驱动物流、信息流、资金流的流动,从而对企业经营管理的全貌有一个整体性认识。“懂业务、会管理”是成为合格管理人才的必修课。

4. 体验信息化管理

经过一个时期的手工管理体验,企业深刻感受到信息化的必要性,因此准备采用信息化手段进行企业业务管理。

信息化不是对手工的简单复制,而是要结合企业业务需求和计算机系统的优势,对原有的业务进行梳理,优化业务流程,深化管理精度,提升管理效率。例如,信息化环境中,凭证只需录入一次,审核之后,系统自动完成记账,同时完成日记账、明细账、总账的记录。

企业信息化是一个复杂的系统工程，通过对信息化环境下岗位工作的完整体验，可以充分对比手工和信息化两种环境下的工作流程、岗位工作的不同，体验信息化给管理工作带来的方便和快捷。

1.4.3　实习总结

仿真实习结束了，每个人都满载着收获，或许也带着些许的遗憾。这将是你成长中的一段重要经历，是开启你未来职业生涯的新起点。

实习总结是仿真实习的最后一个环节，记入整体实习成绩的一部分。作为实习体验的真实写真，通过它你可以与大家分享你内心的点点滴滴，分享你成长的心路历程，它也将作为你一生中最值得记忆的一段经历被永久珍藏。

1.5　应聘准备

VBSE 实习第一个任务就是公司团队组建工作，完成这项任务需要所有参训同学共同努力，做好细节工作，这样才能获得最大的收获。除了通过竞选成为 CEO 的同学和已经确定担任人力资源部经理的同学之外，其余同学要做好面试准备，争取竞聘自己最感兴趣、最适合自己的岗位。

1.5.1　自我认知与定位

VBSE 参训者多数是缺乏工作经历的学生，对职业岗位、工作任务的直观感受和实际体会并不深，所以进行自我审视，确定自身定位尤为重要。具体可从以下方面着手。

1. 认清自己的性格特点

通常每个人都觉得比较了解自己，但是深究起来又好像不太深入，因此在求职之前，求职者可以通过询问朋友、亲人了解他人对自己的评价，或者通过一些专业的心理测量量表了解自己的性格，常用的性格测试量表有 MBTI 职业性格类型测试、卡特尔 16 种人格因素量表、DISC 性格测试、霍兰德职业兴趣测试、九型人格等。

2. 评估自身具备的能力和技能

此处的能力可以从理论知识和实际经验两方面来理解，而对于缺乏经验的学生来说，理论知识的扎实程度显得更加重要。是否在专业领域取得过一定的成果是企业进行应届生招聘时的一个重要考量因素，当然一些通用能力也是重点考虑的方面，包括沟通协调能力、应变能力、压力承受能力、快速适应能力、团队协作能力、持续提升能力等。

3. 职业选择

求职者应该综合自身的性格、专业技能和职业兴趣等各方面因素来选择职业，做好对自己的职业定位。不同职业对人的能力要求侧重不同，如表 1－2 所示。

表 1－2　不同职业类别对人的职业素养、能力及知识要求

职位类别	职业素养	能力要求	专业知识要求
行政管理、人力资源管理	积极主动、责任心、服务意识、自律性	沟通协调能力、文字表达能力、执行推动能力	公司知识、档案管理、会议管理、人力资源管理概论、招聘与甄选、薪酬福利管理
市场营销	服务意识、进取心、忠诚、诚信、团队合作、坚韧	沟通协调能力、谈判能力、关系建维能力、分析判断能力	营销心理学、客户关系学、价格管理、预测与调研、市场策划、品牌管理、广告学、销售技巧、营销信息管理
财务管理	思维缜密、严谨、诚信正直、责任心、自律性、忠诚	财务分析、会计核算、细节把控	会计学原理、工业企业财务管理、会计电算化、管理会计、审计学、投资管理、成本控制与管理、税务
采购管理、仓储	诚信正直、责任心、主动性、自律性、严谨	信息收集能力、分析归纳能力、谈判能力	全面质量管理、生产工艺流程、计量与检验、采购订单管理、采购结算管理、谈判学、存货管理、采购成本控制
生产管理	团队协作、服务意识、责任心、进取心	时间管理能力、计划、推动落实能力、沟通协调能力、分析判断能力	生产安全、生产计划、生产调度、现场管理、生产工艺流程、生产成本控制、工艺设备管理、供应链管理、全面质量管理、计量与检验、质量信息管理

1.5.2　面试准备

1. 制作应聘简历

制作简历时只要能够体现其基础功能即可，无须过于花哨，当然职位需要另当别论，如广告设计等。简历一定要呈现自身的过人之处，即为简历的亮点。例如，有较丰富的校园组织、实习或勤工俭学经历的同学可将重点描述这部分的内容，对其他部分弱化。简历制作流程可参照图 1－2。

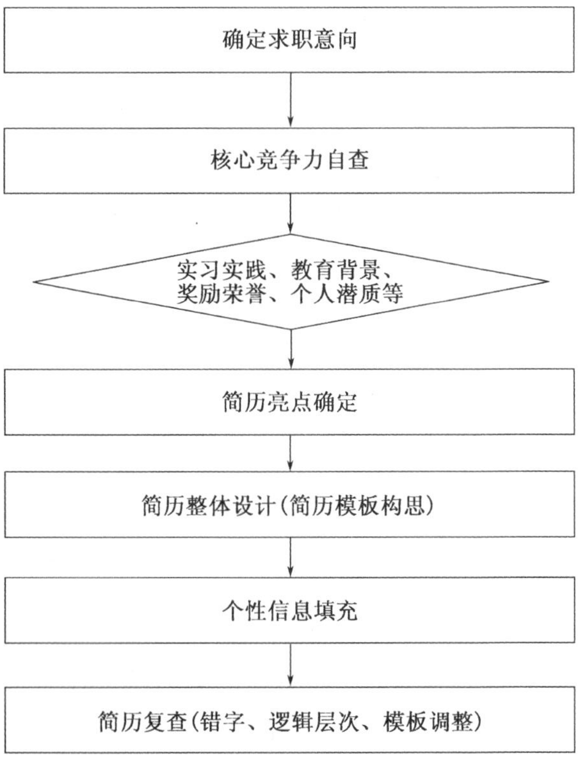

图 1－2　简历制作流程

注意事项：

（1）个人信息应该清晰、简单明了，能满足用人单位快速联系到你即可。

（2）求职意向不易多列，同一序列或相关岗位列示 1～3 个。

（3）简历内容应主次分明，教育背景、实践经历等不能令人眼前一亮的同学可以对简历进行适当修饰，以保证简历丰满。

2. **了解面试流程**

面试流程，如图 1－3 所示。

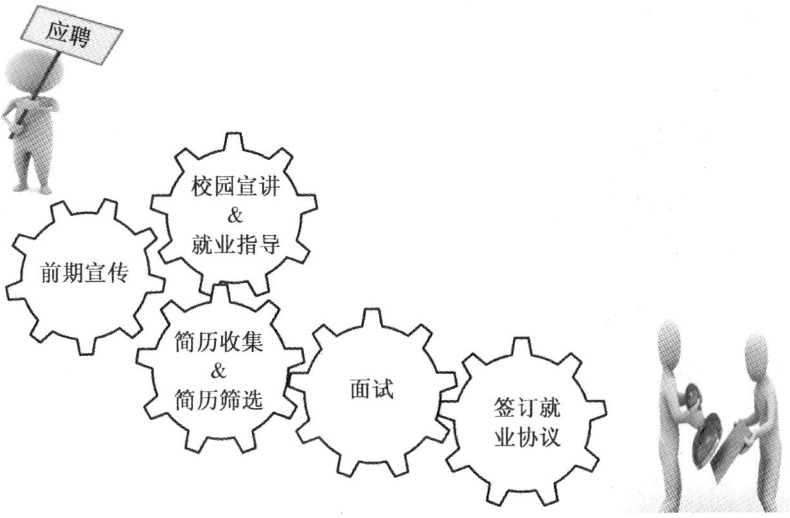

图 1－3　面试流程

3. 准备面试应答

可从以下方面模拟面试问答：

（1）自我介绍，一般 2～3 分钟。

（2）个人信息提问。

① 你的优势/劣势；

② 同学、朋友对你的评价。

（3）教育背景。

（4）实习、实践经历。

（5）未来职业规划。

（6）对公司、行业了解程度。

4. 面试前心态调整

（1）检查面试资料是否完备，简历需要多备几份。

（2）面试着装。

（3）轻松对待。

第 2 章　团队组建

VBSE 虚拟商业社会仿真企业选择了生产制造公司为主体。制造企业区别于其他行业的典型特征是生产职能，生产职能是将资源转化为对客户更具有价值的商品的活动。从资源材料的获取到最终消费品有多个阶段，开发最终产品的每个阶段都会增加附加值，从而创造更多的财富。

2.1　制造企业

2.1.1　财务部指导手册

1. 财务部部门情况说明

财务部目前有财务经理、财务会计、成本会计、出纳四个工作人员。

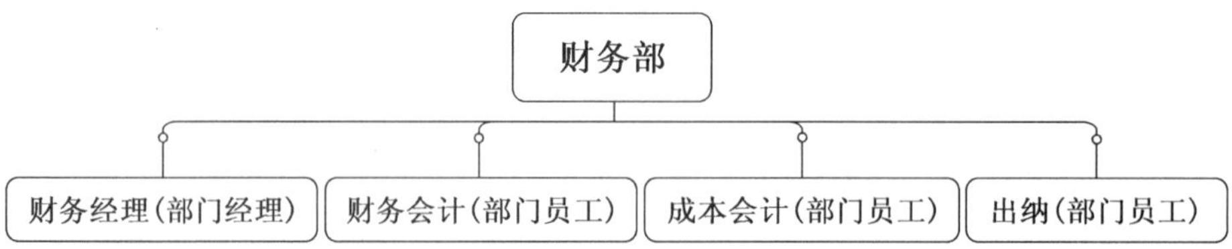

2. 财务部岗位职责说明

财务部是企业的重要管理部门，主要负责核算和监控企业经营情况，税务管理、资金筹措和运用、向利益关系人编送财务报告和经营管理报告等。

3. 财务部规则说明

3.1　结算方式

结算方式采用现金结算、转账支票和电汇三种方式。原则上，日常经济活动，低于 2 000 元的可以使用现金，超过 2 000 元的一般使用转账支票结算(差旅费或支付给个人业务除外)，转账支票用于同一票据交换区内的结算，异地付款一般采用电汇方式。

3.2　税种类型

税种类型包括增值税、企业所得税、个人所得税、城市建设维护税、教育费附加。

增值税：销售货物和购进货物增值税率均为 17%。

企业所得税：按利润总额的 25%缴纳。

个人所得税：个人所得税按照相应的比例缴纳。

人所得税计算采用 2011 年 9 月 1 日起开始执行的 7 级超额累进税率。

工资、薪金所得适用个人所得税税率			
级 数	全月应纳税所得额	税率(%)	速算扣除数(元)
1	不超过1 500元	3	0
2	超过1 500元至4 500元	10	105
3	超过4 500元至9 000元	20	555
4	超过9 000元至35 000元	25	1 005
5	超过35 000元至55 000元	30	2 755
6	超过55 000元至80 000元	35	5 505
7	超过80 000元	45	13 505

个人所得税计算方式为：

个人所得税＝全月应纳税所得额×税率－速算扣除数

全月应纳税所得额＝应税工资－3 500

城市建设维护税：增值税税额的7%。

教育费附加：增值税税额的3%。

3.3 存货计价

存货核算按照实际成本核算，原材料计价采用实际成本计价，材料采购按照实际采购价入账，材料发出按照全月一次加权平均计算材料成本。

全月一次加权平均相关计算：

$$材料平均单价=\frac{期初库存数量\times库存单价+本月实际采购入库金额}{期初库存数量+本月实际入库数量}$$

材料发出成本＝本月发出材料数量×材料平均单价

3.4 固定资产取得方式及折旧

固定资产均通过购买的方式取得。固定资产购买当月不计提折旧，从次月开始计提折旧，出售当期须计提折旧，下月不提折旧。固定资产折旧按照直线法计提。

3.5 制造费用的归集及分配

生产管理部门发生的各项费用以及生产过程中各车间共同的间接费用计入制造费用。

制造费用按照费用发生车间设置明细科目——机加车间、组装车间。

机加车间发生的费用，如工人工资、机加车间设备折旧及维修等能够明确确认为机加车间发生的费用计入“制造费用—机加车间”。同样，组装车间的费用计入“制造费用—组装车间”。

生产计划部管理人员的工资、使用的设备折旧、报销的办公费等计入“管理费用”。

厂房折旧计入制造费用，并按照各类设备占用厂房空间比例进行分配。

3.6 成本计算规则

产品成本分为直接材料、人工成本和制造费用结转。

制造费用中车间的费用直接计入该车间生产的产品成本，如果该车间有两个及以上产品生产，则按照该产品生产工时进行分配车间制造费用。

在产品只计算材料费用，不计算制造费用和人工费用。即，结转当期生产成本的金额为期初生产成本(直接材料)、本期归集的直接人工、本期归集的制造费用三者之和。

3.7 成本归集规则

原材料成本归集按照材料出库单的发出数量与平均单价之乘积，人工成本为当月计算的生产部门的人员工资，包括生产管理人员和生产工人。

3.8 半成品核算规则

车架为半成品，车架核算的范围为车架原材料、生产车架发生的人工费、制造费，以及分摊的相关生产制造费用。

3.9 产品之间费用分配

如果同一车间生产不同产品，则以各产品完工数量为权重，分配该车间的直接制造费用和结转的间接制造费用。

3.10 坏账损失

生产制造企业采用备抵法核算坏账损失。

坏账准备按年提取，按照年末应收账款的3%提取。

超过一年未收回的坏账，确认为坏账损失。已经确认为坏账损失的应收账款，并不表明公司放弃收款的权利。如果未来某一时期收回已作坏账的应收账款，应该及时恢复债权，并按照正常收回欠款进行会计核算。

3.11 利润分配

公司实现利润，应当按照法定程序进行利润分配。根据公司章程规定，按照本年净利润的10%提取法定盈余公积金，根据董事会决议，提取任意盈余公积金。

3.12 票据使用规则

各个企业使用的支票，由银行制作并收取工本费，使用者必须到银行购买使用，任何企业和个人不得自制支票；

银行出售的支票，按张出售，企业计入财务费用中；

各企业制定完善的票据使用登记制度，以备检查；

企业使用的发票：增值税专用发票；

增值税进项税额需要进行申报、抵扣联认证、缴纳；

从事购买商品或服务过程中，购销双方的结算必须以发票为依据，不取得发票的不能进行结算业务；

税务局有定期的发票使用情况检查，税务局有权给予发票使用不合规范的企业一定金额的行政罚款。

4. 财务部工作交接情况说明

4.1 科目余额表

科目编码	科目名称	数量	期初余额		总账适用账簿	岗位	明细账使用账簿	岗位
			借方	贷方				
1001	库存现金		20 000.00		三栏式总分类账(总账)	财务经理	日记账	出纳
1002	银行存款		10 000 000.00		三栏式总分类账(总账)	财务经理		
100201	工行存款		10 000 000.00				日记账	出纳
1122	应收账款				三栏式总分类账(总账)	财务经理		
112201	旭日贸易公司						三栏式总分类账(明细账)	财务会计
112202	华晨商贸城						三栏式总分类账(明细账)	财务会计
112203	百联集团有限公司						三栏式总分类账(明细账)	财务会计
112204	五洲进出口有限公司						三栏式总分类账(明细账)	财务会计
1403	原材料		3 415 824.00		三栏式总分类账(总账)	财务经理		
140301	钢管	10 800	1 136 160.00				数量金额明细账	成本会计
140302	坐垫	5 400	432 972.00				数量金额明细账	成本会计
140303	车轮	21 600	580 824.00				数量金额明细账	成本会计
140304	车篷	5 400	779 004.00				数量金额明细账	成本会计
140305	经济型童车包装套件	5 400	486 864.00				数量金额明细账	成本会计
1405	库存商品		4 086 828.00		三栏式总分类账(总账)	财务经理		
140501	经济童车	5 400	4 086 828.00				数量金额明细账	成本会计
140502	舒适童车						数量金额明细账	成本会计
140503	豪华童车						数量金额明细账	成本会计
1409	自制半成品		1 869 696.00		三栏式总分类账(总账)	财务经理		

续 表

科目编码	科目名称	数 量	期初余额		总账适用账簿	岗 位	明细账使用账簿	岗 位
			借 方	贷 方				
140901	经济车架	5 400	1 869 696.00				数量金额明细账	成本会计
140902	舒适车架						数量金额明细账	成本会计
140903	豪华车架						数量金额明细账	成本会计
1601	固定资产		27 328 800.00		三栏式总分类账(总账)	财务经理		
1602	累计折旧			1 824 000.00	三栏式总分类账(总账)	财务经理		
2001	短期借款					财务经理		
2202	应付账款					财务经理		
220201	恒通橡胶厂						三栏式总分类账(明细账)	成本会计
220202	邦尼工贸有限公司						三栏式总分类账(明细账)	成本会计
220203	海天装饰有限责任公司						三栏式总分类账(明细账)	成本会计
220204	北京新耀不锈钢加工厂						三栏式总分类账(明细账)	成本会计
2211	应付职工薪酬			378 603.00	三栏式总分类账(总账)	财务经理		
221101	工资			265 500.00			三栏式总分类账(明细账)	财务会计
221103	社会保险费			86 553.00			三栏式总分类账(明细账)	财务会计
221104	住房公积金			26 550.00			三栏式总分类账(明细账)	财务会计
2221	应交税费			241 588.67	三栏式总分类账(总账)	财务经理		
222101	应交增值税		0				多栏式明细账	财务会计
22210101	进项税额		597 165.09					
22210103	销项税额			837 016.37				
22210106	转出未交税金		239 851.28					

续　表

科目编码	科目名称	数　量	期初余额		总账适用账簿	岗　位	明细账使用账簿	岗　位
			借　方	贷　方				
222102	未交增值税			239 851.28			三栏式总分类账(明细账)	财务会计
222105	应交个人所得税						三栏式总分类账(明细账)	财务会计
222106	应交城市维护建设税						三栏式总分类账(明细账)	财务会计
222107	应交教育费附加						三栏式总分类账(明细账)	财务会计
222108	应交企业所得税						三栏式总分类账(明细账)	财务会计
2501	长期借款				三栏式总分类账(总账)	财务经理	三栏式总分类账(明细账)	财务会计
4001	实收资本			35 000 000.00	三栏式总分类账(总账)	财务经理	三栏式总分类账(明细账)	财务会计
4101	盈余公积				三栏式总分类账(总账)	财务经理	三栏式总分类账(明细账)	财务会计
4103	本年利润				三栏式总分类账(总账)	财务经理	三栏式总分类账(明细账)	财务会计
4104	利润分配			9 278 693.72	三栏式总分类账(总账)	财务经理		
410406	未分配利润			9 278 693.72			三栏式总分类账(明细账)	财务会计
5001	生产成本				三栏式总分类账(总账)	财务经理		
500101	经济童车车架						多栏式明细账	成本会计
50010101	直接材料							
50010102	直接人工							
50010103	制造费用							
500102	经济童车成品						多栏式明细账	成本会计
50010201	直接材料							
50010202	直接人工							
50010203	制造费用							
5101	制造费用				三栏式总分类账(总账)	财务经理	多栏式明细账	成本会计
合　计			46 721 148.00	46 721 148.00				

4.2 固定资产信息列表

资产编号	资产名称	使用部门	使用状态	使用年限（月）	开始使用日期	已计提月份	资产原值	残　值	累计折旧	月折旧额	资产净值	折旧科目
0100001	办公大楼	企管部	在用	240	2015.09.15	15	12 000 000.00	600 000.00	712 500.00	47 500.00	11 287 500.00	管理费用
0100002	普通仓库	仓储部	在用	240	2015.09.15	15	5 400 000.00	270 000.00	320 625.00	21 375.00	5 079 375.00	管理费用
0100003	大厂房	生产计划部	在用	240	2015.09.15	15	7 200 000.00	360 000.00	427 500.00	28 500.00	6 772 500.00	制造费用
0200001	普通机床（机加生产线）	生产计划部	在用	120	2015.09.15	15	210 000.00		26 250.00	1 750.00	183 750.00	制造费用—机加
0200002	普通机床（机加生产线）	生产计划部	在用	120	2015.09.15	15	210 000.00		26 250.00	1 750.00	183 750.00	制造费用—机加
0200003	普通机床（机加生产线）	生产计划部	在用	120	2015.09.15	15	210 000.00		26 250.00	1 750.00	183 750.00	制造费用—机加
0200004	普通机床（机加生产线）	生产计划部	在用	120	2015.09.15	15	210 000.00		26 250.00	1 750.00	183 750.00	制造费用—机加
0200005	普通机床（机加生产线）	生产计划部	在用	120	2015.09.15	15	210 000.00		26 250.00	1 750.00	183 750.00	制造费用—机加
0200006	普通机床（机加生产线）	生产计划部	在用	120	2015.09.15	15	210 000.00		26 250.00	1 750.00	183 750.00	制造费用—机加
0200007	普通机床（机加生产线）	生产计划部	在用	120	2015.09.15	15	210 000.00		26 250.00	1 750.00	183 750.00	制造费用—机加
0200008	普通机床（机加生产线）	生产计划部	在用	120	2015.09.15	15	210 000.00		26 250.00	1 750.00	183 750.00	制造费用—机加
0200009	普通机床（机加生产线）	生产计划部	在用	120	2015.09.15	15	210 000.00		26 250.00	1 750.00	183 750.00	制造费用—机加
0200010	普通机床（机加生产线）	生产计划部	在用	120	2015.09.15	15	210 000.00		26 250.00	1 750.00	183 750.00	制造费用—机加
0200011	组装生产线	生产计划部	在用	120	2015.09.15	15	510 000.00		63 750.00	4 250.00	446 250.00	制造费用—组装

续　表

资产编号	资产名称	使用部门	使用状态	使用年限（月）	开始使用日期	已计提月份	资产原值	残　值	累计折旧	月折旧额	资产净值	折旧科目
0300001	笔记本电脑	企管部	在用	48	2015.09.15	15	6 000.00		1 875.00	125.00	4 125.00	管理费用
0300002	笔记本电脑	人事部	在用	48	2015.09.15	15	6 000.00		1 875.00	125.00	4 125.00	管理费用
0300003	笔记本电脑	财务部	在用	48	2015.09.15	15	6 000.00		1 875.00	125.00	4 125.00	管理费用
0300004	笔记本电脑	采购部	在用	48	2015.09.15	15	6 000.00		1 875.00	125.00	4 125.00	管理费用
0300005	笔记本电脑	销售部	在用	48	2015.09.15	15	6 000.00		1 875.00	125.00	4 125.00	销售费用
0300006	笔记本电脑	仓储部	在用	48	2015.09.15	15	6 000.00		1 875.00	125.00	4 125.00	管理费用
0300007	笔记本电脑	生产计划部	在用	48	2015.09.15	15	6 000.00		1 875.00	125.00	4 125.00	制造费用
0300008	台式电脑	财务部	在用	48	2015.09.15	15	4 800.00		1 500.00	100.00	3 300.00	管理费用
0300009	台式电脑	财务部	在用	48	2015.09.15	15	4 800.00		1 500.00	100.00	3 300.00	管理费用
0300010	台式电脑	企管部	在用	48	2015.09.15	15	4 800.00		1 500.00	100.00	3 300.00	管理费用
0300011	台式电脑	人事部	在用	48	2015.09.15	15	4 800.00		1 500.00	100.00	3 300.00	管理费用
0300012	台式电脑	财务部	在用	48	2015.09.15	15	4 800.00		1 500.00	100.00	3 300.00	管理费用
0300013	台式电脑	采购部	在用	48	2015.09.15	15	4 800.00		1 500.00	100.00	3 300.00	管理费用
0300014	台式电脑	销售部	在用	48	2015.09.15	15	4 800.00		1 500.00	100.00	3 300.00	销售费用
0300015	台式电脑	销售部	在用	48	2015.09.15	15	4 800.00		1 500.00	100.00	3 300.00	销售费用
0300016	台式电脑	仓储部	在用	48	2015.09.15	15	4 800.00		1 500.00	100.00	3 300.00	管理费用
0300017	台式电脑	生产计划部	在用	48	2015.09.15	15	4 800.00		1 500.00	100.00	3 300.00	制造费用
0300018	台式电脑	生产计划部	在用	48	2015.09.15	15	4 800.00		1 500.00	100.00	3 300.00	制造费用
0300019	打印复印一体机	企管部	在用	48	2015.09.15	15	24 000.00		7 500.00	500.00	16 500.00	管理费用
合　计							27 328 800.00		1 824 000.00		25 504 800.00	

4.3 库存信息列表

存货编码	存货类型	存货名称	期初库存量	单　价	占用存储空间	期初金额
B0001	原材料	钢管	10 800.00	105.20	21 600	1 136 160.00
B0002	原材料	镀锌管	—	—	—	—
B0003	原材料	坐垫	5 400.00	80.18	21 600	432 972.00
B0004	原材料	记忆太空棉坐垫	—	—	—	—
B0005	原材料	车篷	5 400.00	144.26	10 800	779 004.00
B0006	原材料	车轮	21 600.00	26.89	5 400	580 824.00
B0007	原材料	经济型童车包装套件	5 400.00	90.16	10 800	486 864.00
B0008	原材料	数控芯片	—	—	—	—
B0009	原材料	舒适型童车包装套件	—	—	—	—
B0010	原材料	豪华型童车包装套件	—	—	—	—
M0001	半成品	经济型童车车架	5 400.00	346.24	54 000	1 869 696.00
M0002	半成品	舒适型童车车架	—	—	—	—
M0003	半成品	豪华型童车车架	—	—	—	—
P0001	产成品	经济型童车	5 400.00	756.82	54 000	4 086 828.00
P0002	产成品	舒适型童车	—	—	—	—
P0003	产成品	豪华型童车	—	—	—	—

4.4　薪资信息列表(2016 年 12 月)

工号	姓名	部门	岗位	基本工资	代扣款项目								应税工资	应扣个人所得税	实发金额
					养老保险 8%	医疗保险 2%+3	失业保险 0.5%	工伤保险	生育保险	五险小计	住房公积金 10%	五险一金小计			
1001	梁天	企业管理部	总经理	12 000.00	960.00	243.00	60.00	—	—	1 263.00	1 200.00	2 463.00	9 537.00	652.40	8 884.60
1002	张万军	人力资源部	经理	7 500.00	600.00	153.00	37.50	—	—	790.50	750.00	1 540.50	5 959.50	140.95	5 818.55
1003	李斌	采购部	经理	7 500.00	600.00	153.00	37.50	—	—	790.50	750.00	1 540.50	5 959.50	140.95	5 818.55
1004	何明海	仓储部	经理	7 500.00	600.00	153.00	37.50	—	—	790.50	750.00	1 540.50	5 959.50	140.95	5 818.55
1005	钱坤	财务部	经理	7 500.00	600.00	153.00	37.50	—	—	790.50	750.00	1 540.50	5 959.50	140.95	5 818.55
1006	叶润中	生产计划部	经理	7 500.00	600.00	153.00	37.50	—	—	790.50	750.00	1 540.50	5 959.50	140.95	5 818.55
1007	杨笑笑	市场营销部	经理	7 500.00	600.00	153.00	37.50	—	—	790.50	750.00	1 540.50	5 959.50	140.95	5 818.55
1008	叶瑛	企业管理部	助理	5 500.00	440.00	113.00	27.50	—	—	580.50	550.00	1 130.50	4 369.50	26.09	4 343.41
1009	肖红	人力资源部	助理	5 500.00	440.00	113.00	27.50	—	—	580.50	550.00	1 130.50	4 369.50	26.09	4 343.41
1010	付海生	采购部	采购员	5 500.00	440.00	113.00	27.50	—	—	580.50	550.00	1 130.50	4 369.50	26.09	4 343.41
1011	王宝珠	仓储部	仓储员	5 500.00	440.00	113.00	27.50	—	—	580.50	550.00	1 130.50	4 369.50	26.09	4 343.41
1012	刘自强	财务部	成本会计	5 500.00	440.00	113.00	27.50	—	—	580.50	550.00	1 130.50	4 369.50	26.09	4 343.41
1013	朱中华	财务部	财务会计	5 500.00	440.00	113.00	27.50	—	—	580.50	550.00	1 130.50	4 369.50	26.09	4 343.41
1014	赵丹	财务部	出纳	5 500.00	440.00	113.00	27.50	—	—	580.50	550.00	1 130.50	4 369.50	26.09	4 343.41
1015	周群	生产计划部	生产计划员	5 500.00	440.00	113.00	27.50	—	—	580.50	550.00	1 130.50	4 369.50	26.09	4 343.41
1016	孙盛国	生产计划部	车间管理员	5 500.00	440.00	113.00	27.50	—	—	580.50	550.00	1 130.50	4 369.50	26.09	4 343.41
1017	马博	市场营销部	市场专员	4 500.00	360.00	93.00	22.50	—	—	475.50	450.00	925.50	3 574.50	2.24	3 572.26
1018	刘思羽	市场营销部	销售专员	4 500.00	360.00	93.00	22.50	—	—	475.50	450.00	925.50	3 574.50	2.24	3 572.26
1019	李良钊	机加车间	工人	3 600.00	288.00	75.00	18.00	—	—	381.00	360.00	741.00	2 859.00	0.00	2 859.00

续 表

工号	姓名	部门	岗位	基本工资	代扣款项目								应税工资	应扣个人所得税	实发金额
					养老保险 8%	医疗保险 2%+3	失业保险 0.5%	工伤保险	生育保险	五险小计	住房公积金 10%	五险一金小计			
1020	付玉芳	机加车间	工人	3 600.00	288.00	75.00	18.00	—	—	381.00	360.00	741.00	2 859.00	0.00	2 859.00
1021	张接义	机加车间	工人	3 600.00	288.00	75.00	18.00	—	—	381.00	360.00	741.00	2 859.00	0.00	2 859.00
1022	毕红	机加车间	工人	3 600.00	288.00	75.00	18.00	—	—	381.00	360.00	741.00	2 859.00	0.00	2 859.00
1023	吴淑敏	机加车间	工人	3 600.00	288.00	75.00	18.00	—	—	381.00	360.00	741.00	2 859.00	0.00	2 859.00
1024	毛龙生	机加车间	工人	3 600.00	288.00	75.00	18.00	—	—	381.00	360.00	741.00	2 859.00	0.00	2 859.00
1025	扈志明	机加车间	工人	3 600.00	288.00	75.00	18.00	—	—	381.00	360.00	741.00	2 859.00	0.00	2 859.00
1026	李龙吉	机加车间	工人	3 600.00	288.00	75.00	18.00	—	—	381.00	360.00	741.00	2 859.00	0.00	2 859.00
1027	吴官胜	机加车间	工人	3 600.00	288.00	75.00	18.00	—	—	381.00	360.00	741.00	2 859.00	0.00	2 859.00
1028	雷丹	机加车间	工人	3 600.00	288.00	75.00	18.00	—	—	381.00	360.00	741.00	2 859.00	0.00	2 859.00
1029	刘良生	机加车间	工人	3 600.00	288.00	75.00	18.00	—	—	381.00	360.00	741.00	2 859.00	0.00	2 859.00
1030	余俊美	机加车间	工人	3 600.00	288.00	75.00	18.00	—	—	381.00	360.00	741.00	2 859.00	0.00	2 859.00
1031	徐积福	机加车间	工人	3 600.00	288.00	75.00	18.00	—	—	381.00	360.00	741.00	2 859.00	0.00	2 859.00
1032	潘俊辉	机加车间	工人	3 600.00	288.00	75.00	18.00	—	—	381.00	360.00	741.00	2 859.00	0.00	2 859.00
1033	朱祥松	机加车间	工人	3 600.00	288.00	75.00	18.00	—	—	381.00	360.00	741.00	2 859.00	0.00	2 859.00
1034	刘文钦	机加车间	工人	3 600.00	288.00	75.00	18.00	—	—	381.00	360.00	741.00	2 859.00	0.00	2 859.00
1035	龚文辉	机加车间	工人	3 600.00	288.00	75.00	18.00	—	—	381.00	360.00	741.00	2 859.00	0.00	2 859.00
1036	王小强	机加车间	工人	3 600.00	288.00	75.00	18.00	—	—	381.00	360.00	741.00	2 859.00	0.00	2 859.00
1037	刘胜	组装车间	工人	3 600.00	288.00	75.00	18.00	—	—	381.00	360.00	741.00	2 859.00	0.00	2 859.00
1038	刘贞	组装车间	工人	3 600.00	288.00	75.00	18.00	—	—	381.00	360.00	741.00	2 859.00	0.00	2 859.00

续　表

工号	姓　名	部　门	岗　位	基本工资	代扣款项目								应税工资	应扣个人所得税	实发金额
					养老保险 8%	医疗保险 2%+3	失业保险 0.5%	工伤保险	生育保险	五险小计	住房公积金 10%	五险一金小计			
1039	余永俊	组装车间	工人	3 600.00	288.00	75.00	18.00	—	—	381.00	360.00	741.00	2 859.00	0.00	2 859.00
1040	万能	组装车间	工人	3 600.00	288.00	75.00	18.00	—	—	381.00	360.00	741.00	2 859.00	0.00	2 859.00
1041	万俊俊	组装车间	工人	3 600.00	288.00	75.00	18.00	—	—	381.00	360.00	741.00	2 859.00	0.00	2 859.00
1042	张逸君	组装车间	工人	3 600.00	288.00	75.00	18.00	—	—	381.00	360.00	741.00	2 859.00	0.00	2 859.00
1043	言海根	组装车间	工人	3 600.00	288.00	75.00	18.00	—	—	381.00	360.00	741.00	2 859.00	0.00	2 859.00
1044	田勤	组装车间	工人	4 000.00	320.00	83.00	20.00	—	—	423.00	400.00	823.00	3 177.00	0.00	3 177.00
1045	肖鹏	组装车间	工人	4 000.00	320.00	83.00	20.00	—	—	423.00	400.00	823.00	3 177.00	0.00	3 177.00
1046	徐宏	组装车间	工人	4 000.00	320.00	83.00	20.00	—	—	423.00	400.00	823.00	3 177.00	0.00	3 177.00
1047	田军	组装车间	工人	4 000.00	320.00	83.00	20.00	—	—	423.00	400.00	823.00	3 177.00	0.00	3 177.00
1048	郑华珺	组装车间	工人	4 000.00	320.00	83.00	20.00	—	—	423.00	400.00	823.00	3 177.00	0.00	3 177.00
1049	洪梁	组装车间	工人	4 000.00	320.00	83.00	20.00	—	—	423.00	400.00	823.00	3 177.00	0.00	3 177.00
1050	冯奇	组装车间	工人	4 000.00	320.00	83.00	20.00	—	—	423.00	400.00	823.00	3 177.00	0.00	3 177.00
1051	黄聪	组装车间	工人	4 000.00	320.00	83.00	20.00	—	—	423.00	400.00	823.00	3 177.00	0.00	3 177.00
1052	薛萍	组装车间	工人	4 000.00	320.00	83.00	20.00	—	—	423.00	400.00	823.00	3 177.00	0.00	3 177.00
1053	张世平	组装车间	工人	4 000.00	320.00	83.00	20.00	—	—	423.00	400.00	823.00	3 177.00	0.00	3 177.00
1054	李小春	组装车间	工人	4 000.00	320.00	83.00	20.00	—	—	423.00	400.00	823.00	3 177.00	0.00	3 177.00
1055	蔡丽娟	组装车间	工人	4 000.00	320.00	83.00	20.00	—	—	423.00	400.00	823.00	3 177.00	0.00	3 177.00
1056	吴新祥	组装车间	工人	4 000.00	320.00	83.00	20.00	—	—	423.00	400.00	823.00	3 177.00	0.00	3 177.00
1057	胡首科	组装车间	工人	4 000.00	320.00	83.00	20.00	—	—	423.00	400.00	823.00	3 177.00	0.00	3 177.00
1058	邹建榕	组装车间	工人	4 000.00	320.00	83.00	20.00	—	—	423.00	400.00	823.00	3 177.00	0.00	3 177.00

4.5 薪资部门汇总表(2016年12月)

部门名称	部门人数	实发工资	代缴个人所得税	个人自缴福利		企业代缴福利		合 计
				社会保险	住房公积金	社会保险	住房公积金	
企业管理部	2	13 228.01	678.49	1 843.50	1 750.00	5 740.00	1 750.00	24 990.00
人力资源部	2	10 161.96	167.04	1 371.00	1 300.00	4 264.00	1 300.00	18 564.00
采购部	2	10 161.96	167.04	1 371.00	1 300.00	4 264.00	1 300.00	18 564.00
仓储部	2	10 161.96	167.04	1 371.00	1 300.00	4 264.00	1 300.00	18 564.00
财务部	4	18 848.78	219.22	2 532.00	2 400.00	7 872.00	2 400.00	34 272.00
市场营销部	3	12 963.07	145.43	1 741.50	1 650.00	5 412.00	1 650.00	23 562.00
生产计划部	3	14 505.37	193.13	1 951.50	1 850.00	6 068.00	1 850.00	26 418.00
机加车间	20	57 180.00	—	7 620.00	7 200.00	23 616.00	7 200.00	102 816.00
组装车间	20	61 950.00	—	8 250.00	7 800.00	25 584.00	7 800.00	111 384.00
总计		209 161.11	1 737.39	28 051.50	26 550.00	87 084.00	26 550.00	379 134.00

4.6 工贸企业(供应商)信息

序 号	企业法定中文名称	简 称	办公电话	邮政编码	注册资金	企业注册登记日期	企业法定代表人	企业注册地址	企业法人营业执照注册号	开户银行	银行账号
1	恒通工贸有限公司	恒通	010－51062888	100076	4 500 000	2015/1/4	张艳	小红门路45号	110000001012587	中国工商银行	0100229999000099015
2	邦尼工贸有限公司	邦尼	021－60423018	100070	4 500 000	2015/1/4	张伟	曙光西街722号	110106311235740	中国工商银行	0100229999000099016
3	思远工贸有限公司	思远	020－51012837	100076	4 500 000	2015/1/4	何聪	顾家庄中路147号	110020001012524	中国工商银行	0100229999000099017
4	新耀工贸有限公司	新耀	028－62500499	101300	4 500 000	2015/1/4	王敏	静远东街151号	110113050173019	中国工商银行	0100229999000099018

4.7　商贸企业(经销商)信息

序号	企业法定中文名称	简称	办公电话	邮政编码	注册资金	企业注册登记日期	企业法定代表人	企业注册地址	企业法人营业执照注册号	开户银行	银行账号
1	旭日商贸有限公司	旭日	010－68500412	100094	4 500 000	2015/1/4	李峰	北清路5号	100108554831327	中国工商银行	0100229999000099011
2	华晨商贸有限公司	华晨	021－68500412	100084	4 500 000	2015/1/4	王强	沙静南路671号	110108753990101	中国工商银行	0100229999000099012
3	仁和商贸有限公司	仁和	020－63470422	100086	4 500 000	2015/1/4	董浩	安杰北街18号	110108554831245	中国工商银行	0100229999000099013
4	天府商贸有限公司	天府	028－62500478	100080	4 500 000	2015/1/4	康庄	丰豪中街55号	110108120101673	中国工商银行	0100229999000099014
5	湖北强盛商贸有限公司(中部)		027－84859011	430090	1 000 000	2015/1/4		武汉市汉南区纱帽街汉南大道12号	420113000028713	中国工商银行	4563512600681022353
6	湖北静洁商贸有限公司(中部)		027－84852312	430120	1 000 000	2015/1/4		武汉市星源大道19号	420113000028193	中国工商银行	4563512600681022354
7	五洲进出口有限公司	五洲	010－62500478	101060	20 000 000	2015/1/4	郭容	广顺北街38号	110108120101688	中国工商银行	0100229999000099021

4.8　物流信息

序号	企业法定中文名称	简称	办公电话	邮政编码	注册资金	企业注册登记日期	企业法定代表人	企业注册地址	企业法人营业执照注册号	开户银行	银行账号
1	隆飞物流有限公司	隆飞	027－64667658	100106	6 000 000	2015/1/4	李靖	卓尔大街38号	100108231234856	中国工商银行	0100229999000099019

物流运输只针对工贸企业与制造业间的购销业务、制造业与经销商间的购销业务，其他类型组织的物流运输不走物流公司；

物流费用的支付由购货方支付；

物流费为货值货款金额的5%。

4.9 服务公司信息

序号	企业法定中文名称	简称	办公电话	邮政编码	注册资金	企业注册登记日期	企业法定代表人	企业注册地址	企业法人营业执照注册号	开户银行	银行账号
1	融通综合服务有限公司	融通	027-64667658	100122	50 000 000	2015/1/4	王经文	藏龙大道28号	100108231234858	中国工商银行	0100229999000099024

5. 财务部岗位职责

5.1 财务经理岗位职责

财务部经理是财务部的负责人，在总经理或主管副总经理的领导下，负责财务部部职责范围内所有工作。具体职责如下：

(1) 根据公司发展战略，协助公司领导组织制定公司财务部的战略规划，制定部门工作目标和计划并分解到个人。

(2) 负责公司的全面财务会计工作。

(3) 负责制定并完成公司的财务会计制度、规定和办法。

(4) 解释、解答与公司的财务会计有关的法规和制度。

(5) 分析检查公司财务收支和预算的执行情况。

(6) 审核公司的原始单据和办理日常的会计业务。

(7) 编制财务报表、登记总账及财务数据审定。

(8) 日常会计凭证审核，包括总账会计的凭证审核和成本会计凭证审核。

(9) 部门预算制定。

(10) 负责定期财产清查。

(11) 负责公司预算制定与监控，包括预算体系建设，日常预算控制，预算支出审核。

(12) 资金管理、筹融资管理，资金使用计划等。

(13) 组织期末结算与决算，进行经营分析。

(14) 保证按时纳税，负责按照国家税法和其他规定，严格审查应交税金，督促有关岗位人员及时办理手续。

(15) 管理与维护更新部门所需的信息。

5.2 成本会计岗位职责

(1) 材料采购入库登记。

(2) 材料领用登记及计价。

(3) 产品出入库登记。

(4) 费用归集与分摊。

(5) 产成品成本计算。

(6) 销售成本结转。

(7) 成本分析及控制。

(8) 负责生产成本的核算，认真进行成本、开支的事前审核。

(9) 认真核对各项原料、物料、成品、在制品收付事项。

(10) 保管好各种凭证、账簿、报表及有关成本计算资料，防止丢失或损坏，按月装订并定期归档。

(11) 参与存货的清查盘点工作，企业在财产清查中盘盈、盘亏的资产，要分别情况进行不同的处理。

5.3　出纳岗位职责

(1) 根据会计凭证，每日进行现金的收付业务。

(2) 严格遵守现金管理制度，现金要尽量做到日清月结，月结盘库后做现金盘库表。

(3) 应负责每日营业额的追缴，按主管、经理的安排筹集现金。

(4) 负责企业的工资发放，按时发放工资、奖金，并填制有关的记账凭证。

(5) 根据现金收付凭证，每日登记现金日记账及辅助记录。

(6) 银行账务和支票办理。

(7) 会计凭证的汇总与管。

5.4　财务会计岗位职责

(1) 熟悉掌握财务制度、会计制度和有关法规。遵守各项收费制度、费用开支范围和开支标准，保证专款专用。

(2) 编制并严格执行部门预算，对执行中发现的问题，提出建议和措施。

(3) 按照会计制度，审核记账凭证，做到凭证合法、内容真实、数据准确、手续完备；账目健全、及时记账算账、按时结账、如期报账、定期对账(包括核对现金实有数)。保证所提供的会计信息合法、真实、准确、及时、完整。

(4) 严格票据管理，保管和使用空白发票，收据要合规范。票据领用要登记，收回要销号。

(5) 妥善保管会计凭证、会计账簿、财务会计报表和其他会计资料，负责会计档案的整理和移交。

(6) 及时清理往来款项，协助资产管理部门定期做好财产清查和核对工作，做到账实相符。

(7) 遵守《会计法》，维护财经纪律，执行财务制度，实行会计监督。负责对出纳会计及其他有关财务人员的业务指导。

(8) 对主管部门和审计、财政、税务等部门依照法律和有关规定进行的监督，要如实提供会计凭证、会计账簿、财务会计报表和有关资料，不得拒绝、隐匿、谎报。

(9) 会计调离本岗位时，要将会计凭证、会计账簿、财务会计报表、预算资料、印章、票据、有关文件、会计档案、债权债务和未了事项，向接办人移交情楚，并编制移交清册，办妥交接手续。

2.1.2 采购部指导手册

1. 采购部部门情况说明

采购部目前有采购经理和采购员两个工作人员。

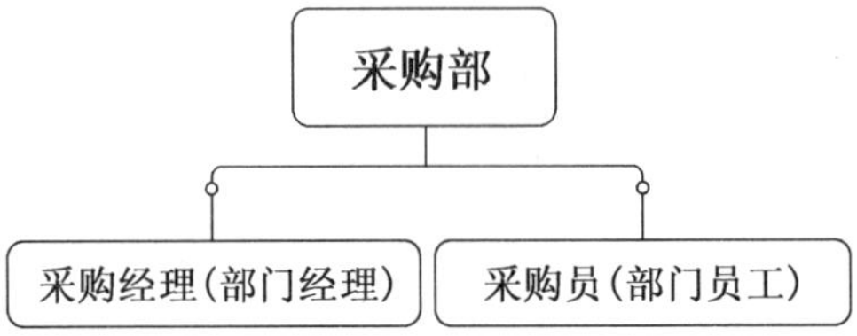

2. 采购部岗位职责说明

采购部是企业的重要业务部门,主要负责外购原材料并支付货款的工作,承担公司原材料采购、供应商管理、收货验货、采购结算等任务。

3. 采购部仓储规则说明

采购部的采购的原材料需要存储在普通仓库当中,仓库需要进行租用,普通仓库的情况如下:

仓库类型	使用年限(年)	仓库面积(平方米)	仓库容积(立方米)	仓库总存储单位	售价(万元)
普通仓库	20	500	3 000	300 000	540

原材料的物料种类如下:

原材料:

存货编码	存货名称	仓 位	存货占用存储单位	规 格	来 源
B0001	钢管	A01	2	Φ外16/Φ内11/L5000(mm)	外购原材料
B0002	镀锌管	A02	2	Φ外16/Φ内11/L5000(mm)	外购原材料
B0003	坐垫	A03	4	HJM500	外购原材料
B0004	记忆太空棉坐垫	A04	4	HJM600	外购原材料
B0005	车篷	A05	2	HJ72×32×40	外购原材料
B0006	车轮	A06	1	HJΦ外125/Φ内60 mm	外购原材料
B0008	数控芯片	A07	1	MCX3154A	外购原材料
B0007	经济型童车包装套件	A08	2	HJTB100	外购原材料
B0009	舒适型童车包装套件	A09	2	HJTB200	外购原材料
B0010	豪华型童车包装套件	A10	2	HJTB300	外购原材料

4. 采购部工作交接情况说明

采购部需要了解企业仓储部现有的原材料库存情况,根据现有的原材料库存以及原材料需求制订合理的采购计划。

仓储部在工作交接时拥有一座普通仓库，具体情况如下：

资产编号	资产名称	使用部门	使用状态	使用年限（月）	开始使用日期	已计提月份	资产原值	残　值	累计折旧	月折旧额	资产净值	折旧科目
0100002	普通仓库	仓储部	在用	240	2015.09.15	16	5 400 000.00	270 000.00	342 000.00	21 375.00	5 058 000.00	管理费用

仓储部在工作交接时拥有一定数量的原材料，半成品和产成品在仓库，具体情况如下：

存货编码	存货类型	存货名称	期初库存量	单　价	占用存储空间	期初金额
B0001	原材料	钢管	10 800.00	105.20	21 600	1 136 160.00
B0002	原材料	镀锌管	—	—	—	—
B0003	原材料	坐垫	5 400.00	80.18	21 600	432 972.00
B0004	原材料	记忆太空棉坐垫	—	—	—	—
B0005	原材料	车篷	5 400.00	144.26	10 800	779 004.00
B0006	原材料	车轮	21 600.00	26.89	5 400	580 824.00
B0007	原材料	经济型童车包装套件	5 400.00	90.16	10 800	486 864.00
B0008	原材料	数控芯片	—	—	—	—
B0009	原材料	舒适型童车包装套件	—	—	—	—
B0010	原材料	豪华型童车包装套件	—	—	—	—
M0001	半成品	经济型童车车架	5 400.00	346.24	54 000	1 869 696.00
M0002	半成品	舒适型童车车架	—	—	—	—
M0003	半成品	豪华型童车车架	—	—	—	—
P0001	产成品	经济型童车	5 400.00	756.82	54 000	4 086 828.00
P0002	产成品	舒适型童车	—	—	—	—
P0003	产成品	豪华型童车	—	—	—	—

5. 产品 BOM 表情况说明

物料清单（Bill of Material，BOM），是指用图示表达的产品结构转化成某种数据格式，这种以数据格式来描述产品结构的文件就是物料清单，即 BOM。它是定义产品结构的技术文件，因此，它又称为产品结构表或产品结构树。在某些工业领域，可能称其为“配方”、“要素表”或其他名称。

5.1 经济型童车产品结构图

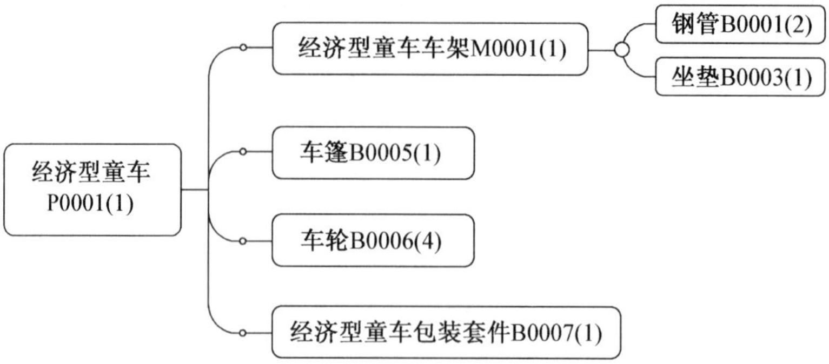

物料名称	父项物料	物料编码	规格型号	单位	用量	(相对制造企业)备注
经济型童车		P0001	无	辆	1	组装车间生产
经济型童车车架	P0001	M0001	无	个	1	机甲车间生产
车篷	P0001	B0005	HJ72×32×40	个	1	外购原材料
车轮	P0001	B0006	HJΦ外125/Φ内60 mm	个	4	外购原材料
经济型童车包装套件	P0001	B0007	HJTB100	套	1	外购原材料
钢管	M0001	B0001	Φ外16/Φ内11/L5000(mm)	根	2	外购原材料
坐垫	M0001	B0003	HJM500	个	1	外购原材料

5.2 舒适型童车产品结构图

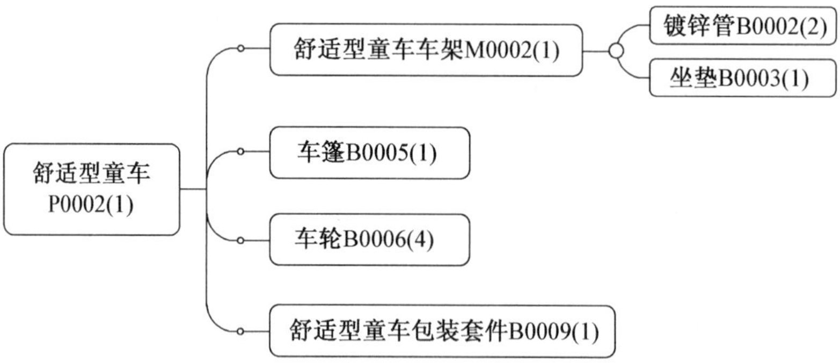

物料名称	父项物料	物料编码	规格型号	单位	用量	(相对制造企业)备注
舒适型童车		P0002		辆	1	组装车间生产
舒适型童车车架	P0002	M0002		个	1	机甲车间生产
车篷	P0002	B0005	HJ72×32×40	个	1	外购原材料
车轮	P0002	B0006	HJΦ外125/Φ内60 mm	个	4	外购原材料
舒适型童车包装套件	P0002	B0009	HJTB200	套	1	外购原材料
镀锌管	M0002	B0002	Φ外16/Φ内11/L5000(mm)	根	2	外购原材料
坐垫	M0002	B0003	HJM500	个	1	外购原材料

5.3　豪华型童车产品结构图

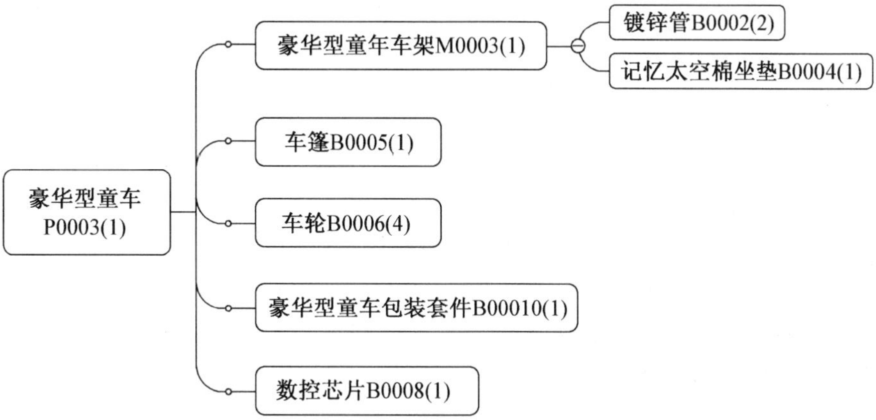

物料名称	父项物料	物料编码	规格型号	单位	用量	(相对制造企业)备注
豪华型童车		P0003		辆	1	组装车间生产
豪华型童车车架	P0003	M0003		个	1	机甲车间生产
车篷	P0003	B0005	HJ72×32×40	个	1	外购原材料
车轮	P0003	B0006	HJΦ 外 125/Φ 内 60 mm	个	4	外购原材料
数控芯片	P0003	B0008	MCX3154A	片	1	外购原材料
豪华型童车包装套件	P0003	B0010	HJTB300	套	1	外购原材料
镀锌管	M0003	B0002	Φ 外 16/Φ 内 11/L5000(mm)	根	2	外购原材料
记忆太空棉坐垫	M0003	B0004	HJM600	个	1	外购原材料

6. 工贸企业(供应商)信息

序号	企业法定中文名称	简称	办公电话	邮政编码	注册资金	企业注册登记日期	企业法定代表人	企业注册地址	企业法人营业执照注册号	开户银行	银行账号
1	恒通工贸有限公司	恒通	010-51062888	100076	4 500 000	2015/1/4	张艳	小红门路45号	110000001012587	中国工商银行	0100229999000099015
2	邦尼工贸有限公司	邦尼	021-60423018	100070	4 500 000	2015/1/4	张伟	曙光西街722号	110106311235740	中国工商银行	0100229999000099016
3	思远工贸有限公司	思远	020-51012837	100076	4 500 000	2015/1/4	何聪	顾家庄中路147号	110020001012524	中国工商银行	0100229999000099017
4	新耀工贸有限公司	新耀	028-62500499	101300	4 500 000	2015/1/4	王敏	静远东街151号	110113050173019	中国工商银行	0100229999000099018

7. 物流信息

序号	企业法定中文名称	简称	办公电话	邮政编码	注册资金	企业注册登记日期	企业法定代表人	企业注册地址	企业法人营业执照注册号	开户银行	银行账号
1	隆飞物流有限公司	隆飞	027－64667658	100106	6 000 000	2015/1/4	李靖	卓尔大街 38 号	100108231234856	中国工商银行	0100229999000099019

物流运输只针对工贸企业与制造业间的购销业务、制造业与经销商间的购销业务，其他类型组织的物流运输不走物流公司；

物流费用的支付由购货方支付；

物流费为货值货款金额的 5%。

8. 采购部岗位职责

8.1　采购经理岗位职责

(1) 统筹采购规划和确定采购内容，保证满足经营活动的需要，降低库存成本。

(2) 制定采购计划和目标，改进采购的工作流程和标准，降低库存成本。

(3) 参与收集供应商信息、开发、选择、处理与考核供应商，建立供应商档案管理制度。

(4) 负责采购物流、资金流、信息流的管理工作。

(5) 审核、签署与监督执行采购合同，审核采购订单和物资调拨单。

(6) 根据需要采取相应的应急行动或进行后续跟踪，保证完成紧急采购任务。

(7) 解决与供应商在合同上产生的分歧以及支付条款问题。

(8) 负责制定本部门各级人员的职责和权限，负责指导、管理、监督本部人员的业务工作，做好下属人员的绩效考核和奖励惩罚工作，进行部门建设、部门内员工的管理培训工作。

(9) 负责并确保所采取的采购行为符合有关政策，法规和道德规范。

8.2　采购员岗位职责

(1) 依据销售订单和商品的库存情况，编制采购计划，报采购经理审批，并贯彻实施。

(2) 收集供应商信息、开发、选择、处理与考核供应商，建立健全供应商网络图和档案管。

(3) 根据采购计划制作采购合同，拟购货合同的相关条款、价格、付款方式和交期等，报上级领导审批。

(4) 根据采购计划和采购合同制作采购订单。

(5) 实时掌握物资材料的库存和生产情况，对所订购的物资从订购至到货实行全程跟踪。

(6) 严格把好质量关，对不符合物材料处理，坚决拒收；尽量避免不合格品积压，提高资金周转率。

(7) 制作商品入库的相关单据，积极配合仓储部保质保量地完成采购货物的入库。

(8) 物料货款和采购费用申请与支付。

(9) 监控库存变化，及时补充库存，使库存维持合理的结构和合理的数量。

(10) 负责建立供应商档案，并及时更新。

(11) 确保所采取的采购行为符合有关政策，法规和道德规范。

(12) 完成上级领导交办的其他临时性工作。

2.1.3　仓储部指导手册

1. 仓储部部门情况说明

仓储部目前有仓储经理和仓管员两个工作人员。

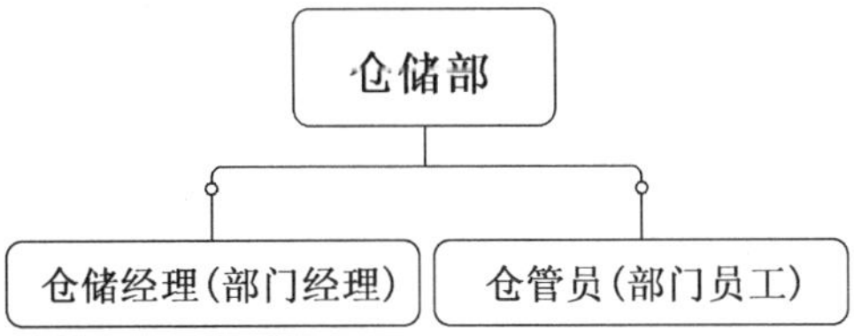

2. 仓储部岗位职责说明

仓储部是企业的重要业务部门，主要负责储存保管生产所需的各类原材料、半成品以及生产完工等待销售的产成品；同时需要根据业务部门需要适时做好相关物料的入库、出库、库存登记以及库存盘点等工作。

3. 仓储部仓储规则说明

仓储部的物料需要存储在普通仓库当中，仓库需要进行租用，普通仓库的情况如下：

仓库类型	使用年限（年）	仓库面积（平方米）	仓库容积（立方米）	仓库总存储单位	售价（万元）
普通仓库	20	500	3 000	300 000	540

仓储部的物料种类如下：

原材料：

存货编码	存货名称	仓 位	存货占用存储单位	规　格	来　源
B0001	钢管	A01	2	Φ外 16/Φ内 11/L5000(mm)	外购原材料
B0002	镀锌管	A02	2	Φ外 16/Φ内 11/L5000(mm)	外购原材料
B0003	坐垫	A03	4	HJM500	外购原材料
B0004	记忆太空棉坐垫	A04	4	HJM600	外购原材料
B0005	车篷	A05	2	HJ72×32×40	外购原材料
B0006	车轮	A06	1	HJΦ外 125/Φ内 60 mm	外购原材料
B0008	数控芯片	A07	1	MCX3154A	外购原材料
B0007	经济型童车包装套件	A08	2	HJTB100	外购原材料
B0009	舒适型童车包装套件	A09	2	HJTB200	外购原材料
B0010	豪华型童车包装套件	A10	2	HJTB300	外购原材料

半成品：

存货编码	存货名称	仓位	存货占用存储单位	规格	来源
M0001	经济型童车车架	B01	10	无	机加车间生产
M0002	舒适型童车车架	B02	10	无	机加车间生产
M0003	豪华型童车车架	B03	10	无	机加车间生产

产成品：

存货编码	存货名称	仓位	存货占用存储单位	规格	来源
P0001	经济型童车	C01	10	无	组装车间生产
P0002	舒适型童车	C02	10	无	组装车间生产
P0003	豪华型童车	C03	10	无	组装车间生产

4. 仓储部工作交接情况说明

仓储部在工作交接时拥有一座普通仓库，具体情况如下：

资产编号	资产名称	使用部门	使用状态	使用年限(月)	开始使用日期	已计提月份	资产原值	残值	累计折旧	月折旧额	资产净值	折旧科目
0100002	普通仓库	仓储部	在用	240	2015.09.15	16	5 400 000.00	270 000.00	342 000.00	21 375.00	5 058 000.00	管理费用

仓储部在工作交接时拥有一定数量的原材料、半成品和产成品在仓库，具体情况如下：

存货编码	存货类型	存货名称	期初库存量	单价	占用存储空间	期初金额
B0001	原材料	钢管	10 800.00	105.20	21 600	1 136 160.00
B0002	原材料	镀锌管	—	—	—	—
B0003	原材料	坐垫	5 400.00	80.18	21 600	432 972.00
B0004	原材料	记忆太空棉坐垫	—	—	—	—
B0005	原材料	车篷	5 400.00	144.26	10 800	779 004.00
B0006	原材料	车轮	21 600.00	26.89	5400	580 824.00
B0007	原材料	经济型童车包装套件	5 400.00	90.16	10 800	486 864.00
B0008	原材料	数控芯片	—	—	—	—
B0009	原材料	舒适型童车包装套件	—	—	—	—
B0010	原材料	豪华型童车包装套件	—	—	—	—
M0001	半成品	经济型童车车架	5 400.00	346.24	54 000	1 869 696.00

续　表

存货编码	存货类型	存货名称	期初库存量	单　价	占用存储空间	期初金额
M0002	半成品	舒适型童车车架	—	—	—	—
M0003	半成品	豪华型童车车架	—	—	—	—
P0001	产成品	经济型童车	5 400.00	756.82	54 000	4 086 828.00
P0002	产成品	舒适型童车	—	—	—	—
P0003	产成品	豪华型童车	—	—	—	—

5. 仓储部工作交接单据填写情况说明

仓储部在工作交接的时候共需要根据现有库存情况填写 7 张库存台账，库存台账中需要填写“物料名称”、“物料编号”、“规格”、“仓位”；“最高存量”和“最低存量”不需要填写。

工作交接时在车间拥有在制品（也就是科目余额表中的生产成本），在制品尚未入库，不用录入库存台账。

6. 产品 BOM 表情况说明

物料清单（Bill of Material，BOM），是指用图示表达的产品结构转化成某种数据格式，这种以数据格式来描述产品结构的文件就是物料清单，即 BOM。它是定义产品结构的技术文件，因此，它又称为产品结构表或产品结构树。在某些工业领域，可能称其为“配方”、“要素表”或其他名称。

6.1　经济型童车产品结构图

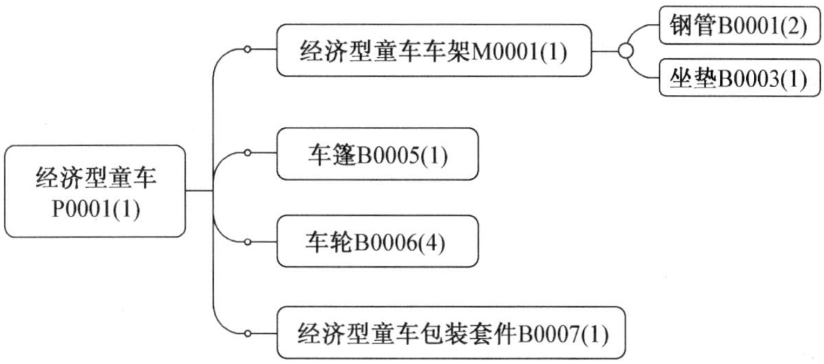

物料名称	父项物料	物料编码	规格型号	单位	用量	（相对制造企业）备注
经济型童车		P0001	无	辆	1	组装车间生产
经济型童车车架	P0001	M0001	无	个	1	机甲车间生产
车篷	P0001	B0005	HJ72 * 32 * 40	个	1	外购原材料
车轮	P0001	B0006	HJΦ外 125/Φ内 60 mm	个	4	外购原材料
经济型童车包装套件	P0001	B0007	HJTB100	套	1	外购原材料
钢管	M0001	B0001	Φ外 16/Φ内 11/L5000(mm)	根	2	外购原材料
坐垫	M0001	B0003	HJM500	个	1	外购原材料

6.2 舒适型童车产品结构图

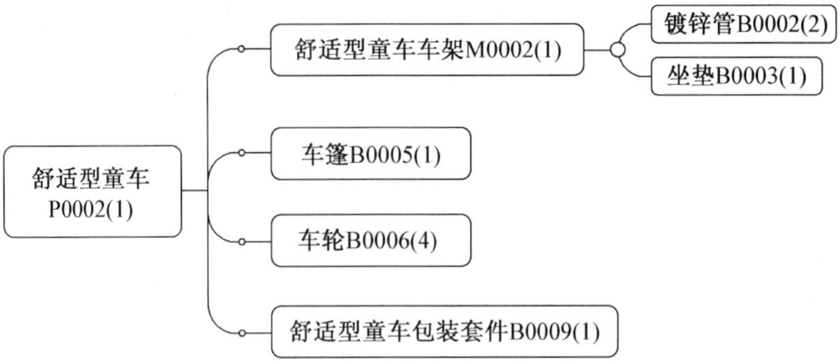

物料名称	父项物料	物料编码	规格型号	单位	用量	(相对制造企业)备注
舒适型童车		P0002		辆	1	组装车间生产
舒适型童车车架	P0002	M0002		个	1	机甲车间生产
车篷	P0002	B0005	HJ72×32×40	个	1	外购原材料
车轮	P0002	B0006	HJΦ外125/Φ内60 mm	个	4	外购原材料
舒适型童车包装套件	P0002	B0009	HJTB200	套	1	外购原材料
镀锌管	M0002	B0002	Φ外16/Φ内11/L5000(mm)	根	2	外购原材料
坐垫	M0002	B0003	HJM500	个	1	外购原材料

6.3 豪华型童车产品结构图

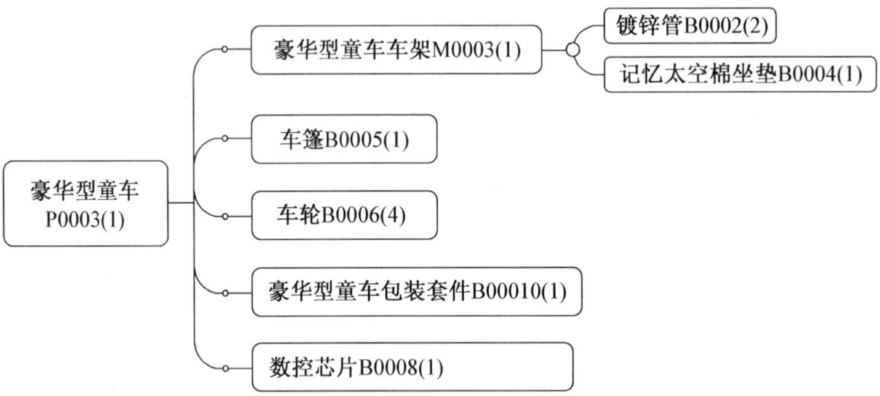

物料名称	父项物料	物料编码	规格型号	单位	用量	(相对制造企业)备注
豪华型童车		P0003		辆	1	组装车间生产
豪华型童车车架	P0003	M0003		个	1	机甲车间生产

续　表

物料名称	父项物料	物料编码	规格型号	单位	用量	(相对制造企业)备注
车篷	P0003	B0005	HJ72×32×40	个	1	外购原材料
车轮	P0003	B0006	HJΦ外125/Φ内60 mm	个	4	外购原材料
数控芯片	P0003	B0008	MCX3154A	片	1	外购原材料
豪华型童车包装套件	P0003	B0010	HJTB300	套	1	外购原材料
镀锌管	M0003	B0002	Φ外16/Φ内11/L5000(mm)	根	2	外购原材料
记忆太空棉坐垫	M0003	B0004	HJM600	个	1	外购原材料

7. 工贸企业(供应商)信息

序号	企业法定中文名称	简称	办公电话	邮政编码	注册资金	企业注册登记日期	企业法定代表人	企业注册地址	企业法人营业执照注册号	开户银行	银行账号
1	恒通工贸有限公司	恒通	010-51062888	100076	4 500 000	2015/1/4	张艳	小红门路45号	110000001012587	中国工商银行	0100229999000099015
2	邦尼工贸有限公司	邦尼	021-60423018	100070	4 500 000	2015/1/4	张伟	曙光西街722号	110106311235740	中国工商银行	0100229999000099016
3	思远工贸有限公司	思远	020-51012837	100076	4 500 000	2015/1/4	何聪	顾家庄中路147号	110020001012524	中国工商银行	0100229999000099017
4	新耀工贸有限公司	新耀	028-62500499	101300	4 500 000	2015/1/4	王敏	静远东街151号	110113050173019	中国工商银行	0100229999000099018

8. 商贸企业(经销商)信息

序号	企业法定中文名称	简称	办公电话	邮政编码	注册资金	企业注册登记日期	企业法定代表人	企业注册地址	企业法人营业执照注册号	开户银行	银行账号
1	旭日商贸有限公司	旭日	010-68500412	100094	4 500 000	2015/1/4	李峰	北清路5号	100108554831327	中国工商银行	0100229999000099011
2	华晨商贸有限公司	华晨	021-68500412	100084	4 500 000	2015/1/4	王强	沙静南路671号	110108753990101	中国工商银行	0100229999000099012
3	仁和商贸有限公司	仁和	020-63470422	100086	4 500 000	2015/1/4	董浩	安杰北街18号	110108554831245	中国工商银行	0100229999000099013

续　表

序号	企业法定中文名称	简称	办公电话	邮政编码	注册资金	企业注册登记日期	企业法定代表人	企业注册地址	企业法人营业执照注册号	开户银行	银行账号
4	天府商贸有限公司	天府	028-62500478	100080	4 500 000	2015/1/4	康庄	丰豪中街55号	110108120101673	中国工商银行	0100229999000099014
5	湖北强盛商贸有限公司（中部）		027-84859011	430090	1 000 000	2015/1/4		武汉市汉南区纱帽街汉南大道12号	420113000028713	中国工商银行	4563512600681022353
6	湖北静洁商贸有限公司（中部）		027-84852312	430120	1 000 000	2015/1/4		武汉市星源大道19号	420113000028193	中国工商银行	4563512600681022354
7	五洲进出口有限公司	五洲	010-62500478	101060	20 000 000	2015/1/4	郭容	广顺北街38号	110108120101688	中国工商银行	0100229999000099021

9. 仓储部岗位职责

9.1　仓储经理岗位职责

（1）依据公司经营计划，配合公司总目标，制定本部门的目标及工作规划。

（2）根据仓储规划和目标，改进仓库的工作流程和标准，优化库存方案，加快存货周转速度，降低库存成本。

（3）合理规划公司仓储场所，对公司仓储场所进行全面管理，达到最佳利用率。

（4）监督执行仓库的安全管理和现场规范管理。

（5）督促仓库管理员对物料收发存的管理，并监督仓库进行盘点清查，发现账、物、卡不符时，找出原因并予以调账或上报处理。

（6）设计、推行及改进仓储管理制度，并确保其有效实施。

（7）安全库存分析与制定，通过以往经验对每个季度销售或会计周期进行预测，库龄评估，避免呆滞死货占用资金。

（8）负责制定本部门各级人员的职责和权限，负责指导、管理、监督本部人员的业务工作，做好下属人员的绩效考核和奖励惩罚工作，进行部门建设、部门内员工的管理培训工作。

（9）运用有效领导方法，有计划地培养教育和训练，激励所属人员的士气，提高工作效率，并督导其按照工作标准或要求，有效执行其工作，确保本部门的目标高效达成。

（10）完成上级领导交办的其他临时性工作。

9.2　仓管员岗位职责

（1）严格执行公司仓库保管制度及其细则规定，执行仓库的物料保管、验收、入库、出库等日常工作。

(2) 合理安排物料在仓库内的存放次序，按物料种类、规格、等级分区堆码，不得混合乱堆，保持库区的整洁。

(3) 手续检验不合格不允许入库，协助采购部处理退货工作；出库时手续不全不发货，特殊情况须经有关领导签批。

(4) 负责仓库区域内的安全、防盗、消防工作，发现事故隐患及时上报，对意外事件及时处置。

(5) 负责将物料的存贮环境调节到最适条件，经常关注温度、湿度、通风、腐蚀等因素，并采取相应措施。

(6) 负责定期对仓库物料盘点清仓，做到账、物、卡三者相符。

(7) 负责处理仓库管理中的入出库单、验收单等原始资料，账册的收集、整理和建档工作，及时编制相关的统计报表，逐步应用计算机管理仓库工作。

(8) 做到以公司利益为重，爱护公司财产，不得监守自盗。

(9) 完成仓库经理交办的其他临时性工作。

2.1.4 企管部指导手册

1. 企管部部门情况说明

企管部目前有企管经理(企管经理由总经理兼任)和行政助理两个工作人员。

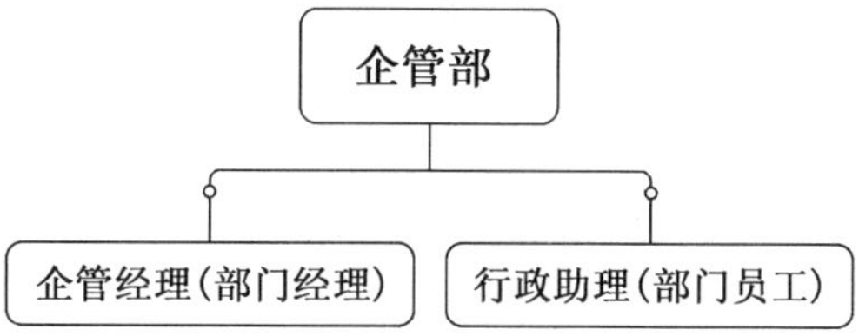

2. 企管部岗位职责说明

企业管理部是企业的重要业务部门，主要负责企业管理及运营、上下联络沟通、及时向领导汇报情况等工作，承担督查和考核各部门的工作，如行政文案事物、内务后勤、制度规程、监督管理等工作。

3. 企管部工作交接情况说明

企管部负责企业固定资产的管理工作，在工作交接时，企业中拥有登记在案的固定资产共 33 项。

制造企业每个月的 25 日进行固定资产折旧的计提，工作交接中所记录的相关数据，为 2016 年 12 月 25 日计提折旧完成之后所显示的数据。

行政助理需要根据相关数据填写固定资产卡片。

资产编号	资产名称	使用部门	使用状态	使用年限（月）	开始使用日期	已计提月份	资产原值	残　值	累计折旧	月折旧额	资产净值	折旧科目
0100001	办公大楼	企管部	在用	240	2015.09.15	15	12 000 000.00	600 000.00	712 500.00	47 500.00	11 287 500.00	管理费用
0100002	普通仓库	仓储部	在用	240	2015.09.15	15	5 400 000.00	270 000.00	320 625.00	21 375.00	5 079 375.00	管理费用
0100003	大厂房	生产计划部	在用	240	2015.09.15	15	7 200 000.00	360 000.00	427 500.00	28 500.00	6 772 500.00	制造费用
0200001	普通机床（机加生产线）	生产计划部	在用	120	2015.09.15	15	210 000.00		26 250.00	1 750.00	183 750.00	制造费用—机加
0200002	普通机床（机加生产线）	生产计划部	在用	120	2015.09.15	15	210 000.00		26 250.00	1 750.00	183 750.00	制造费用—机加
0200003	普通机床（机加生产线）	生产计划部	在用	120	2015.09.15	15	210 000.00		26 250.00	1 750.00	183 750.00	制造费用—机加
0200004	普通机床（机加生产线）	生产计划部	在用	120	2015.09.15	15	210 000.00		26 250.00	1 750.00	183 750.00	制造费用—机加
0200005	普通机床（机加生产线）	生产计划部	在用	120	2015.09.15	15	210 000.00		26 250.00	1 750.00	183 750.00	制造费用—机加
0200006	普通机床（机加生产线）	生产计划部	在用	120	2015.09.15	15	210 000.00		26 250.00	1 750.00	183 750.00	制造费用—机加
0200007	普通机床（机加生产线）	生产计划部	在用	120	2015.09.15	15	210 000.00		26 250.00	1 750.00	183 750.00	制造费用—机加
0200008	普通机床（机加生产线）	生产计划部	在用	120	2015.09.15	15	210 000.00		26 250.00	1 750.00	183 750.00	制造费用—机加
0200009	普通机床（机加生产线）	生产计划部	在用	120	2015.09.15	15	210 000.00		26 250.00	1 750.00	183 750.00	制造费用—机加
0200010	普通机床（机加生产线）	生产计划部	在用	120	2015.09.15	15	210 000.00		26 250.00	1 750.00	183 750.00	制造费用—机加
0200011	组装生产线	生产计划部	在用	120	2015.09.15	15	510 000.00		63 750.00	4 250.00	446 250.00	制造费用—组装

续　表

资产编号	资产名称	使用部门	使用状态	使用年限（月）	开始使用日期	已计提月份	资产原值	残　值	累计折旧	月折旧额	资产净值	折旧科目
0300001	笔记本电脑	企管部	在用	48	2015.09.15	15	6 000.00		1 875.00	125.00	4 125.00	管理费用
0300002	笔记本电脑	人事部	在用	48	2015.09.15	15	6 000.00		1 875.00	125.00	4 125.00	管理费用
0300003	笔记本电脑	财务部	在用	48	2015.09.15	15	6 000.00		1 875.00	125.00	4 125.00	管理费用
0300004	笔记本电脑	采购部	在用	48	2015.09.15	15	6 000.00		1 875.00	125.00	4 125.00	管理费用
0300005	笔记本电脑	销售部	在用	48	2015.09.15	15	6 000.00		1 875.00	125.00	4 125.00	销售费用
0300006	笔记本电脑	仓储部	在用	48	2015.09.15	15	6 000.00		1 875.00	125.00	4 125.00	管理费用
0300007	笔记本电脑	生产计划部	在用	48	2015.09.15	15	6 000.00		1 875.00	125.00	4 125.00	制造费用
0300008	台式电脑	财务部	在用	48	2015.09.15	15	4 800.00		1 500.00	100.00	3 300.00	管理费用
0300009	台式电脑	财务部	在用	48	2015.09.15	15	4 800.00		1 500.00	100.00	3 300.00	管理费用
0300010	台式电脑	企管部	在用	48	2015.09.15	15	4 800.00		1 500.00	100.00	3 300.00	管理费用
0300011	台式电脑	人事部	在用	48	2015.09.15	15	4 800.00		1 500.00	100.00	3 300.00	管理费用
0300012	台式电脑	财务部	在用	48	2015.09.15	15	4 800.00		1 500.00	100.00	3 300.00	管理费用
0300013	台式电脑	采购部	在用	48	2015.09.15	15	4 800.00		1 500.00	100.00	3 300.00	管理费用
0300014	台式电脑	销售部	在用	48	2015.09.15	15	4 800.00		1 500.00	100.00	3 300.00	销售费用
0300015	台式电脑	销售部	在用	48	2015.09.15	15	4 800.00		1 500.00	100.00	3 300.00	销售费用
0300016	台式电脑	仓储部	在用	48	2015.09.15	15	4 800.00		1 500.00	100.00	3 300.00	管理费用
0300017	台式电脑	生产计划部	在用	48	2015.09.15	15	4 800.00		1 500.00	100.00	3 300.00	制造费用
0300018	台式电脑	生产计划部	在用	48	2015.09.15	15	4 800.00		1 500.00	100.00	3 300.00	制造费用
0300019	打印复印一体机	企管部	在用	48	2015.09.15	15	24 000.00		7 500.00	500.00	16 500.00	管理费用
合　计							27 328 800.00		1 824 000.00		25 504 800.00	

4. 企管部工作交接单据填写情况说明

企管部在工作交接的时候需要根据现有固定资产状况，在系统中进行固定资产卡片的填写，为了简易起见，只需要以每个类型的固定资产为例，填写8张固定资产卡片，分别是0100001办公大楼；0100002普通仓库；0100003大厂房；0200001普通机床(机加生产线)；0200011组装生产线；0300001笔记本电脑；0300008台式电脑；0300019打印复印一体机。

固定资产卡片中需要填写“卡片编号”(001～008)、“日期”、“固定资产编号”、“固定资产名称”、“类别型号”(01～03)、“类别名称”(房屋建筑/生产设备/电子设备)、“使用部门”、“增加方式”、“使用状况”、“预计使用年限”、“折旧方法”、“开始使用日期”、“已计提月份”、“原值”、“累计折旧”、“净值”、“折旧费用类别”。

5. 固定资产采购规则情况说明

期初交接的大厂房经营期间不得出售；

在经营过程中，如遇厂房容量不足的情况可以向服务公司进行购买，服务公司只提供小厂房；

厂房没有租赁业务，只能购买。

5.1 厂房

厂房类型	使用年限(年)	厂房面积(平方米)	厂房容积(立方米)	容量	售价(万元)	期初数量
小厂房	20	800	4 800	12台机床位	480	0
大厂房	20	1 000	6 000	20台机床位	720	1

5.2 生产设备

生产设备名称	生产设备类型	购置费(万)	使用年限	生产能力(台/虚拟1天)		
				经济	舒适	豪华
普通机床	机床	21	10	500	500	0
数控机床	机床	81	10	3 000	3 000	3 000
组装流水线	生产线	51	10	7 000	7 000	6 000

5.3 仓库

仓库类型	使用年限(年)	仓库面积(平方米)	仓库容积(立方米)	仓库总存储单位	售价(万元)
普通仓库	30	500	3 000	30 000	540

6. 企管部岗位职责

6.1 企管经理(总经理兼)岗位职责

(1) 组织实施经董事会批准的公司企业年度工作计划、财务预算报告及利润分配、使用方案,组织实施经董事会批准的决议。

(2) 组织指挥企业的日常经营管理工作,在董事会委托权限内,以法人代表的身份代表企业签署有关协议、合同、合约和处理有关事宜。

(3) 决定组织体制和人事编制,决定行政助理,各职能部门和各部门经理以及其他管理职员的任免、奖惩,建立健全企业统一、高效的组织体系和工作体系。

6.2　行政助理岗位职责

(1) 协助总经理做好企业文化建设,筹划增强职员工认同感、凝聚力的各种宣传、教育活动。

(2) 协助总经理做好综合、协调各部门工作和处理日常事务。

(3) 及时收集和了解各部门的工作动态,协助总经理对各部门之间的业务工作领导,掌握公司主要经营活动情况。

(4) 协助参与企业发展规划的制定,年度经营计划的编制和公司重大决策事项的讨论。

(5) 协助审核、修订企业各项管理规章制度,进行日常行政工作的组织与管理。

(6) 配合执行企业管理体系运行,以及各项工作进度的监督与跟进。

(7) 及时处理各种合同、公文、函电、报表等文字资料的签收、拆封、登记、承报、传阅、催办,并做好整理归档工作。

(8) 企业证照的办理、年审、更换、作废等管理,印章的保管、使用管理等。

(9) 参与企业行政、设备采购管理,负责企业各部门办公用品的领用和分发工作。

2.1.5　人力资源部指导手册

1. 人力资源部部门情况说明

人力资源部目前有人力资源经理和人力资源助理两个工作人员。

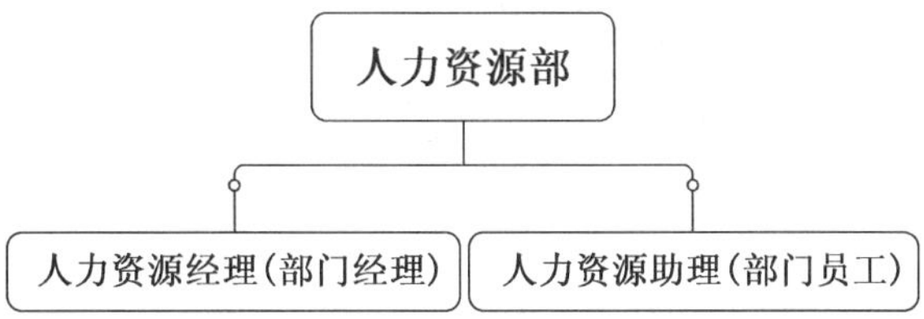

2. 人力资源部岗位职责说明

人力资源是企业的重要业务部门,是企业发展的助推器,其核心职能是选、训、考、用、留这五个方面。

3. 人力资源部规则说明

3.1　部门规则

部　门	岗位名称	岗位级别	在编人数	直接上级
企业管理部	企管经理 (总经理兼)	总经理	1	董事会(指导老师)
	行政助理	职能管理人员	1	企管经理(总经理)

续 表

部 门	岗位名称	岗位级别	在编人数	直接上级
营销部	营销经理	部门经理	1	总经理
	市场专员	职能管理人员	1	营销经理
	销售专员	职能管理人员	1	营销经理
生产计划部	生产计划经理	部门经理	1	总经理
	车间管理员	职能管理人员	1	生产计划经理
	生产计划员	职能管理人员	1	生产计划经理
	初级生产工人	工人	25	车间管理员
	中级生产工人	工人	15	车间管理员
仓储部	仓储经理	部门经理	1	总经理
	仓管员	职能管理人员	1	仓储经理
采购部	采购经理	部门经理	1	总经理
	采购员	职能管理人员	1	采购经理
人力资源部	人力资源经理	部门经理	1	总经理
	人力资源助理	职能管理人员	1	人力资源经理
财务部	财务经理	部门经理	1	总经理
	出纳	职能管理人员	1	财务经理
	财务会计	职能管理人员	1	财务经理
	成本会计	职能管理人员	1	财务经理

3.2 基本工资规则

人员类别	月基本工资
总经理	12 000 元/月
部门经理	7 500 元/月
职能管理人员	5 500 元/月
营销部员工	4 500 元/月
初级/中级/高级生产工人	3 600 元/月、4 000 元/月、4 600 元/月

3.3 五险一金规则

五险一金按照月基本工资进行相应比例的缴纳。

分 类	养 老	失 业	工 伤	生 育	医 疗		住房公积金
					基本医疗	大额互助	
单位	20%	1.5%	0.5%	0.8%	9%	1%	10%
个人	8%	0.5%	0	0	2%	3 元	10%

3.4　个人所得税规则

个人所得税按照相应的比例缴纳。

人所得税计算采用 2011 年 9 月 1 日起开始执行的 7 级超额累进税率。

个人所得税计算方式为:

个人所得税=全月应纳税所得额×税率－速算扣除数

全月应纳税所得额=应税工资－3 500

工资、薪金所得适用个人所得税税率

级数	全月应纳税所得额	税率%	速算扣除数(元)
1	不超过 1 500 元	3	0
2	超过 1 500 元至 4 500 元	10	105
3	超过 4 500 元至 9 000 元	20	555
4	超过 9 000 元至 35 000 元	25	1 005
5	超过 35 000 元至 55 000 元	30	2 755
6	超过 55 000 元至 80 000 元	35	5 505
7	超过 80 000 元	45	13 505

3.5　个人工资计算

应税工资=基本工资－个人缴纳五险一金合计

企业支出(财务记账)=基本工资+企业缴纳五险一金合计

个人所得税=全月应纳税所得额×税率－速算扣除数

全月应纳税所得额=应税工资－3 500

实发工资=基本工资－个人缴纳五险一金合计－个人所得税

3.5.1　个人缴纳五险一金计算

工号	姓名	部门	岗位	基本工资	个人缴纳五险一金							
					养老保险 8%	医疗保险 2%+3	失业保险 0.5%	工伤保险	生育保险	五险小计	住房公积金 10%	五险一金小计
1001	梁天	企业管理部	总经理	12 000.00	960.00	243.00	60.00	—	—	1 263.00	1 200.00	2 463.00
1002	张万军	人力资源部	经理	7 500.00	600.00	153.00	37.50	—	—	790.50	750.00	1 540.50
1003	李斌	采购部	经理	7 500.00	600.00	153.00	37.50	—	—	790.50	750.00	1 540.50
1004	何明海	仓储部	经理	7 500.00	600.00	153.00	37.50	—	—	790.50	750.00	1 540.50
1005	钱坤	财务部	经理	7 500.00	600.00	153.00	37.50	—	—	790.50	750.00	1 540.50
1006	叶润中	生产计划部	经理	7 500.00	600.00	153.00	37.50	—	—	790.50	750.00	1 540.50

续 表

工号	姓名	部门	岗位	基本工资	个人缴纳五险一金							
					养老保险 8%	医疗保险 2%+3	失业保险 0.5%	工伤保险	生育保险	五险小计	住房公积金 10%	五险一金小计
1007	杨笑笑	市场营销部	经理	7 500.00	600.00	153.00	37.50	—	—	790.50	750.00	1 540.50
1008	叶瑛	企业管理部	助理	5 500.00	440.00	113.00	27.50	—	—	580.50	550.00	1 130.50
1009	肖红	人力资源部	助理	5 500.00	440.00	113.00	27.50	—	—	580.50	550.00	1 130.50
1010	付海生	采购部	采购员	5 500.00	440.00	113.00	27.50	—	—	580.50	550.00	1 130.50
1011	王宝珠	仓储部	仓储员	5 500.00	440.00	113.00	27.50	—	—	580.50	550.00	1 130.50
1012	刘自强	财务部	成本会计	5 500.00	440.00	113.00	27.50	—	—	580.50	550.00	1 130.50
1013	朱中华	财务部	财务会计	5 500.00	440.00	113.00	27.50	—	—	580.50	550.00	1 130.50
1014	赵丹	财务部	出纳	5 500.00	440.00	113.00	27.50	—	—	580.50	550.00	1 130.50
1015	周群	生产计划部	生产计划员	5 500.00	440.00	113.00	27.50	—	—	580.50	550.00	1 130.50
1016	孙盛国	生产计划部	车间管理员	5 500.00	440.00	113.00	27.50	—	—	580.50	550.00	1 130.50
1017	马博	市场营销部	市场专员	4 500.00	360.00	93.00	22.50	—	—	475.50	450.00	925.50
1018	刘思羽	市场营销部	销售专员	4 500.00	360.00	93.00	22.50	—	—	475.50	450.00	925.50

3.5.2 企业缴纳五险一金计算

工号	姓名	部门	岗位	基本工资	企业缴纳五险一金							
					养老保险 20%	医疗保险 10%	失业保险 1.5%	工伤保险 0.5%	生育保险 0.8%	五险小计	住房公积金 10%	五险一金小计
1001	梁天	企业管理部	总经理	12 000.00	2 400.00	1 200.00	180.00	60.00	96.00	3 936.00	1 200.00	5 136.00
1002	张万军	人力资源部	经理	7 500.00	1 500.00	750.00	112.50	37.50	60.00	2 460.00	750.00	3 210.00

续　表

工号	姓名	部门	岗位	基本工资	企业缴纳五险一金							
					养老保险 20%	医疗保险 10%	失业保险 1.5%	工伤保险 0.5%	生育保险 0.8%	五险小计	住房公积金 10%	五险一金小计
1003	李斌	采购部	经理	7 500.00	1 500.00	750.00	112.50	37.50	60.00	2 460.00	750.00	3 210.00
1004	何明海	仓储部	经理	7 500.00	1 500.00	750.00	112.50	37.50	60.00	2 460.00	750.00	3 210.00
1005	钱坤	财务部	经理	7 500.00	1 500.00	750.00	112.50	37.50	60.00	2 460.00	750.00	3 210.00
1006	叶润中	生产计划部	经理	7 500.00	1 500.00	750.00	112.50	37.50	60.00	2 460.00	750.00	3 210.00
1007	杨笑笑	市场营销部	经理	7 500.00	1 500.00	750.00	112.50	37.50	60.00	2 460.00	750.00	3 210.00
1008	叶瑛	企业管理部	助理	5 500.00	1 100.00	550.00	82.50	27.50	44.00	1 804.00	550.00	2 354.00
1009	肖红	人力资源部	助理	5 500.00	1 100.00	550.00	82.50	27.50	44.00	1 804.00	550.00	2 354.00
1010	付海生	采购部	采购员	5 500.00	1 100.00	550.00	82.50	27.50	44.00	1 804.00	550.00	2 354.00
1011	王宝珠	仓储部	仓储员	5 500.00	1 100.00	550.00	82.50	27.50	44.00	1 804.00	550.00	2 354.00
1012	刘自强	财务部	成本会计	5 500.00	1 100.00	550.00	82.50	27.50	44.00	1 804.00	550.00	2 354.00
1013	朱中华	财务部	财务会计	5 500.00	1 100.00	550.00	82.50	27.50	44.00	1 804.00	550.00	2 354.00
1014	赵丹	财务部	出纳	5 500.00	1 100.00	550.00	82.50	27.50	44.00	1 804.00	550.00	2 354.00
1015	周群	生产计划部	生产计划员	5 500.00	1 100.00	550.00	82.50	27.50	44.00	1 804.00	550.00	2 354.00
1016	孙盛国	生产计划部	车间管理员	5 500.00	1 100.00	550.00	82.50	27.50	44.00	1 804.00	550.00	2 354.00
1017	马博	市场营销部	市场专员	4 500.00	900.00	450.00	67.50	22.50	36.00	1 476.00	450.00	1 926.00
1018	刘思羽	市场营销部	销售专员	4 500.00	900.00	450.00	67.50	22.50	36.00	1 476.00	450.00	1 926.00

3.5.3 个人所得税及实发工资计算

工号	姓名	部门	岗位	基本工资	代扣款项	应税工资	应扣个人所得税	实发工资
					五险一金小计			
1001	梁天	企业管理部	总经理	12 000.00	2 463.00	9 537.00	652.40	8 884.60
1002	张万军	人力资源部	经理	7 500.00	1 540.50	5 959.50	140.95	5 818.55
1003	李斌	采购部	经理	7 500.00	1 540.50	5 959.50	140.95	5 818.55
1004	何明海	仓储部	经理	7 500.00	1 540.50	5 959.50	140.95	5 818.55
1005	钱坤	财务部	经理	7 500.00	1 540.50	5 959.50	140.95	5 818.55
1006	叶润中	生产计划部	经理	7 500.00	1 540.50	5 959.50	140.95	5 818.55
1007	杨笑笑	市场营销部	经理	7 500.00	1 540.50	5 959.50	140.95	5 818.55
1008	叶瑛	企业管理部	助理	5 500.00	1 130.50	4 369.50	26.09	4 343.41
1009	肖红	人力资源部	助理	5 500.00	1 130.50	4 369.50	26.09	4 343.41
1010	付海生	采购部	采购员	5 500.00	1 130.50	4 369.50	26.09	4 343.41
1011	王宝珠	仓储部	仓储员	5 500.00	1 130.50	4 369.50	26.09	4 343.41
1012	刘自强	财务部	成本会计	5 500.00	1 130.50	4 369.50	26.09	4 343.41
1013	朱中华	财务部	财务会计	5 500.00	1 130.50	4 369.50	26.09	4 343.41
1014	赵丹	财务部	出纳	5 500.00	1 130.50	4 369.50	26.09	4 343.41
1015	周群	生产计划部	生产计划员	5 500.00	1 130.50	4 369.50	26.09	4 343.41
1016	孙盛国	生产计划部	车间管理员	5 500.00	1 130.50	4 369.50	26.09	4 343.41
1017	马博	市场营销部	市场专员	4 500.00	925.50	3 574.50	2.24	3 572.26
1018	刘思羽	市场营销部	销售专员	4 500.00	925.50	3 574.50	2.24	3 572.26

3.5.4 以梁天为例计算相关费用

应税工资＝基本工资－个人缴纳五险一金合计
＝12 000－2 463＝9 537(元)

企业支出(财务记账)＝基本工资＋企业缴纳五险一金合计
＝12 000＋5 136＝17 136(元)

个人所得税＝全月应纳税所得额×税率－速算扣除数
＝6 037×20％－555＝652.4(元)

全月应纳税所得额＝应税工资－3 500
＝9 537－3 500＝6 037(元)

实发工资＝基本工资－个人缴纳五险一金合计－个人所得税
＝12 000＝2 463－652.4＝8 884.6(元)

4. 人力资源部工作交接情况说明

4.1　2016 年 12 月薪资计算表

工号	姓名	部门	岗位	基本工资	代扣款项目								应税工资	应扣个人所得税	实发金额
					养老保险 8%	医疗保险 2%+3	失业保险 0.5%	工伤保险	生育保险	五险小计	住房公积金 10%	五险一金小计			
1001	梁天	企业管理部	总经理	12 000.00	960.00	243.00	60.00	—	—	1 263.00	1 200.00	2 463.00	9 537.00	652.40	8 884.60
1002	张万军	人力资源部	经理	7 500.00	600.00	153.00	37.50	—	—	790.50	750.00	1 540.50	5 959.50	140.95	5 818.55
1003	李斌	采购部	经理	7 500.00	600.00	153.00	37.50	—	—	790.50	750.00	1 540.50	5 959.50	140.95	5 818.55
1004	何明海	仓储部	经理	7 500.00	600.00	153.00	37.50	—	—	790.50	750.00	1 540.50	5 959.50	140.95	5 818.55
1005	钱坤	财务部	经理	7 500.00	600.00	153.00	37.50	—	—	790.50	750.00	1 540.50	5 959.50	140.95	5 818.55
1006	叶润中	生产计划部	经理	7 500.00	600.00	153.00	37.50	—	—	790.50	750.00	1 540.50	5 959.50	140.95	5 818.55
1007	杨笑笑	市场营销部	经理	7 500.00	600.00	153.00	37.50	—	—	790.50	750.00	1 540.50	5 959.50	140.95	5 818.55
1008	叶瑛	企业管理部	助理	5 500.00	440.00	113.00	27.50	—	—	580.50	550.00	1 130.50	4 369.50	26.09	4 343.41
1009	肖红	人力资源部	助理	5 500.00	440.00	113.00	27.50	—	—	580.50	550.00	1 130.50	4 369.50	26.09	4 343.41
1010	付海生	采购部	采购员	5 500.00	440.00	113.00	27.50	—	—	580.50	550.00	1 130.50	4 369.50	26.09	4 343.41
1011	王宝珠	仓储部	仓储员	5 500.00	440.00	113.00	27.50	—	—	580.50	550.00	1 130.50	4 369.50	26.09	4 343.41
1012	刘自强	财务部	成本会计	5 500.00	440.00	113.00	27.50	—	—	580.50	550.00	1 130.50	4 369.50	26.09	4 343.41
1013	朱中华	财务部	财务会计	5 500.00	440.00	113.00	27.50	—	—	580.50	550.00	1 130.50	4 369.50	26.09	4 343.41
1014	赵丹	财务部	出纳	5 500.00	440.00	113.00	27.50	—	—	580.50	550.00	1 130.50	4 369.50	26.09	4 343.41
1015	周群	生产计划部	生产计划员	5 500.00	440.00	113.00	27.50	—	—	580.50	550.00	1 130.50	4 369.50	26.09	4 343.41
1016	孙盛国	生产计划部	车间管理员	5 500.00	440.00	113.00	27.50	—	—	580.50	550.00	1 130.50	4 369.50	26.09	4 343.41
1017	马博	市场营销部	市场专员	4 500.00	360.00	93.00	22.50	—	—	475.50	450.00	925.50	3 574.50	2.24	3 572.26
1018	刘思羽	市场营销部	销售专员	4 500.00	360.00	93.00	22.50	—	—	475.50	450.00	925.50	3 574.50	2.24	3 572.26
1019	李良钊	机加车间	工人	3 600.00	288.00	75.00	18.00	—	—	381.00	360.00	741.00	2 859.00	0.00	2 859.00

续 表

工号	姓名	部门	岗位	基本工资	代扣款项目								应税工资	应扣个人所得税	实发金额
					养老保险8%	医疗保险2%+3	失业保险0.5%	工伤保险	生育保险	五险小计	住房公积金10%	五险一金小计			
1020	付玉芳	机加车间	工人	3 600.00	288.00	75.00	18.00	—	—	381.00	360.00	741.00	2 859.00	0.00	2 859.00
1021	张接义	机加车间	工人	3 600.00	288.00	75.00	18.00	—	—	381.00	360.00	741.00	2 859.00	0.00	2 859.00
1022	毕红	机加车间	工人	3 600.00	288.00	75.00	18.00	—	—	381.00	360.00	741.00	2 859.00	0.00	2 859.00
1023	吴淑敏	机加车间	工人	3 600.00	288.00	75.00	18.00	—	—	381.00	360.00	741.00	2 859.00	0.00	2 859.00
1024	毛龙生	机加车间	工人	3 600.00	288.00	75.00	18.00	—	—	381.00	360.00	741.00	2 859.00	0.00	2 859.00
1025	扈志明	机加车间	工人	3 600.00	288.00	75.00	18.00	—	—	381.00	360.00	741.00	2 859.00	0.00	2 859.00
1026	李龙吉	机加车间	工人	3 600.00	288.00	75.00	18.00	—	—	381.00	360.00	741.00	2 859.00	0.00	2 859.00
1027	吴官胜	机加车间	工人	3 600.00	288.00	75.00	18.00	—	—	381.00	360.00	741.00	2 859.00	0.00	2 859.00
1028	雷丹	机加车间	工人	3 600.00	288.00	75.00	18.00	—	—	381.00	360.00	741.00	2 859.00	0.00	2 859.00
1029	刘良生	机加车间	工人	3 600.00	288.00	75.00	18.00	—	—	381.00	360.00	741.00	2 859.00	0.00	2 859.00
1030	余俊美	机加车间	工人	3 600.00	288.00	75.00	18.00	—	—	381.00	360.00	741.00	2 859.00	0.00	2 859.00
1031	徐积福	机加车间	工人	3 600.00	288.00	75.00	18.00	—	—	381.00	360.00	741.00	2 859.00	0.00	2 859.00
1032	潘俊辉	机加车间	工人	3 600.00	288.00	75.00	18.00	—	—	381.00	360.00	741.00	2 859.00	0.00	2 859.00
1033	朱祥松	机加车间	工人	3 600.00	288.00	75.00	18.00	—	—	381.00	360.00	741.00	2 859.00	0.00	2 859.00
1034	刘文钦	机加车间	工人	3 600.00	288.00	75.00	18.00	—	—	381.00	360.00	741.00	2 859.00	0.00	2 859.00
1035	龚文辉	机加车间	工人	3 600.00	288.00	75.00	18.00	—	—	381.00	360.00	741.00	2 859.00	0.00	2 859.00
1036	王小强	机加车间	工人	3 600.00	288.00	75.00	18.00	—	—	381.00	360.00	741.00	2 859.00	0.00	2 859.00
1037	刘胜	组装车间	工人	3 600.00	288.00	75.00	18.00	—	—	381.00	360.00	741.00	2 859.00	0.00	2 859.00
1038	刘贞	组装车间	工人	3 600.00	288.00	75.00	18.00	—	—	381.00	360.00	741.00	2 859.00	0.00	2 859.00

续 表

工号	姓名	部门	岗位	基本工资	代扣款项目								应税工资	应扣个人所得税	实发金额
					养老保险8%	医疗保险2%+3	失业保险0.5%	工伤保险	生育保险	五险小计	住房公积金10%	五险一金小计			
1039	余永俊	组装车间	工人	3 600.00	288.00	75.00	18.00	—	—	381.00	360.00	741.00	2 859.00	0.00	2 859.00
1040	万能	组装车间	工人	3 600.00	288.00	75.00	18.00	—	—	381.00	360.00	741.00	2 859.00	0.00	2 859.00
1041	万俊俊	组装车间	工人	3 600.00	288.00	75.00	18.00	—	—	381.00	360.00	741.00	2 859.00	0.00	2 859.00
1042	张逸君	组装车间	工人	3 600.00	288.00	75.00	18.00	—	—	381.00	360.00	741.00	2 859.00	0.00	2 859.00
1043	言海根	组装车间	工人	3 600.00	288.00	75.00	18.00	—	—	381.00	360.00	741.00	2 859.00	0.00	2 859.00
1044	田勤	组装车间	工人	4 000.00	320.00	83.00	20.00	—	—	423.00	400.00	823.00	3 177.00	0.00	3 177.00
1045	肖鹏	组装车间	工人	4 000.00	320.00	83.00	20.00	—	—	423.00	400.00	823.00	3 177.00	0.00	3 177.00
1046	徐宏	组装车间	工人	4 000.00	320.00	83.00	20.00	—	—	423.00	400.00	823.00	3 177.00	0.00	3 177.00
1047	田军	组装车间	工人	4 000.00	320.00	83.00	20.00	—	—	423.00	400.00	823.00	3 177.00	0.00	3 177.00
1048	郑华珺	组装车间	工人	4 000.00	320.00	83.00	20.00	—	—	423.00	400.00	823.00	3 177.00	0.00	3 177.00
1049	洪梁	组装车间	工人	4 000.00	320.00	83.00	20.00	—	—	423.00	400.00	823.00	3 177.00	0.00	3 177.00
1050	冯奇	组装车间	工人	4 000.00	320.00	83.00	20.00	—	—	423.00	400.00	823.00	3 177.00	0.00	3 177.00
1051	黄聪	组装车间	工人	4 000.00	320.00	83.00	20.00	—	—	423.00	400.00	823.00	3 177.00	0.00	3 177.00
1052	薛萍	组装车间	工人	4 000.00	320.00	83.00	20.00	—	—	423.00	400.00	823.00	3 177.00	0.00	3 177.00
1053	张世平	组装车间	工人	4 000.00	320.00	83.00	20.00	—	—	423.00	400.00	823.00	3 177.00	0.00	3 177.00
1054	李小春	组装车间	工人	4 000.00	320.00	83.00	20.00	—	—	423.00	400.00	823.00	3 177.00	0.00	3 177.00
1055	蔡丽娟	组装车间	工人	4 000.00	320.00	83.00	20.00	—	—	423.00	400.00	823.00	3 177.00	0.00	3 177.00
1056	吴新祥	组装车间	工人	4 000.00	320.00	83.00	20.00	—	—	423.00	400.00	823.00	3 177.00	0.00	3 177.00
1057	胡首科	组装车间	工人	4 000.00	320.00	83.00	20.00	—	—	423.00	400.00	823.00	3 177.00	0.00	3 177.00
1058	邹建榕	组装车间	工人	4 000.00	320.00	83.00	20.00	—	—	423.00	400.00	823.00	3 177.00	0.00	3 177.00

4.2　2016年12月薪资部门汇总表

部门名称	部门人数	实发工资	代缴个人所得税	个人自缴福利		企业代缴福利		合　计
				社会保险	住房公积金	社会保险	住房公积金	
企业管理部	2	13 228.01	678.49	1 843.50	1 750.00	5 740.00	1 750.00	24 990.00
人力资源部	2	10 161.96	167.04	1 371.00	1 300.00	4 264.00	1 300.00	18 564.00
采购部	2	10 161.96	167.04	1 371.00	1 300.00	4 264.00	1 300.00	18 564.00
仓储部	2	10 161.96	167.04	1 371.00	1 300.00	4 264.00	1 300.00	18 564.00
财务部	4	18 848.78	219.22	2 532.00	2 400.00	7 872.00	2 400.00	34 272.00
市场营销部	3	12 963.07	145.43	1 741.50	1 650.00	5 412.00	1 650.00	23 562.00
生产计划部	3	14 505.37	193.13	1 951.50	1 850.00	6 068.00	1 850.00	26 418.00
机加车间	20	57 180.00	—	7 620.00	7 200.00	23 616.00	7 200.00	102 816.00
组装车间	20	61 950.00	—	8 250.00	7 800.00	25 584.00	7 800.00	111 384.00
总　计		209 161.11	1 737.39	28 051.50	26 550.00	87 084.00	26 550.00	379 134.00

5. 人力资源部岗位职责

5.1　人力资源经理岗位职责

(1) 建立、健全公司人力资源管理制度。

(2) 制订招聘计划、培训计划,组织技能考核鉴定和培训实施。

(3) 人力资源支出预算的编制,成本控制。

(4) 负责组织公司人员招聘活动。

(5) 人事材料及报表的检查、监督。

(6) 组织制定公司考核制度,定期进行员工考核。

(7) 负责公司全员薪资核算与发放。

(8) 建立人力资源管理信息系统,为公司的人力资源管理决策提供参考。

(9) 部门内组织、管理、协调工作。

5.2　人力资源助理岗位职责

(1) 招聘渠道的管理与维护,发布招聘信息。

(2) 筛选应聘简历,预约,安排面试,跟进面试流程。

(3) 员工档案管理、劳动合同的管理。

(4) 招聘和培训的组织和实际开展。

(5) 人事政策和管理制度的执行和贯彻。

(6) 负责人事信息的实时更新与维护。

(7) 负责公司员工考勤管理及汇总整理。

(8) 办理社会保险、住房公积金缴纳等相关手续。

(9) 协助上级做好人力资源各模块日常性事务工作。

(10) 负责协助经理做好部门内其他工作。

2.1.6　生产计划部指导手册

1. 生产计划部部门情况说明

生产计划部目前有生产计划经理，生产计划员和车间管理员三个工作人员。

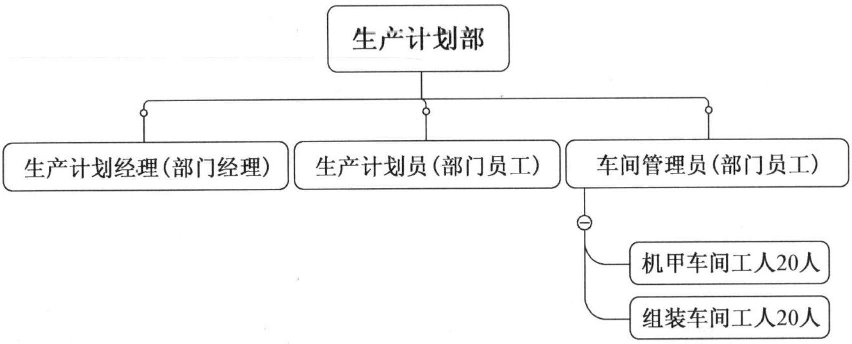

2. 生产计划部岗位职责说明

生产计划部是企业的重要业务部门，主要负责有效组织生产资源，实现产品高效优质生产。

3. 生产计划部生产规则说明

生产计划部需要通过配置“厂房”+“生产设备”+“车间工人”+“材料”的方式，保证生产的正常进行。

3.1　厂房规则

厂房类型	使用年限（年）	厂房面积（平方米）	厂房容积（立方米）	容　量	售价（万元）	期初数量
小厂房	20	800	4 800	12 台机床位	480	
大厂房	20	1 000	6 000	20 台机床位	720	

3.2　生产设备规则

生产设备名称	生产设备类型	购置费（万）	使用年限	生产能力（台/虚拟 1 天）			占用机床位
				经　济	舒　适	豪　华	
普通机床	机床	21	10	500	500	0	1
数控机床	机床	81	10	3 000	3 000	3 000	2
组装流水线	生产线	51	10	7 000	7 000	6 000	4

3.3　工人规则

设　备	人员级别	要求人员配置数量
普通机床	初级生产工人	2
数控机床	高级生产工人	2
组装流水线	初级生产工人	5
	中级生产工人	15

人员类别	月基本工资
总经理	12 000 元/月
部门经理	7 500 元/月
职能管理人员	5 500 元/月
营销部员工	4 500 元/月
初级/中级/高级生产工人	3 600 元/月、4 000 元/月、4 600 元/月

3.4 原料规则

存货编码	存货名称	仓 位	存货占用存储单位	规 格	来 源
B0001	钢管	A01	2	Φ外 16/Φ内 11/L5000(mm)	外购原材料
B0002	镀锌管	A02	2	Φ外 16/Φ内 11/L5000(mm)	外购原材料
B0003	坐垫	A03	4	HJM500	外购原材料
B0004	记忆太空棉坐垫	A04	4	HJM600	外购原材料
B0005	车篷	A05	2	HJ72×32×40	外购原材料
B0006	车轮	A06	1	HJΦ外 125/Φ内 60 mm	外购原材料
B0008	数控芯片	A07	1	MCX3154A	外购原材料
B0007	经济型童车包装套件	A08	2	HJTB100	外购原材料
B0009	舒适型童车包装套件	A09	2	HJTB200	外购原材料
B0010	豪华型童车包装套件	A10	2	HJTB300	外购原材料

3.5 工艺规则

P0001——经济型童车

工 序	部 门	工序描述	工作中心	加工工时
10	生产计划部—机加车间	经济型童车架加工	普通(或数控)机床	虚拟 1 天
20	生产计划部—组装车间	经济型童车组装	组装生产线	虚拟 1 天

P0002——舒适型童车

工 序	部 门	工序描述	工作中心	加工工时
10	生产计划部—机加车间	舒适型童车架加工	普通(或数控)机床	虚拟 1 天
20	生产计划部—组装车间	舒适型童车组装	组装生产线	虚拟 1 天

P0003——豪华型童车

工 序	部 门	工序描述	工作中心	加工工时
10	生产计划部—机加车间	豪华型童车架加工	数控机床	虚拟 1 天
20	生产计划部—组装车间	豪华型童车组装	组装生产线	虚拟 1 天

3.6　研发规则

制造业初始默认的生产许可为经济型童车，随着企业运营提高，需要生产舒适型或豪华型童车，企业需要在服务公司购置相应的生产技术成果，代表企业已完成新产品的研发，可以立即开工生产。

许可证类型	价格(元)
舒适型	1 000 000
豪华型	1 500 000

3.7　ISO 规则

制造业进行生产前，首先需要进行 ISO 9000 的资质认证，制造业生产计划部需要前往服务公司办理本企业的 ISO 9000 资质认证的业务，具体费用为 50 000 元，认证一次即可，无须重复认证。

3.8　3C 规则

制造业进行销售出库前，首先进行 3C 的资质认证，初始默认拥有的生产许可为经济型童车，制造业生产计划部需要前往服务公司办理相应产品的 3C 认证，具体费用为 22 000 元，认证一次即可。

产　品	CCC 认证费用(元)
经济型童车	22 000
舒适型童车	22 000
豪华型童车	22 000

4. 生产计划部工作交接情况说明

在工作交接阶段，制造企业拥有 1 个大厂房＋11 条设备＋40 个车间工人＋若干存货。

工作交接阶段，生产计划部拥有一个大厂房，具体情况如下：

资产编号	资产名称	使用部门	使用状态	使用年限(月)	开始使用日期	已计提月份	资产原值	残　值	累计折旧	月折旧额	资产净值	折旧科目
0100003	大厂房	生产计划部	在用	240	2015.09.15	15	7 200 000.00	360 000.00	427 500.00	28 500.00	6 772 500.00	制造费用

工作交接阶段，生产计划部拥有一个11条设备，具体情况如下：

资产编号	资产名称	使用部门	使用状态	使用年限（月）	开始使用日期	已计提月份	资产原值	残 值	累计折旧	月折旧额	资产净值	折旧科目
0200001	普通机床（机加生产线）	生产计划部	在用	120	2015.09.15	15	210 000.00		26 250.00	1 750.00	183 750.00	制造费用—机加
0200002	普通机床（机加生产线）	生产计划部	在用	120	2015.09.15	15	210 000.00		26 250.00	1 750.00	183 750.00	制造费用—机加
0200003	普通机床（机加生产线）	生产计划部	在用	120	2015.09.15	15	210 000.00		26 250.00	1 750.00	183 750.00	制造费用—机加
0200004	普通机床（机加生产线）	生产计划部	在用	120	2015.09.15	15	210 000.00		26 250.00	1 750.00	183 750.00	制造费用—机加
0200005	普通机床（机加生产线）	生产计划部	在用	120	2015.09.15	15	210 000.00		26 250.00	1 750.00	183 750.00	制造费用—机加
0200006	普通机床（机加生产线）	生产计划部	在用	120	2015.09.15	15	210 000.00		26 250.00	1 750.00	183 750.00	制造费用—机加
0200007	普通机床（机加生产线）	生产计划部	在用	120	2015.09.15	15	210 000.00		26 250.00	1 750.00	183 750.00	制造费用—机加
0200008	普通机床（机加生产线）	生产计划部	在用	120	2015.09.15	15	210 000.00		26 250.00	1 750.00	183 750.00	制造费用—机加
0200009	普通机床（机加生产线）	生产计划部	在用	120	2015.09.15	15	210 000.00		26 250.00	1 750.00	183 750.00	制造费用—机加
0200010	普通机床（机加生产线）	生产计划部	在用	120	2015.09.15	15	210 000.00		26 250.00	1 750.00	183 750.00	制造费用—机加
0200011	组装生产线	生产计划部	在用	120	2015.09.15	15	510 000.00		63 750.00	4 250.00	446 250.00	制造费用—组装

工作交接阶段，生产计划部拥有 40 名车间工人，具体情况如下：

工　号	姓　名	部　门	岗　位	基本工资
1019	李良钊	机加车间	初级工人	3 600.00
1020	付玉芳	机加车间	初级工人	3 600.00
1021	张接义	机加车间	初级工人	3 600.00
1022	毕红	机加车间	初级工人	3 600.00
1023	吴淑敏	机加车间	初级工人	3 600.00
1024	毛龙生	机加车间	初级工人	3 600.00
1025	扈志明	机加车间	初级工人	3 600.00
1026	李龙吉	机加车间	初级工人	3 600.00
1027	吴官胜	机加车间	初级工人	3 600.00
1028	雷丹	机加车间	初级工人	3 600.00
1029	刘良生	机加车间	初级工人	3 600.00
1030	余俊美	机加车间	初级工人	3 600.00
1031	徐积福	机加车间	初级工人	3 600.00
1032	潘俊辉	机加车间	初级工人	3 600.00
1033	朱祥松	机加车间	初级工人	3 600.00
1034	刘文钦	机加车间	初级工人	3 600.00
1035	龚文辉	机加车间	初级工人	3 600.00
1036	王小强	机加车间	初级工人	3 600.00
1037	刘胜	机加车间	初级工人	3 600.00
1038	刘贞	机加车间	初级工人	3 600.00
1039	余永俊	组装车间	初级工人	3 600.00
1040	万能	组装车间	初级工人	3 600.00
1041	万俊俊	组装车间	初级工人	3 600.00
1042	张逸君	组装车间	初级工人	3 600.00
1043	言海根	组装车间	初级工人	3 600.00
1044	田勤	组装车间	中级工人	4 000.00
1045	肖鹏	组装车间	中级工人	4 000.00
1046	徐宏	组装车间	中级工人	4 000.00
1047	田军	组装车间	中级工人	4 000.00
1048	郑华珺	组装车间	中级工人	4 000.00

续　表

工　号	姓　名	部　门	岗　位	基本工资
1049	洪梁	组装车间	中级工人	4 000.00
1050	冯奇	组装车间	中级工人	4 000.00
1051	黄聪	组装车间	中级工人	4 000.00
1052	薛萍	组装车间	中级工人	4 000.00
1053	张世平	组装车间	中级工人	4 000.00
1054	李小春	组装车间	中级工人	4 000.00
1055	蔡丽娟	组装车间	中级工人	4 000.00
1056	吴新祥	组装车间	中级工人	4 000.00
1057	胡首科	组装车间	中级工人	4 000.00
1058	邹建榕	组装车间	中级工人	4 000.00

工作交接阶段，仓储部拥有若干存货，具体情况如下：

存货编码	存货类型	存货名称	期初库存量	单　价	占用存储空间	期初金额
B0001	原材料	钢管	10 800.00	105.20	21 600	1 136 160.00
B0002	原材料	镀锌管	—	—	—	—
B0003	原材料	坐垫	5 400.00	80.18	21 600	432 972.00
B0004	原材料	记忆太空棉坐垫	—	—	—	—
B0005	原材料	车篷	5 400.00	144.26	10 800	779 004.00
B0006	原材料	车轮	21 600.00	26.89	5 400	580 824.00
B0007	原材料	经济型童车包装套件	5 400.00	90.16	10 800	486 864.00
B0008	原材料	数控芯片	—	—	—	—
B0009	原材料	舒适型童车包装套件	—	—	—	—
B0010	原材料	豪华型童车包装套件	—	—	—	—
M0001	半成品	经济型童车车架	5 400.00	346.24	54 000	1 869 696.00
M0002	半成品	舒适型童车车架	—	—	—	—
M0003	半成品	豪华型童车车架	—	—	—	—
P0001	产成品	经济型童车	5 400.00	756.82	54 000	4 086 828.00
P0002	产成品	舒适型童车	—	—	—	—
P0003	产成品	豪华型童车	—	—	—	—

5. 产品 BOM 表情况说明

物料清单(Bill of Material，BOM)，是指用图示表达的产品结构转化成某种数据格式，这种以数据格式来描述产品结构的文件就是物料清单，即 BOM。它是定义产品结构的技术文件，因此，它又称为产品结构表或产品结构树。在某些工业领域，可能称其为“配方”、“要素表”或其他名称。

5.1　经济型童车产品结构图

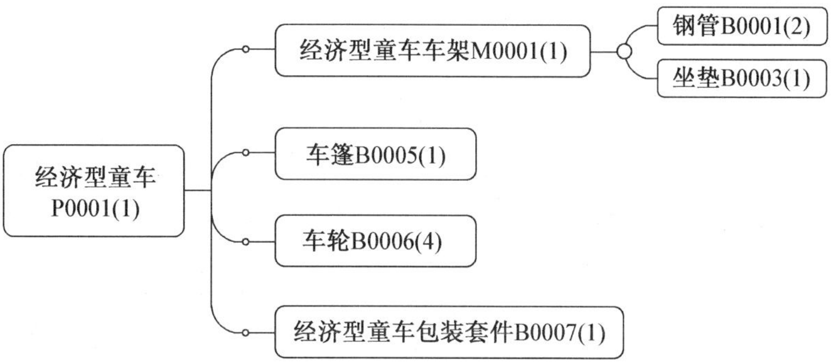

物料名称	父项物料	物料编码	规格型号	单位	用量	(相对制造企业)备注
经济型童车		P0001	无	辆	1	组装车间生产
经济型童车车架	P0001	M0001	无	个	1	机甲车间生产
车篷	P0001	B0005	HJ72×32×40	个	1	外购原材料
车轮	P0001	B0006	HJΦ外 125/Φ内 60mm	个	4	外购原材料
经济型童车包装套件	P0001	B0007	HJTB100	套	1	外购原材料
钢管	M0001	B0001	Φ外 16/Φ内 11/L5000(mm)	根	2	外购原材料
坐垫	M0001	B0003	HJM500	个	1	外购原材料

5.2　舒适型童车产品结构图

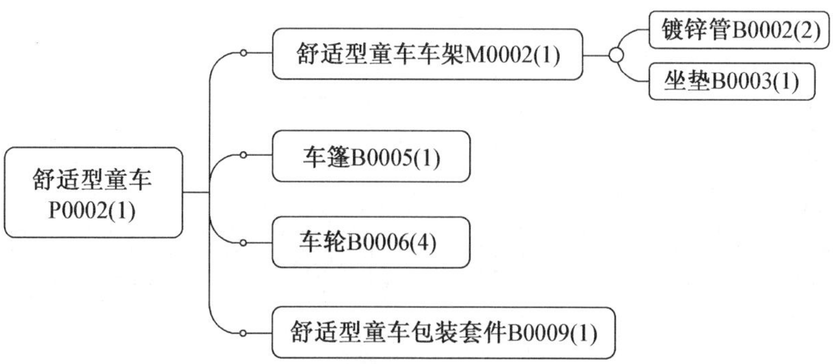

物料名称	父项物料	物料编码	规格型号	单位	用量	(相对制造企业)备注
舒适型童车		P0002		辆	1	组装车间生产
舒适型童车车架	P0002	M0002		个	1	机甲车间生产
车篷	P0002	B0005	HJ72×32×40	个	1	外购原材料
车轮	P0002	B0006	HJΦ外125/Φ内60 mm	个	4	外购原材料
舒适型童车包装套件	P0002	B0009	HJTB200	套	1	外购原材料
镀锌管	M0002	B0002	Φ外16/Φ内11/L5000(mm)	根	2	外购原材料
坐垫	M0002	B0003	HJM500	个	1	外购原材料

5.3　豪华型童车产品结构图

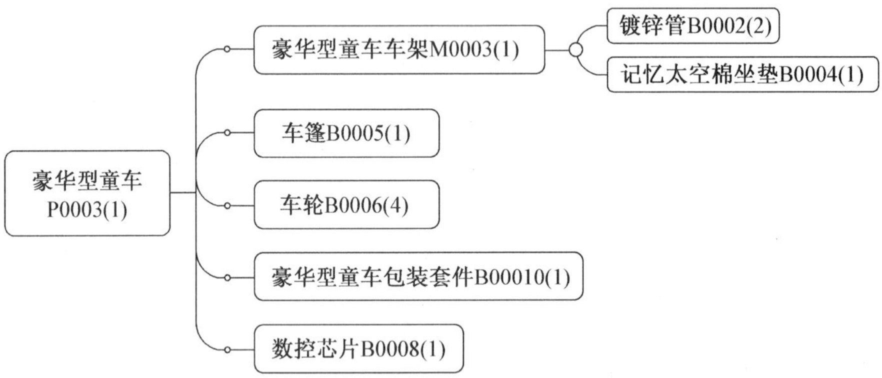

物料名称	父项物料	物料编码	规格型号	单位	用量	(相对制造企业)备注
豪华型童车		P0003		辆	1	组装车间生产
豪华型童车车架	P0003	M0003		个	1	机甲车间生产
车篷	P0003	B0005	HJ72×32×40	个	1	外购原材料
车轮	P0003	B0006	HJΦ外125/Φ内60 mm	个	4	外购原材料
数控芯片	P0003	B0008	MCX3154A	片	1	外购原材料
豪华型童车包装套件	P0003	B0010	HJTB300	套	1	外购原材料
镀锌管	M0003	B0002	Φ外16/Φ内11/L5000(mm)	根	2	外购原材料
记忆太空棉坐垫	M0003	B0004	HJM600	个	1	外购原材料

6. 生产计划部岗位职责

6.1　生产计划经理岗位职责

(1) 组织编制生产管理等方面的规章制度。

(2) 监督、检查和指导规章制度的执行,确保生产活动有序进行。

(3) 组织、协调、监督下属各职能部门和生产车间的生产活动。
(4) 定期组织召开生产调度会等生产会议，研究解决生产过程中遇到的问题。
(5) 对所辖部门发生的费用进行严格控制，制定费用控制与审批流程。
(6) 向下属部门下达各项费用的控制标准，并监督检查其执行情况。
(7) 定期对安全生产情况进行检查、监督，制定和落实安全生产防范措施。
(8) 排除生产中出现的安全隐患，妥善处理生产中的重大事故。
(9) 审批各有关职能部门和生产单位新增设备购置计划等流程。
(10) 安排生产设备的维修、保养工作，确保企业生产任务的顺利完成。
(11) 依据企业历年销售情况，编制部门预算计划。
(12) 全面组织、协调生产车间的原材料、物料供应工作。
(13) 负责指导、管理、监督分管部门的业务工作，不断提高工作效率和工作质量。
(14) 做好下属人员的培训、考核和奖惩工作，最大限度地调动员工的积极性。
(15) 依据生产加工计划对车间生产人员进行派工，并跟踪派工的执行情况。

6.2　生产计划员岗位职责

(1) 根据企业市场预测组织制订生产规划。
(2) 根据生产规划和销售订单组织编制主生产计划。
(3) 合理调配人力、物力，调整生产布局和生产负荷，提高生产效率。
(4) 根据市场预测、生效的主生产计划，制定出生产规划。
(5) 根据生产能力规划，产能标准，提出设备、人员需求。
(6) 确定产品总需求量，实际需求量，进行 MRP(物料需求计划)展算。
(7) 确定生产加工计划及物料净需求计划，并提交给各相关岗位。

6.3　车间管理员岗位职责

(1) 负责车间内原辅材料的领取、退库。
(2) 根据生产作业计划核对物料的需求，负责所需物料的跟催工作。
(3) 对生产中物料的使用情况及不良品进行控制。
(4) 对车间内产成品的缴库情况进行管理。
(5) 协调、督促生产车间零部件、各工序产成品的流转事宜。
(6) 监督、检查车间各项工作，做好生产任务和车间各项工作检查。
(7) 记录班组内员工工时，准确核算员工的绩效工资。
(8) 配合人力资源部做好车间员工考勤及工资核算等事宜。
(9) 实时记录员工的产量，做好车间生产产量的统计工作。
(10) 每天按时收集、填报各车间的生产报表。
(11) 负责协调与相关部门的关系。
(12) 及时与上级领导沟通，汇报车间生产情况。
(13) 完成领导交办的其他任务总经理岗位职责。

2.1.7 营销部指导手册

1. 营销部门情况说明

营销部目前有营销经理,市场专员和销售专员三个工作人员。

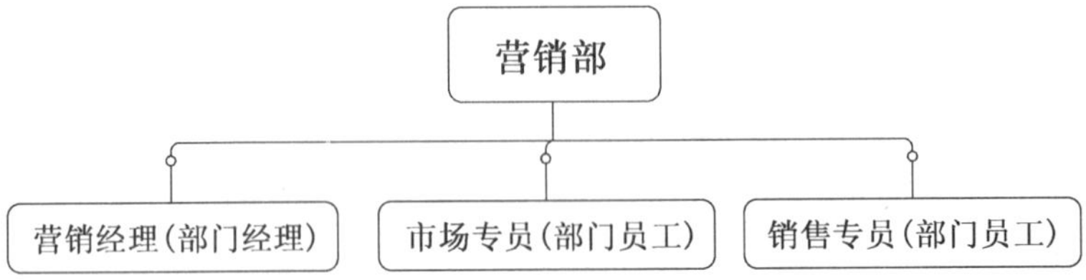

2. 营销部岗位职责说明

营销部是企业的重要业务部门,企业的利润来自于销售收入,销售实现是企业生存和发展的关键,因此营销工作的成功与否直接决定企业的成败。营销部兼顾了两大职能,一个职能是销售,一个职能是市场。

3. 营销部规则说明

营销部的销售的产成品需要存储在普通仓库当中,仓库需要进行租用,普通仓库的情况如下:

仓库类型	使用年限(年)	仓库面积(平方米)	仓库容积(立方米)	仓库总存储单位	售价(万元)
普通仓库	20	500	3 000	300 000	540

产成品的物料种类如下:

产成品:

存货编码	存货名称	仓 位	存货占用存储单位	规 格	来 源
P0001	经济型童车	C01	10	无	组装车间生产
P0002	舒适型童车	C02	10	无	组装车间生产
P0003	豪华型童车	C03	10	无	组装车间生产

3.1 销售规则

制造业销售童车给经销商、国际贸易类型企业,不得销售给其他类型企业,须与经销商类型企业签订并在系统中录入订单相关信息,订单相关信息作为系统中发货、结算的依据。

制造业还可以参与招投标公司的招投标业务,中标后可以进行销售、发货、开发票、收款等业务活动。

制造业销售童车给华中地区的虚拟经销商。销售之前,需要完成市场开拓,然后再广告投放。

3.2 市场开拓规则

制造业进行生产销售前,要首先进行市场开拓。制造业市场专员需要前往服务公司办理市场开拓的业务，首先开拓中部市场，具体费用为 531 000 元。

制造业可以通过委托服务公司进行华中地区市场开拓，开拓后投入广告费，投入广告费后，依据得分由高到低依次选择华中地区的市场订单。

4. 营销部工作交接情况说明

营销部需要了解企业仓储部现有的产成品库存情况，根据现有的产成品库存以及市场需求制订合理的销售计划。

仓储部在工作交接时拥有一座普通仓库，具体情况如下：

资产编号	资产名称	使用部门	使用状态	使用年限（月）	开始使用日期	已计提月份	资产原值	残　值	累计折旧	月折旧额	资产净值	折旧科目
0100002	普通仓库	仓储部	在用	240	2015.09.15	16	5 400 000.00	270 000.00	342 000.00	21 375.00	5 058 000.00	管理费用

仓储部在工作交接时拥有一定数量的原材料、半成品和产成品在仓库，具体情况如下：

存货编码	存货类型	存货名称	期初库存量	单　价	占用存储空间	期初金额
B0001	原材料	钢管	10 800.00	105.20	21 600	1 136 160.00
B0002	原材料	镀锌管	—	—	—	—
B0003	原材料	坐垫	5 400.00	80.18	21 600	432 972.00
B0004	原材料	记忆太空棉坐垫	—	—	—	—
B0005	原材料	车篷	5 400.00	144.26	10 800	779 004.00
B0006	原材料	车轮	21 600.00	26.89	5 400	580 824.00
B0007	原材料	经济型童车包装套件	5 400.00	90.16	10 800	486 864.00
B0008	原材料	数控芯片	—	—	—	—
B0009	原材料	舒适型童车包装套件	—	—	—	—
B0010	原材料	豪华型童车包装套件	—	—	—	—
M0001	半成品	经济型童车车架	5 400.00	346.24	54 000	1 869 696.00
M0002	半成品	舒适型童车车架	—	—	—	—
M0003	半成品	豪华型童车车架	—	—	—	—
P0001	产成品	经济型童车	5 400.00	756.82	54 000	4 086 828.00
P0002	产成品	舒适型童车	—	—	—	—
P0003	产成品	豪华型童车	—	—	—	—

5. 商贸企业(经销商)信息

序号	企业法定中文名称	简称	办公电话	邮政编码	注册资金	企业注册登记日期	企业法定代表人	企业注册地址	企业法人营业执照注册号	开户银行	银行账号
1	旭日商贸有限公司	旭日	010-68500412	100094	4 500 000	2015/1/4	李峰	北清路5号	100108554831327	中国工商银行	0100229999000099011
2	华晨商贸有限公司	华晨	021-68500412	100084	4 500 000	2015/1/4	王强	沙静南路671号	110108753990101	中国工商银行	0100229999000099012
3	仁和商贸有限公司	仁和	020-63470422	100086	4 500 000	2015/1/4	董浩	安杰北街18号	110108554831245	中国工商银行	0100229999000099013
4	天府商贸有限公司	天府	028-62500478	100080	4 500 000	2015/1/4	康庄	丰豪中街55号	110108120101673	中国工商银行	0100229999000099014
5	湖北强盛商贸有限公司(中部)		027-84859011	430090	1 000 000	2015/1/4		武汉市汉南区纱帽街汉南大道12号	420113000028713	中国工商银行	4563512600681022353
6	湖北静洁商贸有限公司(中部)		027-84852312	430120	1 000 000	2015/1/4		武汉市星源大道19号	420113000028193	中国工商银行	4563512600681022354
7	五洲进出口有限公司	五洲	010-62500478	101060	20 000 000	2015/1/4	郭容	广顺北街38号	110108120101688	中国工商银行	0100229999000099021

6. 物流信息

序号	企业法定中文名称	简称	办公电话	邮政编码	注册资金	企业注册登记日期	企业法定代表人	企业注册地址	企业法人营业执照注册号	开户银行	银行账号
1	隆飞物流有限公司	隆飞	027-64667658	100106	6 000 000	2015/1/4	李靖	卓尔大街38号	100108231234856	中国工商银行	0100229999000099019

物流运输只针对工贸企业与制造业间的购销业务、制造业与经销商间的购销业务，其他类型组织的物流运输不走物流公司；

物流费用的支付由购货方支付；

物流费为货值货款金额的5%。

7. 招投标信息

序号	企业法定中文名称	简称	办公电话	邮政编码	注册资金	企业注册登记日期	企业法定代表人	企业注册地址	企业法人营业执照注册号	开户银行	银行账号
1	新华招投标有限公司	新华	010 64212236	100144	20 000 000	2015/1/4	孙建	上地路32号建银大厦2层	110108120101123	中国工商银行	0100229999000099023

8. 营销部岗位职责

8.1　营销经理岗位职

(1) 根据公司发展战略和总体目标，负责制定企业营销总体规划并组织实施。

(2) 负责制订本部门业务计划并监督执行。

(3) 负责营销经费的预算和控制。

(4) 负责营销方案审核、批准与监督执行。

(5) 负责营销管理制度的拟定、实施与改善。

(6) 负责对本部门员工绩效结果进行评定。

(7) 负责本部门年度经营分析。

(8) 负责本部门员工的培训工作。

(9) 负责本部门员工队伍建设工作。

(10) 公司总经理交办的其他工作。

8.2　市场专员岗位职责

(1) 负责公司业务相关市场信息的收集与分析，为公司决策及业务拓展提供支持。

(2) 根据市场调研与分析的结果，对公司的产品销售进行预测。

(3) 根据市场调研与分析的结果，进行新市场开发。

(4) 根据市场调研与分析的结果，制订公司新产品开发计划。

(5) 负责公司广告方案的策划与实施，负责编制公司广告预算。

(6) 负责公司其他促销活动方案的策划与实施，负责编制公司促销活动预算。

(7) 部门经理安排的其他工作。

8.3　销售专员岗位职责

(1) 负责搜集寻找潜在客户，开发新客户，拓展与老客户的业务，建立和维护客户档案。

(2) 负责制订销售工作计划，并按计划拜访客户。

(3) 负责与客户进行产品销售沟通与商务谈判。

(4) 负责销售合同的签订工作。

(5) 负责销售合同的履行与管理等相关工作，包括及时组织货源、发货与货款回收等。

(6) 负责公司客户关系维护工作。

(7) 负责公司产品临时项目投标工作。

(8) 部门经理安排的其他工作。

2.2 工贸企业(供应商)

1. 工贸企业(供应商)部门情况说明

工贸企业(供应商)目前共有总经理(企管部)、行政经理(企管部)、业务经理(业务部)、财务经理(财务部),共计四个工作人员。

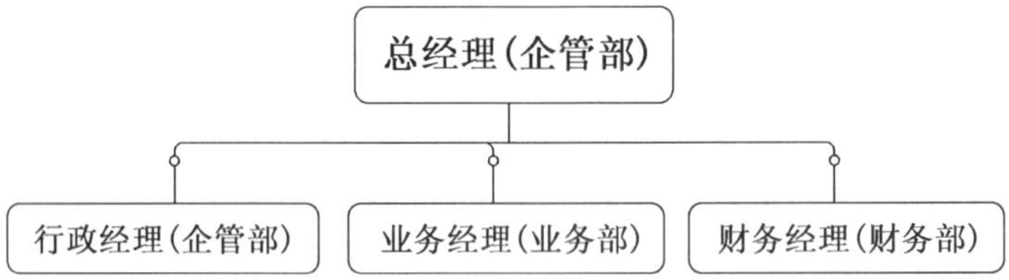

2. 工贸企业(供应商)相关规则说明

2.1 销售规则

工贸企业(供应商)将商品销售给制造企业,双方进行合同洽谈,并签订纸质合同,制造企业在VBSE系统中提交订单后,工贸企业(供应商)进行确认作为后续交易依据。如出现延期交货,按双方合同中的约定进行处理,如出现争议,提交工商局进行调解或处罚。

2.2 采购规则

工贸企业(供应商)可从系统中虚拟供应商选择采购的商品品种及数量。工贸企业采购的商品如下表所示。

商品编码	商品名称	规　格	计量单位	商品属性
B0001	钢管	Φ外16/Φ内11/L5 000(mm)	根	外购
B0002	镀锌管	Φ外16/Φ内11/L5 000(mm)	根	外购
B0003	坐垫	HJM500	个	外购
B0004	记忆太空棉坐垫	HJM0031	个	外购
B0005	车篷	HJ72×32×40	个	外购
B0006	车轮	HJΦ外125/Φ内60 mm	个	外购
B0007	经济型童车包装套件	HJTB100	套	外购
B0008	数控芯片	MCX3154A	片	外购
B0009	舒适型童车包装套件	HJTB200	套	外购
B0010	豪华型童车包装套件	HJTB300	套	外购

商品从销货方送达购货方时会发生相应的运输费用,运输费用为采购订单金额的5%,运费结算依据与物流公司的运单金额为准。

2.3 仓储规则

商贸企业(经销商)现有一座仓库,用来存放各种采购来的商品。

仓库名称	仓库编码	可存放物资
普通仓库	A库	钢管、坐垫、车篷、车轮、包装套件、镀锌管、记忆太空棉坐垫、数控芯片、舒适型童车包装套件、豪华型童车包装套件

2.4　财务规则

财务业务规则主要包括会计核算制度、会计管理制度、账簿设置与会计核算程序等方面的主要规则，各公司必须按照本规则的各项规定组织会计核算，进行会计管理。

2.5　税务规则

商贸企业（经销商）从事生产经营活动，涉及国家或地方多个税种，包括企业所得税、增值税、城建税、教育费及附加、个人所得税。

2.5.1　税种类型

按照国家税法规定的税率和起征金额进行税额的计算，企业所得税按照利润总额的25%缴纳，增值税税率为17%，城建税为增值税税额的7%，教育费附加为增值税税额的3%。个人所得税按照7级累进税率，起征点为月收入3 500元。

2.5.2　日常纳税申报及缴纳税款

在税收征收期内，按照生产制造公司的经营情况，填制各税申报表，携带相关会计报表，到税务部门办理纳税申报业务，得到税务部门开出的税收缴款书，并到银行缴纳税款。依据税务部门规定，每月月初进行上月的纳税申报及缴纳。如遇特殊情况，可以向税务部门申请延期纳税申报。

2.6　会计核算规则

商贸企业（经销商）可以采用现金结算、转账结算和电子银行三种方式。原则上，日常经济活动，低于2 000元的可以使用现金，超过2 000元的一般使用转账支票和电子银行结算，结算货款、代扣代缴各种税费通过电子银行结算，其他业务可以使用转账支票结算。

银行支票分为现金支票和转账支票。现金支票用于提取现金，转账支票用于同一票据交换区内的结算。异地付款一般采用电子银行结算方式。

2.7　物流运输规则

物流运输只针对工贸企业与制造业间的购销业务、制造业与经销商间的购销业务，其他类型组织的物流运输不走物流公司；

物流费用的支付由购货方支付；

物流费为货值货款金额的5%。

2.8　人力规则

2.8.1　基本工资标准

人员类别	月基本工资
总经理	12 000.00/月
部门经理	7 500.00/月

2.8.2　五险一金规则

五险一金按照月基本工资进行相应比例的缴纳。

分　类	养　老	失　业	工　伤	生　育	医　疗		住房公积金
					基本医疗	大额互助	
单位	20%	1.5%	0.5%	0.8%	9%	1%	10%
个人	8%	0.5%	0	0	2%	3元	10%

2.8.3 个人所得税规则

个人所得税按照相应的比例缴纳。

人所得税计算采用2011年9月1日起开始执行的7级超额累进税率。

个人所得税计算方式为:

个人所得税=全月应纳税所得额×税率−速算扣除数

全月应纳税所得额=应税工资−3 500

工资、薪金所得适用个人所得税税率			
级　数	全月应纳税所得额	税率%	速算扣除数(元)
1	不超过1 500元	3	0
2	超过1 500元至4 500元	10	105
3	超过4 500元至9 000元	20	555
4	超过9 000元至35 000元	25	1 005
5	超过35 000元至55 000元	30	2 755
6	超过55 000元至80 000元	35	5 505
7	超过80 000元	45	13 505

2.8.4 个人工资计算

应税工资=基本工资−个人缴纳五险一金合计

企业支出(财务记账)=基本工资+企业缴纳五险一金合计

个人所得税=全月应纳税所得额×税率−速算扣除数

全月应纳税所得额=应税工资−3 500

实发工资=基本工资−个人缴纳五险一金合计−个人所得税

2.8.5 个人缴纳五险一金计算

工号	姓名	部门	岗位	基本工资	个人缴纳五险一金							
					养老保险 8%	医疗保险 2%+3	失业保险 0.5%	工伤保险	生育保险	五险小计	住房公积金 10%	五险一金小计
1	赵金金	企业管理部	总经理	12 000.00	960.00	243.00	60.00	—	—	1 263.00	1 200.00	2 463.00
2	孙灿	企业管理部	行政经理	7 500.00	600.00	153.00	37.50	—	—	790.50	750.00	1 540.50
3	李鑫	业务部	业务经理	7 500.00	600.00	153.00	37.50	—	—	790.50	750.00	1 540.50
4	吴迪	财务部	财务经理	7 500.00	600.00	153.00	37.50	—	—	790.50	750.00	1 540.50

2.8.6　企业缴纳五险一金计算

工号	姓名	部门	岗位	基本工资	企业缴纳五险一金							
					养老保险 20%	医疗保险 10%	失业保险 1.5%	工伤保险 0.5%	生育保险 0.8%	五险小计	住房公积金 10%	五险一金小计
1	赵金金	企业管理部	总经理	12 000.00	2 400.00	1 200.00	180.00	60.00	96.00	3 936.00	1 200.00	5 136.00
2	孙灿	企业管理部	行政经理	7 500.00	1 500.00	750.00	112.50	37.50	60.00	2 460.00	750.00	3 210.00
3	李鑫	业务部	业务经理	7 500.00	1 500.00	750.00	112.50	37.50	60.00	2 460.00	750.00	3 210.00
4	吴迪	财务部	财务经理	7 500.00	1 500.00	750.00	112.50	37.50	60.00	2 460.00	750.00	3 210.00

2.8.7　个人所得税及实发工资计算

工号	姓名	部门	岗位	基本工资	代扣款项	应税工资	应扣个人所得税	实发工资
					五险一金小计			
1	赵金金	企业管理部	总经理	12 000.00	2 463.00	9 537.00	652.40	8 884.60
2	孙灿	企业管理部	行政经理	7 500.00	1 540.50	5 959.50	140.95	5 818.55
3	李鑫	业务部	业务经理	7 500.00	1 540.50	5 959.50	140.95	5 818.55
4	吴迪	财务部	财务经理	7 500.00	1 540.50	5 959.50	140.95	5 818.55

2.8.8　以赵金金为例计算相关费用

应税工资＝基本工资－个人缴纳五险一金合计

＝12 000－2 463＝9 537(元)

企业支出(财务记账)＝基本工资＋企业缴纳五险一金合计

＝12 000＋5 136＝17 136(元)

个人所得税＝全月应纳税所得额×税率－速算扣除数

＝6 037×20%－555＝652.4(元)

全月应纳税所得额＝应税工资－3 500

＝9 537－3 500＝6 037(元)

实发工资＝基本工资－个人缴纳五险一金合计－个人所得税

＝12 000＝2 463－652.4＝8 884.6(元)

3. 商贸企业(经销商)工作交接情况说明

3.1 行政经理(企管部)固定资产相关信息

资产编号	资产名称	使用部门	使用状态	使用年限(月)	开始使用日期	已计提月份	资产原值	残值	累计折旧	月折旧额	资产净值	折旧科目
0100001	办公大楼	企管部	在用	240	2015.09.15	15	9 000 000.00	450 000.00	534 375.00	35 625.00	8 465 625.00	管理费用
0100002	普通仓库	仓储部	在用	240	2015.09.15	15	5 400 000.00	270 000.00	320 625.00	21 375.00	5 079 375.00	管理费用
0300001	笔记本电脑	企管部	在用	48	2015.09.15	15	6 000.00		1 875.00	125.00	4 125.00	管理费用
0300002	笔记本电脑	企管部	在用	48	2015.09.15	15	6 000.00		1 875.00	125.00	4 125.00	管理费用
0300003	笔记本电脑	财务部	在用	48	2015.09.15	15	6 000.00		1 875.00	125.00	4 125.00	管理费用
0300004	笔记本电脑	业务部	在用	48	2015.09.15	15	6 000.00		1 875.00	125.00	4 125.00	管理费用

3.2 行政经理(企管部)人力资源相关信息

工号	姓名	部门	岗位	基本工资	代扣款项目								应税工资	应扣个人所得税	实发金额
					养老保险8%	医疗保险2%+3	失业保险0.5%	工伤保险	生育保险	五险小计	住房公积金10%	五险一金小计			
1	赵金金	企业管理部	总经理	12 000.00	960.00	243.00	60.00	—	—	1 263.00	1 200.00	2 463.00	9 537.00	652.40	8 884.60
2	孙灿	企业管理部	行政经理	7 500.00	600.00	153.00	37.50	—	—	790.50	750.00	1 540.50	5 959.50	140.95	5 818.55
3	李鑫	业务部	业务经理	7 500.00	600.00	153.00	37.50	—	—	790.50	750.00	1 540.50	5 959.50	140.95	5 818.55
4	吴迪	财务部	财务经理	7 500.00	600.00	153.00	37.50	—	—	790.50	750.00	1 540.50	5 959.50	140.95	5 818.55

3.3　仓储经理(仓储部)存货信息

仓库类型	使用年限(年)	仓库面积(平方米)	仓库容积(立方米)	仓库总存储单位	售价(万元)
普通仓库	20	500	3000	300000	540

存货编码	存货名称	规　格	计量单位	市场供应平均单价(元)	期初库存量
B0001	钢管	Φ外16/Φ内11/L5 000(mm)	根	86.28	26 000
B0002	镀锌管	Φ外16/Φ内11/L5 000(mm)	根	—	—
B0003	坐垫	HJM500	个	65.16	14 000
B0004	记忆太空棉坐垫	HJM0031	个	—	—
B0005	车篷	HJ72×32×40	个	117.62	14 000
B0006	车轮	HJΦ外125/Φ内60 mm	个	21.94	52 000
B0007	经济型童车包装套件	HJTB100	套	73.48	14 000
B0008	数控芯片	MCX3154A	片	—	—
B0009	舒适型童车包装套件	HJTB200	套	—	—
B0010	豪华型童车包装套件	HJTB300	套	—	—

存货编码	存货类型	存货名称	规　格	计量单位	市场供应平均单价(元)	存货占用存储单位	组织机构类型
B0001	原材料	钢管	Φ外16/Φ内11/L5 000(mm)	根	86.28	2	制造业,工贸企业,虚拟供应商
B0002	原材料	镀锌管	Φ外16/Φ内11/L5 000(mm)	根	—	2	制造业,工贸企业,虚拟供应商
B0003	原材料	坐垫	HJM500	个	65.16	4	制造业,工贸企业,虚拟供应商
B0004	原材料	记忆太空棉坐垫	HJM0031	个	—	4	制造业,工贸企业,虚拟供应商
B0005	原材料	车篷	HJ72×32×40	个	117.62	2	制造业,工贸企业,虚拟供应商
B0006	原材料	车轮	HJΦ外125/Φ内60 mm	个	21.94	1	制造业,工贸企业,虚拟供应商
B0007	原材料	经济型童车包装套件	HJTB100	套	73.48	2	制造业,工贸企业,虚拟供应商
B0008	原材料	数控芯片	MCX3154A	片	—	1	制造业,工贸企业,虚拟供应商
B0009	原材料	舒适型童车包装套件	HJTB200	套	—	2	制造业,工贸企业,虚拟供应商
B0010	原材料	豪华型童车包装套件	HJTB300	套	—	2	制造业,工贸企业,虚拟供应商

3.4 财务经理(财务部)财务信息

科目编码	科目名称	期初 借	期初 贷
1001	库存现金	20 000.00	—
1002	银行存款	8 000 000.00	—
100201	工行存款	8 000 000.00	—
1122	应收账款	—	—
112201	好佳童车		
1221	其他应收款		
1405	库存商品	6 971 800.00	—
140501	钢管	2 243 280.00	—
140502	镀锌管	—	—
140503	坐垫	912 240.00	—
140504	记忆太空棉坐垫		
140505	车篷	1 646 680.00	
140506	车轮	1 140 880.00	
140507	经济型童车包装套件	1 028 720.00	
140508	数控芯片		
140509	舒适型童车包装套件		
140510	豪华型童车包装套件		
1601	固定资产	14 424 000.00	—
1602	累计折旧	—	862 500.00
2001	短期借款	—	—
2202	应付账款	—	—
220201	丽华五金	—	—
220211	隆飞物流	—	—
220212	融通服务	—	—

续　表

科目编码	科目名称	期　初	
		借	贷
2211	应付职工薪酬	—	48 121.75
221101	工资	—	33 424.75
221103	社会保险	—	11 247.00
221104	住房公积金	—	3 450.00
2221	应交税费	—	60 588.85
222101	应交增值税	—	—
22210101	进项税额	242 168.80	—
22210103	销项税额	—	301 682.40
22210106	转出未交税金	59 513.60	
222102	未交增值税		59 513.60
222103	已交增值税	—	—
222105	应交个人所得税	—	1 075.72
222108	应交企业所得税	—	—
2501	长期借款	—	—
4001	实收资本	—	23 000 000.00
4101	盈余公积	—	—
4103	本年利润	—	—
4104	利润分配	—	5 444 589.40
410406	未分配利润	—	5 444 589.40
6001	主营业务收入	—	—
6401	主营业务成本	—	—
6601	销售费用	—	—
6602	管理费用	—	—
6603	财务费用	—	—
合　计		28 553 300.00	28 553 300.00

3.5 工贸企业(供应商)组织机构信息

序号	企业法定中文名称	简称	办公电话	邮政编码	注册资金	企业注册登记日期	企业法定代表人	企业注册地址	企业法人营业执照注册号	开户银行	银行账号
1	恒通工贸有限公司	恒通	010-51062888	100076	4 500 000	2015/1/4	张艳	小红门路45号	110000001012587	中国工商银行	0100229999000099015
2	邦尼工贸有限公司	邦尼	021-60423018	100070	4 500 000	2015/1/4	张伟	曙光西街722号	110106311235740	中国工商银行	0100229999000099016
3	思远工贸有限公司	思远	020-51012837	100076	4 500 000	2015/1/4	何聪	顾家庄中路147号	110020001012524	中国工商银行	0100229999000099017
4	新耀工贸有限公司	新耀	028-62500499	101300	4 500 000	2015/1/4	王敏	静远东街151号	110113050173019	中国工商银行	0100229999000099018

3.6 客户(制造企业)组织机构信息

序号	企业法定中文名称	简称	办公电话	邮政编码	注册资金	企业注册登记日期	企业法定代表人	企业注册地址	企业法人营业执照注册号	开户银行	银行账号
1	宝乐童车制造有限公司	宝乐	010-62345678	102202	15 000 000	2015/1/4	赵成	永定路66号	110108809018632	中国工商银行	0100229999000099001
2	小精灵童车制造有限公司	小精灵	010-62345679	102202	15 000 000	2015/1/4	钱乾	越秀东路45号	110108809018633	中国工商银行	0100229999000099002
3	童飞童车制造有限公司	童飞	010-62345680	102202	15 000 000	2015/1/4	孙鸿铭	康安北街5号	110108809018634	中国工商银行	0100229999000099003

续 表

序 号	企业法定中文名称	简 称	办公电话	邮政编码	注册资金	企业注册登记日期	企业法定代表人	企业注册地址	企业法人营业执照注册号	开户银行	银行账号
4	爱贝尔童车制造有限公司	爱贝尔	021－62345681	102202	15 000 000	2015/1/4	李刚	新园西路666	110108809018635	中国工商银行	0100229999000099004
5	豆豆熊童车制造有限公司	豆豆熊	021－62345682	102202	15 000 000	2015/1/4	周星星	武强北路722号	110108809018636	中国工商银行	0100229999000099005
6	五彩梦童车制造有限公司	五彩梦	020－62345683	102202	15 000 000	2015/1/4	吴梦	天河北路11号	110108809018637	中国工商银行	0100229999000099006
7	慧聪童车制造有限公司	慧聪	020－62345684	102202	15 000 000	2015/1/4	武岳	沿江中街144号	110108809018638	中国工商银行	0100229999000099007
8	迪士博童车制造有限公司	迪士博	020－62345685	102202	15 000 000	2015/1/4	郑文	漕溪中路211号	110108809018639	中国工商银行	0100229999000099008
9	宝贝快长童车制造有限公司	宝贝快长	028－62345686	102202	15 000 000	2015/1/4	王伟	天仙桥北路55号	110108809018640	中国工商银行	0100229999000099009
10	伊拉贝莎童车制造有限公司	伊拉贝莎	028－62345687	102202	15 000 000	2015/1/4	朱玖	共和中路158号	110108809018641	中国工商银行	0100229999000099010

3.7 供应商(虚拟供应商)组织机构信息

序号	企业法定中文名称	简称	办公电话	邮政编码	注册资金	企业注册登记日期	企业法定代表人	企业注册地址	企业法人营业执照注册号	开户银行	银行账号
1	湖北丽华五金制品有限公司	丽华	027－83445068	430060	1 000 000	2015/1/4	钱康	湖北武汉市武昌新河街幸福里小区7号	420100210129462	中国工商银行	4563512600681022355
2	融通综合服务有限公司	融通	027－64667658	100122	50 000 000	2015/1/4	王经文	藏龙大道28号	100108231234858	中国工商银行	0100229999000099024

3.8 物流信息

序号	企业法定中文名称	简称	办公电话	邮政编码	注册资金	企业注册登记日期	企业法定代表人	企业注册地址	企业法人营业执照注册号	开户银行	银行账号
1	隆飞物流有限公司	隆飞	027－64667658	100106	6 000 000	2015/1/4	李靖	卓尔大街38号	100108231234856	中国工商银行	0100229999000099019

3.9 服务公司信息

序号	企业法定中文名称	简称	办公电话	邮政编码	注册资金	企业注册登记日期	企业法定代表人	企业注册地址	企业法人营业执照注册号	开户银行	银行账号
1	融通综合服务有限公司	融通	027－64667658	100122	50 000 000	2015/1/4	王经文	藏龙大道28号	100108231234858	中国工商银行	0100229999000099024

4. 工贸企业(供应商)岗位职责

4.1　总经理岗位职责

(1) 组织制定公司总体战略与年度经营规划。

(2) 建立和健全公司的管理体系与组织结构。

(3) 组织制定公司基本管理制度。

(4) 主持公司的日常经营管理工作。

(5) 对公司的经营管理目标负责。

(6) 主持召开有关企业重大决策会议。

(7) 各职能部门经理的任免。

4.2　行政经理岗位职责

(1) 人力资源管理:缴纳社会保险、公积金、核算工资、劳动关系管理。

(2) 财务工作:现金收付、银行结算等有关账务,保管库存现金。

4.3　业务经理岗位职责

(1) 采购岗位的主要任务是与虚拟市场签订原材料的采购订单、采购入库等。

(2) 销售岗位的主要任务是与制造企业签订购销合同、确认制造企业的采购订单、销售发货等。

(3) 仓储管理:包括验收入库管理、储存保管、出库配送管理、物料盘点、库存控制。

4.4　财务经理岗位职责

(1) 负责公司资金运作管理、日常财务管理与分析、资本运作、筹资方略、对外合作谈判等。

(2) 负责项目成本核算与控制负责公司财务管理及内部控制,根据公司业务发展的计划完成年度财务预算,并跟踪其执行情况。

(3) 制定、维护、改进公司财务管理程序和政策,以满足控制风险的要求。

(4) 监控可能会对公司造成经济损失的重大经济活动。

(5) 全面负责财务部的日常管理工作。

(6) 负责编制及组织实施财务预算报告、月/季/年度财务报告。

(7) 管理与银行、税务、工商及其他机构的关系,并及时办理公司与其之间的业务往来。

2.3　商贸企业(经销商)

1. 商贸企业(经销商)部门情况说明

商贸企业(经销商)目前共有总经理(企管部)、行政助理(企管部)、营销经理(营销部)、采购经理(采购部)、仓储经理(仓储部)、财务经理(财务部)、出纳(财务部),共计七个工作人员。

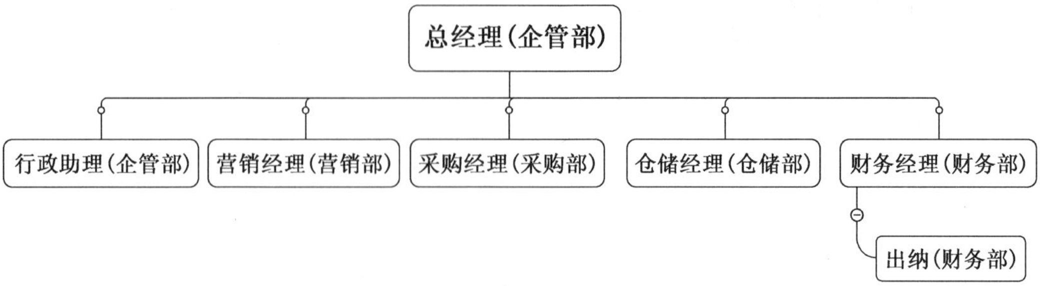

2. 商贸企业(经销商)相关规则说明

2.1 销售规则

商贸企业(经销商)将童车卖到虚拟市场中,虚拟市场分为:东部、南部、西部、北部、中部,其中东部、南部、西部、北部四个地区由商贸企业经营,中部地区只能由制造企业经营。虚拟市场的订单需要先到服务公司开拓市场,再投广告费,这样服务公司才能根据投放金额派发订单。市场开拓一次一年有效,广告投放一次一虚拟日有效,下一虚拟日需要重新投放广告费。在虚拟市场中销售,选择销售订单后,先发货、开销售专用发票,再进行收款核销。

2.2 采购规则

商贸企业(经销商)的商品采购途径只有从制造企业采购

商品编码	商品名称	规　格	计量单位	商品属性
P0001	经济型童车	无	辆	外购
P0002	舒适型童车	无	辆	外购
P0003	豪华型童车	无	辆	外购

商品从销货方送达购货方时会发生相应的运输费用,运输费用为采购订单金额的5%,运费结算依据与物流公司的运单金额为准。

2.3 仓储规则

商贸企业(经销商)现有一座仓库,用来存放各种采购来的商品。

仓库名称	仓库编码	可存放物资
普通仓库	A库	经济型童车、舒适型童车、豪华型童车

2.4 财务规则

财务业务规则主要包括会计核算制度、会计管理制度、账簿设置与会计核算程序等方面的主要规则,各公司必须按照本规则的各项规定组织会计核算,进行会计管理。

2.5 税务规则

商贸企业(经销商)从事生产经营活动,涉及国家或地方多个税种,包括企业所得税、增值税、城建税、教育费及附加、个人所得税。

2.5.1 税种类型

按照国家税法规定的税率和起征金额进行税额的计算,企业所得税按照利润总额的

25%缴纳，增值税税率为 17%，城建税为增值税税额的 7%，教育费附加为增值税税额的 3%。个人所得税按照 7 级累进税率，起征点为月收入 3 500 元。

2.5.2　日常纳税申报及缴纳税款

在税收征收期内，按照生产制造公司的经营情况，填制各税申报表，携带相关会计报表，到税务部门办理纳税申报业务，得到税务部门开出的税收缴款书，并到银行缴纳税款。依据税务部门规定，每月月初进行上月的纳税申报及缴纳。如遇特殊情况，可以向税务部门申请延期纳税申报。

2.6　会计核算规则

商贸企业（经销商）可以采用现金结算、转账结算和电子银行三种方式。原则上，日常经济活动，低于 2 000 元的可以使用现金，超过 2 000 元的一般使用转账支票和电子银行结算，结算货款、代扣代缴各种税费通过电子银行结算，其他业务可以使用转账支票结算。

银行支票分为现金支票和转账支票。现金支票用于提取现金，转账支票用于同一票据交换区内的结算。异地付款一般采用电子银行结算方式。

2.7　物流运输规则

物流运输只针对工贸企业与制造业间的购销业务、制造业与经销商间的购销业务，其他类型组织的物流运输不走物流公司；

物流费用的支付由购货方支付；

物流费为货值货款金额的 5%。

2.8　人力规则

2.8.1　基本工资标准

人员类别	月基本工资
总经理	12 000.00/月
部门经理	7 500.00/月
职能主管	5 500.00/月

2.8.2　五险一金规则

五险一金按照月基本工资进行相应比例的缴纳

分　类	养　老	失　业	工　伤	生　育	医　疗		住房公积金
					基本医疗	大额互助	
单位	20%	1.5%	0.5%	0.8%	9%	1%	10%
个人	8%	0.5%	0	0	2%	3 元	10%

2.8.3　个人所得税规则

个人所得税按照相应的比例缴纳。

人所得税计算采用 2011 年 9 月 1 日起开始执行的 7 级超额累进税率。

个人所得税计算方式为：

$$个人所得税＝全月应纳税所得额×税率－速算扣除数$$

全月应纳税所得额＝应税工资－3 500

工资、薪金所得适用个人所得税税率

级数	全月应纳税所得额	税率％	速算扣除数(元)
1	不超过 1 500 元	3	0
2	超过 1 500 元至 4 500 元	10	105
3	超过 4 500 元至 9 000 元	20	555
4	超过 9 000 元至 35 000 元	25	1005
5	超过 35 000 元至 55 000 元	30	2 755
6	超过 55 000 元至 80 000 元	35	5 505
7	超过 80 000 元	45	13 505

2.8.4　个人工资计算

应税工资＝基本工资－个人缴纳五险一金合计

企业支出(财务记账)＝基本工资＋企业缴纳五险一金合计

个人所得税＝全月应纳税所得额×税率－速算扣除数

全月应纳税所得额＝应税工资－3 500

实发工资＝基本工资－个人缴纳五险一金合计－个人所得税

2.8.5　个人缴纳五险一金计算

工号	姓名	部门	岗位	基本工资	个人缴纳五险一金							
					养老保险 8％	医疗保险 2％＋3	失业保险 0.5％	工伤保险	生育保险	五险小计	住房公积金 10％	五险一金小计
1	关雅寒	企业管理部	总经理	12 000.00	960.00	243.00	60.00	—	—	1 263.00	1 200.00	2 463.00
2	牧雪瑶	企业管理部	行政经理	7 500.00	600.00	153.00	37.50	—	—	790.50	750.00	1 540.50
3	杨绮萱	营销部	营销经理	7 500.00	600.00	153.00	37.50	—	—	790.50	750.00	1 540.50
4	范易龙	采购部	采购经理	7 500.00	600.00	153.00	37.50	—	—	790.50	750.00	1 540.50
5	陈寒丘	仓储部	仓储经理	7 500.00	600.00	153.00	37.50	—	—	790.50	750.00	1 540.50
6	武妍伊	财务部	财务经理	7 500.00	600.00	153.00	37.50	—	—	790.50	750.00	1 540.50
7	吴亦竹	财务部	出纳	5 500.00	440.00	113.00	27.50	—	—	580.50	550.00	1 130.50

2.8.6　企业缴纳五险一金计算

工号	姓名	部门	岗位	基本工资	企业缴纳五险一金							
					养老保险20%	医疗保险10%	失业保险1.5%	工伤保险0.5%	生育保险0.8%	五险小计	住房公积金10%	五险一金小计
1	关雅寒	企业管理部	总经理	12 000.00	2 400.00	1 200.00	180.00	60.00	96.00	3 936.00	1 200.00	5 136.00
2	牧雪瑶	企业管理部	行政经理	7 500.00	1 500.00	750.00	112.50	37.50	60.00	2 460.00	750.00	3 210.00
3	杨绮萱	营销部	营销经理	7 500.00	1 500.00	750.00	112.50	37.50	60.00	2 460.00	750.00	3 210.00
4	范易龙	采购部	采购经理	7 500.00	1 500.00	750.00	112.50	37.50	60.00	2 460.00	750.00	3 210.00
5	陈寒丘	仓储部	仓储经理	7 500.00	1 500.00	750.00	112.50	37.50	60.00	2 460.00	750.00	3 210.00
6	武妍伊	财务部	财务经理	7 500.00	1 500.00	750.00	112.50	37.50	60.00	2 460.00	750.00	3 210.00
7	吴亦竹	财务部	出纳	5 500.00	1 100.00	550.00	82.50	27.50	44.00	1 804.00	550.00	2 354.00

2.8.7　个人所得税及实发工资计算

工号	姓名	部门	岗位	基本工资	代扣款项	应税工资	应扣个人所得税	实发工资
					五险一金小计			
1	关雅寒	企业管理部	总经理	12 000.00	2 463.00	9 537.00	652.40	8 884.60
2	牧雪瑶	企业管理部	经理	7 500.00	1 540.50	5 959.50	140.95	5 818.55
3	杨绮萱	营销部	经理	7 500.00	1 540.50	5 959.50	140.95	5 818.55
4	范易龙	采购部	经理	7 500.00	1 540.50	5 959.50	140.95	5 818.55
5	陈寒丘	仓储部	经理	7 500.00	1 540.50	5 959.50	140.95	5 818.55
6	武妍伊	财务部	经理	7 500.00	1 540.50	5 959.50	140.95	5 818.55
7	吴亦竹	财务部	助理	5 500.00	1 130.50	4 369.50	26.09	4 343.41

2.8.8　以关雅寒为例计算相关费用

应税工资＝基本工资－个人缴纳五险一金合计

　　　　＝12 000－2 463＝9 537(元)

企业支出(财务记账)＝基本工资＋企业缴纳五险一金合计

　　　　　　　　　＝12 000＋5 136＝17 136(元)

个人所得税＝全月应纳税所得额×税率－速算扣除数

　　　　　＝6 037×20%－555＝652.4(元)

全月应纳税所得额＝应税工资－3 500

　　　　　　　　＝9 537－3 500＝6 037(元)

实发工资＝基本工资－个人缴纳五险一金合计－个人所得税

　　　　＝12 000＝2 463－652.4＝8 884.6(元)

3. 商贸企业(经销商)工作交接情况说明

3.1 行政经理(企管部)固定资产相关信息

资产编号	资产名称	使用部门	使用状态	使用年限(月)	开始使用日期	已计提月份	资产原值	残 值	累计折旧	月折旧额	资产净值	折旧科目
0100001	办公大楼	企管部	在用	240	2015.09.15	15	9 000 000.00	450 000.00	534 375.00	35 625.00	8 465 625.00	管理费用
0100002	普通仓库	仓储部	在用	240	2015.09.15	15	5 400 000.00	270 000.00	320 625.00	21 375.00	5 079 375.00	管理费用
0300001	笔记本电脑	企管部	在用	48	2015.09.15	15	6 000.00		1 875.00	125.00	4 125.00	管理费用
0300002	笔记本电脑	企管部	在用	48	2015.09.15	15	6 000.00		1 875.00	125.00	4 125.00	管理费用
0300003	笔记本电脑	财务部	在用	48	2015.09.15	15	6 000.00		1 875.00	125.00	4 125.00	管理费用
0300004	笔记本电脑	采购部	在用	48	2015.09.15	15	6 000.00		1 875.00	125.00	4 125.00	管理费用
0300005	笔记本电脑	营销部	在用	48	2015.09.15	15	6 000.00		1 875.00	125.00	4 125.00	销售费用
0300006	笔记本电脑	仓储部	在用	48	2015.09.15	15	6 000.00		1 875.00	125.00	4 125.00	管理费用
0300007	打印复印一体机	企管部	在用	48	2015.09.15	15	24 000.00		7 500.00	500.00	16 500.00	管理费用

3.2 行政经理(企管部)人力资源相关信息

工 号	姓 名	部 门	岗 位	基本工资	代扣款项目								应税工资	应扣个人所得税	实发金额
					养老保险8%	医疗保险2%+3	失业保险0.5%	工伤保险	生育保险	五险小计	住房公积金10%	五险一金小计			
1	关雅寒	企业管理部	总经理	12 000.00	960.00	243.00	60.00	—	—	1 263.00	1 200.00	2 463.00	9 537.00	652.40	8 884.60
2	牧雪瑶	企业管理部	行政经理	7 500.00	600.00	153.00	37.50	—	—	790.50	750.00	1 540.50	5 959.50	140.95	5 818.55

续 表

工 号	姓 名	部 门	岗 位	基本工资	代扣款项目								应税工资	应扣个人所得税	实发金额
					养老保险8%	医疗保险2%+3	失业保险0.5%	工伤保险	生育保险	五险小计	住房公积金10%	五险一金小计			
3	杨绮萱	营销部	营销经理	7 500.00	600.00	153.00	37.50	—	—	790.50	750.00	1 540.50	5 959.50	140.95	5 818.55
4	范易龙	采购部	采购经理	7 500.00	600.00	153.00	37.50	—	—	790.50	750.00	1 540.50	5 959.50	140.95	5 818.55
5	陈寒丘	仓储部	仓储经理	7 500.00	600.00	153.00	37.50	—	—	790.50	750.00	1 540.50	5 959.50	140.95	5 818.55
6	武妍伊	财务部	财务经理	7 500.00	600.00	153.00	37.50	—	—	790.50	750.00	1 540.50	5 959.50	140.95	5 818.55
7	吴亦竹	财务部	出纳	5 500.00	440.00	113.00	27.50	—	—	580.50	550.00	1 130.50	4 369.50	26.09	4 343.41

3.3 仓储经理(仓储部)存货信息

仓库类型	使用年限(年)	仓库面积(平方米)	仓库容积(立方米)	仓库总存储单位	售价(万元)
普通仓库	20	500	3000	300 000	540

存货编码	存货名称	规 格	计量单位	市场供应平均单价(元)	期初库存量
P0001	经济型童车	无	辆	992.00	14 000
P0002	舒适型童车	无	辆	—	0
P0003	豪华型童车	无	辆	—	0

存货编码	存货类型	存货名称	规 格	计量单位	市场供应平均单价(元)	存货占用存储单位	组织机构类型
P0001	产成品	经济型童车	无	辆	992.00	10	制造业,经销商,连锁,国贸,虚拟经销
P0002	产成品	舒适型童车	无	辆	—	10	制造业,经销商,连锁,国贸,虚拟经销
P0003	产成品	豪华型童车	无	辆	—	10	制造业,经销商,连锁,国贸,虚拟经销

3.4 财务经理(财务部)财务信息

科目编码	科目名称	期初	
		借	贷
1001	库存现金	20 000.00	—
1002	银行存款	4 700 000.00	—
100201	工行存款	4 700 000.00	—
1122	应收账款	—	—
112201	爱喜商贸		
1221	其他应收款		
1405	库存商品	13 888 000.00	—
140501	经济型童车	13 888 000.00	—
140502	舒适型童车	—	—
140503	豪华型童车	—	—
1601	固定资产	14 460 000.00	—
1602	累计折旧	—	873 750.00
2001	短期借款	—	—
2202	应付账款	—	—
220201	好佳童车	—	—
220211	隆飞物流	—	—
220212	融通服务	—	—
2211	应付职工薪酬	—	78 430.00
221101	工资	—	55 000.00
221103	社会保险	—	17 930.00
221104	住房公积金	—	5 500.00

续　表

科目编码	科目名称	期初	
		借	贷
2221	应交税费	—	123 971.86
222101	应交增值税	—	—
22210101	进项税额	367 200.00	—
22210103	销项税额	—	491 171.86
22210106	转出未交税金	123 971.86	
222102	未交增值税		123 971.86
222103	已交增值税	—	—
222105	应交个人所得税	—	
222108	应交企业所得税	—	—
2501	长期借款	—	—
4001	实收资本	—	28 000 000.00
4101	盈余公积	—	—
4103	本年利润	—	—
4104	利润分配	—	3 991 848.14
410406	未分配利润	—	3 991 848.14
6001	主营业务收入	—	—
6401	主营业务成本	—	—
6601	销售费用	—	—
6602	管理费用	—	—
6603	财务费用	—	—
合　计		32 194 250.00	32 194 250.00

3.5 商贸企业(经销商)组织机构信息

序号	企业法定中文名称	简称	办公电话	邮政编码	注册资金	企业注册登记日期	企业法定代表人	企业注册地址	企业法人营业执照注册号	开户银行	银行账号
1	旭日商贸有限公司	旭日	010－68500412	100094	4 500 000	2015/1/4	李峰	北清路5号	100108554831327	中国工商银行	0100229999000099011
2	华晨商贸有限公司	华晨	021－68500412	100084	4 500 000	2015/1/4	王强	沙静南路671号	110108753990101	中国工商银行	0100229999000099012
3	仁和商贸有限公司	仁和	020－63470422	100086	4 500 000	2015/1/4	董浩	安杰北街18号	110108554831245	中国工商银行	0100229999000099013
4	天府商贸有限公司	天府	028－62500478	100080	4 500 000	2015/1/4	康庄	丰豪中街55号	110108120101673	中国工商银行	0100229999000099014

3.6 供应商(制造企业)组织机构信息

序号	企业法定中文名称	简称	办公电话	邮政编码	注册资金	企业注册登记日期	企业法定代表人	企业注册地址	企业法人营业执照注册号	开户银行	银行账号
1	宝乐童车制造有限公司	宝乐	010－62345678	102202	15 000 000	2015/1/4	赵成	永定路66号	110108809018632	中国工商银行	0100229999000099001
2	小精灵童车制造有限公司	小精灵	010－62345679	102202	15 000 000	2015/1/4	钱乾	越秀东路45号	110108809018633	中国工商银行	0100229999000099002
3	童飞童车制造有限公司	童飞	010－62345680	102202	15 000 000	2015/1/4	孙鸿铭	康安北街5号	110108809018634	中国工商银行	0100229999000099003

续　表

序号	企业法定中文名称	简称	办公电话	邮政编码	注册资金	企业注册登记日期	企业法定代表人	企业注册地址	企业法人营业执照注册号	开户银行	银行账号
4	爱贝尔童车制造有限公司	爱贝尔	021－62345681	102202	15 000 000	2015/1/4	李刚	新园西路666	110108809018635	中国工商银行	0100229999000099004
5	豆豆熊童车制造有限公司	豆豆熊	021－62345682	102202	15 000 000	2015/1/4	周星星	武强北路722号	110108809018636	中国工商银行	0100229999000099005
6	五彩梦童车制造有限公司	五彩梦	020－62345683	102202	15 000 000	2015/1/4	吴梦	天河北路11号	110108809018637	中国工商银行	0100229999000099006
7	慧聪童车制造有限公司	慧聪	020－62345684	102202	15 000 000	2015/1/4	武岳	沿江中街144号	110108809018638	中国工商银行	0100229999000099007
8	迪士博童车制造有限公司	迪士博	020－62345685	102202	15 000 000	2015/1/4	郑文	漕溪中路211号	110108809018639	中国工商银行	0100229999000099008
9	宝贝快长童车制造有限公司	宝贝快长	028－62345686	102202	15 000 000	2015/1/4	王伟	天仙桥北路55号	110108809018640	中国工商银行	0100229999000099009
10	伊拉贝莎童车制造有限公司	伊拉贝莎	028－62345687	102202	15 000 000	2015/1/4	朱玖	共和中路158号	110108809018641	中国工商银行	0100229999000099010

3.7 客户（虚拟客户）组织机构信息

序号	企业法定中文名称	简称	办公电话	邮政编码	注册资金	企业注册登记日期	企业法定代表人	企业注册地址	企业法人营业执照注册号	开户银行	银行账号
1	上海乐康妇婴用品有限公司（东部）		021-62088688	200062	1 000 000	2015/1/4		上海市普陀区梅川路149号	310107072339402	中国工商银行	4563512600681022345
2	上海金亿妇婴用品有限公司（东部）		021-62082233	200011	1 000 000	2015/1/4		上海市白下区御道街112号	310107072339133	中国工商银行	4563512600681022346
3	广州好康妇婴用品有限公司（南部）		020-2027809	530012	1 000 000	2015/1/4		广州市人民东路73号	450102200020381	中国工商银行	4563512600681022347
4	广州嘉乐妇婴用品有限公司（南部）		020-2027811	530044	1 000 000	2015/1/4		广州市西开北路73号	450102200020361	中国工商银行	4563512600681022348
5	北京华伟商贸有限公司（北部）		010-8232888	053100	1 000 000	2015/1/4		北京市天桥西区红旗大街623号	131100000014297	中国工商银行	4563512600681022349
6	北京爱喜商贸有限公司（北部）		010-82234579	100081	1 000 000	2015/1/4		北京市温泉北路623号	131100000014299	中国工商银行	4563512600681022350

续 表

序 号	企业法定中文名称	简 称	办公电话	邮政编码	注册资金	企业注册登记日期	企业法定代表人	企业注册地址	企业法人营业执照注册号	开户银行	银行账号
7	成都新兴商贸有限公司（西部）		028－67821932	401102	1 000 000	2015/1/4		成都市武侯区双龙湖街道仙桃村2社	500112200023236	中国工商银行	4563512600681022351
8	成都文西商贸有限公司（西部）		028－67821561	401144	1 000 000	2015/1/4		成都市观音路西街122号	500112200023455	中国工商银行	4563512600681022352

3.8　物流信息

序 号	企业法定中文名称	简 称	办公电话	邮政编码	注册资金	企业注册登记日期	企业法定代表人	企业注册地址	企业法人营业执照注册号	开户银行	银行账号
1	隆飞物流有限公司	隆飞	027－64667658	100106	6 000 000	2015/1/4	李靖	卓尔大街38号	100108231234856	中国工商银行	0100229999000099019

3.9　服务公司信息

序 号	企业法定中文名称	简 称	办公电话	邮政编码	注册资金	企业注册登记日期	企业法定代表人	企业注册地址	企业法人营业执照注册号	开户银行	银行账号
1	融通综合服务有限公司	融通	027－64667658	100122	50 000 000	2015/1/4	王经文	藏龙大道28号	100108231234858	中国工商银行	0100229999000099024

4. 商贸企业(经销商)岗位职责

4.1 总经理岗位职责

(1) 组织制定公司总体战略和年度经营规划。

(2) 建立和健全公司的管理体系和组织结构。

(3) 组织制定公司基本管理制度。

(4) 主持公司的日常经营管理工作。

(5) 对公司的经营管理目标负责。

(6) 主持召开有关企业重大决策会议。

(7) 各职能部门经理的任免。

4.2 财务经理岗位职责

(1) 根据公司发展战略,协劣公司领导组织制定公司财务部的战略规划,制定部门工作目标和计划并分解到个人。

(2) 负责公司的全面财务会计工作。

(3) 负责制定并完成公司的财务会计制度、规定和办法。

(4) 分析检查公司财务收支和预算的执行情况。

(5) 审核公司的原始单据和办理日常的会计业务。

(6) 编制财务报表、登记总账及财务数据审定。

(7) 日常会计凭证审核,包括总账会计的凭证审核和成本会计凭证审核。

(8) 部门预算制定。

(9) 负责定期财产清查。

(10) 负责公司预算制定不监控,包括预算体系建设、日常预算控制、预算支出审核。

(11) 资金管理,筹融资管理,资金使用计划等。

(12) 组织期末结算和决算,进行经营分析。

(13) 保证按时纳税,负责按照国家税法和其他规定,严格审查应交税金,督促有关岗位人员及时办理手续。

(14) 管理不维护更新部门所需的信息。

4.3 行政经理岗位职责

(1) 负责协助制定公司各项管理规章制度。

(2) 负责各种合同、公文、档案等文字资料的整理归档。

(3) 负责企业证照的办理、年审、更换、作废等管理,印章的保管、使用管理等。

(4) 负责公司固定资产设备的管理。

(5) 负责制定公司人力资源管理制度。

(6) 负责人事材料及报表的检查、监督。

(7) 负责组织制定公司绩效考核体系,定期进行员工考核。

(8) 负责筛选应聘简历,预约,安排面试,跟进面试流程。

(9) 负责员工入职、调动、离职等手续办理。

(10) 负责员工档案、劳动合同管理。

(11) 负责公司员工考勤管理。

(12) 负责公司全员薪资核算和发放。

(13) 负责办理社会保险、住房公积金申报、变更、缴纳等相关工作。

(14) 负责上级领导交办的其他临时性工作。

4.4　出纳岗位职责

(1) 负责办理银行账户的开立、变更和撤销业务。

(2) 现金收支管理,做到账款相符,确保现金的安全。

(3) 定期进行银行对账,编制银行余额调节表。

(4) 银行结算业务的办理。

(5) 签发支票、汇票等重要空白凭证并登记。

(6) 保管库存现金、有价证券、重要空白凭证、印章等。

(7) 登记现金日记账和银行存款日记账。

(8) 及时整理并传递原始票据,完成协同工作。

(9) 编制资金报表,按月装订并定期归档。

(10) 办理贷款卡的年检。

(11) 完成领导交给的其他各项临时工作。

4.5　采购经理岗位职责

(1) 统筹采购规划和确定采购内容,保证满足经营活动的需要,降低库存成本。

(2) 制定采购计划和目标,改进采购的工作流程和标准,降低库存成本。

(3) 参与收集供应商信息,开发、选择、处理和考核供应商,建立供应商档案管理制度。

(4) 负责采购物流、资金流、信息流的管理工作。

(5) 审核、签署和监督执行采购合同,审核采购订单和物资调拨单。

(6) 根据需要采取相应的应急行动或进行后续跟踪,保证完成紧急采购任务。

(7) 解决和业务主管在合同上产生的分歧以及支付条款问题。

(8) 负责制定本部门各级人员的职责和权限,负责指导、管理、监督本部人员的业务工作,做好下属人员的绩效考核和奖励惩罚工作,进行部门建设、部门内员工的管理培训工作。

(9) 负责并确保所采取的采购行为符合有关政策,法规和道德规范;完成上级领导交办的其他临时性工作。

4.6　营销经理岗位职责

(1) 根据公司发展战略和总体目标,负责制定企业营销总体规划并组织实施。

(2) 负责制订本部门业务计划并监督执行。

(3) 负责营销经费的预算和控制。

(4) 负责营销方案审核、批准和监督执行。

(5) 负责营销管理制度的拟定、实施和改善。

(6) 负责对本部门员工绩效结果进行评定。

(7) 负责本部门年度经营分析。

(8) 负责本部门员工的培训工作。

(9) 负责本部门员工队伍建设工作。

(10) 公司总经理交办的其他工作。

4.7 仓储经理岗位职责

(1) 依据公司经营计划,配合公司总目标,制定本部门的目标及工作规划。

(2) 根据仓储规划和目标,改进仓库的工作流程和标准,优化库存方案,加快存货周转速度,降低库存成本。

(3) 合理规划公司仓储场所,对公司仓储场所进行全面管理,达到最佳利用率。

(4) 监督执行仓库的安全管理和现场规范管理。

(5) 督促仓库管理员对物料收发存的管理,并监督仓库进行盘点清查,发现账、物、卡不符时,找出原因并予以调账或上报处理。

(6) 设计、推行及改进仓储管理制度,并确保其有效实施。

(7) 安全库存分析和制定,通过以往经验对每个季度销售或会计周期进行预测,库龄评估,避免呆滞死货占用资金。

(8) 负责制定本部门各级人员的职责和权限,负责指导、管理、监督本部人员的业务工作,做好下属人员的绩效考核和奖励惩罚工作,进行部门建设、部门内员工的管理培训工作。

(9) 运用有效领导方法,有计划地培养教育和训练,激励所属人员的士气,提高工作效率,并督导其按照工作标准或要求,有效执行其工作,确保本部门的目标高效达成。

(10) 完成上级领导交办的其他临时性工作。

2.4 连锁企业

1. 连锁企业部门情况说明

连锁企业目前共有总经理(企管部)、东区店长(零售部)、西区店长(零售部)、仓储经理(仓储部),共计四个工作人员。

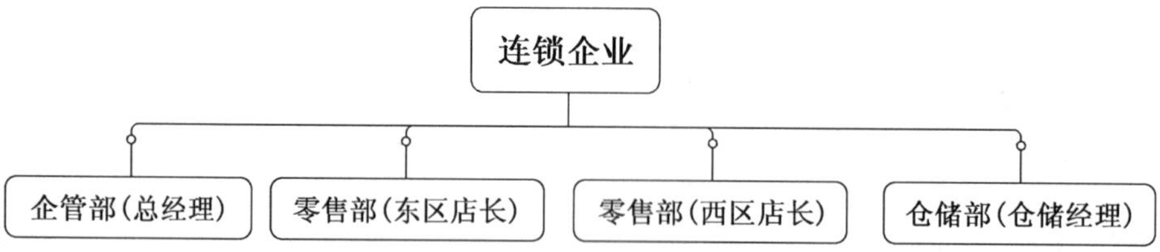

2. 连锁企业相关规则说明

2.1 销售规则

销售订单说明:订单中,销售价格为含税价,增值税税率为17%,销售商品时需要给顾客开具增值税专用发票。

扣率说明,本版本实训材料中给定值为1,实训中具体扣率多少由实训人员自己设定。

2.2　门店补货规则

店面补货是指通常在第一次进货之后，要根据销售情况和计划进行补货，以免出现断货的情况。完善的货品管理可以减少货品流失的机会及提高补货质量，令货品的出入得以平衡。而有效的存货管理就在于出数与入数的有效管理。

补货基本上属于连锁企业内部的业务流程范畴。有的连锁企业把补货工作称为“向配送中心点菜”，这样的提法非常形象。

2.3　补货业务要点

(1) 店长每天查看商品库存和销售情况；

(2) 门店库存量设置最小、最大库存量；

(3) 一次进货量保持在 30 天的销售范围内；

(4) 店长根据最小库存量(即订货点法)填制补货申请单；

(5) 总部物流部配送员在规定时间内根据申请单要求组织送货到门店。

门店补货量计算公式

计划补货量＝平均每天销售量×(补货周期＋交货期＋安全库存天数)＋最小陈列量(货架容量×最小陈列系数)－最后库存量－在途补货量

月销售量＝平均每天销售量×订货周期

配送交货期库存量＝平均每天销售量×交货期

安全库存量＝平均每天销售量×安全库存天数

最小陈列数量＝货架容量×最小库存系数

补货点＝送货天数×每天销售量＋安全库存＋最小陈列数量

2.4　门店最小陈列量表

门　店	货架容量	系　数	最小陈列量
东区门店	40	0.5	20
西区门店	40	0.5	20

一个门店的补货计划样表如下：

项　目	1 月	2 月	3 月
月均销售量	400		
安全库存量(2 天×13 辆)	26		
配送交货期库存量(2 天×13 辆)	26		
店面最小陈列量	20		
最高库存量	472	472	472
期初库存量(400)	420	420	420
在途补货量	0	0	0
30 天销售量	400	400	400
补货点(最低库存量)	72	72	72
月末补货量(下单)	400	400	400

2.5 仓储中心补货规则

补货业务的要点如下：

(1) 每天查看商品库存和配货情况。

(2) 库存量设置最小、最大库存量。

(3) 一次进货量保持在30天的配送范围内。

(4) 根据最小库存量(即订货点法)的计算结果，填制补货申请表。

(5) 总部采购部采购员依据仓储中心补货申请表编制采购计划。

仓储中心补货量计算公式

计划补货量＝平均每天配送量×(配送周期＋交货期＋安全库存天数)－最后库存量－在途订货量

月销售量＝平均每天销售量×订货周期

配送交货期库存量＝平均每天销售量×交货期

安全库存量＝平均每天销售量×安全库存天数

补货点＝交货天数×平均每天销售量＋安全库存量

仓储中心补货计划样表如下：

项　目	1月	2月	3月
月均配送量	1 600		
安全库存量(5天×52辆)	260		
采购交货期库存量(5天×52辆)	260		
最高库存量	2 120	2 120	2 120
期初库存量(2 000)	2 000	2 000	2 000
在途订货量	0	0	0
月末一次配送量	1 200	1 200	1 200
订货点	520	520	520
月末补货量(下单)	1 200	1 200	1 200

2.6 采购规则

采购商品主要从童车制造企业采购，采购品种主要有三种，如下表所示。

商品编码	商品名称	规格型号	计量单位	市场供应平均单价
JJTC0111	经济童车	无	辆	1 000
SSTC0112	舒适童车	无	辆	1 500
HHTC0113	豪华童车	无	辆	2 000

注意：此处单价为含税单价，增值税税率为17%。

2.7 采购商品的流程

(1) 采购部门根据仓储中心库存净需求(仓储中心补货申请表)、市场供求形势、采购提前期、安全库存以及采购批量等因素，编制采购计划表。

(2) 采购部门与童车制造企业签订合同，确定未来一段时间里即将采购的商品品种、预计数量和约定价格等内容。

(3) 每月月末，采购部门根据库存情况与童车制造企业签订纸质采购合同。

(4) 供应商根据约定的时间向连锁企业发货，连锁企业验收入库。

(5) 货款结算的时间及金额依据双方签订的合同，并根据实际情况执行。

(6) 采购运费的具体细节在采购合同中由双方进行约定。

2.8　仓储规则

2.8.1　仓库

连锁零售企业有 3 个仓库：仓储中心库、东区门店库、西区门店库

注意：东区门店库和西区门店库实际上仓库和店面是一体的，不单独设立仓管员。

仓库信息表如下：

仓库编码	仓库名称	可存放商品
ZBCK01	仓储中心库	经济童车、舒适童车、豪华童车
AZCK02	东区门店库	经济童车、舒适童车、豪华童车
DDCK03	西区门店库	经济童车、舒适童车、豪华童车

2.8.2　商品信息

仓储中心负责企业所需商品的采购入库、配送出库和保管。

门店负责销售所需的商品补货入库、销售出库和保管。

商品编码	商品名称	规格型号	计量单位
JJTC0111	经济童车	无	辆
SSTC0112	舒适童车	无	辆
HHTC0113	豪华童车	无	辆

3. 连锁企业工作交接情况说明

3.1　连锁企业工作交接仓库状况

连锁总部、东区门店、西区门店各有普通仓库一个。

仓库类型	使用年限（年）	仓库面积（平方米）	仓库容积（立方米）	仓库总存储单位	售价（万元）	拥有数量
普通仓库	20	500	3 000	300 000	540	3

3.2 连锁企业组织机构信息

序号	企业法定中文名称	简称	办公电话	邮政编码	注册资金	企业注册登记日期	企业法定代表人	企业注册地址	企业法人营业执照注册号	开户银行	银行账号
1	百联集团有限公司	百联	010-62234666	100089	5 000 000	2015/1/4	杜锋	东亿中路66号	100108666987335	中国工商银行	0100229999000099020

3.3 连锁企业工作交接库存状况

仓储中心库存报表(期初)如下：

存货编码	存货名称	库存数量(辆)	在途数量(辆)
JJTC0111	经济型童车	2 000	0
SSTC0112	舒适型童车	0	0
HHTC0113	豪华型童车	0	0

东区门店库存报表(期初)如下：

存货编码	存货名称	库存数量(辆)	在途数量(辆)
JJTC0111	经济型童车	400	0
SSTC0112	舒适型童车	0	0
HHTC0113	豪华型童车	0	0

西区门店库存报表(期初)如下：

存货编码	存货名称	库存数量(辆)	在途数量(辆)
JJTC0111	经济型童车	400	0
SSTC0112	舒适型童车	0	0
HHTC0113	豪华型童车	0	0

3.4　制造企业(连锁企业供应商)信息

序号	企业法定中文名称	简　称	办公电话	邮政编码	注册资金	企业注册登记日期	企业法定代表人	企业注册地址	企业法人营业执照注册号	开户银行	银行账号
1	宝乐童车制造有限公司	宝乐	010-62345678	102202	15 000 000	2015/1/4	赵成	永定路66号	110108809018632	中国工商银行	0100229999000099001
2	小精灵童车制造有限公司	小精灵	010-62345679	102202	15 000 000	2015/1/4	钱乾	越秀东路45号	110108809018633	中国工商银行	0100229999000099002
3	童飞童车制造有限公司	童飞	010-62345680	102202	15 000 000	2015/1/4	孙鸿铭	康安北街5号	110108809018634	中国工商银行	0100229999000099003
4	爱贝尔童车制造有限公司	爱贝尔	021-62345681	102202	15 000 000	2015/1/4	李刚	新园西路666	110108809018635	中国工商银行	0100229999000099004
5	豆豆熊童车制造有限公司	豆豆熊	021-62345682	102202	15 000 000	2015/1/4	周星星	武强北路722号	110108809018636	中国工商银行	0100229999000099005
6	五彩梦童车制造有限公司	五彩梦	020-62345683	102202	15 000 000	2015/1/4	吴梦	天河北路11号	110108809018637	中国工商银行	0100229999000099006
7	慧聪童车制造有限公司	慧聪	020-62345684	102202	15 000 000	2015/1/4	武岳	沿江中街144号	110108809018638	中国工商银行	0100229999000099007
8	迪士博童车制造有限公司	迪士博	020-62345685	102202	15 000 000	2015/1/4	郑文	漕溪中路211号	110108809018639	中国工商银行	0100229999000099008
9	宝贝快长童车制造有限公司	宝贝快长	028-62345686	102202	15 000 000	2015/1/4	王伟	天仙桥北路55号	110108809018640	中国工商银行	0100229999000099009
10	伊拉贝莎童车制造有限公司	伊拉贝莎	028-62345687	102202	15 000 000	2015/1/4	朱玖	共和中路158号	110108809018641	中国工商银行	0100229999000099010

3.5　连锁企业银行存款信息

银行账号:0100229999000099020。

银行存款:5 000 000 元。

4. 连锁企业业务说明

4.1　在固定经营阶段

会由计算机扮演顾客,选中 4 张订单小票。订单小票上写明客户名称,购买童车品种、数量、价格等信息,需要避免反复购买。

销售订单如下表所示:

客户名称	日　期	货品名称	数 量	单 位	含税单价(元)	应收金额(元)	折扣率	赠 品	实收金额(元)
个人客户订单合计 1	2017-1-5	经济童车	100	辆	1 250	125 000	1	无	125 000
个人客户订单合计 2	2017-1-5	经济童车	100	辆	1 250	125 000	1	无	125 000
个人客户订单合计 3	2017-1-5	经济童车	100	辆	1 250	125 000	1	无	125 000
个人客户订单合计 4	2017-1-5	经济童车	100	辆	1 250	125 000	1	无	125 000

4.2　在自主经营阶段

销售订单如下表所示:

客户名称	日　期	货品名称	数 量	单 位	含税单价(元)	应收金额(元)	折扣率	赠 品	实收金额(元)
个人客户订单合计 5	2018-1-5	经济童车	100	辆	1 250	125 000	1	无	125 000
个人客户订单合计 6	2018-1-5	舒适童车	100	辆	1 850	185 000	1	无	185 000
个人客户订单合计 7	2018-1-5	豪华童车	100	辆	2 450	245 000	1	无	245 000
个人客户订单合计 8	2018-1-5	经济童车	100	辆	1 250	125 000	1	无	125 000
个人客户订单合计 9	2018-1-5	舒适童车	100	辆	1 850	185 000	1	无	185 000
个人客户订单合计 10	2018-1-5	豪华童车	100	辆	2 450	245 000	1	无	245 000
个人客户订单合计 11	2018-1-5	经济童车	100	辆	1 250	125 000	1	无	125 000

续　表

客户名称	日　期	货品名称	数 量	单 位	含税单价（元）	应收金额（元）	折扣率	赠 品	实收金额（元）
个人客户订单合计 12	2018-1-5	舒适童车	100	辆	1 850	185 000	1	无	185 000
个人客户订单合计 13	2018-1-5	豪华童车	100	辆	2 450	245 000	1	无	245 000
个人客户订单合计 14	2018-1-5	经济童车	100	辆	1 250	125 000	1	无	125 000
个人客户订单合计 15	2018-1-5	舒适童车	100	辆	1 850	185 000	1	无	185 000
个人客户订单合计 16	2018-1-5	豪华童车	100	辆	2 450	245 000	1	无	245 000

5. 连锁企业岗位职责

5.1　总经理岗位职责

(1) 组织制订企业年度经营计划，经董事长办公会议批准后负责组织实施。

(2) 拟订企业内部管理机构设置方案。

(3) 拟订企业基本管理制度和制定公司的具体规章制度。

(4) 主持企业经营班子日常各项经营管理工作。

(5) 负责召集主持总经理办公会议，检查、督促和协调各部门的工作进展。

(6) 提请聘任或者解聘公司各部门经理。

(7) 签署日常行政、业务文件。

(8) 负责处理公司重大突发事件。

5.2　仓储经理岗位职责

(1) 负责仓库相关操作规范的制定，并在实施中的指导与监督。

(2) 负责仓库租赁费用的核定工作。

(3) 负责公司及网点仓库的安全检查工作。

(4) 负责处理各仓库的突发性事件，并在最短时间内给出正确的处理方案。

(5) 负责处理仓库内各种漏装、缺损、旧损等不良品的处理工作，积极与采购一起向上游供应商联系，及时解决。

(6) 负责协调好物资的仓储摆放位置，负责做好自提货物的客户服务、核对工作。

(7) 负责仓储货物的装车核实、卸货清点登记和台账管理，保证仓储货物的防火、防盗工作。

5.3　店长岗位职责

(1) 落实上级安排的销售任务和计划，控制店内资源的损耗。

(2) 负责本店客户需求分析，上架产品品类、品相的管理，库存分析及配备。

(3) 分析店铺经营状况，了解周边竞争对手经营状况，做好记录并上报。

(4) 听取顾客的意见及批评，保证服务质量，处理店面客户投诉。

(5) 做好销售数据的记录、统计，定期上报公司。

(6) 维持店内的清洁卫生，保证整个连锁店内物品摆放合理有序。

(7) 指导并监督店内产品按公司统一标准摆放展示，确保所展示产品以最佳展示效果展示。

(8) 确保店内现金、收款等安全，加强店面的防火、防盗、防工伤、安全保卫的工作。

2.5 国际贸易企业

1. 国际贸易企业部门情况说明

国际贸易企业目前有企管部、内陆业务部和海外业务部三个部门，企管部有总经理一个工作人员，内陆业务部有内陆业务经理一个工作人员，海外业务部有进出口经理一个工作人员。国贸总经理兼任财务会计；内陆业务经理兼任业务员；进出口经理兼任外贸员、单证员、出纳员。

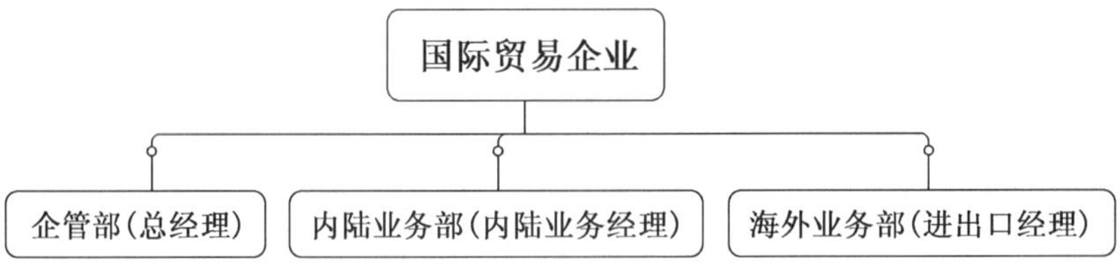

2. 国际贸易企业相关规则说明

2.1　英文函电格式和标点符号

(1) 英文信封的格式有两点与中文信封书写的习惯几乎相反：一是寄信人信息在左上角；收信人信息在中间略靠下、略靠左。二是各自的信息都按从小到大的顺序表达。

(2) 信内的双方信息是：寄信人信息在右上角，由小到大；并在最下行写上日期；如果公文纸中间最上方已有铅印好的公司信息，则右上角处不用再重复，只需将写信日期写在右上角即可。收信人信息写在左上角，略低于右上角的寄信人信息；信息排序依然是由小到大。

(3) 信内称呼收信人后，要使用逗号；信尾结束语后也要使用逗号。

(4) 英语书写中使用的句号永远是一个实心的点。

2.2　CIF 报价计算规则

下面来看按一个集装箱装货量报价的计算过程：

产品从工厂进货价(含 17%税)：1 010.32 元/辆。

出口退税：9%。

查询国际海运至热那亚每个 20 英尺货柜：2 800 美元。

保险费：按成交价格加成 10%；再投保一切险(0.9%)和战争险(0.1%)。

纸箱包装尺寸：110 cm×70 cm×20 cm。

净重:15公斤。

毛重:20公斤。

国内杂费(国内运费、港杂费、银行占款、报关费、商检费)大约:2 000元。

公司预期利润:10%。

一个20英尺货柜的内容积为25个立方米,可承载17.5吨货,但通常情况下都按着体积来计算内装货物数量,因为按重量计算的话,一般货物要是有17.5吨重,那它的体积要远远大于25个立方米,一个货柜是装不下的。

出口报价公式:

$$\text{CIF}=\frac{\text{实际采购成本}+\text{国际运费}+\text{国内杂费}}{1-(1+\text{投保加成率})\times\text{保险费率}-\text{佣金率(如有)}-\text{公司预期利润率}}$$

运用公式先分步计算分子(分母都是已知数):

$$\begin{aligned}\text{实际采购成本}&=\text{含税成本}-\frac{\text{含税成本}}{1+\text{增值税率}}\times\text{出口退税率}=1\,010.32-\frac{1\,010.32}{1+17\%}\times 9\%\\&=932.6(\text{元})(\text{运算过程中保留小数点后四位})\end{aligned}$$

国际运费=2 800美元×6.20(汇率)=17 360(人民币元)(一个20英尺货柜)

一个20英尺货柜内装数量=内容积25立方米/(1.1×0.7×0.2)=162(辆)

所以,

每辆童车的国际运费=17 360/162=107.160 5(人民币元)

$$\text{国内杂费}=\frac{2\,000\text{人民币元}}{162\text{辆}}(\text{一个集装箱内装数量})$$

每辆童车的国内杂费=12.345 7(人民币元)

将所有已知数代入公式:

$$\text{CIF报价}=\frac{932.6+107.160\,5+12.345\,7}{1-(1+10\%)\times(0.9\%+0.1\%)-10\%}=1\,183.48(\text{人民币元})$$

$$\text{CIF报价}=\frac{1\,183.48}{6.2}=190.88(\text{美元})(\text{对外报价前要换算为美元,保留小数点后两位})$$

总金额=190.88×162×5=154 615.94(美元)

2.3　结算方式

2.3.1　信用证结算

国际贸易支付方式除了信用证还有托收(D/P、D/A)和汇付(T/T、M/T、D/D),但是相对来讲信用证是最安全的支付方式。它属于银行信用,即买方通过其往来银行依据买卖双方签订的合同条款开出以卖方为受益人(Beneficiary)的银行付款担保;卖方交货后凭信用证规定的相关单据向指定银行议付货款;银行承担第一付款责任。

2.3.2　销售合同说明

合同中,销售价格为含税价,增值税税率为17%,销售商品时需要给顾客开具增值税专用发票。

2.3.3　实训说明

本实训的通知行、议付行都是中国银行,开证行是BANKA DI MILANO。

在催证、审证、改证业务流程中,需明确开证时间和种类、催开信用证、买方申请开证、买方银行开证(开证行)、开证行把信用证交给卖方银行(通知行)等等,这些业务活动因为没有出口商组织,也没有开证行组织,所以本实训假设这些活动已经发生,并正确完成。

以 CIF 术语成交的出口合同,在信用证得到落实、货物准备工作尽在掌握之中的情况下,出口方应尽可能提前租船或订舱,以确保船货衔接、按时出运。租船或订舱是货物出运的前期工作,是交货环节中至关重要的部分。大多数情况下,这部分工作连同出口报关和储运业务,一并委托专业的涉外货运代理公司(货代)去做。货代企业提供的服务相对出口企业自己来做往往更专业而高效,同时也可以节省出口企业自己做可能产生的更多成本。但是,为了让学生们体验这部分业务而更好地掌握前面外贸环节的诸多知识点,我们将这部分工作设计为由国贸公司进出口经理代替货代公司完成。

船公司的业务也由国贸公司进出口经理代替完成。

国贸公司的进出口经理具有报关员证和报检员证。

保险公司的保险费和船公司的船运费的转账说明。

因为没有保险公司组织和船公司组织,保险费和船运费在国贸公司扣除后转到服务公司的指定账号上。

2.4 采购规则

采购商品主要依据按销售预测制订采购计划,从童车制造企业采购,采购品种主要有三种,如下表所示。

商品编码	商品名称	规格型号	计量单位	市场供应平均单价	安全库存
JJTC0111	经济童车		辆	1 010	200
SSTC0112	舒适童车		辆	1 800	200
HHTC0113	豪华童车		辆	2 400	100

注意:此处单价为含税单价,增值税税率为 17%。

2.4.1 销售预测方法

移动平均法是用一组最近的实际数据值来预测未来一期或几期内公司商品的需求量的一种常用方法。移动平均法适用于近期预测。当商品需求既不快速增长也不快速下降,且不存在季节性因素时,移动平均法能有效地消除预测中的随机波动,是非常有用的。移动平均法根据预测时使用的各元素的权重不同,可以分为简单移动平均和加权移动平均。

2.4.2 简单移动平均法

本实训用简单移动平均法进行销售量预测。国际贸易公司销售的童车在 7 月、8 月、9 月的销售量分别为 1 000、700、1 000 辆,预测 10 月份的销售量为:

(1 000+700+1 000)÷3=900(辆)

10 月份的实际销售量为 810 辆,则 11 月份的预测销售量为:

(700+1 000+810)÷3=836(辆)

计划采购量=预测销售量-(剩余库存量-安全库存量),即:

836-(490-200)=546(辆)

2.4.3 采购商品的流程

(1) 国贸内陆业务部门根据销售预测、市场供求形势、采购提前期、安全库存以及采购批量等因素，编制采购计划表；

(2) 国贸内陆业务部门与童车制造企业签订合同，确定未来一段时间里即将采购的商品品种、预计数量和约定价格等内容；

(3) 每月月末，国贸内陆业务部门根据销售情况与童车制造企业签订纸质采购合同；

(4) 制造企业根据约定的时间向国贸公司发货，国贸验收入库；

(5) 货款结算的时间及金额依据双方签订的合同，并根据实际情况执行。

2.5　仓储规则

2.5.1　仓库

仓库容量信息如下：

仓库类型	使用年限（年）	仓库面积（平方米）	仓库容积（立方米）	仓库总存储单位	售价（万元）
普通仓库	20	500	3 000	300 000	540

普通仓库可存放物资种类与数量信息如下：

存货编码	存货名称	存货占用存储单位
JJTC0111	经济型童车	10
SSTC0112	舒适型童车	10
HHTC0113	豪华型童车	10

2.5.2　商品信息

商品编码	商品名称	规格型号	计量单位
JJTC0111	经济童车	无	辆
SSTC0112	舒适童车	无	辆
HHTC0113	豪华童车	无	辆

2.5.3　货位信息

商品编码	商品名称	单　位	货　位
JJTC0111	经济童车	辆	A0001
SSTC0112	舒适童车	辆	A0002
HHTC0113	豪华童车	辆	A0003

2.6　人力规则

2.6.1　基本工资标准

人员类别	月基本工资
总经理	12 000.00 元/月
部门经理	7 500.00 元/月

2.6.2 五险一金规则

五险一金按照月基本工资进行相应比例的缴纳

分类	养老	失业	工伤	生育	医疗		住房公积金
					基本医疗	大额互助	
单位	20%	1.5%	0.5%	0.8%	9%	1%	10%
个人	8%	0.5%	0	0	2%	3元	10%

2.6.3 个人所得税规则

个人所得税按照相应的比例缴纳。

人所得税计算采用2011年9月1日起开始执行的7级超额累进税率。

个人所得税计算方式为：

个人所得税＝全月应纳税所得额×税率－速算扣除数

全月应纳税所得额＝应税工资－3 500

工资、薪金所得适用个人所得税税率

级数	全月应纳税所得额	税率%	速算扣除数(元)
1	不超过1 500元	3	0
2	超过1 500元至4 500元	10	105
3	超过4 500元至9 000元	20	555
4	超过9 000元至35 000元	25	1 005
5	超过35 000元至55 000元	30	2 755
6	超过55 000元至80 000元	35	5 505
7	超过80 000元	45	13 505

2.6.4 个人工资计算

应税工资＝基本工资－个人缴纳五险一金合计

企业支出(财务记账)＝基本工资＋企业缴纳五险一金合计

个人所得税＝全月应纳税所得额×税率－速算扣除数

全月应纳税所得额＝应税工资－3 500

实发工资＝基本工资－个人缴纳五险一金合计－个人所得税

2.6.5　个人缴纳五险一金计算

工号	姓名	部门	岗位	基本工资	个人缴纳五险一金							
					养老保险 8%	医疗保险 2%+3	失业保险 0.5%	工伤保险	生育保险	五险小计	住房公积金 10%	五险一金小计
1	赵金金	企业管理部	总经理	12 000.00	960.00	243.00	60.00	—	—	1 263.00	1 200.00	2 463.00
2	孙灿	内陆业务部	业务经理	7 500.00	600.00	153.00	37.50	—	—	790.50	750.00	1 540.50
3	李鑫	海外业务部	业务经理	7 500.00	600.00	153.00	37.50	—	—	790.50	750.00	1 540.50

2.6.6　企业缴纳五险一金计算

工号	姓名	部门	岗位	基本工资	企业缴纳五险一金							
					养老保险 20%	医疗保险 10%	失业保险 1.5%	工伤保险 0.5%	生育保险 0.8%	五险小计	住房公积金 10%	五险一金小计
1	赵金金	企业管理部	总经理	12 000.00	2 400.00	1 200.00	180.00	60.00	96.00	3 936.00	1 200.00	5 136.00
2	孙灿	内陆业务部	业务经理	7 500.00	1 500.00	750.00	112.50	37.50	60.00	2 460.00	750.00	3 210.00
3	李鑫	海外业务部	业务经理	7 500.00	1 500.00	750.00	112.50	37.50	60.00	2 460.00	750.00	3 210.00

2.6.7　个人所得税及实发工资计算

工号	姓名	部门	岗位	基本工资	代扣款项	应税工资	应扣个人所得税	实发工资
					五险一金小计			
1	赵金金	企业管理部	总经理	12 000.00	2 463.00	9 537.00	652.40	8 884.60
2	孙灿	内陆业务部	业务经理	7 500.00	1 540.50	5 959.50	140.95	5 818.55
3	李鑫	海外业务部	业务经理	7 500.00	1 540.50	5 959.50	140.95	5 818.55

2.6.8　以赵金金为例计算相关费用

应税工资＝基本工资－个人缴纳五险一金合计

＝12 000－2 463＝9 537(元)

企业支出(财务记账)＝基本工资＋企业缴纳五险一金合计

＝12 000＋5 136＝17 136(元)

个人所得税＝全月应纳税所得额×税率－速算扣除数

＝6 037×20%－555＝652.4(元)

全月应纳税所得额＝应税工资－3 500

＝9 537－3 500＝6 037(元)

实发工资＝基本工资－个人缴纳五险一金合计－个人所得税

＝12 000＝2 463－652.4＝8 884.6(元)

3. 国际贸易企业工作交接情况说明

3.1　国际贸易企业组织机构信息

序号	企业法定中文名称	简称	办公电话	邮政编码	注册资金	企业注册登记日期	企业法定代表人	企业注册地址	企业法人营业执照注册号	开户银行	银行账号
1	五洲进出口有限公司	五洲	010－62500478	101060	20 000 000	2015/1/4	郭容	广顺北街38号	110108120101688	中国工商银行	0100229999000099021

3.2　国际贸易企业工作交接财务状况

资产负债表

资　产	金　额	负债及所有者权益	金　额
流动资产：		流动负债：	
资金货币	201 010 000.00	短期借款	30 000 000.00
应收账款	6 318 000.00	应付账款	7 020 000.00
存货	520 600.00	应付职工薪酬	215 060.24
		应交税费	604 929.76
		其他应付款	
流动资产合计	201 530 600.00	流动负债合计	31 521 990.00
		长期负债：	
		长期借款	100 000 000.00
非流动资产		所有者权益：	
固定资产	8 713 650.00	实收资本	10 000 000.00
		资本公积	
		盈余公积	60 000 000.00
		未分配利润	8 722 260.00
非流动资产合计	8 713 650.00	所有者权益合计	78 722 260.00
资产总计	216 562 250.00	负债及所有者权益总计	216 562 250.00

3.3　国际贸易企业工作交接库存状况

存货编码	存货名称	库存数量(辆)	在途数量(辆)
JJTC0111	经济型童车	2 000	0
SSTC0112	舒适型童车	200	0
HHTC0113	豪华型童车	100	0

3.4　国际贸易企业工作交接仓库状况

仓库类型	使用年限(年)	仓库面积(平方米)	仓库容积(立方米)	仓库总存储单位	售价(万元)	拥有数量
普通仓库	20	500	3 000	300 000	540	1

3.5　制造企业(国贸企业供应商)信息

序号	企业法定中文名称	简称	办公电话	邮政编码	注册资金	企业注册登记日期	企业法定代表人	企业注册地址	企业法人营业执照注册号	开户银行	银行账号
1	宝乐童车制造有限公司	宝乐	010－62345678	102202	15 000 000	2015/1/4	赵成	永定路66号	110108809018632	中国工商银行	0100229999000099001
2	小精灵童车制造有限公司	小精灵	010－62345679	102202	15 000 000	2015/1/4	钱乾	越秀东路45号	110108809018633	中国工商银行	0100229999000099002
3	童飞童车制造有限公司	童飞	010－62345680	102202	15 000 000	2015/1/4	孙鸿铭	康安北街5号	110108809018634	中国工商银行	0100229999000099003
4	爱贝尔童车制造有限公司	爱贝尔	021－62345681	102202	15 000 000	2015/1/4	李刚	新园西路666	110108809018635	中国工商银行	0100229999000099004
5	豆豆熊童车制造有限公司	豆豆熊	021－62345682	102202	15 000 000	2015/1/4	周星星	武强北路722号	110108809018636	中国工商银行	0100229999000099005
6	五彩梦童车制造有限公司	五彩梦	020－62345683	102202	15 000 000	2015/1/4	吴梦	天河北路11号	110108809018637	中国工商银行	0100229999000099006
7	慧聪童车制造有限公司	慧聪	020－62345684	102202	15 000 000	2015/1/4	武岳	沿江中街144号	110108809018638	中国工商银行	0100229999000099007
8	迪士博童车制造有限公司	迪士博	020－62345685	102202	15 000 000	2015/1/4	郑文	漕溪中路211号	110108809018639	中国工商银行	0100229999000099008

续 表

序号	企业法定中文名称	简称	办公电话	邮政编码	注册资金	企业注册登记日期	企业法定代表人	企业注册地址	企业法人营业执照注册号	开户银行	银行账号
9	宝贝快长童车制造有限公司	宝贝快长	028－62345686	102202	15 000 000	2015/1/4	王伟	天仙桥北路55号	110108809018640	中国工商银行	0100229999000099009
10	伊拉贝莎童车制造有限公司	伊拉贝莎	028－62345687	102202	15 000 000	2015/1/4	朱玖	共和中路158号	110108809018641	中国工商银行	0100229999000099010

4. 国际贸易企业岗位职责

4.1 国贸总经理岗位职责

(1) 负责组织制定公司经营方针、经营目标、经营计划，分解到各部门并组织实施。

(2) 负责制定并落实公司各项规章制度、改革方案、改革措施。

(3) 提出公司组织机构设置方案。

(4) 提出公司经营理念，主导企业文化建设的基本方向，创造良好的工作环境、生活环境，培养员工归属感，提升企业的向心力、凝聚力、战斗力。

(5) 负责处理部门之间事务矛盾问题。

(6) 负责审核公司经营费用支出。

(7) 决定公司各部门人员聘用任免。

(8) 对公司的经济效益负责，分配各种资源。

4.2 国贸内陆业务经理岗位职业

(1) 负责销售计划的制订与执行，检查、监督销售计划的完成情况，出现偏差及时纠正，保证实现本区域的市场占有率和销售目标。

(2) 负责销售费用预算、控制和管理。

(3) 负责售后推行公司的售后服务规定及产品特点，与相关部门及人员配合实现售后服务目标。

(4) 负责收集本区域的产品市场行情变化及重点竞争对手的销售策略、市场策略等信息，对市场信息进行分析、预测并制定对策，及时向相关部门提供建议。

(5) 负责合同履行过程中紧急意外情况的妥善处理。

(6) 负责下属员工的招聘、培训、工作任务分配及业务指导等，支持销售目标的达成。

4.3 国贸进出口经理岗位职业

(1) 负责进出口业务的订单管理，带领外贸部积极开拓国际市场，联系国外客户，寻求订单，并领导商务谈判与签订合同。

(2) 负责进出口订单的洽谈、签约、单证审核、订单管理、运输、报关、收汇等。

(3) 负责对进出口订单的评估、跟踪、管理和风险控制。

(4) 负责所接订单的生产和货源，货物检验、商检报关等过程的跟踪，及时处理各环节出现的问题。

（5）负责客户资料的整理，做好客户要求的及时反馈和处理。

（6）负责合同履行过程中紧急意外情况的妥善处理。

（7）负责下属业务员的培养和指导。

2.6　物流企业

1. 物流企业部门情况说明

物流企业目前有企管部和业务部两个部门，企管部有总经理一个工作人员，业务部有业务经理一个工作人员。

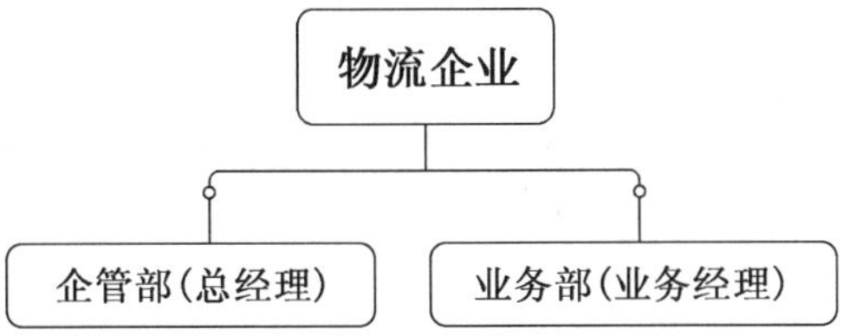

2. 物流企业相关规则说明

2.1　运输规则

物流企业与其他企业签订运输合同年限为 1 年。费用结算以运单为依据，详见合同，如出现争议提交工商局进行协调，运费为货款金额的 5%。

2.2　车辆维护与保养规则

物流公司车辆信息如下：

车　型	最大载重（T）	最大容积（m^3）	车厢尺寸	数量（辆）
短途运输车	4 T	13 m^3	4 m×1.8 m×1.8 m	40
短途运输车	8 T	40 m^3	7 m×2.4 m×2.5 m	20
40 尺柜牵引车	20 T	75 m^3	12.5 m×2.5 m×2.5 m	20

2.3　财务规则

财务业务规则主要包括会计核算制度、会计管理制度，预算管理方法、筹资规则、投资规则、账簿设置与会计核算程序等方面的主要规则，各公司必须按照本规则的各项规定组织会计核算，进行会计管理。

2.4　税务规则

物流公司从事生产经营活动，涉及国家或地方多个税种，包括企业所得税、营业税、城建税、房产税、车船使用税、土地使用税、印花税、土地增值税、教育费及附加、个人所得税。

2.5　税种类型

按照国家税法规定的税率和起征金额进行税额的计算，企业所得税按照利润总额的 25%缴纳，“交通运输业”营业税税率为 5%，城建税为增值税税额的 7%，房产税按自有房产原值的 70%×1.2%缴纳；车船税按车辆缴纳；印花税：购销合同按购销金额的万分之三贴花；账本按 5 元/本缴纳(每年启用时)；年度按“实收资本”与“资本公积”之和的万分之五缴纳(第一年按全额缴纳，以后按年度增加部分缴纳)；教育费附加为增值税税额的 3%。个人所得税按照 7 级累进税率，起征点为月收入 3 500 元。

2.6　日常纳税申报及缴纳税款

在税收征收期内，按照物流公司的经营情况，填制各税申报表，携带相关会计报表，到税务部门办理纳税申报业务，得到税务部门开出的税收缴款书，并到银行缴纳税款。依据税务部门规定，每月月初进行上月的纳税申报及缴纳。如遇特殊情况，可以向税务部门申请延期纳税申报。

2.7　会计核算规则—结算方式

本公司可以采用现金结算、转账结算和电汇几种方式。原则上，日常经济活动，低于 2 000 元的可以使用现金，超过 2 000 元的一般使用转账支票结算(差旅费或支付给个人业务除外)。

银行支票分为现金支票和转账支票。现金支票用于提取现金，转账支票用于同一票据交换区内的结算。异地付款一般采用电汇方式。

2.8　人力规则

2.8.1　基本工资标准

人员类别	月基本工资
总经理	12 000.00 元/月
部门经理	7 500.00 元/月

2.8.2　五险一金规则

五险一金按照月基本工资进行相应比例的缴纳。

分　类	养　老	失　业	工　伤	生　育	医　疗		住房公积金
					基本医疗	大额互助	
单位	20%	1.5%	0.5%	0.8%	9%	1%	10%
个人	8%	0.5%	0	0	2%	3 元	10%

2.8.3　个人所得税规则

个人所得税按照相应的比例缴纳。

人所得税计算采用 2011 年 9 月 1 日起开始执行的 7 级超额累进税率。

个人所得税计算方式为：

个人所得税＝全月应纳税所得额×税率－速算扣除数

全月应纳税所得额＝应税工资－3 500

工资、薪金所得适用个人所得税税率			
级　数	全月应纳税所得额	税率%	速算扣除数(元)
1	不超过 1 500 元	3	0
2	超过 1 500 元至 4 500 元	10	105
3	超过 4 500 元至 9 000 元	20	555
4	超过 9 000 元至 35 000 元	25	1 005
5	超过 35 000 元至 55 000 元	30	2 755
6	超过 55 000 元至 80 000 元	35	5 505
7	超过 80 000 元	45	13 505

2.8.4　个人工资计算

应税工资=基本工资－个人缴纳五险一金合计

企业支出(财务记账)=基本工资+企业缴纳五险一金合计

个人所得税=全月应纳税所得额×税率－速算扣除数

全月应纳税所得额=应税工资－3 500

实发工资=基本工资－个人缴纳五险一金合计－个人所得税

2.8.5　个人缴纳五险一金计算

工号	姓名	部门	岗位	基本工资	个人缴纳五险一金							
					养老保险 8%	医疗保险 2%+3	失业保险 0.5%	工伤保险	生育保险	五险小计	住房公积金 10%	五险一金小计
1	赵金金	企业管理部	总经理	12 000.00	960.00	243.00	60.00	—	—	1 263.00	1 200.00	2 463.00
2	李鑫	业务部	业务经理	7 500.00	600.00	153.00	37.50	—	—	790.50	750.00	1 540.50

2.8.6　企业缴纳五险一金计算

工号	姓名	部门	岗位	基本工资	企业缴纳五险一金							
					养老保险 20%	医疗保险 10%	失业保险 1.5%	工伤保险 0.5%	生育保险 0.8%	五险小计	住房公积金 10%	五险一金小计
1	赵金金	企业管理部	总经理	12 000.00	2 400.00	1 200.00	180.00	60.00	96.00	3 936.00	1 200.00	5 136.00
2	李鑫	业务部	业务经理	7 500.00	1 500.00	750.00	112.50	37.50	60.00	2 460.00	750.00	3 210.00

2.8.7 个人所得税及实发工资计算

工号	姓名	部门	岗位	基本工资	代扣款项	应税工资	应扣个人所得税	实发工资
					五险一金小计			
1	赵金金	企业管理部	总经理	12 000.00	2 463.00	9 537.00	652.40	8 884.60
2	李鑫	业务部	业务经理	7 500.00	1 540.50	5 959.50	140.95	5 818.55

2.8.8 以赵金金为例计算相关费用

应税工资＝基本工资－个人缴纳五险一金合计

＝12 000－2 463＝9 537(元)

企业支出(财务记账)＝基本工资＋企业缴纳五险一金合计

＝12 000＋5 136＝17 136(元)

个人所得税＝全月应纳税所得额×税率－速算扣除数

＝6 037×20％－555＝652.4(元)

全月应纳税所得额＝应税工资－3 500

＝9 537－3 500＝6 037(元)

实发工资＝基本工资－个人缴纳五险一金合计－个人所得税

＝12 000＝2 463－652.4＝8 884.6(元)

3. 物流企业工作交接情况说明

3.1　物流企业客户组织机构信息

序号	企业法定中文名称	简　称	办公电话	邮政编码	注册资金	企业注册登记日期	企业法定代表人	企业注册地址	企业法人营业执照注册号	开户银行	银行账号
1	宝乐童车制造有限公司	宝乐	010 - 62345678	102202	15 000 000	2015/1/4	赵成	永定路66号	110108809018632	中国工商银行	0100229999000099001
2	小精灵童车制造有限公司	小精灵	010 - 62345679	102202	15 000 000	2015/1/4	钱乾	越秀东路45号	110108809018633	中国工商银行	0100229999000099002
3	童飞童车制造有限公司	童飞	010 - 62345680	102202	15 000 000	2015/1/4	孙鸿铭	康安北街5号	110108809018634	中国工商银行	0100229999000099003
4	爱贝尔童车制造有限公司	爱贝尔	021 - 62345681	102202	15 000 000	2015/1/4	李刚	新园西路666	110108809018635	中国工商银行	0100229999000099004
5	豆豆熊童车制造有限公司	豆豆熊	021 - 62345682	102202	15 000 000	2015/1/4	周星星	武强北路722号	110108809018636	中国工商银行	0100229999000099005
6	五彩梦童车制造有限公司	五彩梦	020 - 62345683	102202	15 000 000	2015/1/4	吴梦	天河北路11号	110108809018637	中国工商银行	0100229999000099006
7	慧聪童车制造有限公司	慧聪	020 - 62345684	102202	15 000 000	2015/1/4	武岳	沿江中街144号	110108809018638	中国工商银行	0100229999000099007
8	迪士博童车制造有限公司	迪士博	020 - 62345685	102202	15 000 000	2015/1/4	郑文	漕溪中路211号	110108809018639	中国工商银行	0100229999000099008
9	宝贝快长童车制造有限公司	宝贝快长	028 - 62345686	102202	15 000 000	2015/1/4	王伟	天仙桥北路55号	110108809018640	中国工商银行	0100229999000099009
10	伊拉贝莎童车制造有限公司	伊拉贝莎	028 - 62345687	102202	15 000 000	2015/1/4	朱玖	共和中路158号	110108809018641	中国工商银行	0100229999000099010

续 表

序号	企业法定中文名称	简　称	办公电话	邮政编码	注册资金	企业注册登记日期	企业法定代表人	企业注册地址	企业法人营业执照注册号	开户银行	银行账号
11	恒通工贸有限公司	恒通	010－51062888	100076	4 500 000	2015/1/4	张艳	小红门路45 号	110000001012587	中国工商银行	0100229999000099015
12	邦尼工贸有限公司	邦尼	021－60423018	100070	4 500 000	2015/1/4	张伟	曙光西街722 号	110106311235740	中国工商银行	0100229999000099016
13	思远工贸有限公司	思远	020－51012837	100076	4 500 000	2015/1/4	何聪	顾家庄中路 147 号	110020001012524	中国工商银行	0100229999000099017
14	新耀工贸有限公司	新耀	028－62500499	101300	4 500 000	2015/1/4	王敏	静远东街151 号	110113050173019	中国工商银行	0100229999000099018
15	旭日商贸有限公司	旭日	010－68500412	100094	4 500 000	2015/1/4	李峰	北清路5 号	100108554831327	中国工商银行	0100229999000099011
16	华晨商贸有限公司	华晨	021－68500412	100084	4 500 000	2015/1/4	王强	沙静南路671 号	110108753990101	中国工商银行	0100229999000099012
17	仁和商贸有限公司	仁和	020－63470422	100086	4 500 000	2015/1/4	董浩	安杰北街18 号	110108554831245	中国工商银行	0100229999000099013
18	天府商贸有限公司	天府	028－62500478	100080	4 500 000	2015/1/4	康庄	丰豪中街55 号	110108120101673	中国工商银行	0100229999000099014

3.2 物流企业组织机构信息

序号	企业法定中文名称	简　称	办公电话	邮政编码	注册资金	企业注册登记日期	企业法定代表人	企业注册地址	企业法人营业执照注册号	开户银行	银行账号
1	隆飞物流有限公司	隆飞	027－64667658	100106	6 000 000	2015/1/4	李靖	卓尔大街38 号	100108231234856	中国工商银行	0100229999000099019

3.3 物流企业车辆信息

车 型	最大载重(T)	最大容积(m^3)	车厢尺寸	数量(辆)
短途运输车	4 T	13 m^3	4 m×1.8 m×1.8 m	40
短途运输车	8 T	40 m^3	7 m×2.4 m×2.5 m	20
40尺柜牵引车	20 T	75 m^3	12.5 m×2.5 m×2.5 m	20

3.4 物流企业银行存款信息

银行账号:0100229999000099019。

银行存款:5 000 000元。

3.5 物流企业承运存货档案

存货编码	存货类型	存货名称	规 格	计量单位
P0001	产成品	经济型童车	无	辆
P0002	产成品	舒适型童车	无	辆
P0003	产成品	豪华型童车	无	辆
B0001	原材料	钢管	Φ外16/Φ内11/L5 000(mm)	根
B0002	原材料	镀锌管	Φ外16/Φ内11/L5 000(mm)	根
B0003	原材料	坐垫	HJM500	个
B0004	原材料	记忆太空棉坐垫	HJM0031	个
B0005	原材料	车篷	HJ72×32×40	个
B0006	原材料	车轮	HJΦ外125/Φ内60 mm	个
B0007	原材料	经济型童车包装套件	HJTB100	套
B0008	原材料	数控芯片	MCX3154A	片
B0009	原材料	舒适型童车包装套件	HJTB200	套
B0010	原材料	豪华型童车包装套件	HJTB300	套

4. 物流企业岗位职责

4.1 总经理岗位职责

(1) 负责根据企业发展目标,制定企业物流发展战略。

(2) 负责构建合适的物流组织机构,组建合适的经营团队。

(3) 负责主持建立各项物流制度,监督、检查各项规章制度的执行情况。

(4) 负责研究、设计、改善物流管理的各项工作流程。

(5) 负责下达年度计划指标,并组织各部门实施,监督、检查各计划目标的执行情况。

(6) 负责指导和部署业务、物流、仓储、运输和配送等各部门的工作,协调各部门工作。

(7) 负责组织制定企业物流成本控制的流程和管理办法。

(8) 负责向各部门下达成本控制目标,并监督、检查执行情况。

(9) 负责组织处理各部门运营过程出现的重大突发事件。

4.2 业务经理岗位职业

(1) 负责公司业务范畴内的市场开发工作。

(2) 负责在公司授权范围内进行业务洽谈,为客户宣讲公司服务,增强客户的认可。

(3) 负责独立完成报价、谈判、签订合同。

(4) 负责物流行业信息收集、分析和市场调研。

(5) 负责定期对客户进行电话回访,了解客户对公司服务的意见及建议,详细记录客户对公司的意见和建议并及时反馈。

(6) 负责制订所管地区的市场推广年度、月度、周工作计划,并报上级批准后组织实施。

(7) 负责控制本部门各种费用预算。

(8) 负责根据市场的需求变化,向上级提出合理化建议和意见。

2.7 招投标企业

1. 招投标企业部门情况说明

招投标企业拥有一个员工,即招投标总经理。

2. 招投标企业规则说明

2.1 人力资源规则

人力资源是企业经营活动的基本要素。公司的员工配置、工资标准及核算、员工招聘与培训,要在遵循本规则的前提下,做出科学合理的规划安排,以保证公司的经营活动协调、有序、高效进行。

2.2 销售规则

与业主双方进行合同洽谈,并签订纸质合同,作为后续交易依据。费用结算按双方合同中的约定进行处理,如出现争议,提交工商局进行协调。

2.3　收费规则

招标代理服务收费标准

服费务类率型中标金额（元）	货物招标	服务招标	工程招标
100 万以下	1.5%	1.5%	1.0%
100 万～500 万	1.1%	0.8%	0.7%
500 万～1 000 万	0.8%	0.45%	0.55%
1 000 万～5 000 万	0.5%	0.25%	0.35%
5 000 万～10 000 万	0.25%	0.1%	0.2%
1 亿～5 亿	0.05%	0.05%	0.05%
5 亿～10 亿	0.035%	0.035%	0.035%
10 亿～50 亿	0.008%	0.008%	0.008%
50 亿～100 亿	0.006%	0.006%	0.006%
100 亿以上	0.004%	0.004%	0.004%

注意：(1) 按本表费率计算的收费为招标代理服务全过程的收费基准价格，单独提供编制招标文件（有标底的含标底）服务的，可按规定标准的 30%计收。

(2) 招标代理服务收费按差额定率累进法计算。例如，某工程招标代理业务中标金额为 6 000 万元，计算招标代理服务收费额如下：

100×1.00%＝1（万元）

(500－100)×0.70%＝2.8（万元）

(1 000－500)×0.55%＝2.75（万元）

(5 000－1 000)×0.35%＝14（万元）

(6 000－5 000)×0.20%＝2（万元）

合计收费＝1＋2.8＋2.75＋14＋2＝22.55（万元）

为方便学生计算，本次实训中的招标服务费系统中设定为每单 5 000 元。

2.4　财务规则

财务业务规则主要包括会计核算制度、会计管理制度，预算管理方法、筹资规则、投资规则、账簿设置与会计核算程序等方面的主要规则，各公司必须按照本规则的各项规定组织会计核算，进行会计管理。

2.5　税务规则

招投标公司从事中介服务，涉及国家或地方多个税种，包括增值税、城建税、教育费及附加、个人所得税。

2.5.1　税种类型

按照国家税法规定的税率和起征金额进行税额的计算，城建税为增值税税额的 7%，教育费附加为增值税税额的 3%。个人所得税按照 7 级累进税率，起征点为月收入

3 500 元。

2.5.2　日常纳税申报及缴纳税款

在税收征收期内，按照公司的经营情况，填制各税申报表，携带相关会计报表，到税务部门办理纳税申报业务，得到税务部门开出的税收缴款书，并到银行缴纳税款。依据税务部门规定，每月月初进行上月的纳税申报及缴纳。如遇特殊情况，可以向税务部门申请延期纳税申报。

2.6　会计核算规则

结算方式：

本公司可以采用现金结算、转账结算和电汇几种方式。原则上，日常经济活动，低于2 000元的可以使用现金，超过 2 000 元的一般使用转账支票结算（差旅费或支付给个人业务除外）。

银行支票分为现金支票和转账支票。现金支票用于提取现金，转账支票用于同一票据交换区内的结算。异地付款一般采用电汇方式。

3. 招投标公司岗位职责

招投标总经理

（1）负责审查每个招标项目申请、招标计划、招标方案（招标文件、资格预审文件、标底、招标方式、评标办法）等相关材料。

（2）负责监督投标资格审查、开标、评标过程。

（3）组织招投标项目的合同签订工作，广泛收集信息，做好招标调研工作，接收投标单位及有关方面对招投标工作的投诉，并及时向监督委员会汇报。

（4）负责拟定并完善招投标管理办法及招投标工作流程，负责采购项目的招投标工，根据计划安排招标时间，编写招标文件、整理投标单位资料、发放招标文件、组织考察、询标、编写《评标结果报告》、发放中标通知书。

第3章　固定手工

3.1　工作交接

3.1.1　制造企业工作交接

人：

总经理__________人　　基本工资__________元　　实发：____________

部门经理__________人　　基本工资__________元　　实发：____________

职能主管__________人　　基本工资__________元　　实发：____________

销售人员__________人　　基本工资__________元　　实发：____________

初级工人__________人　　基本工资__________元　　实发：____________

中级工人__________人　　基本工资__________元　　实发：____________

财：

银行存款：

库存现金：

物：

产成品

经济型童车　　数量：__________　　单价：____________半成品

经济型车架：　数量：__________　　单价：____________原材料

钢管：　数量：__________　　单价：____________

坐垫：　数量：__________　　单价：____________

车篷：　数量：__________　　单价：____________

车轮：　数量：__________　　单价：____________

经济型包装套件：　数量：__________　　单价：____________

3.1.2　工贸企业工作交接

人：

总经理____________人　　基本工资__________元　　实发：____________

部门经理__________人　　基本工资__________元　　实发：____________

职能主管__________人　　基本工资__________元　　实发：____________

财：

银行存款：

库存现金：

物：

原材料

钢管： 数量：__________ 单价：____________

坐垫： 数量：__________ 单价：____________

车篷： 数量：__________ 单价：____________

车轮： 数量：__________ 单价：____________

经济型包装套件： 数量：__________ 单价：____________

3.1.3 经销商工作交接

人：

总经理____________人 基本工资__________元 实发：____________

部门经理__________人 基本工资__________元 实发：____________

职能主管__________人 基本工资__________元 实发：____________

财：

银行存款：

库存现金：

物：

产成品

经济型童车 数量：__________ 单价：____________

3.1.4 连锁企业工作交接

人：

总经理____________人 基本工资__________元 实发：____________

部门经理__________人 基本工资__________元 实发：____________

职能主管__________人 基本工资__________元 实发：____________

财：

银行存款：

库存现金：

物：

产成品

经济型童车 数量：__________ 单价：____________

3.1.5 国贸企业工作交接

人：

总经理____________人 基本工资__________元 实发：____________

部门经理__________人　　基本工资__________元　　　实发：__________

职能主管__________人　　基本工资__________元　　　实发：__________

财：

银行存款：

库存现金：

物：

产成品

经济型童车　　数量：__________　　单价：__________

3.2 工贸采购付款闭环

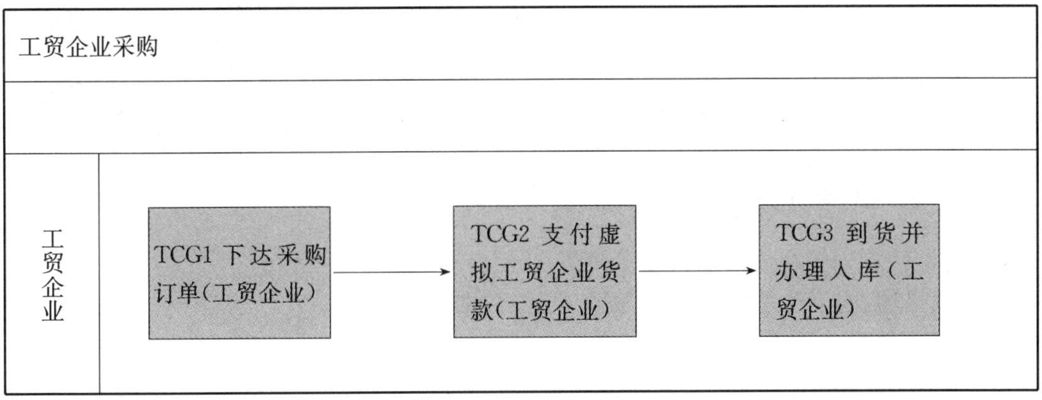

3.2.1 TCG1 下达采购订单(工贸企业)

所属大纲：2017 年 1 月 5 日　第 1 讲

数据描述：2017 年 1 月 5 日，工贸企业根据制造业的采购订单，向虚拟供应商下达采购订单。工贸企业与每一家制造业所签订合同的材料数量如下(注：T 代表工贸企业开课组数，M 为制造企业数量)：

序　号	存货名称	采购数量	单　位	单　价
1	钢管	(9600/T)M	根	99.45
2	坐垫	(4800/T)M	个	75.00
3	车篷	(4800/T)M	个	135.00
4	车轮	(19200/T)M	个	25.00
5	经济型童车包装套件	(4800/T)M	个	85.00
合　计				

业务流程图：

3.2.2 TCG2 支付虚拟工贸企业货款(工贸企业)

所属大纲：2017 年 1 月 5 日　第 1 讲

数据描述：2017 年 1 月 5 日，每家工贸企业支付虚拟市场(湖北丽华五金制品有限公司银行账号：4563512600681022355)采购款。支付采购款：2 850 720/T×M。

业务流程图：

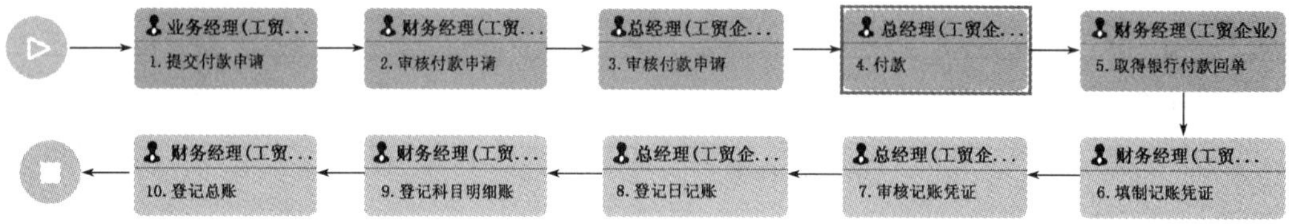

3.2.3 TCG3 到货并办理入库(工贸企业)

所属大纲：2017 年 1 月 5 日　第 2 讲

数据描述：同下达采购订单(工贸企业)中数据。

业务流程图：

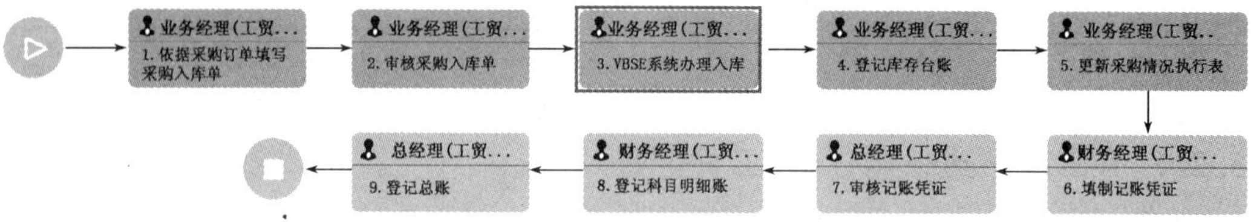

3.3　制造业采购付款闭环

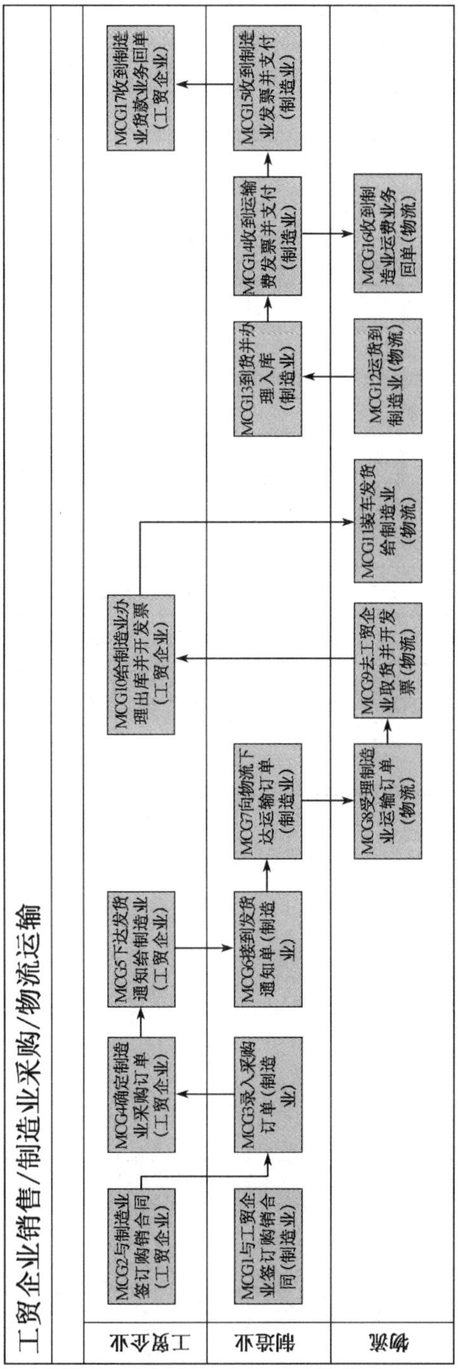

3.3.1 MCG1与工贸企业签订购销合同(制造业)

所属大纲:2017年1月5日　第1讲

数据描述:制造业与每一家工贸企业所签订合同的材料数量如下(注:T代表工贸企业开课组数,本次课程数据以4组工贸企业为例):

商品名称	采购数量
钢管	9600/T
坐垫	4800/T
车篷	4800/T
车轮	19200/T
经济童车包装套件	4800/T

序号	品　名	规　格	单位	到货时间	付款时间	数量	单价	金额小计
1	钢管	Φ外16/Φ内11/L5000 MM	根	2017.1.5	2017.1.25	2 400	121.33	291 192
2	坐垫	HJM500	个	2017.1.5	2017.1.25	1 200	91.50	109 800
3	车篷	HJ72×32×40	个	2017.1.5	2017.1.25	1 200	164.70	197 640
4	车轮	HJΦ外125×Φ内60 mm	个	2017.1.5	2017.1.25	4 800	30.50	146 400
5	经济童车包装套件	HJTB100	个	2017.1.5	2017.1.25	1 200	103.70	124 440
金额合计								869 472

购销合同

合同编号：GX001

购货单位（甲方）：宝乐童车制造有限公司

销货单位（乙方）：恒通工贸有限公司

为了保护买卖双方的合法权益，买卖双方根据《中华人民共和国合同法》的有关规定，经友好协商，一致同意签订本合同，共同遵守。

第一条　购销明细：双方就以下产品达成购销合同。

序号	产品名称	规格型号	含税单价	数量	金额（元）	交货日期	付款日期
1	钢管		121.33	2 400	291 192	2017.1.5	2017.1.25
2	坐垫		91.5	1 200	109 800	2017.1.5	2017.1.25
3	车篷		164.7	1 200	197 640	2017.1.5	2017.1.25
4	车轮		30.5	4 800	146 400	2017.1.5	2017.1.25
5	经济型包装套件		103.7	1 200	124 440	2017.1.5	2017.1.25
6							
7							
8							
9							
10							
11							
12							
13							
14							
15							
合计					869 472		

合同总金额大写人民币：捌拾陆万玖仟肆佰柒拾贰元整

第二条　交货时间与付款时间：

第三条　交货地点：永定路66号

第四条　付款方式：网银转账

第五条　开票要求：发货时开具增值税发票

1/3

第六条　付款条件（客户）：按付款日期付款

第七条　收货条件（客户）：检验产品质量

第八条　运输方式与运输费用：物流公司承运、买房承担运费

第九条　甲方要求乙方通过以下资质认证(选择对应选项)。

☐ 不作要求　　☑ ISO9000　　☐ ISO14000　　☐ 3C

第十条　经济责任：

1. 产品品种、质量不符合本合同规定时，甲方拒绝接受，乙方承担相应费用。
2. 乙方未按本合同规定的产品数量交货时，发生延期交货的当期，扣除该张订单总额的10%作为违约罚款。对于未能按期交货的部分，可以在三个月之内补齐。如果在三个月之内未能全部交货，未能交货部分甲方不再收货。

第十一条　甲、乙任何一方如要求全部或部分注销合同，必须提出充分理由，经双方协商提出注销合同一方须向对方偿付注销合同部分总额10%的补偿金。

第十二条　本合同所订一切条款，甲、乙任何一方不得擅自变更或修改。如一方单独变更、修改本合同，对方有权拒绝生产或收货，并要求单独变更、修改合同一方赔偿一切损失。

第十三条　乙任何一方如确因不可抗力的原因，不能履行本合同时，应及时向对方通知不能履行或须延期履行，部分履行合同的理由。在取得有关机构证明后，本合同可以不履行或延期履行或部分履行，并全部或者部分免予承担违约责任。

第十四条　本合同在执行中如发生争议或纠纷，甲、乙双方应协商解决，解决不了时，双方可向仲裁机构申请仲裁或向人民法院提起诉讼（两者选一）。

第十五条　本合同自双方签章之日起生效，到乙方将全部订货送齐经甲方验收无误，并按本合同规定将货款结算以后作废。

2/3

第十六条　本合同在执行期间，如有未尽事宜，由甲乙双方协商，另订附则附于本合同之内，所有附则在法律上均于本合同同等效力。

第十七条　本合同一式两份，由甲、乙双方各执正本一份。

甲方：宝乐童车制造有	乙方：恒通工贸有限公司
法定代表人：赵成	法定代表人：张艳
委托代理人：　（盖章）	委托代理人：　（盖章）
地址：永定路66号	地址：小红门路45号
电话：62345678	电话：51062888
签订日期：2017.1.5	签订日期：2017.1.5

采购合同执行情况表

制表部门：采购部　　　　编制日期：2017 年 1 月 5 日

合同编号	合同总数	订单编号	供应商名称	物料编码	物料名称	计量单位	订货日期	订货数量	单价	总金额	计划交期	计划付款	已到数量	入库数量	不合格数量	到货日期	应付金额	已付金额	实际付款	开票情况	开票时间	备注
GX001	1	D001	恒通工贸		钢管	根	2017.1.5	2 400	121.33	291 192	2017.1.5	2017.1.25		2 400			291 192			已	2017.1.5	
GX001	1	D001	恒通工贸		坐垫	个	2017.1.5	1 200	91.5	109 800	2017.1.5	2017.1.25		1 200			109 800			已	2017.1.5	
GX001	1	D001	恒通工贸		车篷	个	2017.1.5	1 200	164.7	197 640	2017.1.5	2017.1.25		1 200			197 640			已	2017.1.5	
GX001	1	D001	恒通工贸		车轮	个	2017.1.5	4 800	30.5	146 400	2017.1.5	2017.1.25		4 800			146 400			已	2017.1.5	
GX001	1	D001	恒通工贸		经济型包装套件	套	2017.1.5	1 200	103.7	12 440	2017.1.5	2017.1.25		1 200			12 440			已	2017.1.5	

采购部门经理：李斌　　　　采购员：付海生

业务流程图：

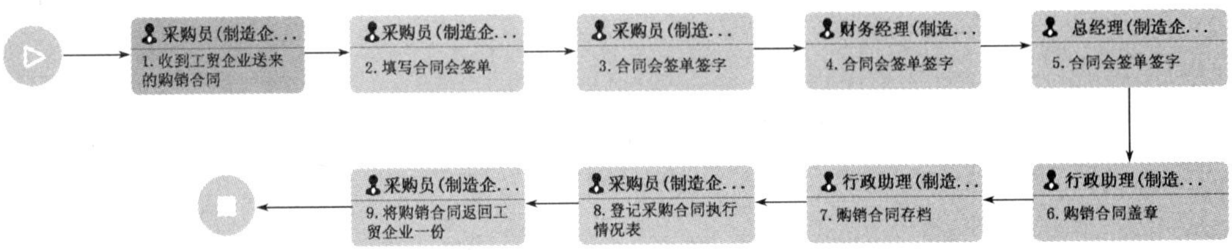

3.3.2　MCG2 与制造业签订购销合同(工贸企业)

所属大纲：2017 年 1 月 5 日　第 1 讲

数据描述：2017 年 1 月 5 日，工贸企业与制造业签订购销合同。

工贸企业与每一家制造业所签订合同的材料数量如下(注：T 代表工贸企业开课组数，参考答案以 4 组工贸企业为例)：

商品名称	采购数量
钢管	9600/T
坐垫	4800/T
车篷	4800/T
车轮	19200/T
包装套件	4800/T

注:参考答案以好佳童车厂与丰达工贸有限公司为例,实际填写应为本次开课各组织名称。若本次开课开设 10 家制造业,则答案应为本公司分别与 10 家制造业签订的购销合同,合同名称为购销合同 1,购销合同 2,购销合同 3,购销合同 4,购销合同 5,购销合同 6,购销合同 7,购销合同 8,购销合同 9,购销合同 10。同上购销合同。

业务流程图:

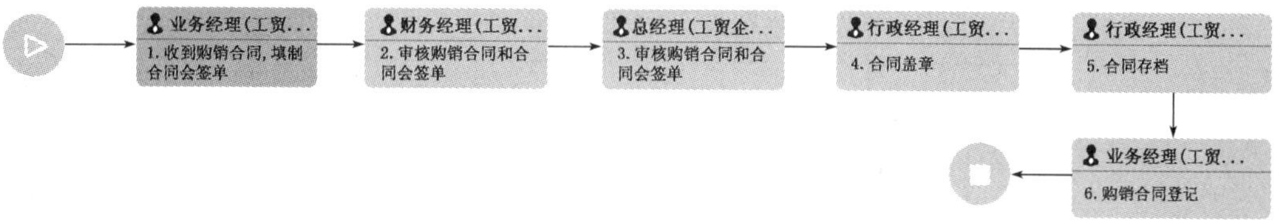

3.3.3　MCG3 录入采购订单(制造业)

所属大纲:2017 年 1 月 5 日　第 1 讲

数据描述:同 MCG1 与工贸企业签订购销合同(制造业)数据描述。

业务流程图:

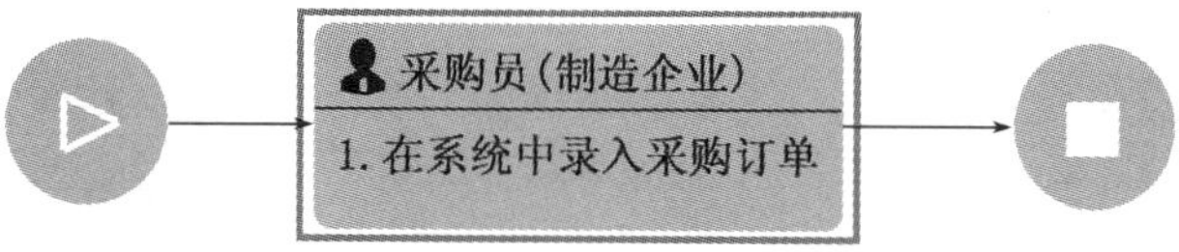

3.3.4　MCG4 确认制造业的采购订单(工贸企业)

所属大纲:2017 年 1 月 5 日　第 1 讲

数据描述:同 MCG2 与制造业签订购销合同(工贸企业)数据。

业务流程图:

3.3.5　MCG5 准备发货并通知制造业取货(工贸企业)

所属大纲:2017 年 1 月 5 日　第 2 讲

数据描述:同 MCG2 与制造业签订购销合同(工贸企业)数据。

商品名称	采购数量
钢管	9600/T
坐垫	4800/T
车篷	4800/T
车轮	19200/T
包装套件	4800/T

发 货 单

单据编号：FH001	日　　期：2017.1.5	交货日期：2017.1.5
销售订单号：D001	客户名称：宝乐童车制造有限公司	仓　　库：普通仓库
业 务 员：李斌	运输方式：公路	联 系 人：李斌

产品名称	产品型号	发货数量	备　注
钢管		2 400	
坐垫		1 200	
车篷		1 200	
车轮		4 800	
经济型包装套件		1 200	
合　计			

第四联：客户留存

营销部经理：杨笑笑　　财务部经理：刘自强　　客户确认：

业务流程图：

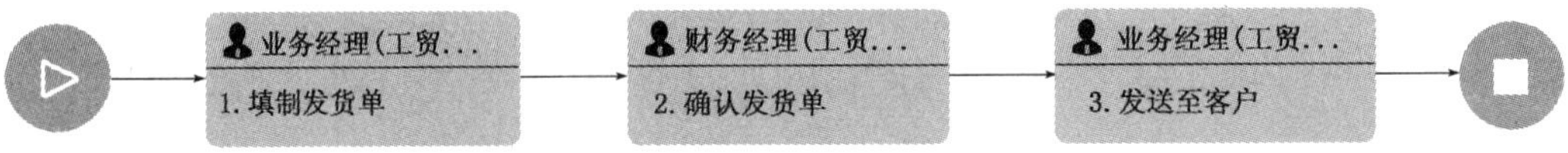

3.3.6　MCG6 接到发货单准备取货(制造业)

所属大纲:2017 年 1 月 5 日　第 2 讲

数据描述:同 MCG1 与工贸企业签订购销合同(制造业)数据描述。

接收单据,无具体操作。

业务流程图:

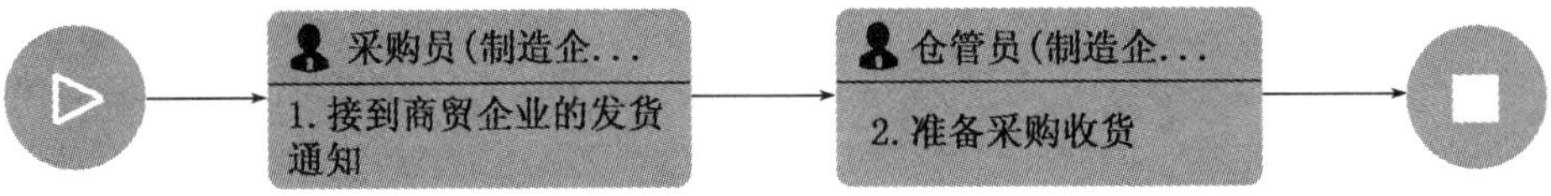

3.3.7　MCG7 向物流下达运输订单(制造业)

所属大纲:2017 年 1 月 5 日　第 2 讲

数据描述:同 MCG1 与工贸企业签订购销合同(制造业)数据描述。

商品名称	采购数量
钢管	9600/T
坐垫	4800/T
车篷	4800/T
车轮	19200/T
包装套件	4800/T

运输订单

运单号：YS001									
托运人	宝乐童车制造有限公司	地址	永定路66号	电话	62431793	邮编	100037	装货地点	小红门路45号
收货人	宝乐童车制造有限公司	地址	永定路66号	电话	62431793	邮编	100037	卸货地点	永定路66号
取货时间	2017.1.5	到货时间	2017.1.5	是否取送	☑ 取货 ☑ 送货	签单返回	☑ 运单 ☑ 客户单据	需要车种	
序号	货名称品	单位	体积（立方米）	重量（公斤）	数量	备注	费用		
1	钢管	根			2 400		运费	43 473.6	
2	坐垫	个			1 200		杂费		
3	车篷	个			1 200		保险费		
合计：							运杂费合计：	43 473.6	
结算方式	□ 托运人现结 □ 托运人月结 □ 收货人现结 □ 收货人月结 □ 第三方付费					预收款		付费账号	01002299990000 99019

制单人：李斌　　**受理日期** 2017.1.5　　**受理单位** 隆飞物流有限责任公司

业务流程图：

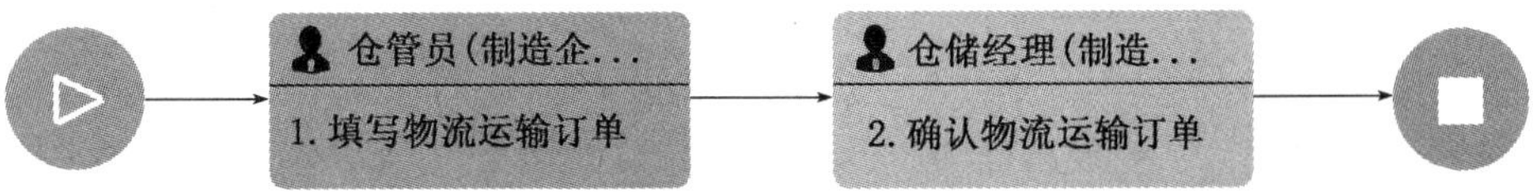

3.3.8　MCG8 受理制造业运输订单(物流)

所属大纲:2017 年 1 月 5 日　第 2 讲

数据描述:同 MCG1 与工贸企业签订购销合同(制造业)数据描述,接收单据,无具体操作。

商品名称	采购数量
钢管	9600/T
坐垫	4800/T
车篷	4800/T
车轮	19200/T
包装套件	4800/T

业务流程图：

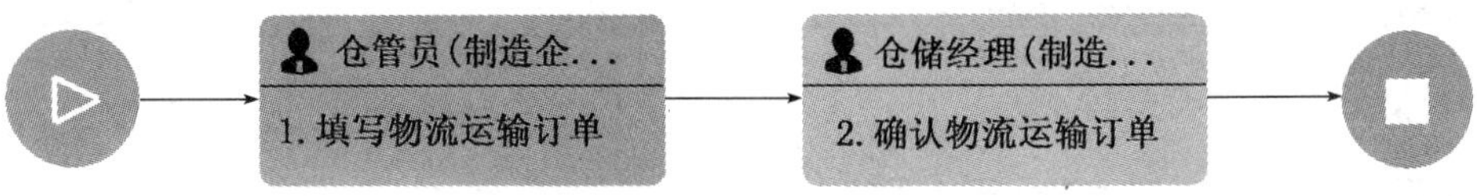

3.3.9　MCG9 去工贸企业取货并开发票(物流)

所属大纲:2017 年 1 月 5 日　第 2 讲

数据描述:同 MCG1 与工贸企业签订购销合同(制造业)数据描述,物流费用为货款的 5%。

运输订单

运单号:YS001										
托运人	宝乐童车制造有限公司	地址	永定路66号	电话	62431793	邮编	100037		装货地点	小红门路45号
收货人	宝乐童车制造有限公司	地址	永定路66号	电话	62431793	邮编	100037		卸货地点	永定路66号
取货时间	2017.1.5	到货时间	2017.1.5	是否取送	☑取货 ☑送货	签单返回	☑运单 ☑客户单据		需要车种	
序号	货名称品	单位	体积(立方米)	重量(公斤)	数量	备注	费用			
1	钢管	根			2 400		运费		43 473.6	
2	坐垫	个			1 200		杂费			
3	车篷	个			1 200		保险费			
合计:							运杂费合计:		43 473.6	
结算方式	☐托运人现结 ☐托运人月结 ☐收货人现结 ☐收货人月结 ☐第三方付费					预收款			付费账号	0100229999000099019

制单人:李斌　　**受理日期** 2017.1.5　　**受理单位** 隆飞物流有限责任公司

新道增值税教学单据(专用)

发票联

No

开票日期:

购货单位	名称:宝乐童车制造有限公司 纳税人识别号:110108870228098 地址、电话:永定路66号 开户行及账号:010022999900009901				密码区	022*5897+71>+60-97*21+7*+31>0931-946 *98161*4518/4/30429784>63545+95>-//+ 0606*>8<>0215/5</*0791657-321-36<+0- *4>*/33-2*//56677201>0>2824>-4*47*5<	
货物或应税劳务名称	规格型号	单位	数量	单价	金额	税率	税额
运费			1	39 165.41	39 165.41	11%	4 308.19
合计							
价税合计(大写)	肆万叁仟肆佰柒拾叁元陆角					(小写) 43 473.6	
销货单位	名称:隆飞物流有限公司 纳税人识别号:110108521651216 地址、电话:卓尔大街38号 开户行及账号:010022999900099019				备注		

收款人:　　复核:　　开票人:　　单位:(章)

第三联:发票联　购货方记账凭证

业务流程图：

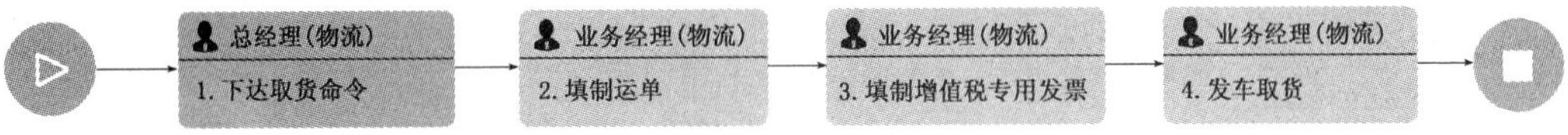

3.3.10　MCG10 给制造业办理出库并开发票(工贸企业)

所属大纲：2017 年 1 月 5 日　第 2 讲

数据描述：同 MCG1 与工贸企业签订购销合同(制造业)数据描述。

销售出库单

销售订单号：D001　　客户名称：宝乐童车制造有限公司　　出库类型：产品销售

出库单编号：CK001　　出库日期：2017.1.5　　仓　　位：

序号	产品名称	产品编号	规格型号	出库数量	备 注
1	钢管	B0001		2 400	
2	坐垫	B0003		1 200	
3	车篷	B0005		1 200	
4	车轮	B0006		4 800	
5	经济型包装套件	B0007		1 200	
合计					

第一联：仓储部存根

仓管员：孙灿　　仓储部经理：　　销售专员：李鑫

新道增值税教学单据（专用）

新道教学

发票联

No

开票日期：

购货单位	名　　称：宝乐童车制造有限公司 纳税人识别号：110108870228098 地 址、电 话：永定路66号 开户行及账号：010022999900009901	密码区	022*5897+71>+60-97*21+7*+31>0931-946 *98161*4518/4/30429784>63545+95>-//+ 0606*>8<>0215/5</*0791657-321-36<+0- *4>*/33-2*//56677201>0>2824>-4*47*5<

货物或应税劳务名称	规格型号	单位	数量	单价	金额	税率	税额
钢管		根	2 400	103.7009	248 882.05	17%	42 309.95
坐垫		个	1 200	78.2501	93 846.15	17%	15 953.85
车篷		个	1 200	140.7692	168 923.08	17%	28 716.92
车轮		个	4 800	26.0684	125 128.21	17%	21 271.79
经济型包装套件		套	1 200	88.6325	106 358.97	17%	18 081.03
合　　计					¥743 138.46		¥126 333.54

价税合计（大写）捌拾陆万玖仟肆佰柒拾贰元　　（小写）¥869 472.00

销货单位	名　　称：恒通工贸有限公司 纳税人识别号：110100001029722 地 址、电 话：小红门45号 开户行及账号：010022999900099015	备注	恒通工贸有限公司 实习 发票专用章

收款人：　　复核：　　开票人：　　销货单位：(章)

第三联：发票联　购货方记账凭证

业务流程图：

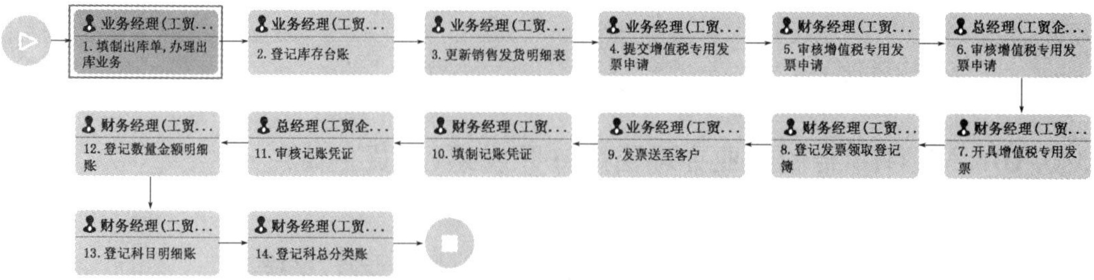

3.3.11　MCG11 装车发运给制造业(物流)

所属大纲：2017 年 1 月 5 日　第 2 讲

数据描述：同 MCG1 与工贸企业签订购销合同(制造业)数据描述。

物流运输

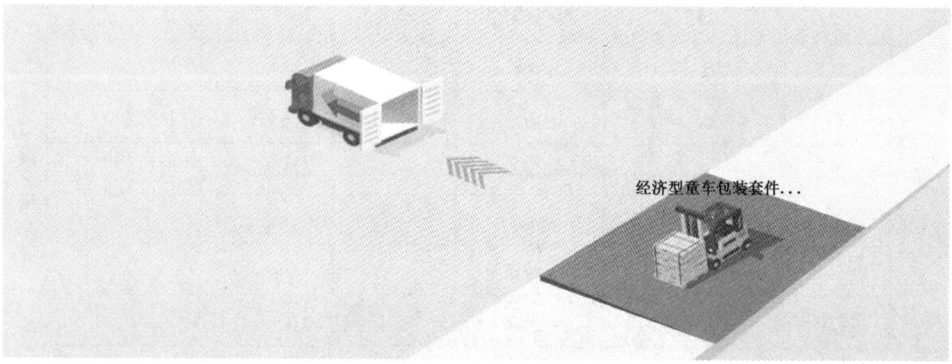

物流运输列表

运输订单...	销售订单...	托运人	产品名称	数量	单据日期	交货日期	状态	操作
YS69420...	XS69420...	宝乐童车...	经济型童...		2017-01-...	2017-01-...	已运输	

业务流程图：

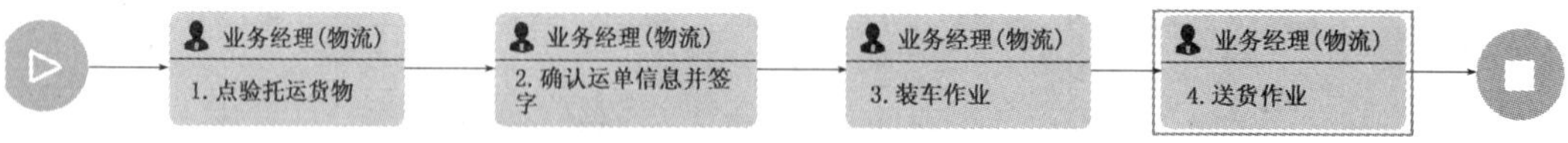

3.3.12　MCG12 送货到制造业(物流)

所属大纲：2017 年 1 月 25 日　第 3 讲

数据描述：同 MCG1 与工贸企业签订购销合同(制造业)数据描述。上交增值税发票。

业务流程图：

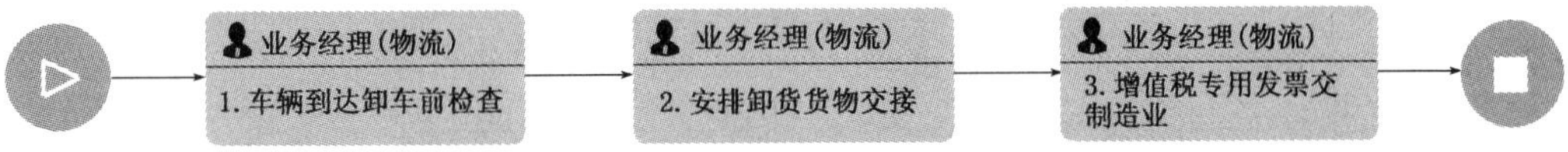

3.3.13　MCG13 到货并办理入库(制造业)

所属大纲：2017 年 1 月 25 日　第 3 讲

数据描述：同 MCG1 与工贸企业签订购销合同(制造业)数据描述。

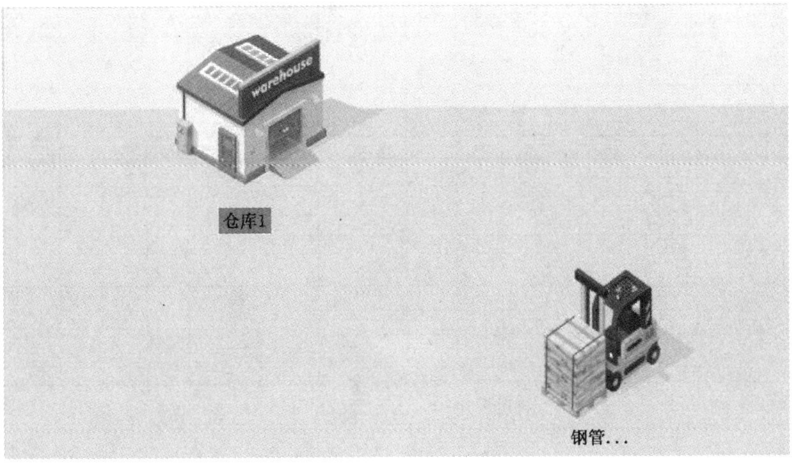

采购订单列表

订单编号	供应商	产品名称	数量	含税单...	总金额	付款日期	交货日期	状态	操作
CG694...	恒通工...	钢管...			34778...	2017-...	2017-...	已收货	

原材料入库单

制单日期：2017.1.25　　仓库：普通仓库

供应商名称：恒通工贸有限公司　　类型：

单据编号：RK001　　采购订单号：D001

序号	品名	规格型号	单位	入库时间	数量	备注
1	钢管		根	2017.1.25	2 400	
2	坐垫		个	2017.1.25	1 200	
3	车篷		个	2017.1.25	1 200	
4	车轮		个	2017.1.25	4 800	
5	经济型包装套件		套	2017.1.25	1 200	
合计						

第一联：仓储部存根

仓储部经理：何明海　　仓管员：王宝珠

采购合同执行情况表

制表部门：采购部　　　　　　　　　　　　　　　　　编制日期：2017 年 1 月 5 日

合同编号	合同总数	订单编号	供应商名称	物料编码	物料名称	计量单位	订货日期	订货数量	单价	总金额	计划交期	计划付款	已到数量	入库数量	不合格数量	到货日期	应付金额	已付金额	实际付款	开票情况	开票时间	备注
GX001	1	D001	恒通工贸		钢管	根	2017.1.5	2 400	121.33	291 192	2017.1.5	2017.1.25		2 400			291 192			已	2017.1.5	
GX001	1	D001	恒通工贸		坐垫	个	2017.1.5	1 200	91.5	109 800	2017.1.5	2017.1.25		1 200			109 800			已	2017.1.5	
GX001	1	D001	恒通工贸		车篷	个	2017.1.5	1 200	164.7	197 640	2017.1.5	2017.1.25		1 200			197 640			已	2017.1.5	
GX001	1	D001	恒通工贸		车轮	个	2017.1.5	4 800	30.5	146 400	2017.1.5	2017.1.25		4 800			146 400			已	2017.1.5	
GX001	1	D001	恒通工贸		经济型包装套件	套	2017.1.5	1 200	103.7	12 440	2017.1.5	2017.1.25		1 200			12 440			已	2017.1.5	

采购部门经理：李斌　　　　　　　　采购员：付海生

业务流程图：

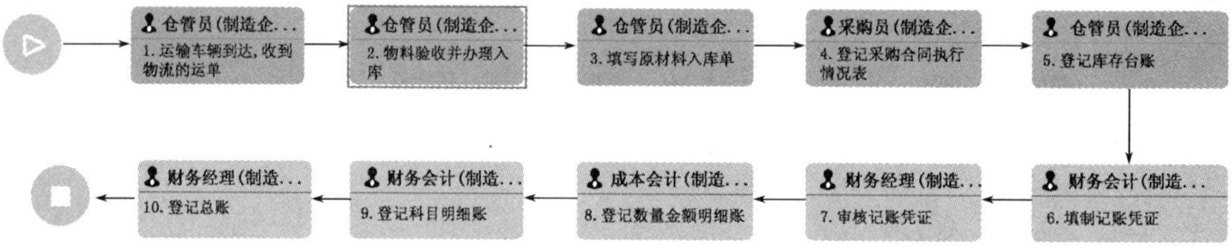

3.3.14 MCG14 收到运输费发票并支付(制造业)

所属大纲:2017 年 1 月 25 日　第 3 讲

数据描述:物流费为货物总价格的 5%。

序号	存货名称	标准数量	T	M	采购数量	单位	单价	采购金额(元)
1	钢管	9 600	4	10	24 000	根	99.45	2386 800.00
2	坐垫	4 800	4	10	12 000	个	75.00	900 000.00
3	车篷	4 800	4	10	12 000	个	135.00	1 620 000.00
4	车轮	19 200	4	10	48 000	个	25.00	1200 000.00
5	经济型童车包装套件	4 800	4	10	12 000	个	85.00	1 020 000.00
合计								7 126 800.00

T＝工贸数量组数　　M＝制造业组数　物流费＝合计×5%

付款申请书

2017 年　1 月　25 日

用途及情况	金额											收款单位(人):隆邦物流有限公司			
	亿	千	百	十	万	千	百	十	元	角	分	账　号:0100229999000099001			
					4	3	4	7	3	6	0	开户行:中国工商银行			
金额(大写)合计:	肆拾叁万肆仟柒佰叁拾陆元整											○电汇 ○汇票 ○转账 ○现金 ○其他			
总经理		财务部门	经理									业务部门	经理	周畅	
			会计										经办人		

ICBC 中国工商银行　企业网上银行(实习)

付款公司信息

付款账户:* 0100229999000099001

付款公司名称: 宝乐童车制造有限公司

余额: 10000000

收款公司信息

收款账户:* 0100229999000099019

收款公司名称: 隆飞物流有限公司

收款公司开户行: 中国工商银行

转账金额

转账金额:* 43473.6

金额(大写): 肆万叁仟肆佰柒拾叁元陆角

转账用途: 货款

确定

业务流程图:

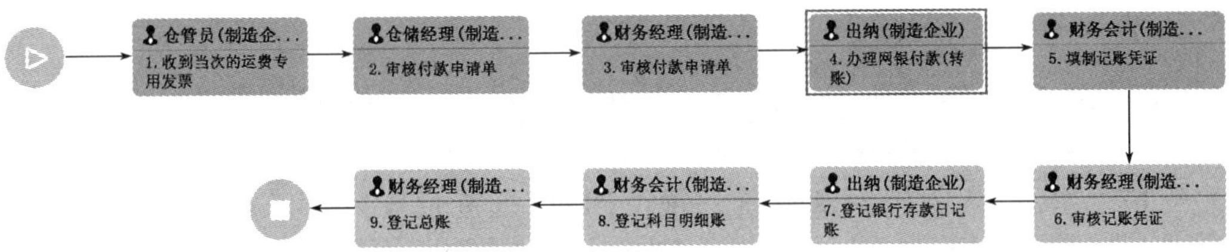

3.3.15　MCG15 收到工贸企业发票并支付(制造业)

所属大纲:2017 年 1 月 25 日　第 3 讲

数据描述:物流费为货物总价格的 5%。

付款申请书

2017 年 1 月 25 日

用途及情况	金 额											收款单位(人):恒通工贸有限公司
	亿	千	百	十	万	千	百	十	元	角	分	账 号:0100229999000099015
			3	4	7	7	8	8	8	0	0	开户行:中国工商银行
金额(大写)合计:	叁佰肆拾柒万柒仟捌佰捌拾捌元整											◉电汇 ○汇票 ○转账 ○现金 ○其他

总 经 理		财务部门	经 理	刘刚	业务部门	经 理	
			会 计			经办人	周小鹏

采购列表

订单编号	供应商	产品名称	数量	含税折扣价(元)	总金额	付款日期	交货日期	状态	操作
CG69420632	恒通工贸有限公司	钢管...			3477888	2017-01-05	2017-01-25	已付款	¥

业务流程图:

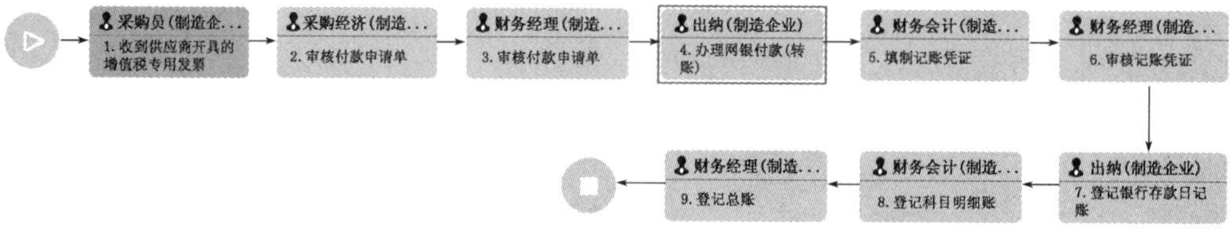

3.3.16 MCG16 收到制造业运费业务回单(物流)

所属大纲:2017 年 1 月 25 日　第 3 讲

数据描述:运费为货款总金额的 5%,业务流程有问题。

业务流程图:

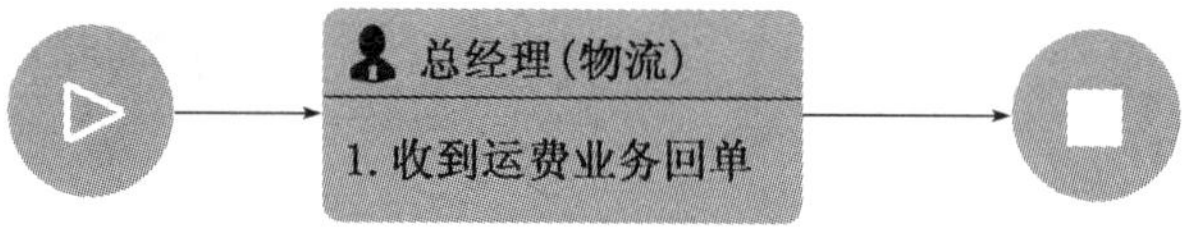

3.3.17 MCG17 收到制造业货款银行回单(工贸企业)

所属大纲:2017 年 1 月 25 日　第 3 讲

数据描述:收到制造业支付的销售款,取得银行回单。

收款确认单

收款单位	恒通工贸有限公司	收款日期	2017.1.25
付款单位	宝乐童车制造有限公司		
付款账号			
收款项目	货款	业务员	周鑫航
收款金额（大写）	捌拾陆万玖仟肆佰柒拾贰元整	（小写）	869472
财务确认			
备注			

业务流程图：

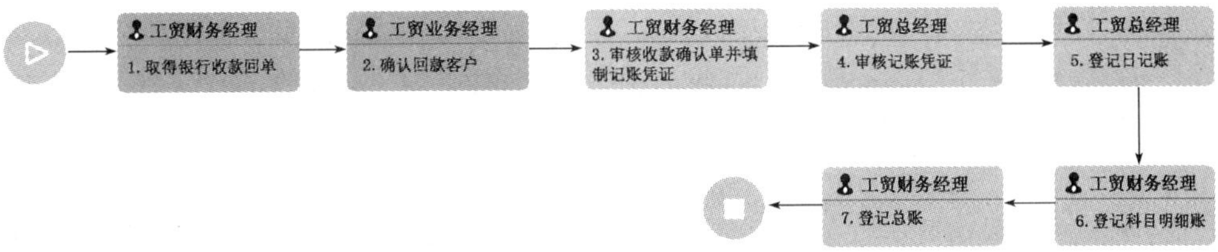

3.4 制造业办理 ISO 9000 认证

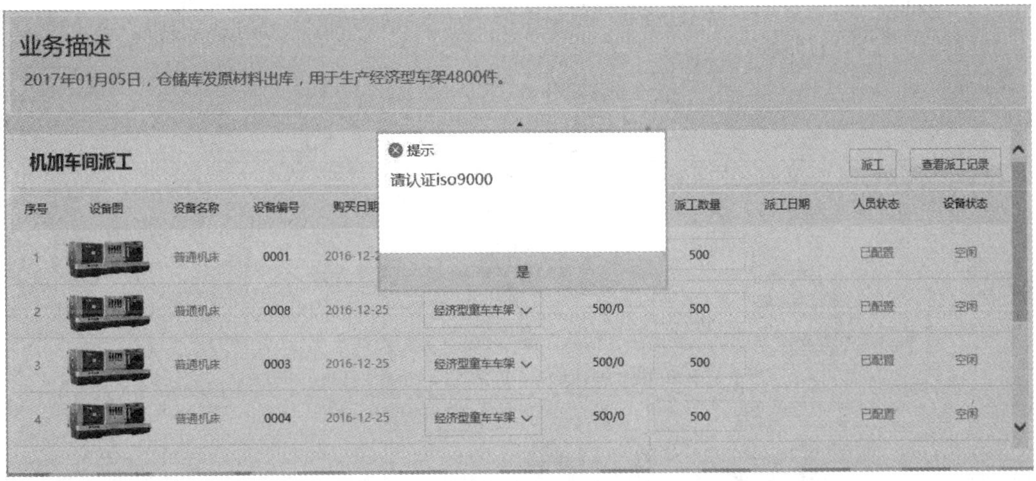

做制造业生产闭环时，派工会提示此消息，所以先办理 ISO 9000 认证。

3.4.1 MRZ1 申请和办理 ISO 9000 认证(制造业)

所属大纲：2017 年 1 月 5 日 第 1 讲

数据描述：2017 年 1 月 5 日，企业要进行 ISO 9000 认证，认证费为 5 万元，由生产计划部经理填写申请单，经服务公司进行认证。

业务流程图：

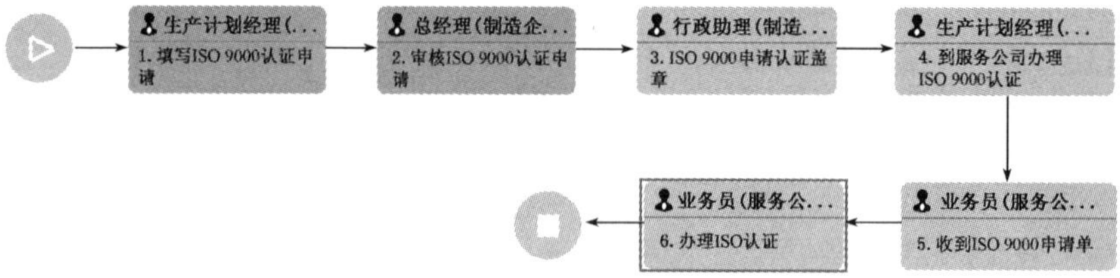

3.4.2 MRZ2 收到 ISO 9000 认证发票(制造业)

所属大纲：2017 年 1 月 5 日　第 1 讲

数据描述：2017 年 1 月 5 日，收到综合服务公司的 ISO 9000 服务增值税专用发票。

业务流程图：

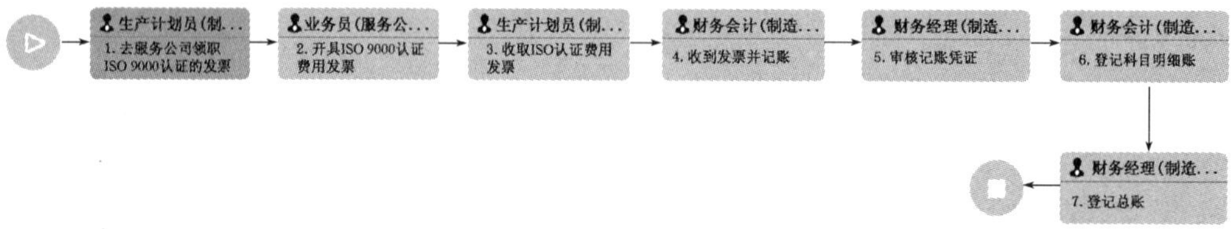

3.4.3 MRZ3 支付 ISO 9000 认证费(制造业)

所属大纲：2017 年 1 月 5 日　第 1 讲

数据描述：2017 年 1 月 5 日，收到综合服务公司的 ISO 9000 服务增值税专用发票并开具银行转账支票付款。

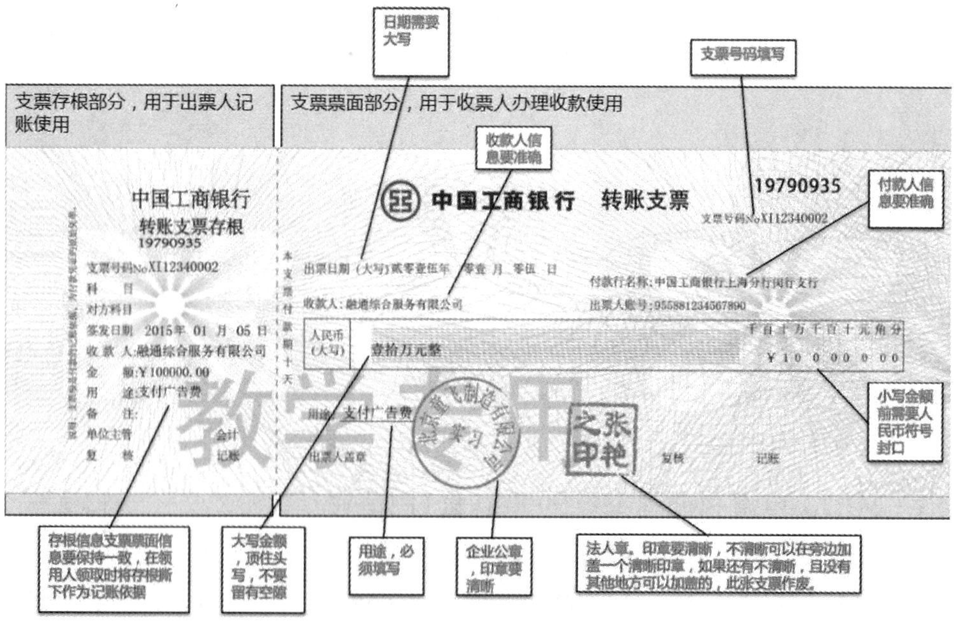

业务流程图：

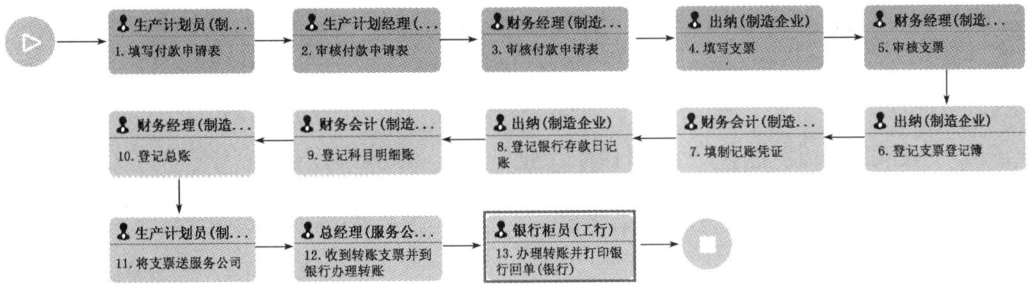

3.5　制造业生产闭环

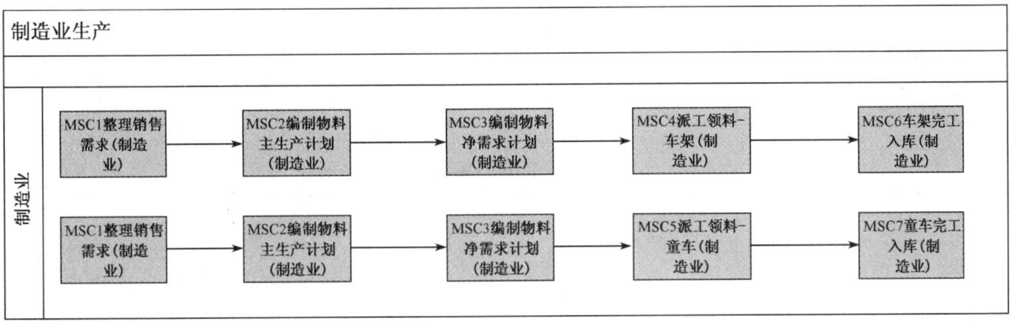

3.5.1　MSC1 整理销售需求(制造业)

所属大纲：2017 年 1 月 5 日　第 1 讲

数据描述：

业务数据

制造业与每家经销商订单数量如下(注：D 代表经销商开课组数，本次课程数据以四家经销商为例)：

每家制造企业供应量＝4 800　　　D＝4

向每家经销商的销售数量＝每家制造企业供应量/D

存货编码	存货名称	数　量	单　位	含税单价	金　额	到货日期	付款日期
P0001	经济型童车	1 200	辆	1 010.32	1 212 384.00	1 月 25 日	1 月 25 日

答案：

销售订单汇总表

编制日期：2017 年 1 月 5 日

产品名称	数量	单位	合同约定交货日期	货品型号
经济型童车	4800	辆	2017年1月25日	

业务流程图：

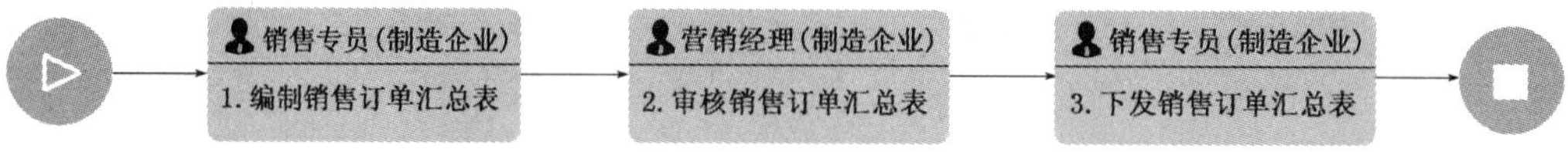

3.5.2 MSC2 编制主生产计划(制造业)

所属大纲：2017 年 1 月 5 日　第 1 讲

数据描述：

经济型童车销售计划

	1月	2月		3月		4月		5月	
	2	3	4	5	6	7	8	9	10
销售订单	0	0	0	0	0	0	0	0	0
销售预测	4 250	4 500	4 750	5 000	5 250	5 500	5 750	6 000	6 250

舒适型单车销售计划

	1月	2月		3月		4月		5月	
	2	3	4	5	6	7	8	9	10
销售订单	0	0	0	0	0	0	0	0	0
销售预测	3 450	3 700	3 950	4 200	4 450	4 700	4 950	5 200	5 450

豪华型童车销售计划

	1月	2月		3月		4月		5月	
	2	3	4	5	6	7	8	9	10
销售订单	0	0	0	0	0	0	0	0	0
销售预测	3 450	3 700	3 950	4 200	4 450	4 700	4 950	5 200	5 450

岗位名称：生产计划员(制造企业)

活动描述：(1) 依据接收的销售订单汇总表，结合各车间的生产能力，产品库存状况编制主生产计划计算表。

(2) 主生产计划表为 Excel 电子表，需要从老师处拷贝。

(3) 将主生产计划表交车间管理员核验，然后交生产计划部经理审批。

业务流程图：

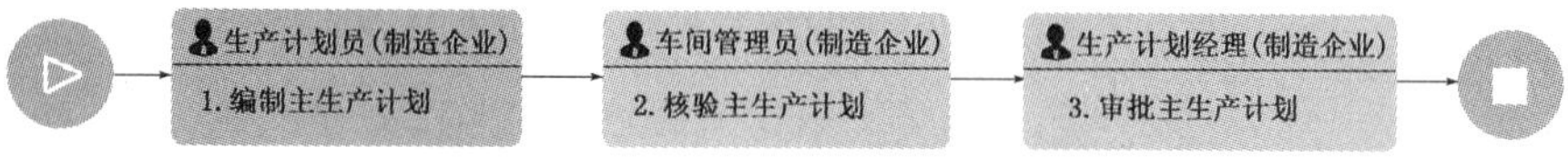

3.5.3　MSC3 编制物料净需求计划(制造业)

所属大纲:2017 年 1 月 5 日　第 1 讲

数据描述:

2017 年 1 月 5 日,制造业生产计划部计划员根据 MPS 计划,编制物料需求计划。

MPS 汇总表

日　期 存　货	1 月		2 月		3 月		4 月	
	5	25	5	25	5	25	5	25
经济型童车	7 000	0	7 000	7 000	7 000	0	7 000	7 000
舒适型童车	14 000	0	7 000	0	7 000	0	7 000	7 000
豪华型童车	12 000	0	6 000	6 000	0	6 000	6 000	6 000

业务流程图:

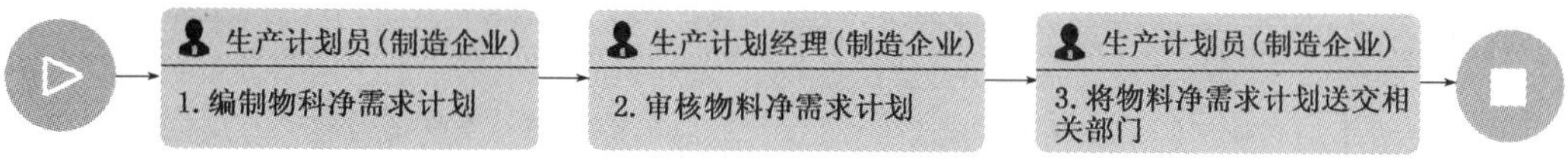

3.5.4　MSC4 派工领料-车架

所属大纲:2017 年 1 月 5 日　第 2 讲

数据描述:

2017 年 01 月 05 日，仓储库发原材料出库，用于生产经济型车架 4800 件。领料数量如下：

物料名称：　数量：

钢管　9600

坐垫　4800

数据来源有两种,一种在教学资源中,一种在单据填写的业务描述中。

线下单据:

派　工　单

派工部门：生产计划部

派工单号：PG001　　　　派工日期：2017 年 1 月 5 日

产品	工序	工序名称	工作中心	生产数量	计划进度	
					开始日期	完工日期
经济型车架				4 800	2017.1.5	2017.1.25

第一联：生产计划部留存

生产计划部经理：叶润中　　　　车间管理员：孙盛国

领　料　单

领料部门：生产计划部　　领料单号：LL001　　派工单号：PG001　　编制日期：2017 年 1 月 5 日

序号	材料编码	材料名称	单　位	材料规格	加工产品	领用数量	领用时间	备　注
1	B0001	钢管	根		经济型车架	9 600	2017.1.5	
2	B0003	坐垫	个		经济型车架	4 800	2017.1.5	

第一联：

材料出库单

单据编号：CK001　　　　出库类型：领料生产

出库日期：2017年1月5日　　　　派工单号：PG001

序号	物料名称	物料编码	出库数量	单 价	金 额	备 注
1	钢管	B0001	9 600			
2	坐垫	B0003	4 800			
3						
4						
5						
合计						

第一联：仓储部存根

仓管员：王宝珠　　　　仓储部经理：何明海　　　　车间管理员：孙盛国

线上操作：

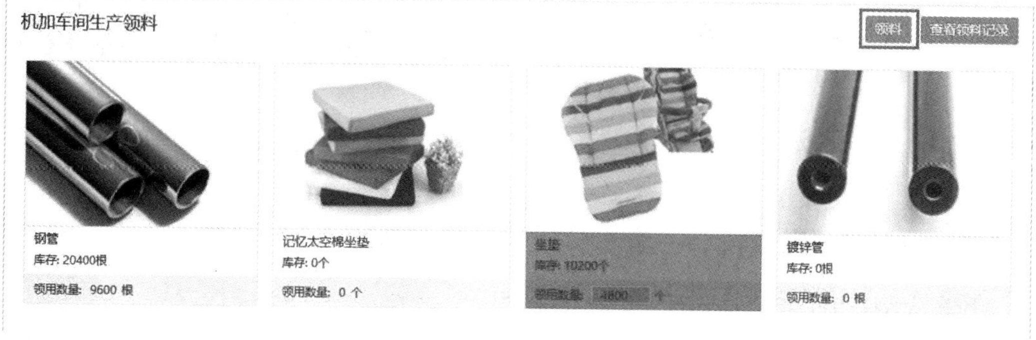

机加车间领料记录

序号	编号	材料名称	领用日期	领用数量	领用人
1	JL06165553	坐垫	2017-01-25	4800	stu014
2	JL06165553	钢管	2017-01-25	9600	stu014

机加车间派工

派工　查看派工记录

序号	设备图	设备名称	设备编号	购买日期	产品名称	额定/占用产能	派工数量	派工日期	人员状态	设备状态
1		普通机床	0004	2016-12-25	经济型童车车架	500/500		2017-01-05	已配置	占用
2		普通机床	0002	2016-12-25	经济型童车车架	500/500		2017-01-05	已配置	占用
3		普通机床	0008	2016-12-25	经济型童车车架	500/500		2017-01-05	已配置	占用
4		普通机床	0006	2016-12-25	经济型童车车架	500/500		2017-01-05	已配置	占用
5		普通机床	0001	2016-12-25	经济型童车车架	500/500		2017-01-05	已配置	占用

注意不能一次保存多页，要一页页保存派工。

机加车间派工记录

序号	设备名称	设备编号	产品名称	派工数量	派工日期
1	普通机床	0010	经济型童车车架	300	2017-01-05
2	普通机床	0009	经济型童车车架	500	2017-01-05
3	普通机床	0003	经济型童车车架	500	2017-01-05
4	普通机床	0007	经济型童车车架	500	2017-01-05
5	普通机床	0005	经济型童车车架	500	2017-01-05
6	普通机床	0006	经济型童车车架	500	2017-01-05
7	普通机床	0001	经济型童车车架	500	2017-01-05
8	普通机床	0008	经济型童车车架	500	2017-01-05
9	普通机床	0002	经济型童车车架	500	2017-01-05
10	普通机床	0004	经济型童车车架	500	2017-01-05

业务流程图：

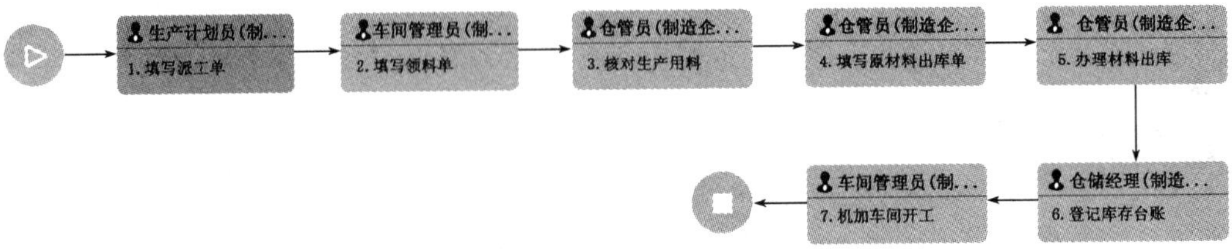

3.5.5 MSC5 派工领料——童车

所属大纲：2017 年 1 月 5 日　第 2 讲

数据描述：2017 年 1 月 5 日，仓储部领原材料出库，用于生产经济型童车 4 800 辆。领料数量如下：

经济型童车车架	4 800
车篷	4 800
车轮	19 200
经济型童车包装套件	4 800

派　工　单

派工部门：生产计划部

派工单号：PG002　　　　派工日期：2017 年 1 月 5 日

产品	工序	工序名称	工作中心	生产数量	计划进度	
					开始日期	完工日期
经济型童车				4 800	2017.1.5	2017.1.25

第一联：生产计划部留存

生产计划部经理：叶润中　　　　车间管理员：孙盛国

领　料　单

领料部门：生产计划部　　领料单号：LL002　　派工单号：PG002　　编制日期：2017 年 1 月 5 日

序号	材料编码	材料名称	单 位	材料规格	加工产品	领用数量	领用时间	备 注
1	M0001	经济型车架	个		经济型童车	4 800	2017.1.5	
2	B0005	车篷	个		经济型童车	4 800	2017.1.5	
3	B0006	车轮	个		经济型童车	19 200	2017.1.5	
4	B0007	经济型童车包装套件	套		经济型童车	4 800	2017.1.5	

第一联：生产计

材料出库单

单据编号： CK002　　　　**出库类型：** 领料生产

出库日期： 2017年1月5日　　　　**派工单号：** PG002

序号	物料名称	物料编码	出库数量	单 价	金 额	备 注
1	经济型车架	M0001	4 800			
2	车篷	B0005	4 800			
3	车轮	B0006	19 200			
4	经济型童车包装套件	B0007	4 800			
5						
合计						

第一联：仓储部存根

仓管员： 王宝珠　　**仓储部经理：** 何明海　　**车间管理员：** 孙盛国

组装车间领料记录

序号	编号	材料名称	领用日期	领用数量	领用人
1	ZL06170033	经济型童车包装套件	2017-01-25	4 800	stu014
2	ZL06170033	经济型童车车架	2017-01-25	4 800	stu014
3	ZL06170033	车篷	2017-01-25	4 800	stu014
4	ZL06170033	车轮	2017-01-25	19 200	stu014

组装车间派工

派工　查看派工记录

序号	设备图	设备名称	设备编号	购买日期	产品名称	额定/占用产能	派工数量	派工日期	人员状态	设备状态
1		流水线	0011	2016-12-25	经济型童车	7000/4800		2017-01-05	已配置	占用

组装车间派工记录

序号	设备名称	设备编号	产品名称	派工数量	派工日期
1	流水线	0011	经济型童车	4 800	2017-01-05

业务流程图：

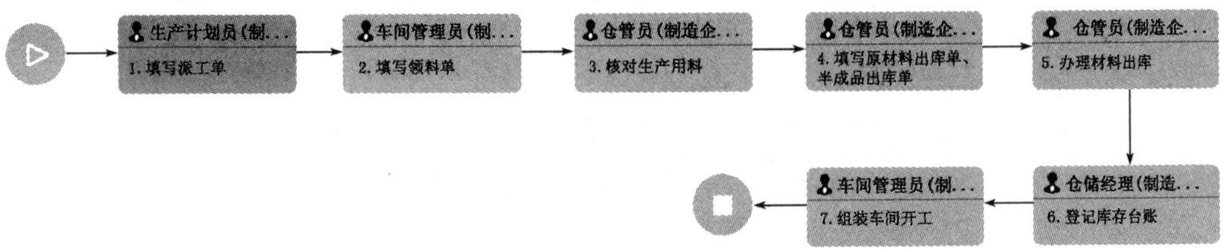

3.5.6 MSC6 车架完工入库(制造业)

所属大纲:2017 年 1 月 25 日

数据描述:2017 年 1 月 25 日,制造业车间经济车架在产品完工入库,完工数量 4 800。

完 工 单

生产部门:生产计划部

完工单号:WG001　　　　编制日期: 2017 年 1 月 25 日

产品名称	完工日期	计划产量	实际完工量	剩余在制品	待检验	不良产品数
经济型车架	2017.1.25	4 800	4 800			

第一联:生产计划部留存

部门经理:叶润中　　　　车间管理员:孙盛国

生产入库单

制单日期:2017年1月25日　　　　仓　　库:普通仓库

单据编号:RK001　　　　完工单编号:WG001

序号	品 名	规格型号	单位	入库时间	数量	备 注
1	经济型车架		个	2017.1.25	4 800	
2						
3						
4						
5						
合计						

第一联:仓储部存根

仓储部经理:何明海　　　　仓管员:王宝珠　　　　车间管理员:孙盛国

机加车间完工入库

查看入库记录

序号	设备图	设备名称	设备编号	产品名称	完工数量	派工日期	完工日期	操作
1		普通机床	0010	经济型童车车架	300	2017-01-05	2017-01-25	
2		普通机床	0004		0	2017-01-05	2017-01-25	
3		普通机床	0002		0	2017-01-05	2017-01-25	
4		普通机床	0008		0	2017-01-05	2017-01-25	
5		普通机床	0006		0	2017-01-05	2017-01-25	

机加车间入库记录

序号	产品名称	派工日期	完工日期	完工数量
1	经济型童车车架	2017-01-05	2017-01-25	300
2	经济型童车车架	2017-01-05	2017-01-25	500
3	经济型童车车架	2017-01-05	2017-01-25	500
4	经济型童车车架	2017-01-05	2017-01-25	500
5	经济型童车车架	2017-01-05	2017-01-25	500
6	经济型童车车架	2017-01-05	2017-01-25	500
7	经济型童车车架	2017-01-05	2017-01-25	500

1　2　下一页

业务流程图：

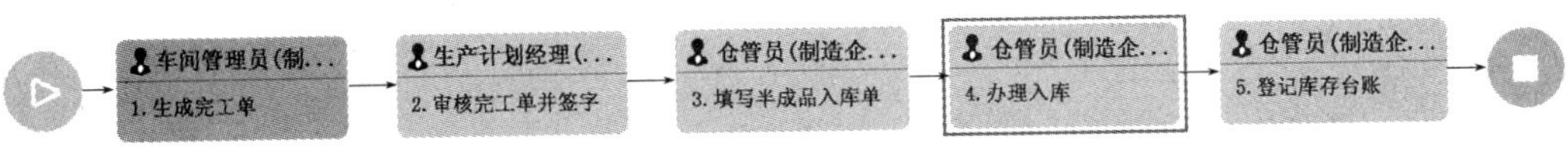

3.5.7　MSC7 整车完工入库(制造业)

所属大纲：2017 年 1 月 25 日　第 3 讲

数据描述：2017 年 1 月 25 日，制造业车间经济童车在产品完工入库，完工数量 4 800。

完 工 单

生产部门：生产计划部

完工单号：WG002　　　　编制日期：2017 年 1 月 25 日

产品名称	完工日期	计划产量	实际完工量	剩余在制品	待检验	不良产品数
经济型童车	2017.1.25	4 800	4 800			

第一联：生产计划部留存

部门经理：叶润中　　　　车间管理员：孙盛国

生产入库单

制单日期：2017年1月25日　　　　仓　　库：普通仓库

单据编号：RK002　　　　完工单编号：WG002

序号	品 名	规格型号	单位	入库时间	数量	备 注
1	经济型童车		辆	2017.1.25	4 800	
2						
3						
4						
5						
合计						

第一联：仓储部存根

仓储部经理：何明海　　　　仓管员：王宝珠　　　　车间管理员：孙盛国

组装车间完工入库

查看入库记录

序号	设备图	设备名称	设备编号	产品名称	完工数量	派工日期	完工日期	操作
1		流水线	0011	经济型童车	4800	2017-01-05	2017-01-25	

组装车间完工入库　　×

序号	产品名称	派工日期	完工日期	完工数量
1	经济型童车	2017-01-05	2017-01-25	4800

业务流程图：

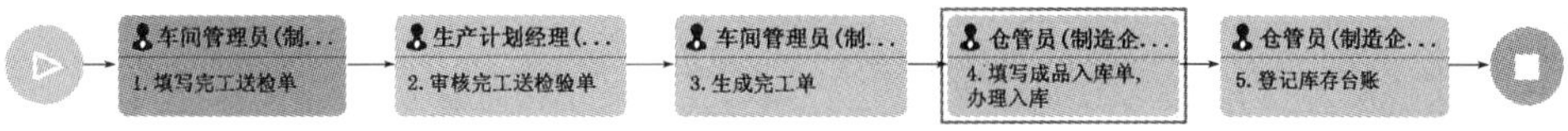

3.6　制造业产品销售收款闭环(经销商采购付款闭环)

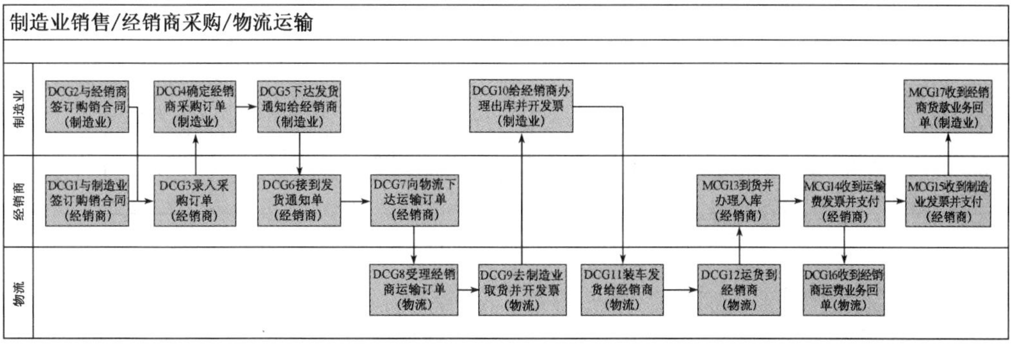

3.6.1　DCG1 与制造业签订购销合同(经销商)

所属大纲：2017 年 1 月 5 日　第 1 讲

数据描述：

2017 年 1 月 5 日，根据营销部的销售计划与制造企业签订采购合同

业务数据

经销商与每家制造企业签订采购合同数量如下(注：D 代表经销商开课组数，参考答案以四家经销商为例)：

每家制造企业供应量＝4 800　　　D＝4

向每家制造企业采购数量＝每家制造企业供应量/D

存货编码	存货名称	数　量	单　位	含税单价	金　额	到货日期	付款日期
P0001	经济型童车	1 200	辆	1 010.32	1 212 384.00	1 月 25 日	1 月 25 日

注：参考答案以制造企业宝乐童车厂与经销商恒润商贸有限公司为例，实际填写应为本次开课各组织名称。

若本次开课开设 10 家制造企业，则答案为本公司与 10 家制造企业分别签订采购合同，实际采购合同可以为 1～10，分别为采购合同 1，采购合同 2，采购合同 3，采购合同 4，……采购合同 10。

购销合同

合同编号：CG002

购货单位（甲方）：旭日商贸有限公司

销货单位（乙方）：宝乐童车制造有限公司

为了保护买卖双方的合法权益，买卖双方根据《中华人民共和国合同法》的有关规定，经友好协商，一致同意签订本合同，共同遵守。

第一条 购销明细：双方就以下产品达成购销合同。

序号	产品名称	规格型号	含税单价	数量	金额（元）	交货日期	付款日期
1	经济型童车		1 010.32	1 200	1 212 384	2017.1.5	2017.1.5
2							
3							
4							
5							
6							
7							
8							
9							
10							
11							
12							
13							
14							
15							
合计							

合同总金额大写人民币：壹佰贰拾壹万贰仟叁佰捌拾肆元整

第二条 交货时间与付款时间：2017.1.5

第三条 交货地点：北清路5号

第四条 付款方式：网银转账

第五条 开票要求：发货后开具增值税发票

1/3

第六条　付款条件（客户）：货物入库即可付款

第七条　收货条件（客户）：货物无质量问题即可收货

第八条　运输方式与运输费用：由采购方承担物流运输费用

第九条　甲方要求乙方通过以下资质认证(选择对应选项)。

☐ 不作要求　　☑ ISO9000　　☐ ISO14000　　☐ 3C

第十条　经济责任：

1. 产品品种、质量不符合本合同规定时，甲方拒绝接受，乙方承担相应费用。
2. 乙方未按本合同规定的产品数量交货时，发生延期交货的当期，扣除该张订单总额的10%作为违约罚款。对于未能按期交货的部分，可以在三个月之内补齐。如果在三个月之内未能全部交货，未能交货部分甲方不再收货。

第十一条　甲、乙任何一方如要求全部或部分注销合同，必须提出充分理由，经双方协商提出注销合同一方须向对方偿付注销合同部分总额10%的补偿金。

第十二条　本合同所订一切条款，甲、乙任何一方不得擅自变更或修改。如一方单独变更、修改本合同，对方有权拒绝生产或收货，并要求单独变更、修改合同一方赔偿一切损失。

第十三条　乙任何一方如确因不可抗力的原因，不能履行本合同时，应及时向对方通知不能履行或须延期履行，部分履行合同的理由。在取得有关机构证明后，本合同可以不履行或延期履行或部分履行，并全部或者部分免予承担违约责任。

第十四条　本合同在执行中如发生争议或纠纷，甲、乙双方应协商解决，解决不了时，双方可向仲裁机构申请仲裁或向人民法院提起诉讼（两者选一）。

第十五条　本合同自双方签章之日起生效，到乙方将全部订货送齐经甲方验收无误，并按本合同规定将货款结算以后作废。

2/3

第十六条 本合同在执行期间，如有未尽事宜，由甲乙双方协商，另订附则附于本合同之内，所有附则在法律上均于本合同同等效力。

第十七条 本合同一式[illegible]乙双方各执正本一份。

甲方：旭日商贸有限公司　　　　乙方：宝乐童车制造有限公司

法定代表人：李峰　（盖章）　　法定代表人：赵成　（盖章）

委托代理人：　（盖章）　　委托代理人：　（盖章）

地址：北清路5号　　地址：永定路66号

电话：010-68500412　　电话：010-62345678

签订日期：2017年1月5日　　签订日期：2017年1月5日

3/3

业务流程图：

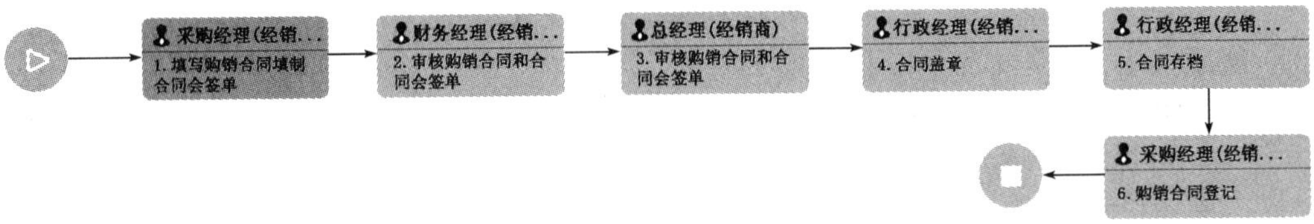

3.6.2　DCG2 与经销商签订购销合同(制造业)

所属大纲：2017 年 1 月 5 日　第 1 讲

数据描述：同 DCG1 数据描述。

业务流程图：

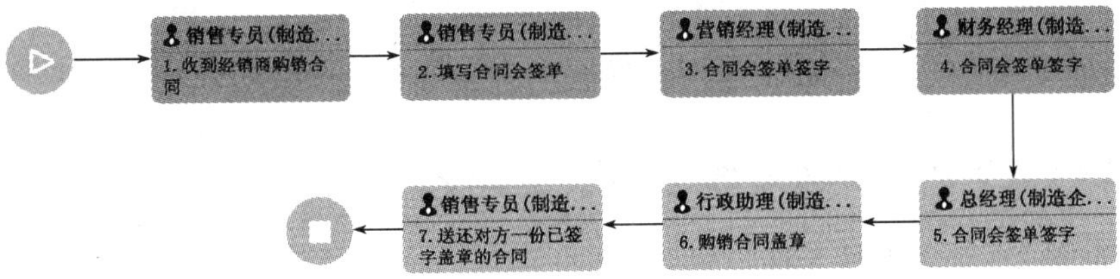

3.6.3　DCG3 录入采购订单(经销商)

所属大纲：2017 年 1 月 5 日　第 1 讲

数据描述：同 DCG1 数据描述。

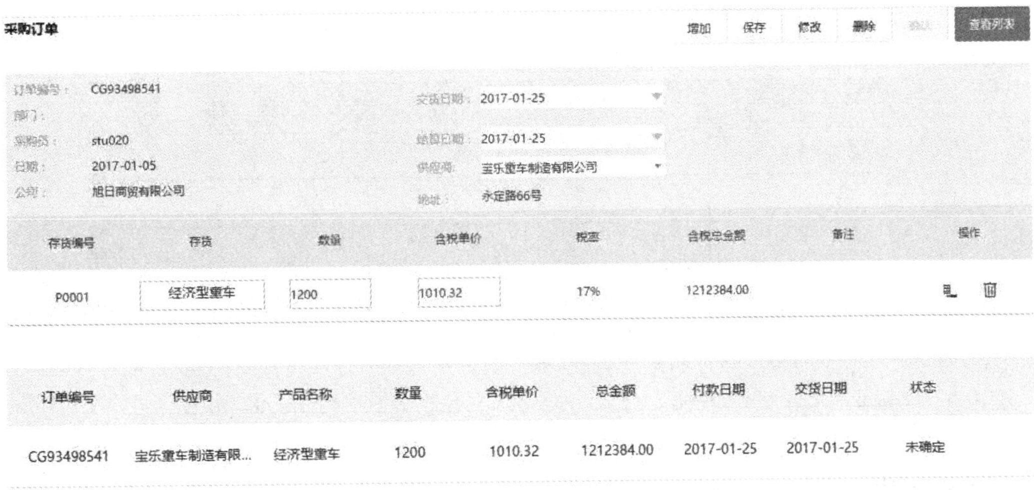

采购订单　　增加　保存　修改　删除　确认　查看列表

订单编号：CG93498541　　交货日期：2017-01-25

部门：

采购员：stu020　　结算日期：2017-01-25

日期：2017-01-05　　供应商：宝乐童车制造有限公司

公司：旭日商贸有限公司　　地址：永定路66号

存货编号	存货	数量	含税单价	税率	含税总金额	备注	操作
P0001	经济型童车	1200	1010.32	17%	1212384.00		

订单编号	供应商	产品名称	数量	含税单价	总金额	付款日期	交货日期	状态
CG93498541	宝乐童车制造有限...	经济型童车	1200	1010.32	1212384.00	2017-01-25	2017-01-25	未确定

业务流程图：

3.6.4 DCG4 确认经销商的采购订单(制造业)

所属大纲:2017 年 1 月 5 日　第 1 讲

数据描述:同 DCG1 数据描述。

销售订单列表

订单编号	客户	产品名称	数量	含税折扣价	总金额	付款日期	交货日期	状态	操作
XS93498...	旭日商贸...	经济型童车	1200	1010.32	1212384	2017-01-25	2017-01-25	已确定	

业务流程图:

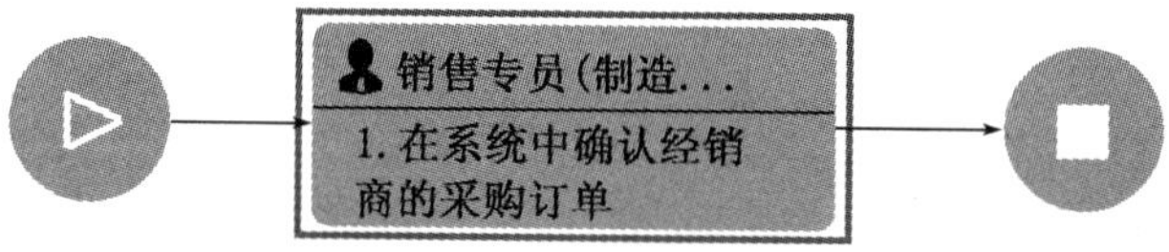

3.6.5 DCG5 下达发货通知给经销商(制造业)

所属大纲:2017 年 1 月 5 日　第 2 讲

数据描述:同 DCG1 数据描述。

发　货　单

单据编号:FH002　　日　　期:2017.1.5　　交货日期:2017.1.5

销售订单号:DD002　　客户名称:旭日商贸有限公司　　仓　　库:普通仓库

业　务　员:刘思羽　　运输方式:公路　　联　系　人:刘思羽

产品名称	产品型号	发货数量	备　注
经济型童车		1 200	
合　计			

第一联:营销部留存

营销部经理:杨笑笑　　财务部经理:钱坤　　客户确认:

业务流程图:

3.6.6　DCG6 接到发货通知单(经销商)

所属大纲:2017 年 1 月 5 日　第 2 讲

数据描述:同 DCG1 数据描述。

业务流程图:

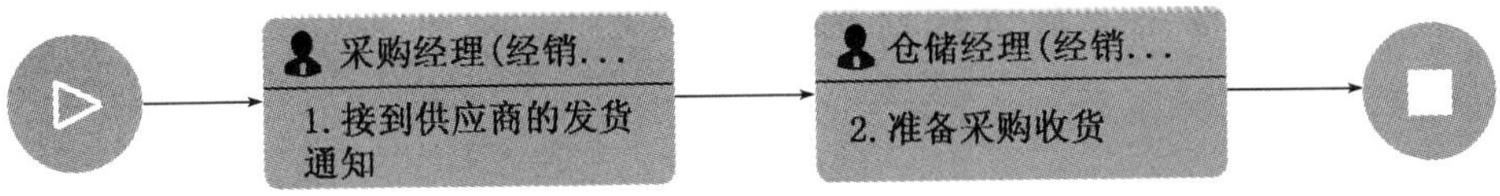

3.6.7　DCG7 向物流下达运输订单(经销商)

所属大纲:2017 年 1 月 5 日　第 2 讲

数据描述:下达运输订单。

运输订单

运单号:YS002									
托运人	旭日商贸有限公司	地址	北清路5号	电话	010-68500412	邮编	100076	装货地点	永定路66号
收货人	旭日商贸有限公司	地址	北清路5号	电话	010-68500412	邮编	100076	卸货地点	北清路5号
取货时间	2017.1.5	到货时间	2017.1.5	是否取送	☑ 取货 ☐ 送货	签单返回	☑ 运单 ☐ 客户单据	需要车种	箱式货车
序号	货名称品	单位	体积（立方米）	重量（公斤）	数量	备注	费用		
1	经济型童车	辆			1200		运费	60 619.2	
2							杂费		
3							保险费		
合计:							运杂费合计:		
结算方式	☐ 托运人现结 ☐ 托运人月结 ☐ 收货人现结 ☐ 收货人月结 ☐ 第三方付费					预收款		付费账号	0100229999000099011

制单人:李斌　　受理日期 2017.1.5　　受理单位 隆飞物流有限公司

业务流程图:

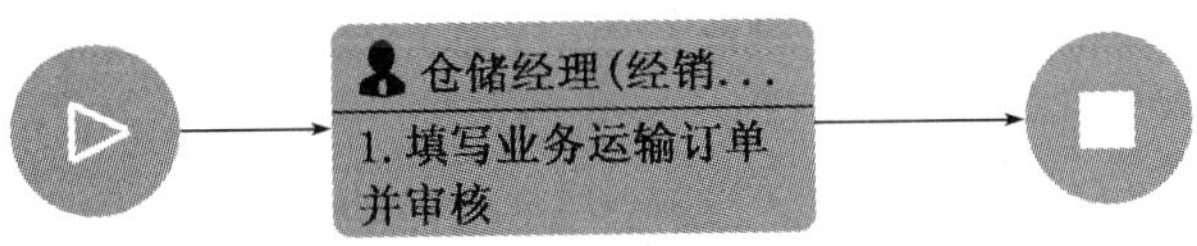

3.6.8　DCG8 受理经销商运输订单(物流)

所属大纲:2017 年 1 月 5 日　第 2 讲

数据描述:接收 DCG7 单据。

业务流程图：

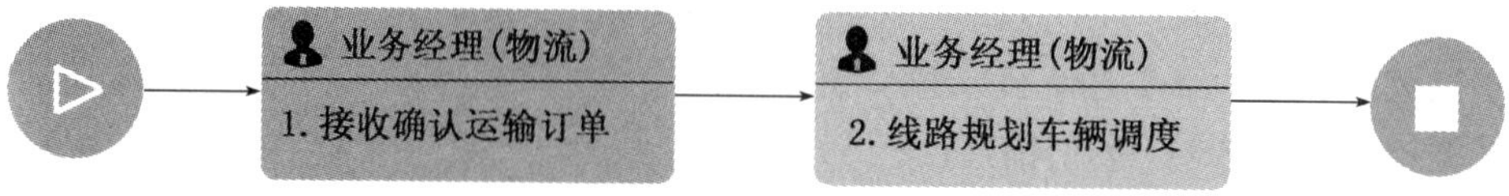

3.6.9 DCG9 去制造业取货并开发票(物流)

所属大纲：2017 年 1 月 5 日　第 2 讲

数据描述：

业务场景

2017/1/5，物流公司去制造业取货并开发票。

业务数据

经销商与每家制造企业签订采购订单数量如下(注：D 代表经销商开课组数，参考数据以四家经销商为例，运费发票总金额为运输货物总价的 5%)：

基数　4 800　　D=4　　数量=基数/D

金额=数量×单价　　运费=金额×5%

存货编码	存货名称	数　量	单　位	金　额	运　费	付款日期	备　注
P0001	经济型童车	1 200	辆	1 212 384.00	60 619.20	1 月 25 日	

公路货物运单

	日期:	2017.1.5						运单编号:	YD002		
发货人	宝乐童车制造有限公司	地址	永定路66号	电话	010-62345678	装货地点	永定路66号				
收货人	旭日商贸有限公司	地址	北清路5号	电话	010-68500412	卸货地点	北清路5号				
付款人	旭日商贸有限公司	地址	北清路5号	电话	010-68500412	约定起运时间	2017.1.5	约定到达时间	2017.1.5	需要车种	箱式货车
货物名称及规格	包装形式	件数	体积 长*宽*高（cm）	件重（kg）	重量（t）	货物价值（元）	货物等级	计费项目			
								项目	里程（km）	单价（元）	金额（元）
经济型童车		1 200						运费			60 619.2
								装卸费			
								单程空驶损失费			
								保价费			
合计				陆万零陆佰壹拾玖元贰角							
托运人记载事项			（付款人银行账号）	0100229999000099011	承运人记载事项				（承运人银行账号）	0100229999000099019	
注意事项	1、托运人请勿填写栏内项目。 2、货物名称应填写具体品名，如货物品名过多，不能再托运单内逐一填写，必须另附货物清单。 3、保险或保价货物，在相应价格栏中填写货物声明价格							托运人签章： 2017年 1月 5日		承运人签章： 2017年1 月5 日	

第一联　受理存根

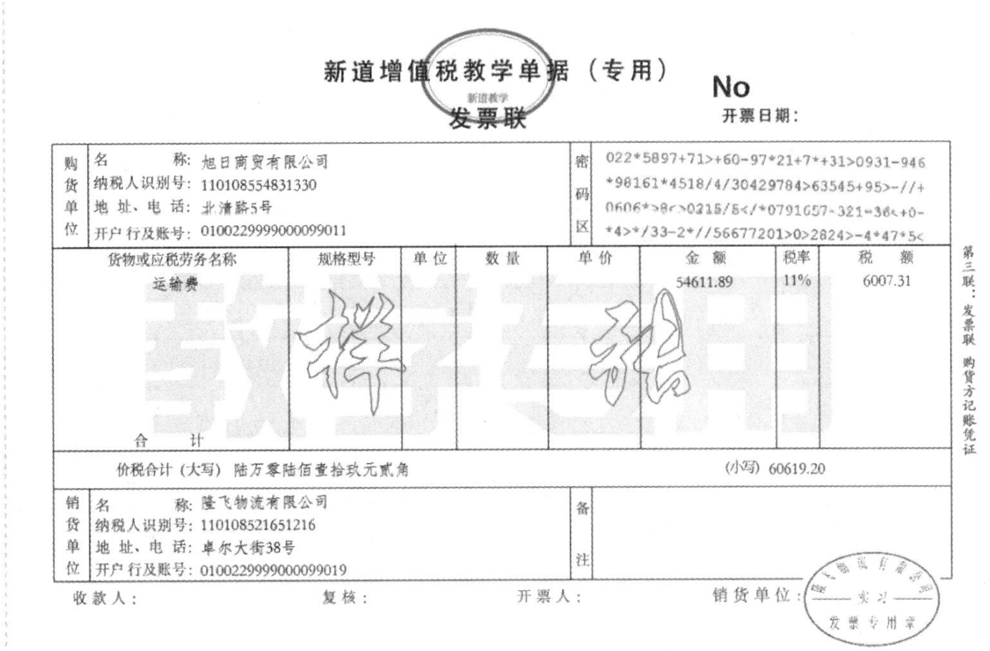

新道增值税教学单据（专用）　No

新道教学 发票联　　开票日期：

购货单位	名　称：旭日商贸有限公司 纳税人识别号：110108554831330 地 址、电 话：北清路5号 开户行及账号：0100229999000099011	密码区	022*5897+71>+60-97*21+7*+31>0931-946 *98161*4518/4/30429784>63545+95>-//+ 0606*>8<>0215/5</*0791657-321-36<+0- *4>*/33-2*//56677201>0>2824>-4*47*5<

货物或应税劳务名称	规格型号	单位	数量	单价	金额	税率	税额
运输费					54611.89	11%	6007.31
合　计							
价税合计（大写）陆万零陆佰壹拾玖元贰角					（小写）60619.20		

销货单位	名　称：隆飞物流有限公司 纳税人识别号：110108521651216 地 址、电 话：卓尔大街38号 开户行及账号：0100229999000099019	备注	

收款人：　复核：　开票人：　销货单位：（隆飞物流有限公司 实习 发票专用章）

第三联：发票联　购货方记账凭证

业务流程图：

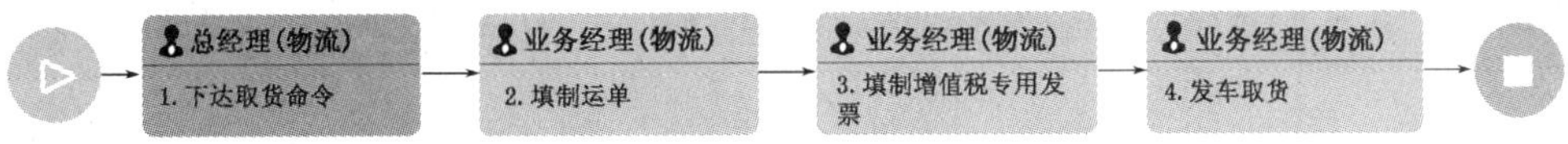

3.6.10　DCG10 给经销商办理出库并开发票(制造业)

所属大纲：2017 年 1 月 5 日　第 2 讲

数据描述：

业务场景

2017 年 1 月 5 日，给经销商办理出库及开票。

业务数据

制造业给每家经销商办理出库并开票数量如下（注：D 代表经销商开课组数，本次课程数据以四家经销商为例）：

基数　4 800　　　D=4

存货编码	存货名称	发货数量	单　位	含税单价	金　额	发货日期	收款日期
P0001	经济型童车	1 200	辆	1 010.32	1 212 384.00	1月5日	1月25日

销售出库单

销售订单号：DD002　　客户名称：旭日商贸有限公司　　出库类型：产品销售
出库单编号：CK002　　出库日期：2017.1.5　　仓　　位：

序号	产品名称	产品编号	规格型号	出库数量	备 注
1	经济型童车			1 200	
2					
3					
4					
5					
合计					

第一联：仓储部存根

仓管员：王宝珠　　仓储部经理：何明海　　销售专员：刘思羽

销售订单列表

订单编号	客户	产品名称	数量	含税折...	总金额	交货日期	付款日期	状态	操作
XS9349...	旭日商...	经济型...	1 200	1 010.32	1 212 384	2017-0...	2017-0...	已发货	

新道增值税教学单据（专用）

记账联

No

开票日期：

购货单位	名　称：旭日商贸有限公司 纳税人识别号：110108554831330 地　址、电　话：北清路5号 开户行及账号：中国工商银行0100229999000099011	密码区	022*5897+71>+60-97*21+7*+31>0931-946 *98161*4518/4/30429784>63545+95>-//+ 0606*>8<>0215/5</*0791657-321-36<+0- *4>*/33-2*//56677201>0>2824>-4*47*5<

货物或应税劳务名称	规格型号	单位	数量	单价	金额	税率	税额
经济型童车		辆	1200	863.52136667	1036225.64	17%	176158.36
合　计							
价税合计（大写）壹佰贰拾壹万贰仟叁佰捌拾肆元					（小写）￥1212384.00		

销货单位	名　称：宝乐童车制造有限公司 纳税人识别号：110108870228098 地　址、电　话：永定路66号 开户行及账号：中国工商银行0100229999000099001	备注	

收款人：　　复核：　　开票人：　　销货单位：（章）

第一联：记账联　销货方记账凭证

业务流程图：

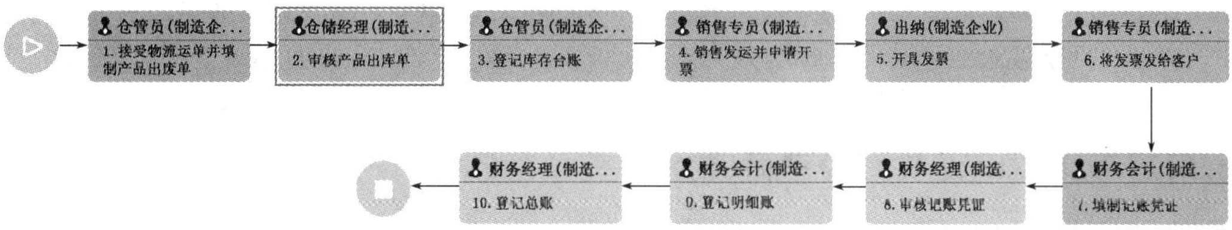

3.6.11 DCG11 装车发运给经销商(物流)

所属大纲:2017 年 1 月 5 日　第 2 讲

数据描述：

业务场景

2017/1/5,物流公司去制造业取货。

业务数据

经销商与每家制造企业签订采购订单数量如下(注:D 代表经销商开课组数,参考答案以四家经销商为例)：

基数＝4 800　　　　D＝4

数量＝基数/D　　　金额＝数量×单价　　　运费＝金额×5%

存货编码	存货名称	数　量	单　价	单　位	金　额	运　费	付款日期
P0001	经济型童车	1 200	1 010.32	辆	1 212 384.00	60 619.20	1月 25 日

物流运输

物流运输列表

运输订单...	销售订单...	托运人	产品名称	数量	单据日期	交货日期	状态	操作
YS93498...	XS93498...	旭日商贸...	经济型童车	1200	2017-01-...	2017-01-...	已运输	

业务流程图：

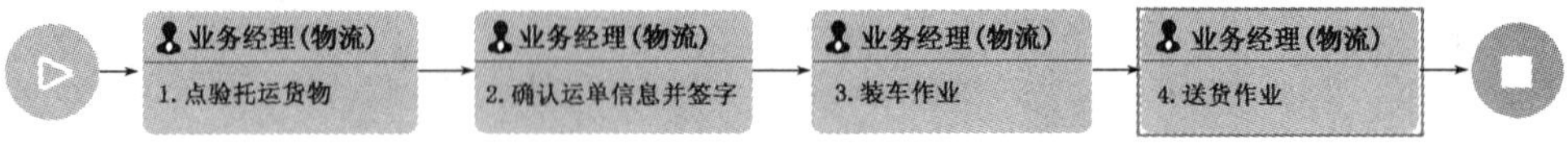

3.6.12 DCG12 送货到经销商(物流)

所属大纲：2017 年 1 月 25 日　第 3 讲

数据描述：

业务场景

2017/1/25，物流公司送货到经销商。

业务数据

经销商与每家制造企业签订采购订单数量如下（注：D 代表经销商开课组数，参考答案以四家经销商为例）：

基数＝4 800　　　D＝4

存货编码	存货名称	数　量	单　位	金　额	运　费	付款日期
P0001	经济型童车	1 200	辆	1 212 384.00	60 619.20	1 月 25 日

业务流程图：

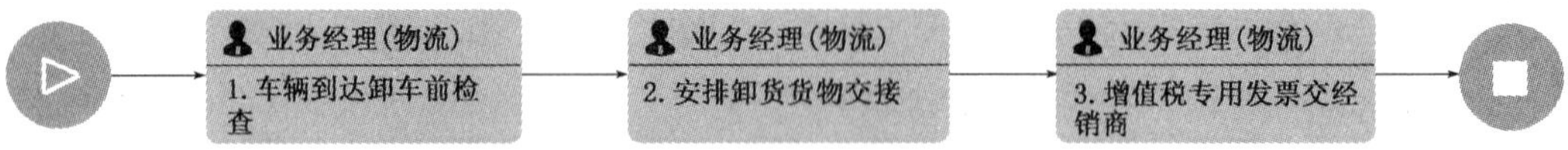

3.6.13 DCG13 到货并办理入库(经销商)

所属大纲：2017 年 1 月 25 日　第 3 讲

数据描述：

业务场景

2017 年 1 月 25 日，依据采购部的到货通知收货。

业务数据

经销商与每家制造企业签订采购订单数量如下（注：D 代表经销商开课组数，参考答案以四家经销商为例）：

基数＝4 800　　　D＝4

每家经销商的需求数量＝4 800/D

存货编码	存货名称	收货数量	单　位	含税单价	金　额	到货日期	付款日期
P0001	经济型童车	1 200	辆	1 010.32	1 212 384.00	1 月 25 日	1 月 25 日

注：参考答案以制造企业宝乐童车厂与经销商恒润商贸有限公司为例，实际填写应为本次开课各组织名称。若本次开课开设 10 家制造企业，则答案应为对 10 家制造企业的入库单，入库单依次为入库单 1，入库单 2，入库单 3，入库单 4，……入库单 10。

采购入库单

制单日期： 2017年1月5日　　　　**仓　　库：** 普通仓库

供应商名称： 宝乐童车制造有限公司　　　　**类　　型：**

单据编号： RK002　　　　**采购订单号：** DD002

序号	品　名	规格型号	单位	入库时间	数量	备注
1	经济型童车		辆	2017.1.5	1 200	
2						
3						
4						
5						
合　计						

第一联：仓储部

仓储部经理： 陈寒丘　　　　**仓管员：**

采购入库

采购订单列表

订单编号	供应商	产品名称	数量	含税单...	总金额	付款日期	交货日期	状态	操作
CG934...	宝乐童...	经济型...	1 200	1 010.32	12123...	2017-...	2017-...	已收货	

业务流程图：

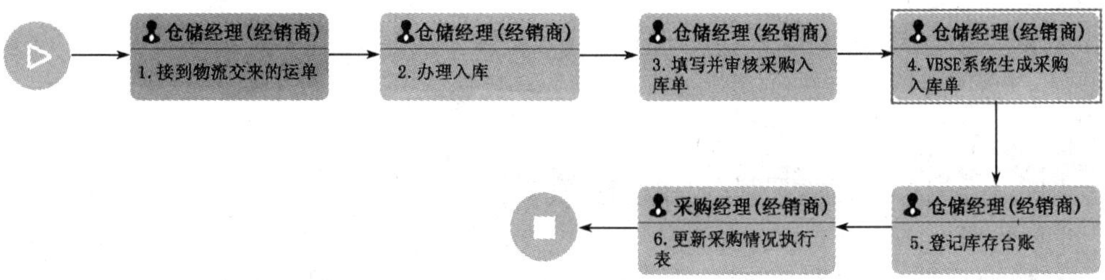

3.6.14 DCG14 收到运输费发票并支付(经销商)

所属大纲:2017 年 1 月 25 日 第 3 讲

数据描述:

业务场景

2017/1/25,收到物流公司运输费用发票。

业务数据

经销商与每家制造企业签订采购订单数量如下(注:D 代表经销商开课组数,参考答案以四家经销商为例):

基数=4 800 D=4

存货编码	存货名称	数 量	单 位	单 价	金 额	运 费	付款日期
P0001	经济型童车	1 200	辆	1 010.32	1 212 384.00	60 619.20	1 月 25 日

注:参考答案以宝乐童车制造有限公司、隆飞物流有限公司与经销商恒润商贸有限公司为例,实际填写应为本次开课各组织名称。若本次开课开设 10 家制造企业,则答案为收到隆飞物流有限公司为 10 家制造企业采购运输开具的采购运输费用发票,运输费用发票依次为运输费用发票 1,运输费用发票 2,运输费用发票 3,运输费用发票 4,……运输费用发票 10。

业务流程图:

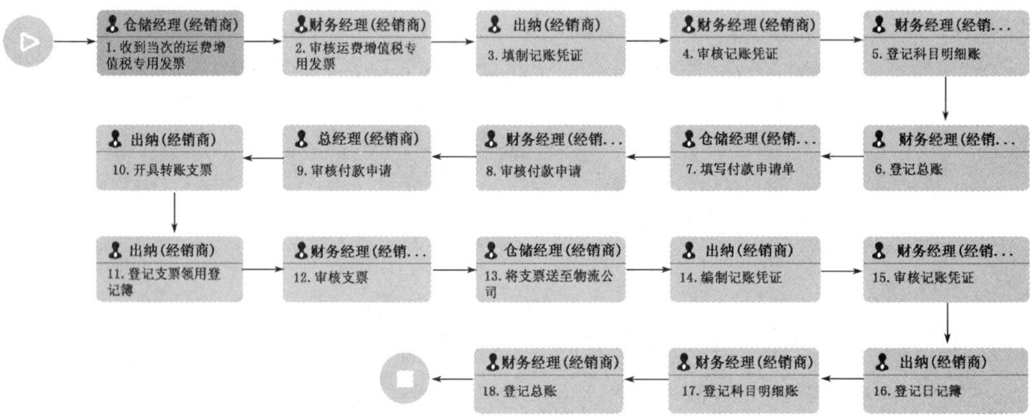

3.6.15 DCG15 收到制造业发票并支付(经销商)

所属大纲:2017 年 1 月 25 日 第 3 讲

数据描述:

业务场景

2017 年 1 月 25 日,收到制造业的销售发票。

业务数据

经销商与每家制造企业签订采购订单数量如下(注:D 代表经销商开课组数,参考答案以四家经销商为例）：

基数＝4 800　　　　D＝4

存货编码	存货名称	收货数量	单　位	含税单价	金　额	到货日期	付款日期
P0001	经济型童车	1 200	辆	1 010.32	1 212 384.00	1月25日	1月25日

注：参考答案以制造企业宝乐童车厂与经销商恒润商贸有限公司为例，实际填写应为本次开课各组织名称。若本次开课开设 10 家制造业，则答案应为 10 家制造业分别收到的增值税专用发票，增值税专用发票依次为增值税专用发票 1，增值税专用发票 2，增值税专用发票 3，……增值税专用发票 10。

付款申请表

付款申请书

2017 年　1 月　25 日

用途及情况	金额											收款单位(人)：宝乐童车制造有限公司
	亿	千	百	十	万	千	百	十	元	角	分	账　号：0100229999000099001
			1	2	1	2	3	8	4	0	0	开户行：中国工商银行

金额(大写)合计：壹佰贰拾壹万贰仟贰佰捌拾肆元整　◉电汇 ○汇票 ○转账 ○现金 ○其他

总经理		财务部门	经理		业务部门	经　理	刘畅
			会计			经办人	周鹏

ICBC 中国工商银行　企业网上银行（实习）

付款公司信息

付款账户：* 0100229999000099011

付款公司名称：旭日商贸有限公司

余额：4700000

收款公司信息

收款账户：* 0100229999000099001

收款公司名称：宝乐童车制造有限公司

收款公司开户行：中国工商银行

转账金额

转账金额：* 1212384

金额(大写)：壹佰贰拾壹万贰仟叁佰捌拾肆元整

转账用途：货款

采购列表

订单编号	供应商	产品名称	数量	含税折扣价(元)	总金额	付款日期	交货日期	状态	操作
CG93498541	宝乐童车制造有限公司	经济型童车	1200	1010.32	1212384	2017-01-25	2017-01-25	已付款	¥

记 账 凭 证

字第　　号

2017 年　1 月 25 日

摘要	总账科目	明细账科目	借方金额											贷方金额											✓
			亿	千	百	十	万	千	百	十	元	角	分	亿	千	百	十	万	千	百	十	元	角	分	
支付制造业货款	1405—库存商品	140501—经济型童车			1	0	3	6	2	2	5	6	4												
	2221—应交税费	22210101—进项税额				1	7	6	1	5	8	3	6												
																1	2	1	2	3	8	4	0	0	
合　　计					1	2	1	2	3	8	4	0	0			1	2	1	2	3	8	4	0	0	

附单据　张

会计主管：　　记账：吴坤　　出纳：　　复核：　　制单：周畅

业务流程图：

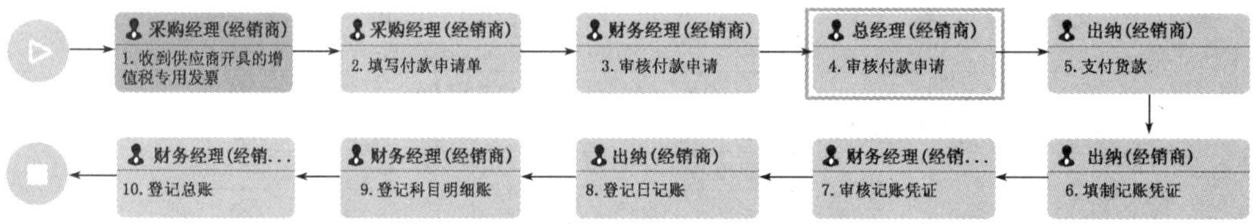

3.6.16　DCG16 收到经销商运费业务回单(物流)

所属大纲：2017 年 1 月 25 日　第 3 讲

数据描述：

业务场景

2017/1/5，物流公司收到经销商运费业务回单。

业务数据

经销商与每家制造企业签订采购订单数量如下(注：D 代表经销商开课组数，参考数据以四家经销商为例，运费发票总金额为运输货物总价的 5%)：

基数　4 800　　D=4　　　　数量=基数/D

存货编码	存货名称	数　量	单　位	单　价	金　额	运　费	付款日期
P0001	经济型童车	1 200	辆	1 010.32	1 212 384.00	60 619.20	1 月 25 日

金额=数量×单价　　　　运费=金额×5%

业务流程图：

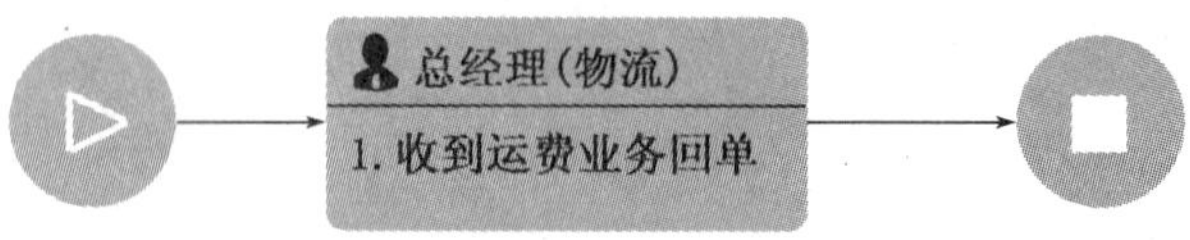

3.6.17　DCG17 收到经销商货款银行回单(制造业)

所属大纲：2017 年 1 月 25 日　第 3 讲

数据描述：

业务场景

2017 年 1 月 5 日，收到经销商货款银行回单。

业务数据

制造业与每家经销商签订订单数量如下(注：D 代表经销商开课组数，本课程数据以四家经销商为例)：

基数　4 800　　　　D=4

存货编码	存货名称	数　量	单　位	含税单价	金　额	到货日期	付款日期
P0001	经济型童车	1 200	辆	1 010.32	1 212 384.00	1 月 5 日	1 月 25 日

银行转账记录

宝乐童车制造有限公司　开始时间：2017-01-05　结束时间：2017-01-25　账户余额：11212384.00

付款方	收款方	用途	转账金额	付款日期	操作
旭日商贸有限公司	宝乐童车制造有限公司	货款	+1212384.00	2017-01-25	

1

ICBC 中国工商银行　企业网上银行(实习)　电子回单　金融@家

电子回单号：20170412100005

付款人	户 名	旭日商贸有限公司	收款人	户 名	宝乐童车制造有限公司
	帐 号	0100229999000099011		帐 号	0100229999000099001
	开户行	中国工商银行		开户行	中国工商银行
金额	(大写)	壹佰贰拾壹万贰仟叁佰捌拾肆元整			¥: 1212384
转账用途	货款				

制单人：stu033　　流水号：100005　　银行签章：中国工商银行 电子回单专用章

打印

记　账　凭　证

2017 年　1 月　25 日　　　　字第　　号

摘 要	总账科目	明细账科目	借方金额	贷方金额	✓
销售收款	1002—银行存款	100201—工行存款	1212384.00		
	1122—应收账款	112211—旭日商贸		1212384.00	
合　　计					

附单据　张

会计主管：　　记账：周云　　出纳：　　复核：　　制单：刘江

业务流程图：

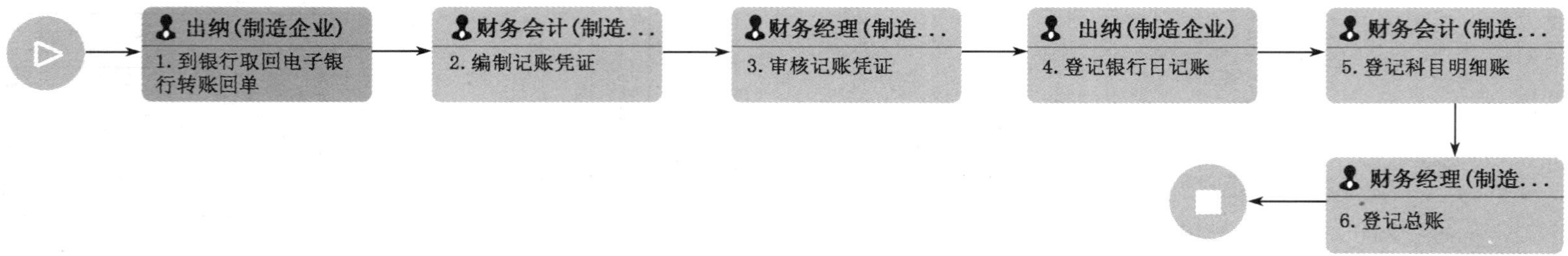

3.7 经销商产品销售

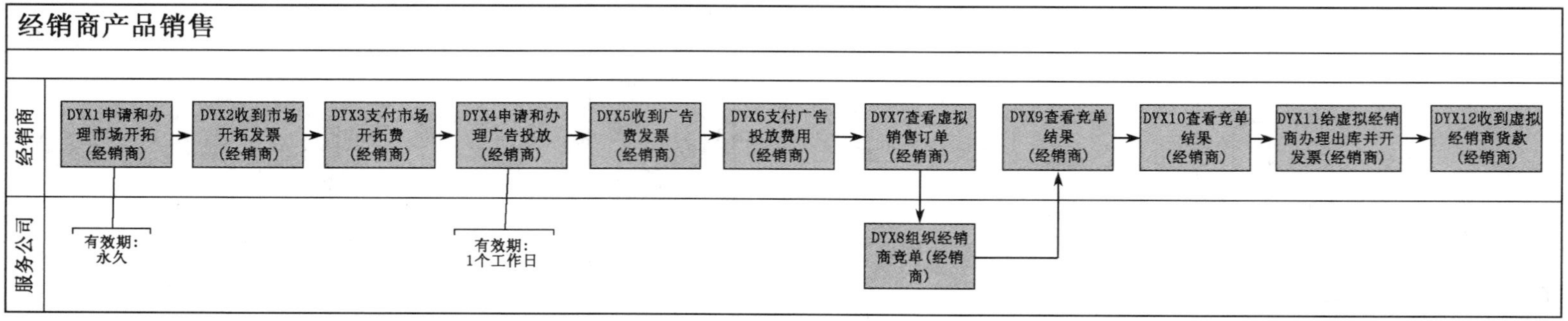

3.7.1　DYX1 申请和办理市场开拓(经销商)

所属大纲:2017 年 1 月 5 日　第 1 讲

数据描述:

业务场景

2017 年 1 月 5 日,营销部根据市场预测提交市场开拓申请。

业务数据

地　区	日　期	货　物	需求量	平均单价	总需求(元)	开拓费用
北部	1 月 5 日	经济型童车	54 000	1 200.00	64 800 000.00	351 000.00
东部	1 月 5 日	经济型童车	55 000	1 160.00	63 800 000.00	368 000.000
南部	1 月 5 日	经济型童车	52 000	1 250.00	65 000 000.00	351 000.00
西部	1 月 5 日	经济型童车	40 000	1 300.00	63 7000 000.00	334 000.00
合　计			210 000		257 300 000.00	

注:本次课程固定部分只开拓北部地区,其他地区在自主经营部分可以开拓。

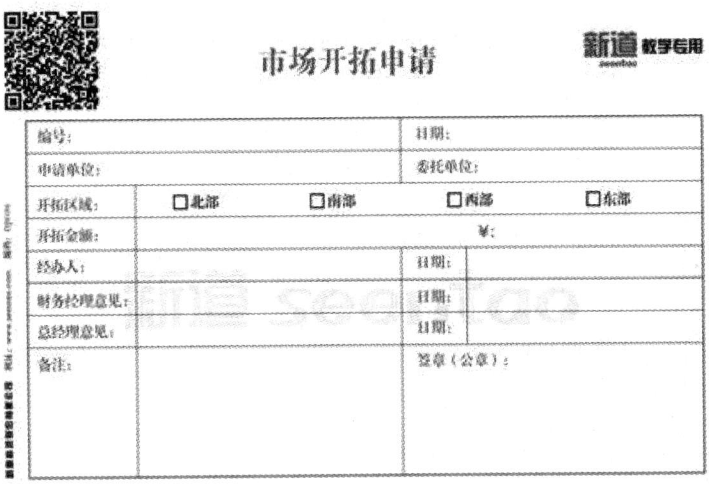

市场开拓申请

编号:		日期:	
申请单位:		委托单位:	
开拓区域:	□北部　□南部　□西部　□东部		
开拓金额:	¥:		
经办人:		日期:	
财务经理意见:		日期:	
总经理意见:		日期:	
备注:		签章(公章):	

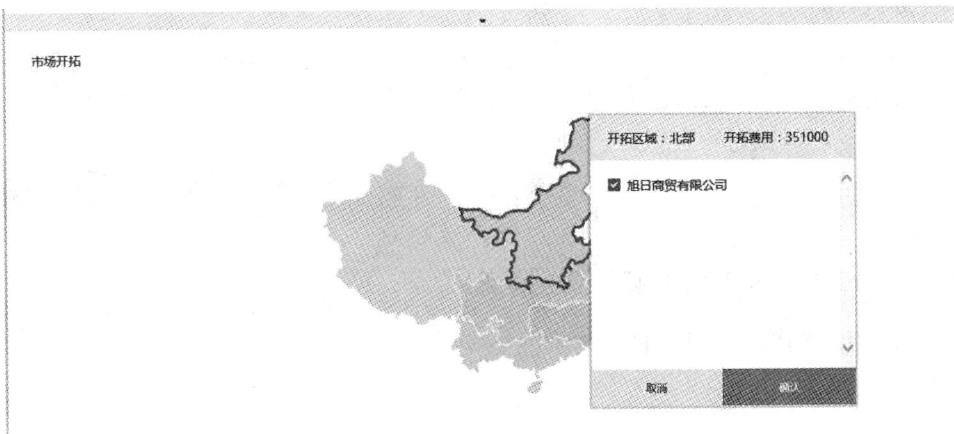

业务流程图：

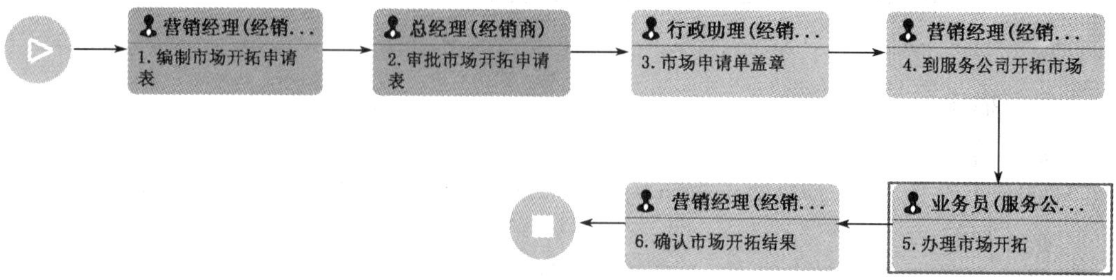

3.7.2　DYX2 收到市场开拓费发票(经销商)

所属大纲：2017 年 1 月 5 日　第 1 讲

数据描述：

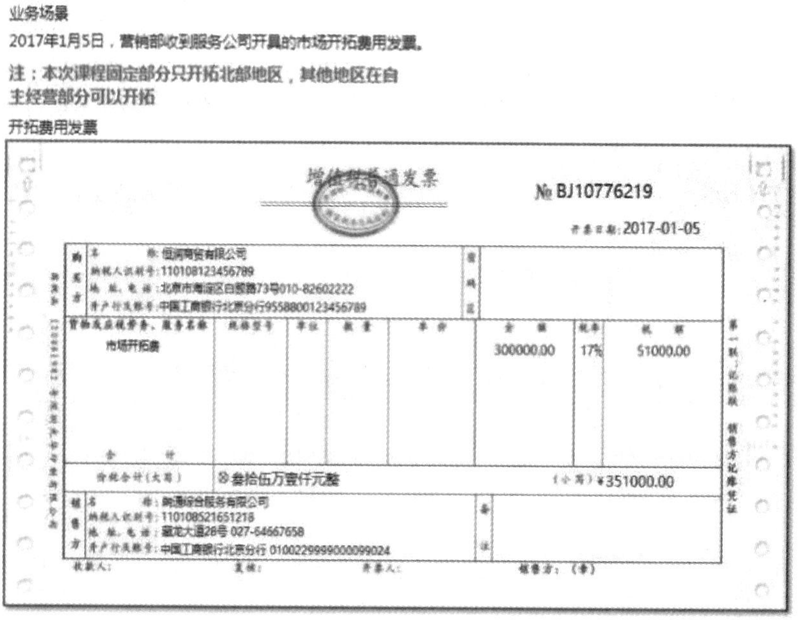

业务场景

2017年1月5日，营销部收到服务公司开具的市场开拓费用发票。

注：本次课程固定部分只开拓北部地区，其他地区在自主经营部分可以开拓

开拓费用发票

№ BJ10776219

开票日期：2017-01-05

购买方 名称：恒润商贸有限公司
纳税人识别号：110108123456789
地址、电话：北京市海淀区白颐路73号010-82602222
开户行及账号：中国工商银行北京分行9558800123456789

货物或应税劳务、服务名称	规格型号	单位	数量	单价	金额	税率	税额
市场开拓费					300000.00	17%	51000.00
合计							
价税合计(大写)	⊗叁拾伍万壹仟元整				(小写)¥351000.00		

销售方 名称：融通综合服务有限公司
纳税人识别号：110108521651218
地址、电话：藏龙大道28号 027-64667658
开户行及账号：中国工商银行北京分行 0100229999000099024

收款人：　复核：　开票人：　销售方：(章)

业务流程图：

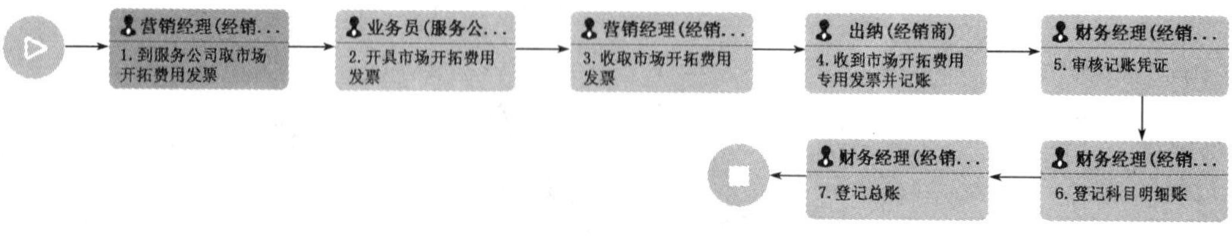

3.7.3　DYX3 支付市场开拓费(经销商)

所属大纲：2017 年 1 月 5 日　第 1 讲

数据描述：

业务场景

2017 年 1 月 5 日，营销部根据收到的开拓费用发票提交付款申请并付款。

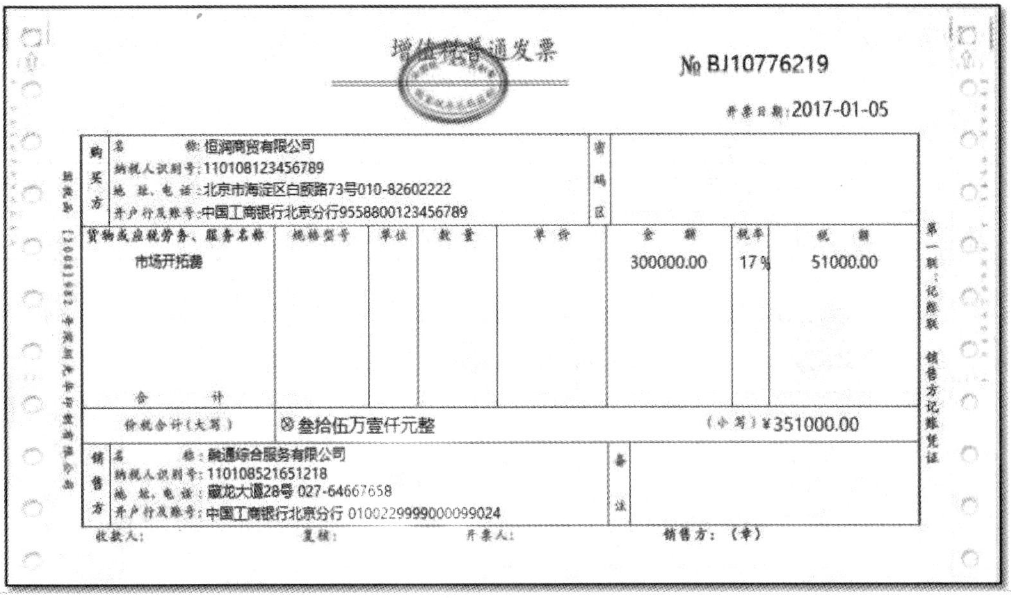

增值税普通发票

№ BJ10776219

开票日期：2017-01-05

购买方	名　　称：恒润商贸有限公司 纳税人识别号：110108123456789 地 址、电 话：北京市海淀区白颐路73号010-82602222 开户行及账号：中国工商银行北京分行9558800123456789				密码区			
货物或应税劳务、服务名称	规格型号	单位	数量	单价	金额	税率	税额	
市场开拓费					300000.00	17%	51000.00	
合　计								
价税合计（大写）	⊗叁拾伍万壹仟元整				（小写）¥351000.00			
销售方	名　　称：融通综合服务有限公司 纳税人识别号：110108521651218 地 址、电 话：藏龙大道28号 027-64667658 开户行及账号：中国工商银行北京分行 0100229999000099024				备注			

收款人：　　复核：　　开票人：　　销售方：（章）

第一联：记账联　销售方记账凭证

付款申请书

2017 年　1 月　5 日

<table>
<tr><td>用途及情况</td><td colspan="11">金　额</td><td>收款单位(人)：融通服务有限公司</td></tr>
<tr><td rowspan="2"></td><td>亿</td><td>千</td><td>百</td><td>十</td><td>万</td><td>千</td><td>百</td><td>十</td><td>元</td><td>角</td><td>分</td><td>账　号：0100229999000099024</td></tr>
<tr><td></td><td></td><td></td><td>3</td><td>5</td><td>1</td><td>0</td><td>0</td><td>0</td><td>0</td><td>0</td><td>开户行：北京工商银行</td></tr>
<tr><td>金额(大写)合计：</td><td colspan="11">叁拾伍万壹仟元整</td><td>○电汇 ○汇票 ◉转账 ○现金 ○其他</td></tr>
</table>

<table>
<tr><td rowspan="2">总 经 理</td><td rowspan="2">李</td><td rowspan="2">财务部门</td><td>经　理</td><td>张</td><td rowspan="2">业务部门</td><td>经　理</td><td>周</td></tr>
<tr><td>会　计</td><td>王</td><td>经办人</td><td>徐</td></tr>
</table>

业务流程图：

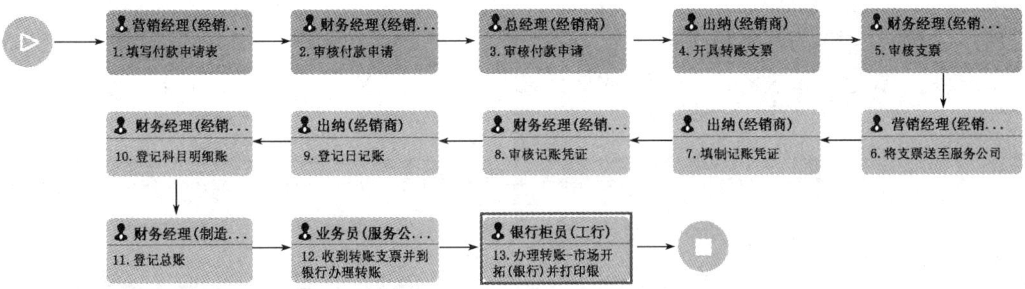

3.7.4 DYX4 申请和办理广告投放(经销商)

所属大纲:2017 年 1 月 5 日　第 1 讲

数据描述:

业务场景

2017 年 1 月 5 日,营销部根据市场预测提交投放广告申请。

业务数据

地　区	日　期	货　物	需求量	平均单价	总需求(元)	广告投入费用
北部	1 月 5 日	经济型童年	54 000	1 200.00	64 800 000.00	175 500.00

市场开拓申请

编号:		日期:	
申请单位:		委托单位:	
开拓区域:	□北部　□南部　□西部　□东部		
开拓金额:	¥:		
经办人:		日期:	
财务经理意见:		日期:	
总经理意见:		日期:	
备注:		签章(公章):	

业务流程图：

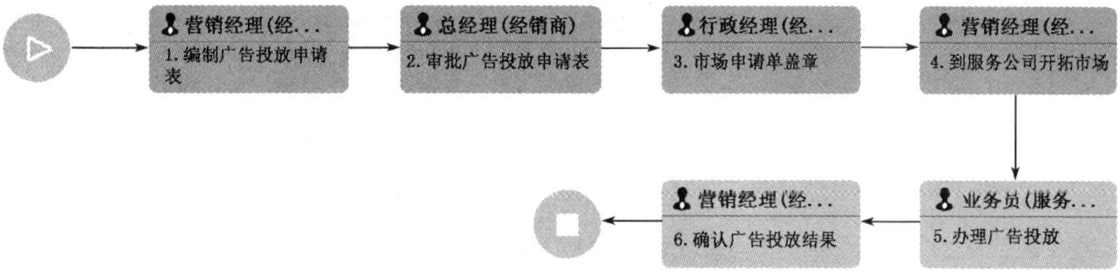

3.7.5　DYX5 收到广告费发票(经销商)

所属大纲：2017 年 1 月 5 日　第 1 讲

数据描述：

业务场景

2017 年 1 月 5 日，营销部收到服务公司开具的广告投放费用发票。

业务数据

地　区	日　期	货　物	需求量	平均单价	总需求(元)	广告投入费用
北部	1 月 5 日	经济型童车	54 000	1 200.00	64 800 000.00	175 500.00

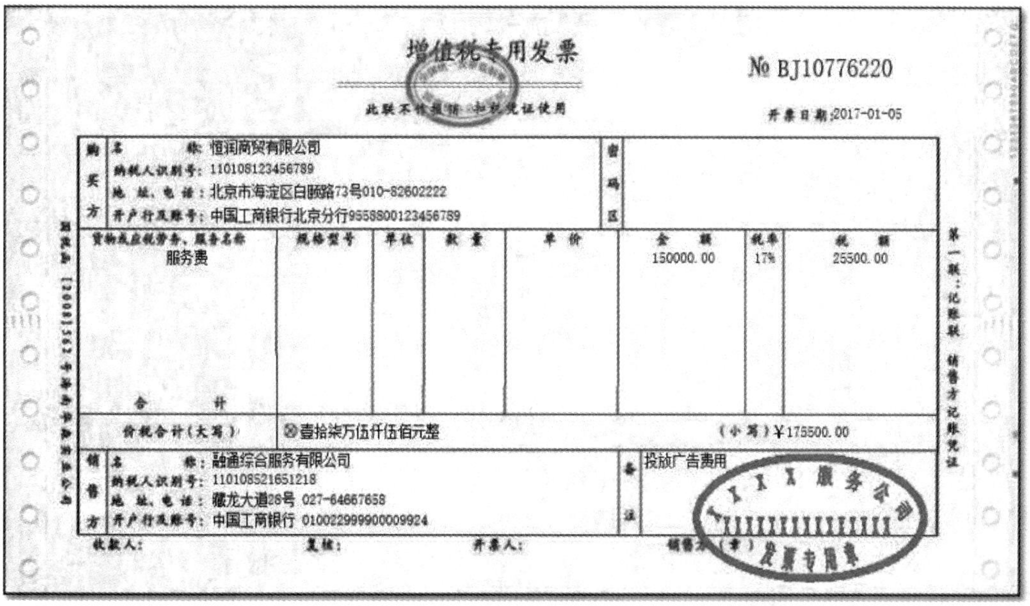

增值税专用发票

№ BJ10776220

此联不作报销、扣税凭证使用

开票日期：2017-01-05

购买方	名称：恒润商贸有限公司 纳税人识别号：110108123456789 地址、电话：北京市海淀区白颐路73号010-82602222 开户行及账号：中国工商银行北京分行9558800123456789	密码区					
货物或应税劳务、服务名称	规格型号	单位	数量	单价	金额	税率	税额
服务费					150000.00	17%	25500.00
合计							
价税合计(大写)	⊗壹拾柒万伍仟伍佰元整				(小写)¥175500.00		
销售方	名称：融通综合服务有限公司 纳税人识别号：110108521651218 地址、电话：藏龙大道28号 027-64667658 开户行及账号：中国工商银行 0100229999000009924	备注	投放广告费用				

收款人：　复核：　开票人：　销售方(章)

第一联：记账联　销售方记账凭证

业务流程图：

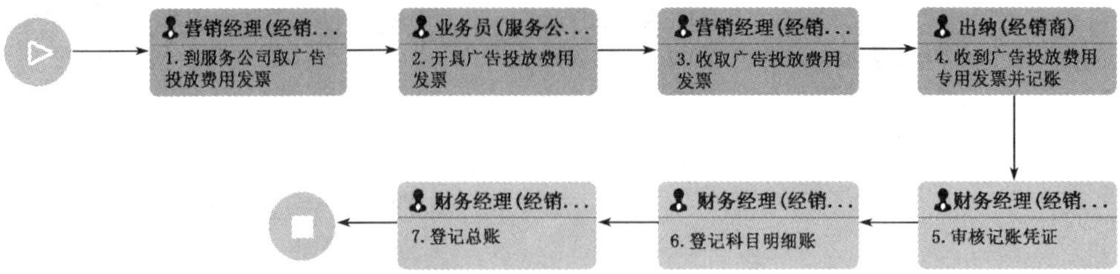

3.7.6 DYX6 支付广告投放费用(经销商)

所属大纲：2017 年 1 月 5 日　第 1 讲

数据描述：

业务场景

2017 年 1 月 5 日，营销部根据收到投放广告费用发票，提交付款申请并付款。

业务数据

地　区	日　期	货　物	需求量	平均单价	总需求(元)	广告投入费用
北部	1 月 5 日	经济型童车	54 000	1 200.00	64 800 000.00	, 175 500.00

付款申请书

2017 年　1 月　5 日

用途及情况	金额											收款单位(人)：融通服务有限公司
支付广告费	亿	千	百	十	万	千	百	十	元	角	分	账　号：0100229999000099024
				1	7	5	5	0	0	0	0	开户行：北京工商银行
金额(大写)合计：	壹拾柒万伍仟伍佰元整											○电汇 ○汇票 ◉转账 ○现金 ○其他

总经理	周	财务部门	经　理	张	业务部门	经　理	王
			会　计	李		经办人	钱

业务流程图：

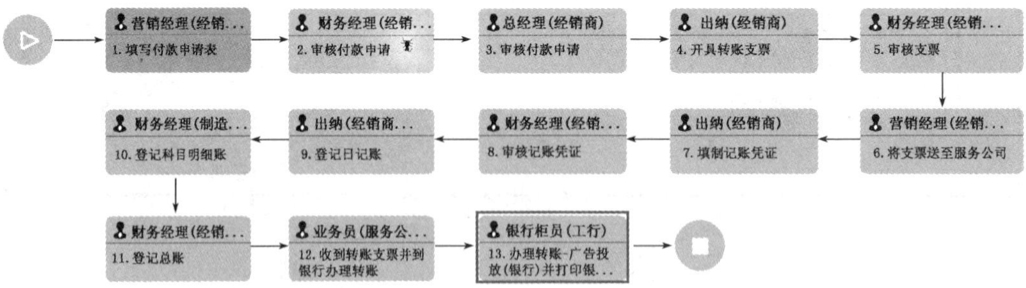

3.7.7 DYX7 查看虚拟销售订单(经销商)

所属大纲：2017 年 1 月 5 日　第 2 讲

数据描述：

业务场景

2017 年 1 月 5 日，营销部经理查看虚拟销售订单。

注：固定数据阶段，每家经销商只能选择一笔虚拟订单，自主经营部分可以按照广告投放得分依次选择虚拟订单。

业务数据

订单编号	客　户	商　品	数　量	单　价	金　额	交货日期	结算日期
SO－0001	上海乐康妇婴用品有限公司	经济型童车	12 000	1 202.37	14 428 440.00	1 月 5 日	1 月 25 日
SO－0002	广州好康妇婴用品有限公司	经济型童车	12 000	1 202.37	14 428 440.00	1 月 5 日	1 月 25 日
SO－0003	北京爱喜商贸有限公司	经济型童车	12 000	1 202.37	14 428 440.00	1 月 5 日	1 月 25 日
SO－0004	成都新兴商贸有限公司	经济型童车	12 000	1 202.37	14 428 440.00	1 月 5 日	1 月 25 日

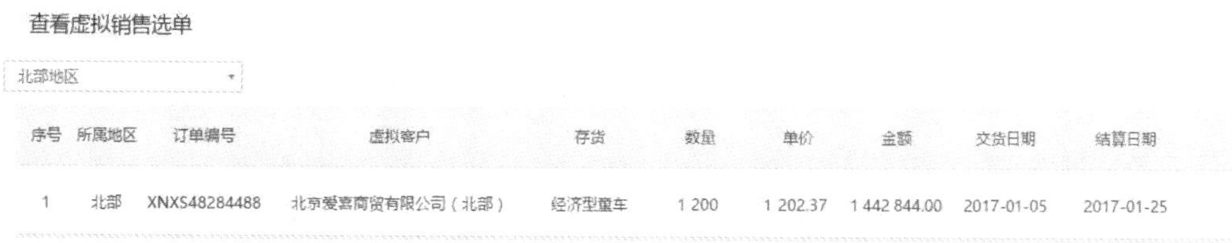

业务流程图：

3.7.8　DYX8 组织经销商竞单(服务公司)

所属大纲：2017 年 1 月 5 日　第 1 讲

数据描述：

业务场景

2017 年 1 月 5 日，根据各经销商广告投放得分依次逐笔选单。

注：固定数据阶段，每家经销商只能选择一笔虚拟订单，自主经营部分可以按照广告投放得分依次选择虚拟订单。

业务数据

订单编号	客　户	商　品	数　量	单　价	金　额	交货日期	结算日期
SO－0001	上海乐康妇婴用品有限公司	经济型童车	12 000	1 202.37	14 428 440.00	1月5日	1月25日
SO－0002	广州好康妇婴用品有限公司	经济型童车	12 000	1 202.37	14 428 440.00	1月5日	1月25日
SO－0003	北京爱喜商贸有限公司	经济型童车	12 000	1 202.37	14 428 440.00	1月5日	1月25日
SO－0004	成都新兴商贸有限公司	经济型童车	12 000	1 202.37	14 428 440.00	1月5日	1月25日

	本地区投放广告费的公司	竞单得分	广告投入
◉	旭日商贸有限公司	100	175 500

	序号	所属地区	订单编号	虚拟客户	存货	数量	单价	金额	交货日期	结算日期
☑	1	北部	XNXS48284488	北京爱喜商贸有限公司（北部）	经济型童车	1 200	1 202.37	1 442 844	2017-01-05	2017-01-25

业务流程图：

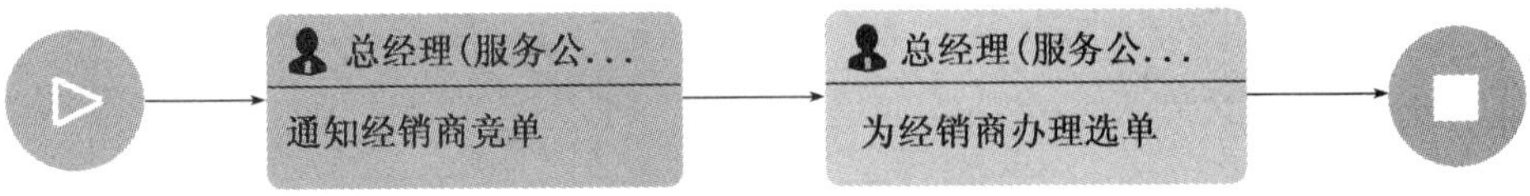

3.7.9　DYX9 查看竞单结果(经销商)

所属大纲:2017 年 1 月 5 日　第 2 讲

数据描述:营销经理在系统中查看已选中订单,确定订单信息是否正确,确认交货日期是否正确。

销售订单列表

订单编号	客户	产品名称	数量	含税折扣价	总金额	付款日期	交货日期	状态	操作
XNXS48...	北京爱喜...	经济型童车	1 200	1 202.37	1 442 844	2017-01-05	2017-01-25	已确定	🔍

业务流程图：

3.7.10　DYX10 给虚拟经销商发货(经销商)

所属大纲:2017 年 1 月 5 日　第 2 讲

数据描述:根据选单结果填写发货单。

业务流程图:

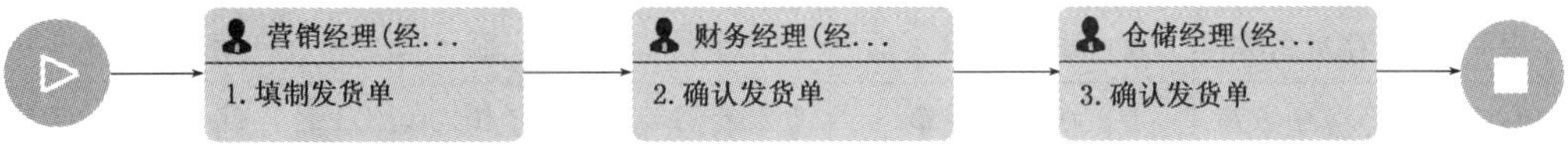

3.7.11　DYX11 给虚拟经销商办理出库并开发票(经销商)

所属大纲:2017 年 1 月 5 日　第 2 讲

数据描述:根据发货单办理出库并开具增值税专用发票记账。

销售出库

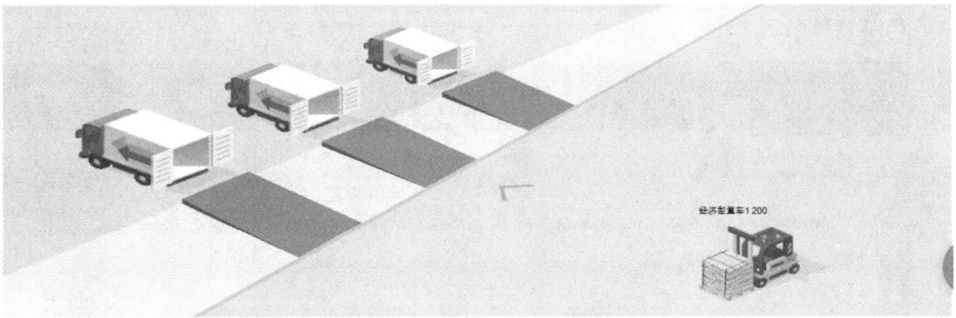

销售订单列表

订单编号	客户	产品名称	数量	含税折...	总金额	交货日期	付款日期	状态	操作
XNXS48...	北京爱...	经济型...	1 200	1 202.37	1 442 844	2017-0...	2017-0...	已发货	

业务流程图:

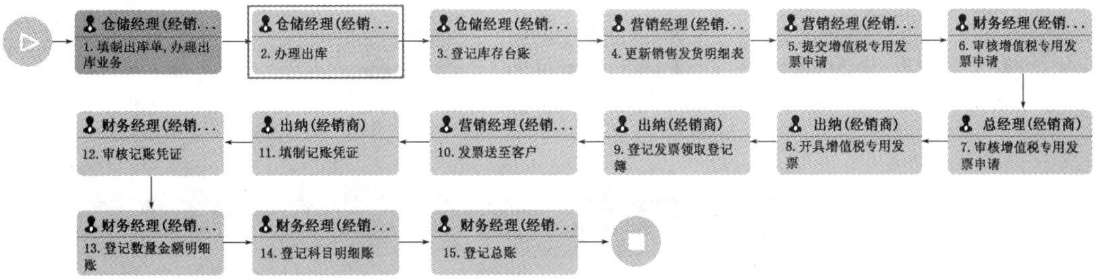

3.7.12　DYX12 收到虚拟经销商货款(经销商)

所属大纲:2017 年 1 月 25 日　第 3 讲

数据描述：

业务场景

2017 年 1 月 5 日，根据销售发展金额收回货款。

业务数据

虚拟订单信息如下：

存货编码	存货名称	数　量	单　位	含税单价	金　额	到货日期	付款日期
P0001	经济型童车	1 200	辆	1 202.37	14 428 440.00	1 月 5 日	1 月 25 日

销售订单列表

订单编号	客户	产品名称	数量	含税单价	总金额	交货日期	付款日期	状态	操作
XNXS482...	北京爱喜...	经济型童车	1 200	1 202.37	1 442 844	2017-01-05	2017-01-25	已收款	

业务流程图：

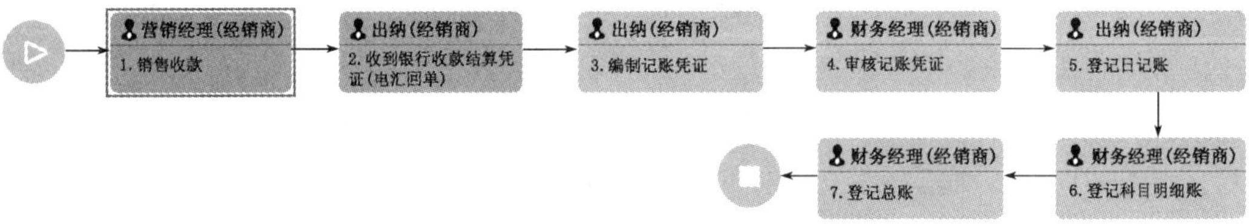

3.8　连锁销售上缴货款闭环

3.8.1　门店销售收款(连锁)

所属大纲：2017 年 1 月 5 日　第 1 讲

业务流程图：

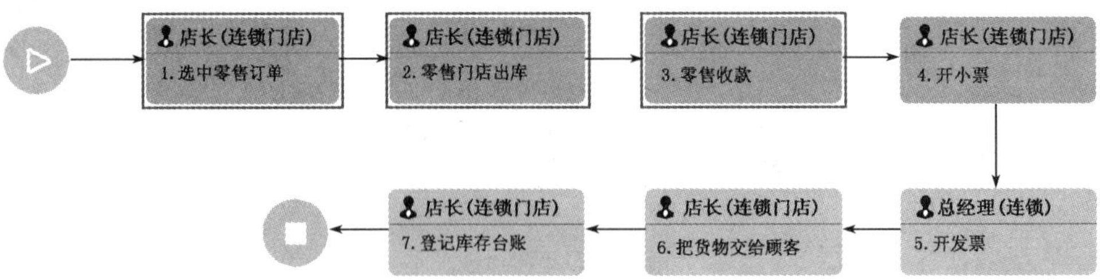

3.8.2　门店零售日结(连锁)

所属大纲：2017 年 1 月 5 日　第 1 讲

业务流程图：

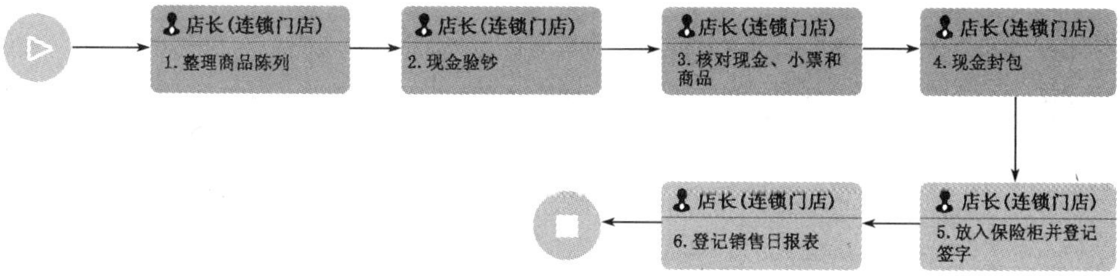

3.8.3　门店上缴营业款(连锁)

所属大纲：2017 年 1 月 5 日　第 1 讲

业务流程图：

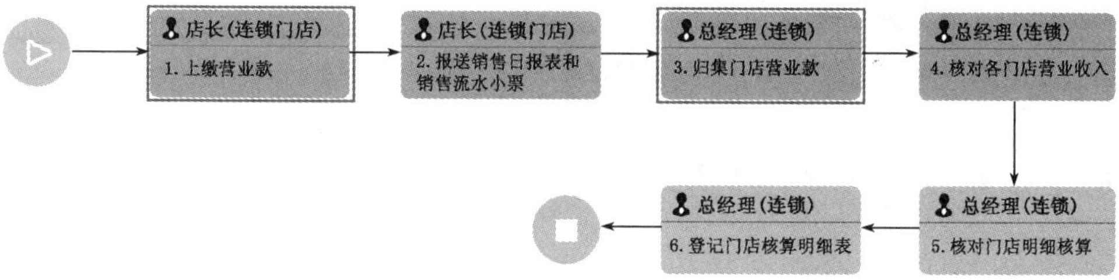

3.9　连锁请货配送闭环

3.9.1　门店向总部请货(连锁)

所属大纲：2017 年 1 月 5 日　第 1 讲

业务流程图：

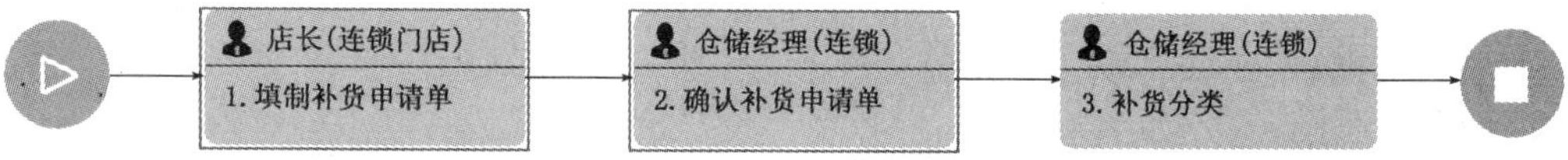

3.9.2　总部请货分析(连锁)

所属大纲：2017 年 1 月 5 日　第 2 讲

业务流程图：

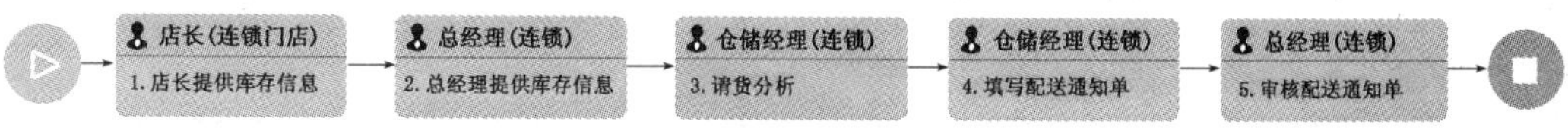

3.9.3 向东区门店下达配送通知(连锁)

所属大纲:2017 年 1 月 5 日　第 2 讲

业务流程图:

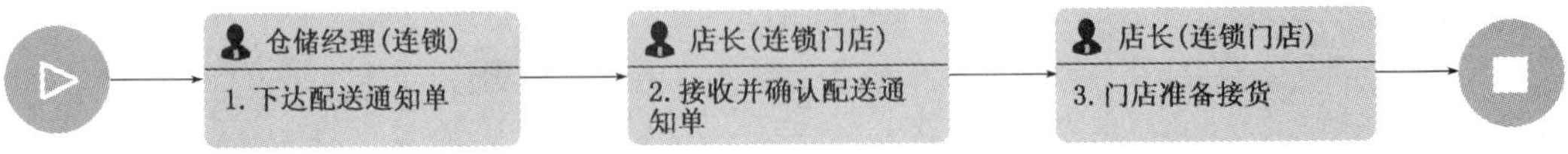

3.9.4 向西区门店下达配送通知(连锁)

所属大纲:2017 年 1 月 5 日　第 2 讲

业务流程图:

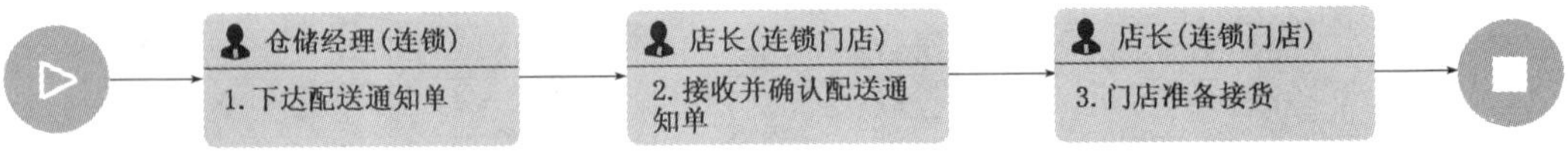

3.9.5 仓储中心配送出库(连锁)

所属大纲:2017 年 1 月 5 日　第 2 讲

业务流程图:

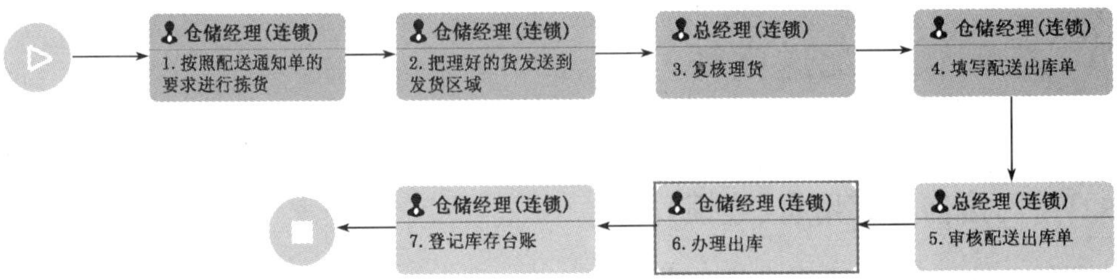

3.9.6 门店到货签收(连锁)

所属大纲:2017 年 1 月 5 日　第 2 讲

业务流程图:

3.10 连锁采购付款闭环

3.10.1 仓储中心补货申请(连锁)

所属大纲:2017 年 1 月 5 日　第 2 讲

业务流程图：

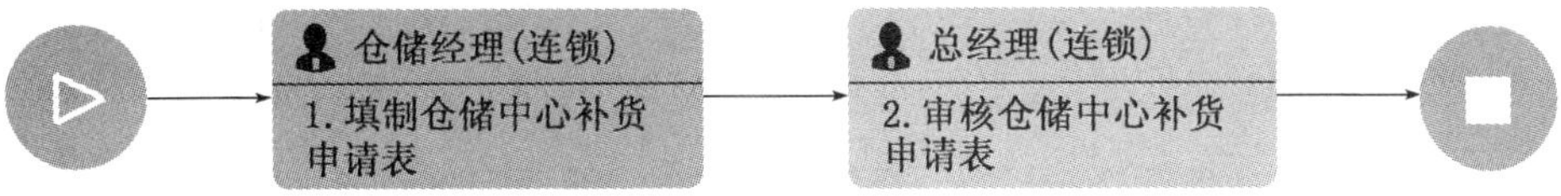

3.10.2　总部编制采购计划(连锁)

所属大纲：2017 年 1 月 5 日　第 2 讲

业务流程图：

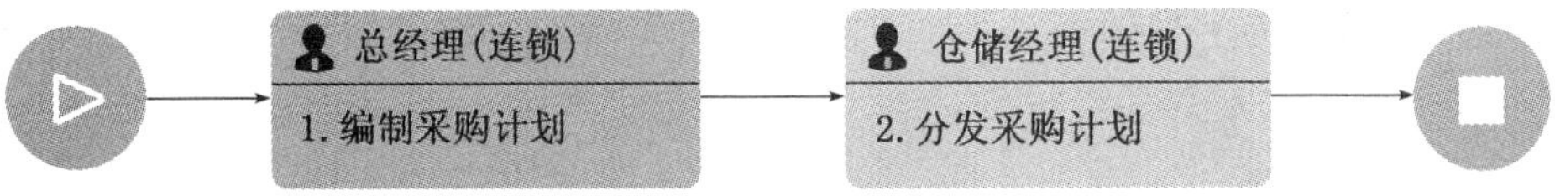

3.10.3　与制造业签订购销合同(连锁)

所属大纲：2017 年 1 月 25 日　第 3 讲

业务流程图：

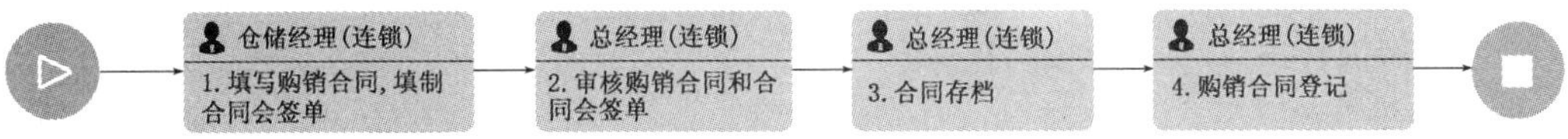

3.10.4　录入采购订单(连锁)

所属大纲：2017 年 1 月 25 日　第 3 讲

业务流程图：

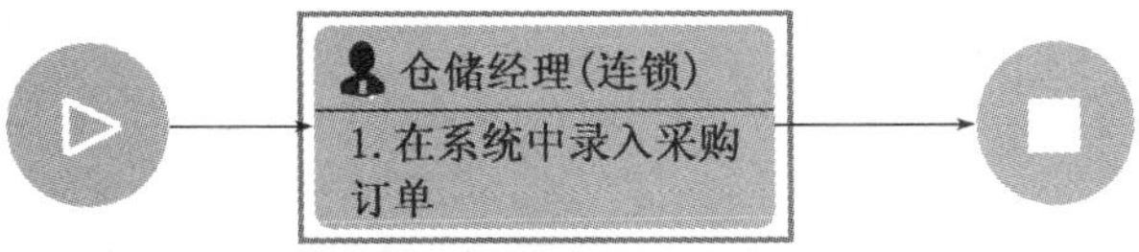

3.10.5　确认连锁企业采购订单(制造业)

所属大纲：2017 年 1 月 25 日　第 3 讲

业务流程图：

3.10.6　销售发货给连锁(制造业)

所属大纲：2017 年 1 月 25 日　第 3 讲

业务流程图：

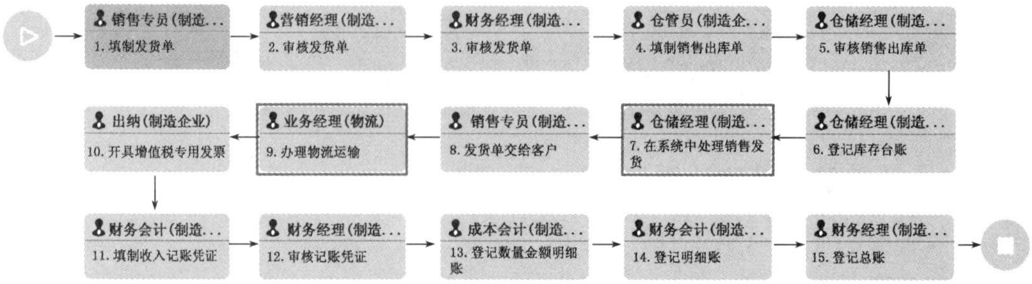

3.10.7 采购入库(连锁)

所属大纲：2017 年 1 月 25 日　第 3 讲

业务流程图：

3.10.8 向制造业支付货款(连锁)

所属大纲：2017 年 1 月 25 日　第 3 讲

业务流程图：

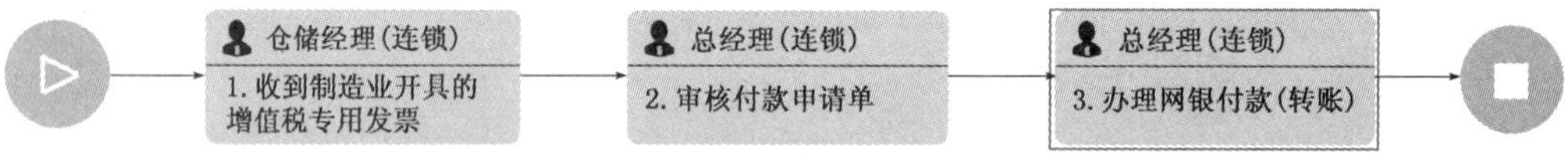

3.10.9 回收连锁企业货款(制造业)

所属大纲：2017 年 1 月 25 日　第 3 讲

业务流程图：

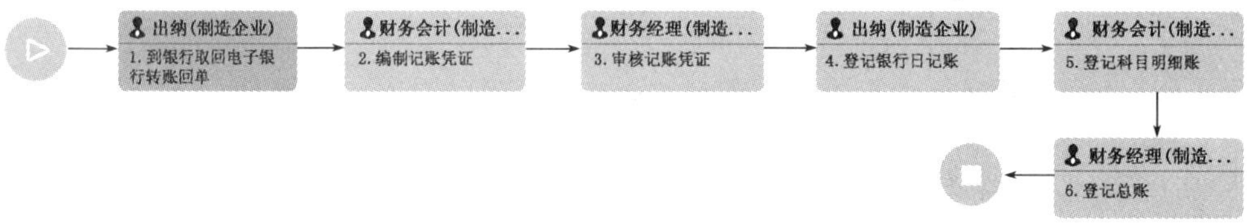

3.11 国贸销售收款闭环

3.11.1 ICK1 贸易洽谈(国贸)

所属大纲：2017 年 1 月 5 日　第 1 讲

业务流程图：

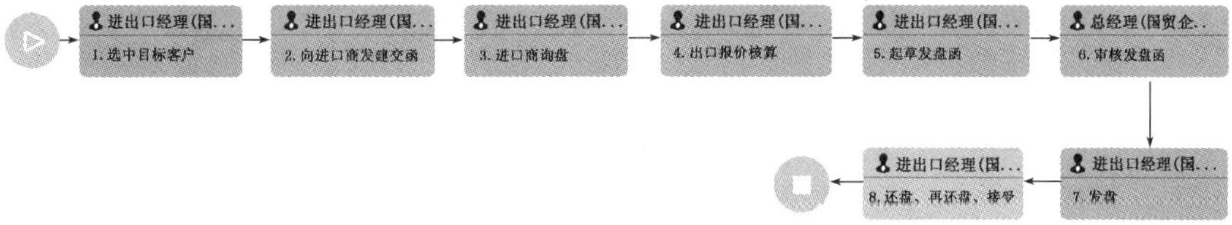

3.11.2　ICK2 出口合同签订(国贸)

所属大纲：2017 年 1 月 5 日　第 1 讲

业务流程图：

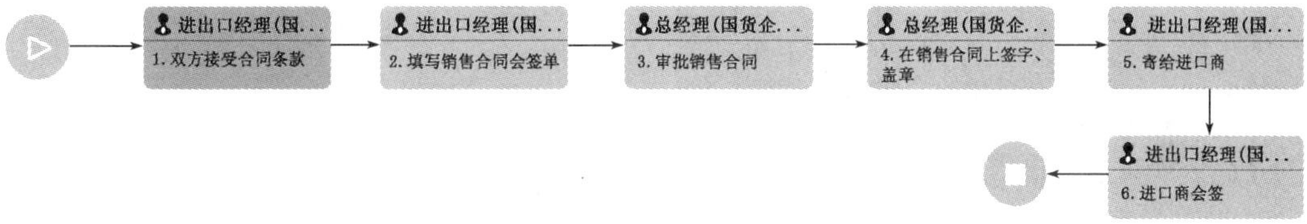

3.11.3　ICK3 催证、审证、改证(国贸)

所属大纲：2017 年 1 月 5 日　第 1 讲

业务流程图：

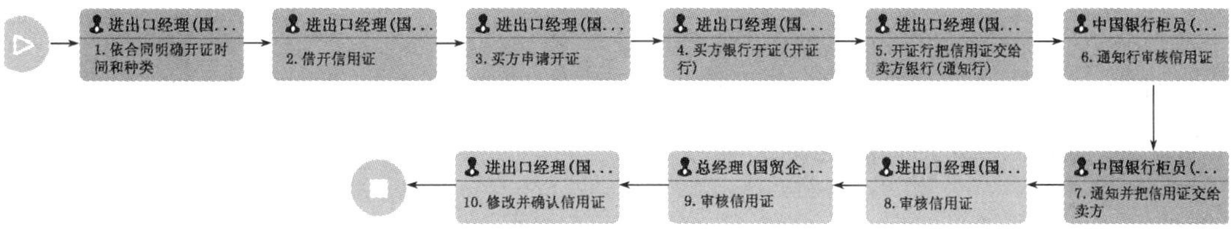

3.11.4　ICK4 开商业发票和装箱单(国贸)

所属大纲：2017 年 1 月 5 日　第 1 讲

业务流程图：

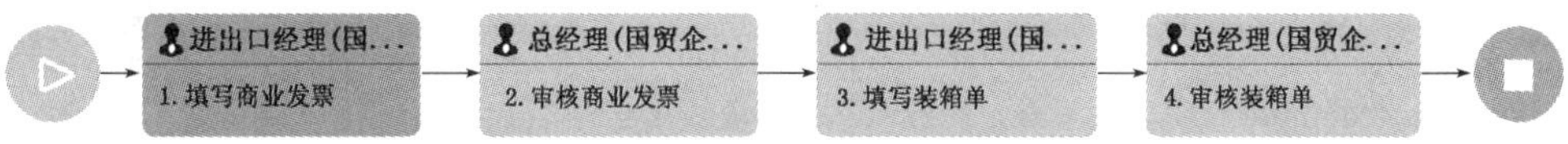

3.11.5　ICK5 订舱(国贸)

所属大纲：2017 年 1 月 5 日　第 1 讲

业务流程图：

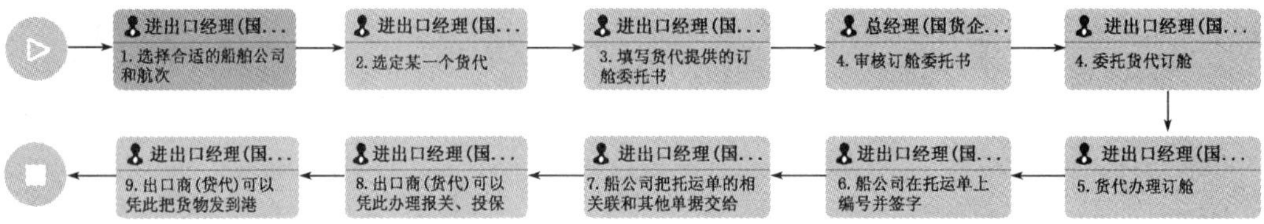

3.11.6 ICK6 出口货物发货(国贸)

所属大纲：2017 年 1 月 5 日　第 1 讲

业务流程图：

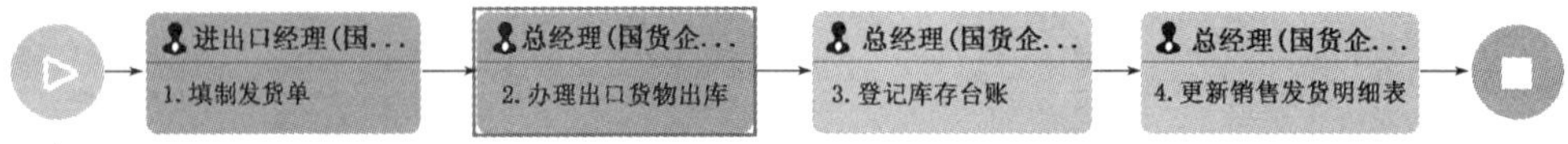

3.11.7 ICK7 商检(国贸)

所属大纲：2017 年 1 月 5 日　第 2 讲

业务流程图：

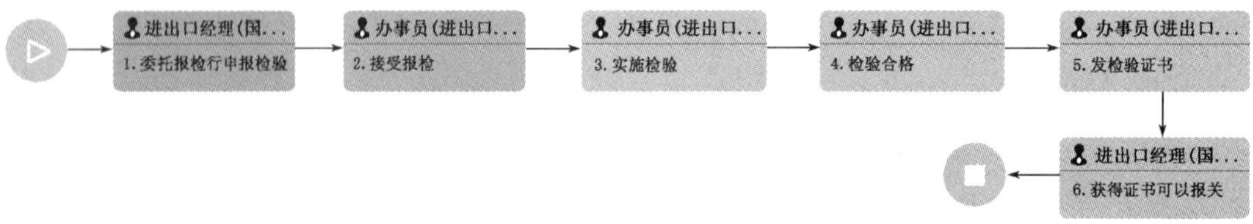

3.11.8 ICK8 投保(国贸)

所属大纲：2017 年 1 月 5 日　第 2 讲

业务流程图：

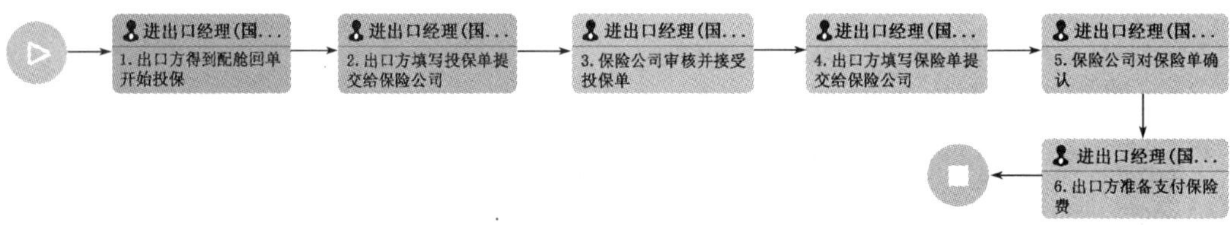

3.11.9 ICK9 支付保险费获得签发保险单(国贸)

所属大纲：2017 年 1 月 5 日　第 2 讲

业务流程图：

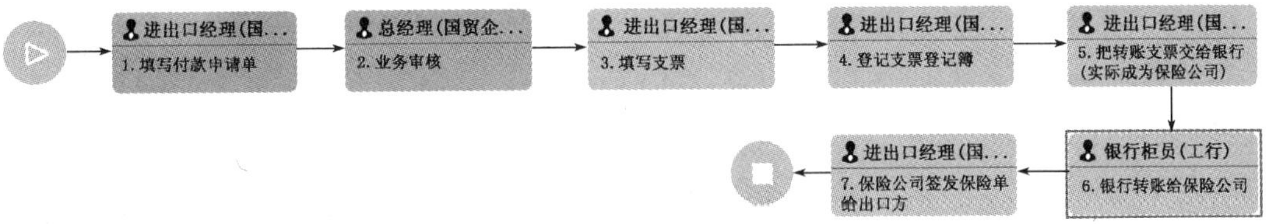

3.11.10　ICK10 出口收汇核销单申领与备案(国贸)

所属大纲:2017 年 1 月 5 日　第 2 讲

业务流程图：

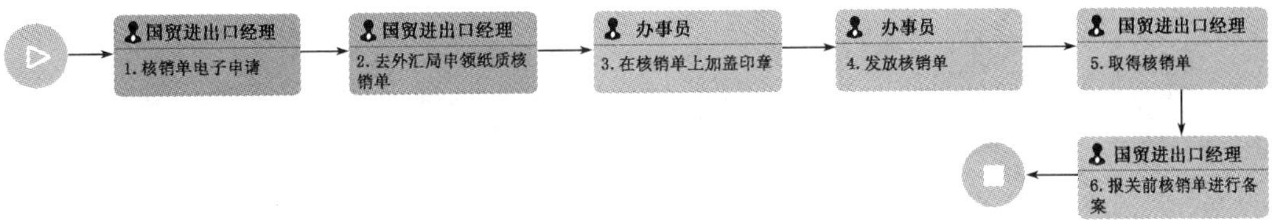

3.11.11　ICK11 报关(国贸)

所属大纲:2017 年 1 月 5 日　第 2 讲

业务流程图：

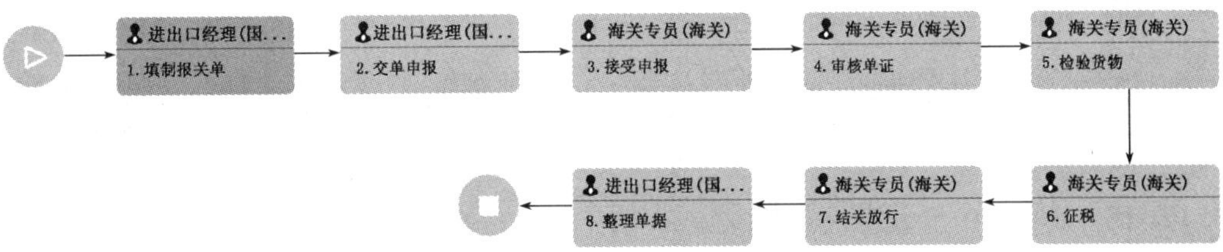

3.11.12　ICK12 装船(国贸)

所属大纲:2017 年 1 月 5 日　第 2 讲

业务流程图：

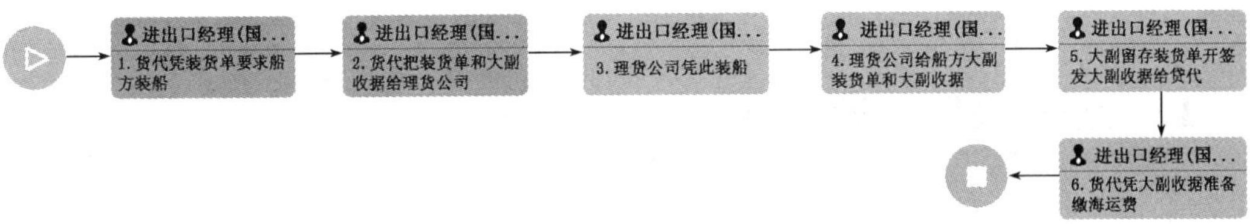

3.11.13　ICK13 支付海运费换取清洁海运提单(国贸)

所属大纲:2017 年 1 月 5 日　第 2 讲

业务流程图：

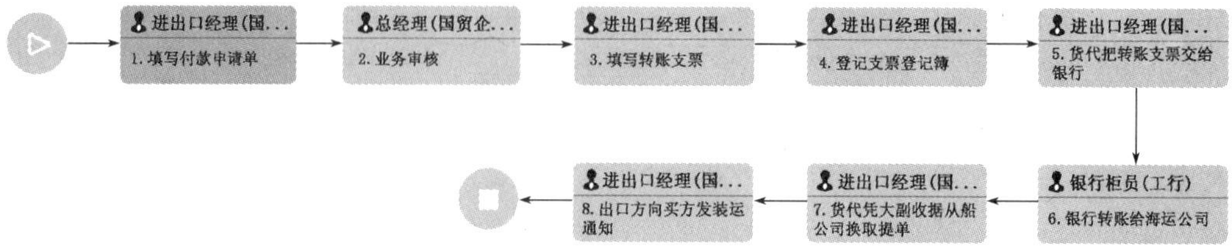

3.11.14 ICK14 制单(国贸)

所属大纲：2017 年 1 月 5 日　第 2 讲

业务流程图：

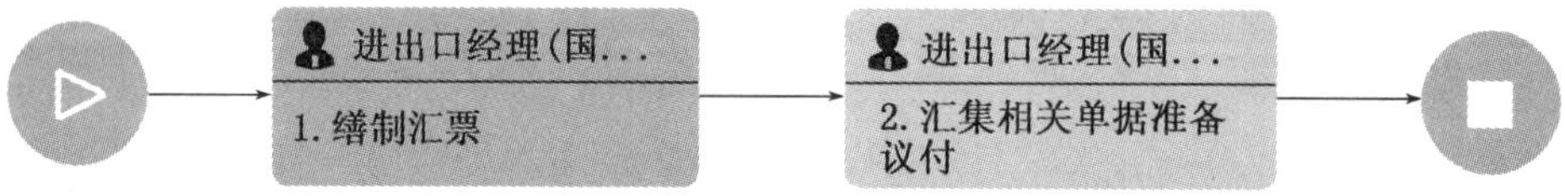

3.11.15 ICK15 货款议付和信用证下一步处理(国贸)

所属大纲：2017 年 1 月 5 日　第 2 讲

业务流程图：

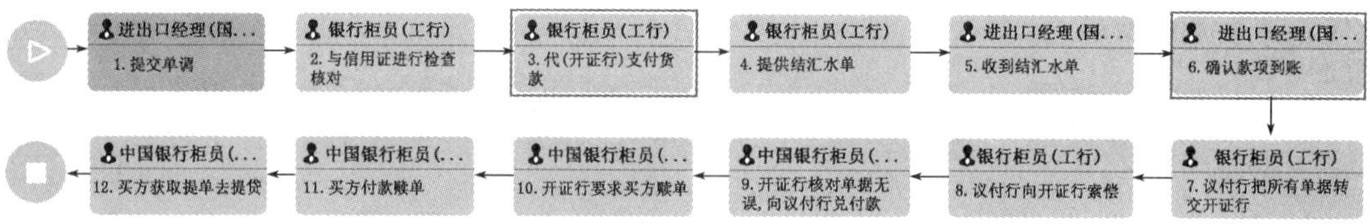

3.11.16 ICK16 外汇核销(国贸)

所属大纲：2017 年 1 月 5 日　第 2 讲

业务流程图：

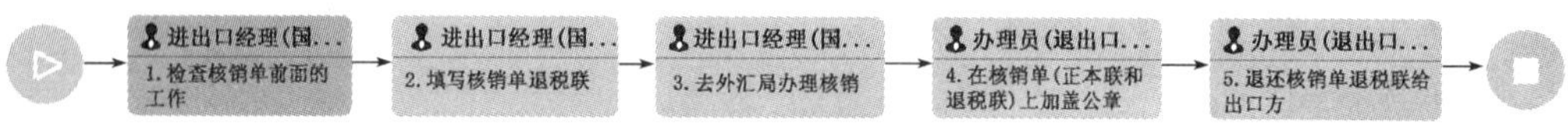

3.12 国贸采购付款闭环

3.12.1 ICG1 与制造业签订购销合同(国贸)

所属大纲：2017 年 1 月 25 日　第 3 讲

业务流程图：

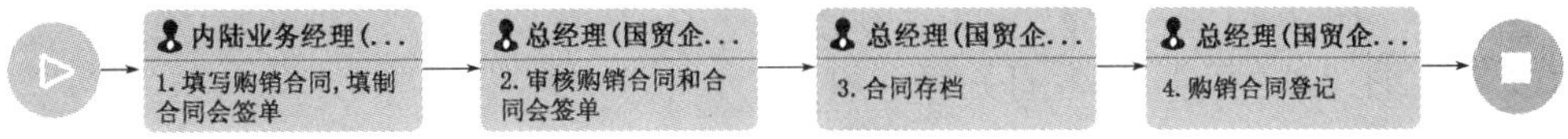

3.12.2　ICG2 与国贸企业签订购销合同(制造业)

所属大纲：2017 年 1 月 25 日　第 3 讲

业务流程图：

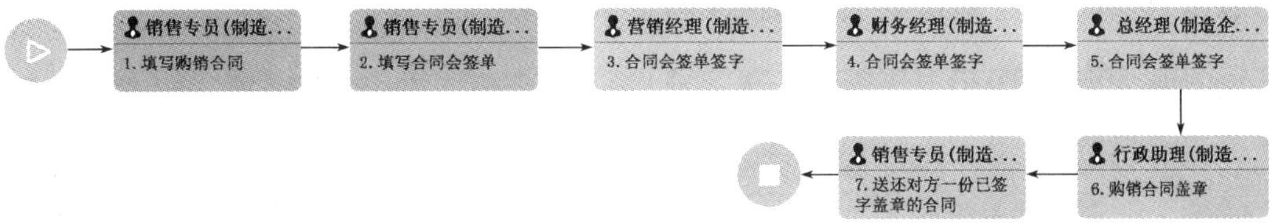

3.12.3　ICG3 录入采购订单(国贸)

所属大纲：2017 年 1 月 25 日　第 3 讲

业务流程图：

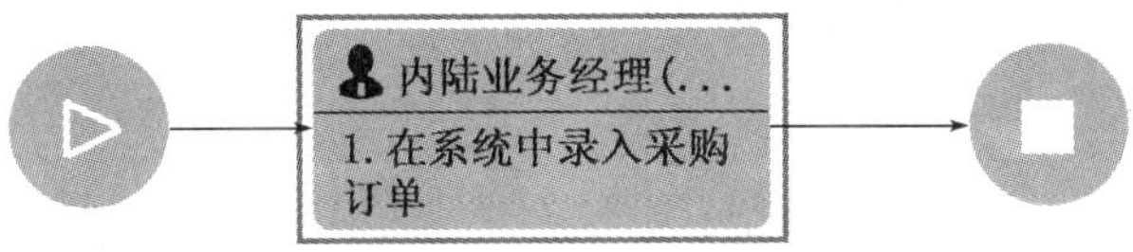

3.12.4　ICG4 确认国贸企业采购订单(制造业)

所属大纲：2017 年 1 月 25 日　第 3 讲

业务流程图：

3.12.5　ICG5 销售发货给国贸(制造业)

所属大纲：2017 年 1 月 25 日　第 3 讲

业务流程图：

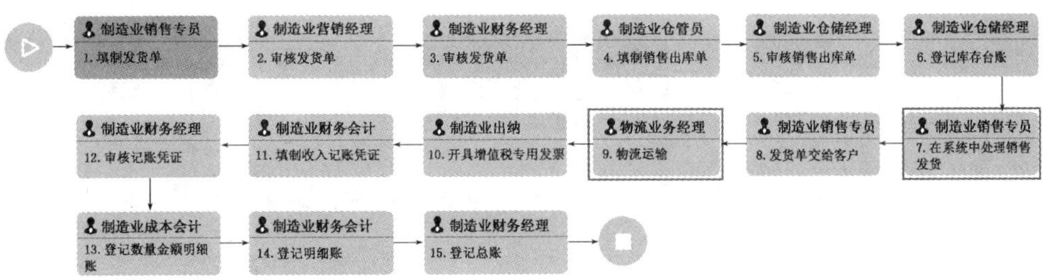

3.12.6　ICG6 采购入库(国贸)

所属大纲:2017 年 1 月 25 日　第 3 讲

业务流程图:

3.12.7　ICG7 向制造业支付货款(国贸)

所属大纲:2017 年 1 月 25 日　第 3 讲

业务流程图:

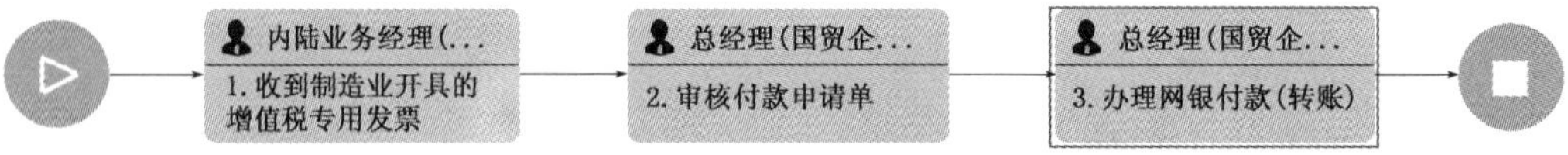

3.12.8　ICG8 回收国贸企业货款(制造业)

所属大纲:2017 年 1 月 25 日　第 3 讲

业务流程图:

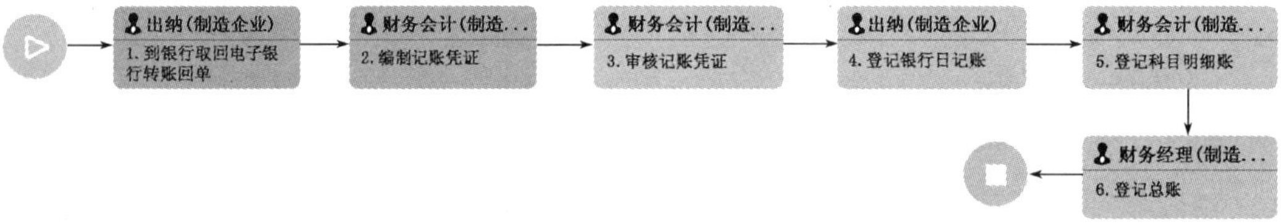

3.13　招投标采购闭环

3.13.1　BZB1 签订招标委托合同(招投标)

所属大纲:2017 年 1 月 5 日　第 1 讲

业务流程图:

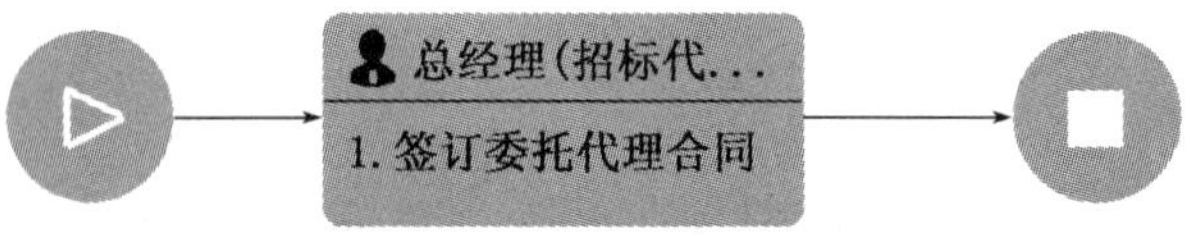

3.13.2　BZB2 制作招标文件(招投标)

所属大纲:2017 年 1 月 5 日　第 1 讲

业务流程图:

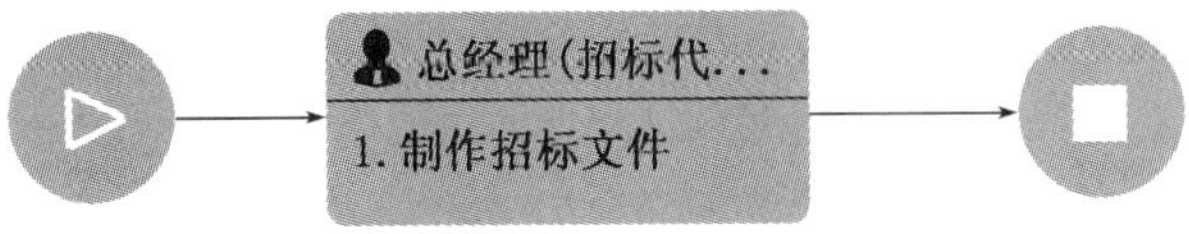

3.13.3　BZB3 发布招标公告(招投标)

所属大纲:2017 年 1 月 5 日　第 1 讲

业务流程图:

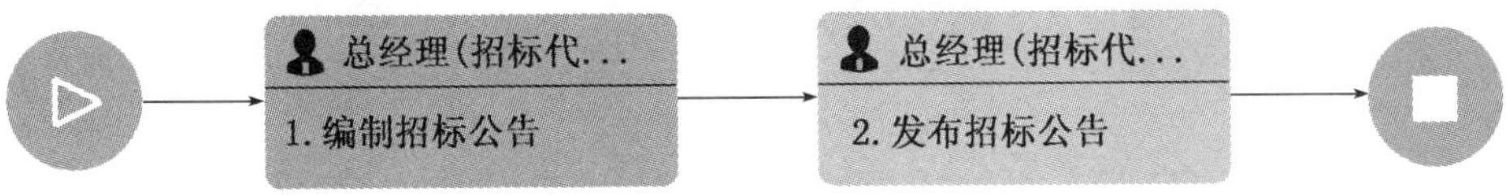

3.13.4　BZB4 资格预审(制造业)

所属大纲:2017 年 1 月 5 日　第 1 讲

业务流程图:

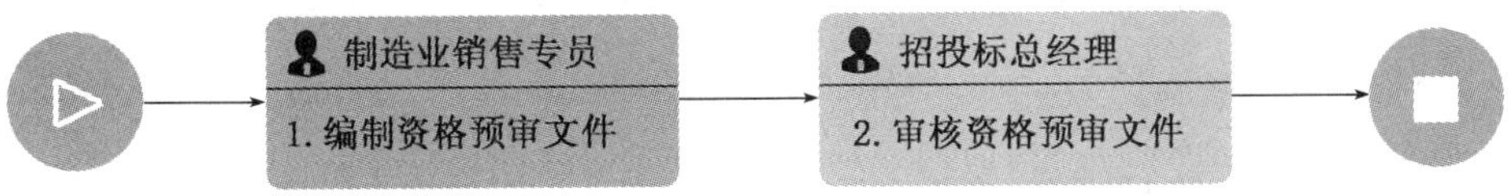

3.13.5　BZB5 出售招标文件(招投标)

所属大纲:2017 年 1 月 5 日　第 2 讲

业务流程图:

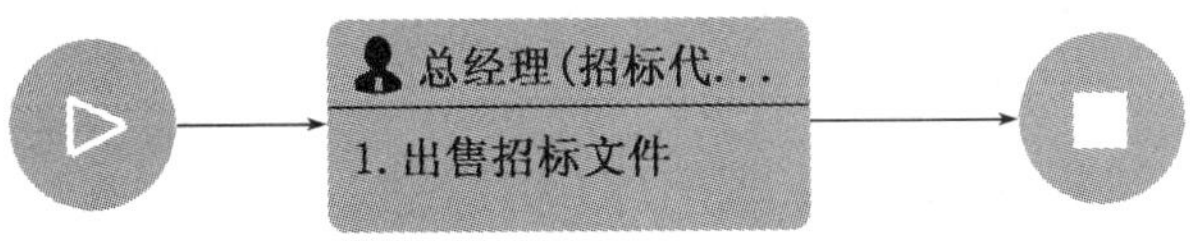

3.13.6　BZB6 制作投标文件(制造业)

所属大纲:2017 年 1 月 5 日　第 2 讲

业务流程图:

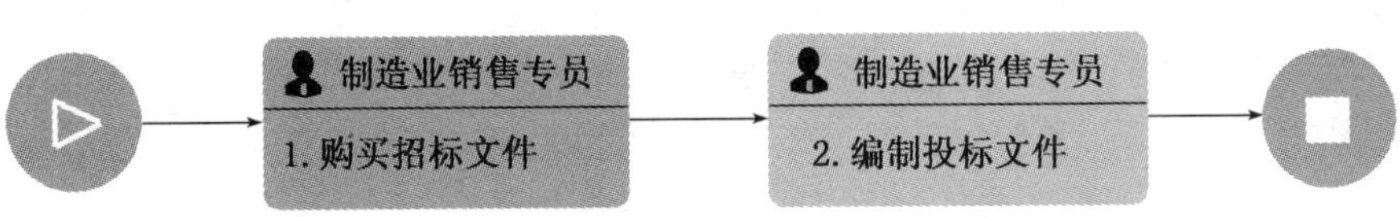

3.13.7 BZB7 组织开标会(招投标)

所属大纲:2017 年 1 月 5 日　第 2 讲

业务流程图:

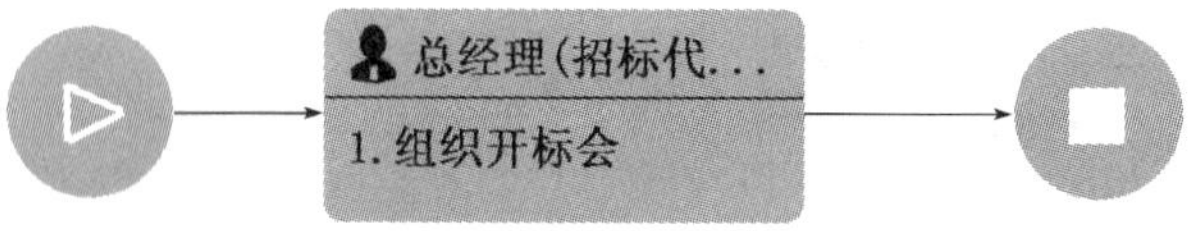

3.13.8 BZB8 参加开标会(制造业)

所属大纲:2017 年 1 月 5 日　第 2 讲

业务流程图:

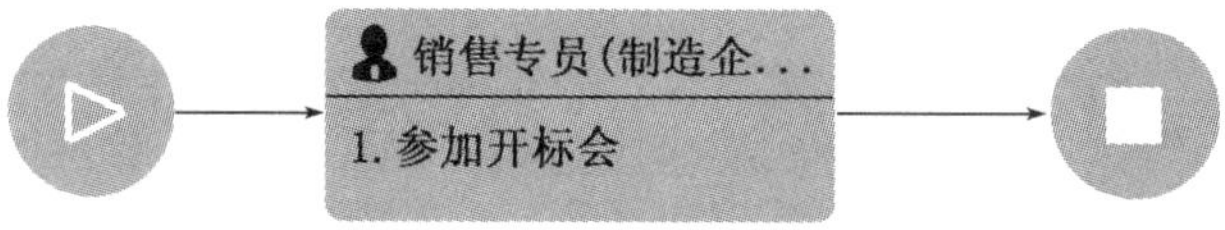

3.13.9 BZB9 定标并发出中标订单(招投标)

所属大纲:2017 年 1 月 5 日　第 2 讲

业务流程图:

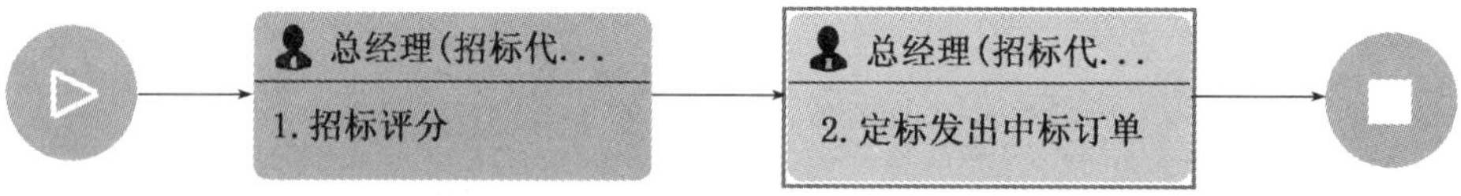

3.13.10 BZB10 给招标客户发货(制造业)

所属大纲:2017 年 1 月 25 日　第 3 讲

业务流程图:

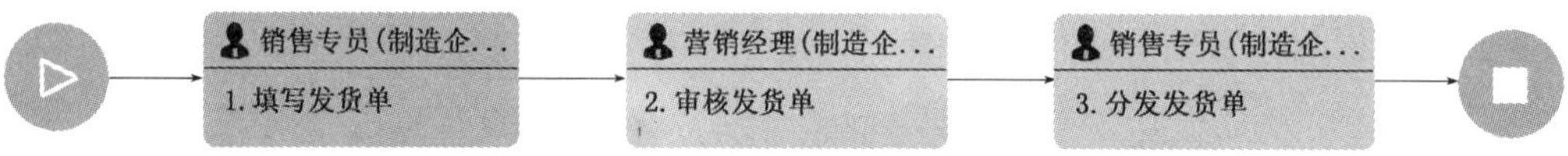

3.13.11 BZB11 给招标客户办理出库(制造业)

所属大纲:2017 年 1 月 25 日　第 3 讲

业务流程图:

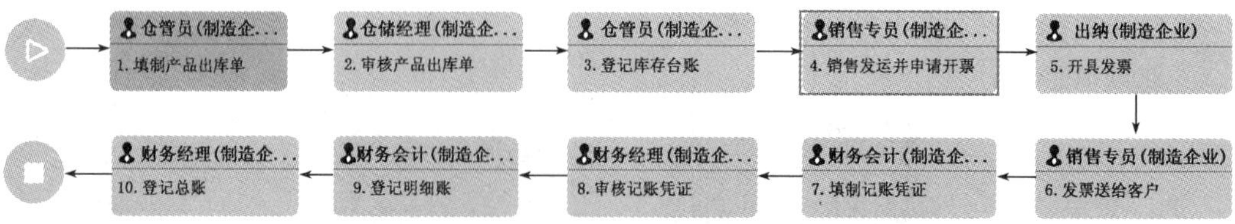

3.13.12　BZB12 收到招标客户货款(制造业)

所属大纲:2017 年 1 月 25 日　第 3 讲

业务流程图:

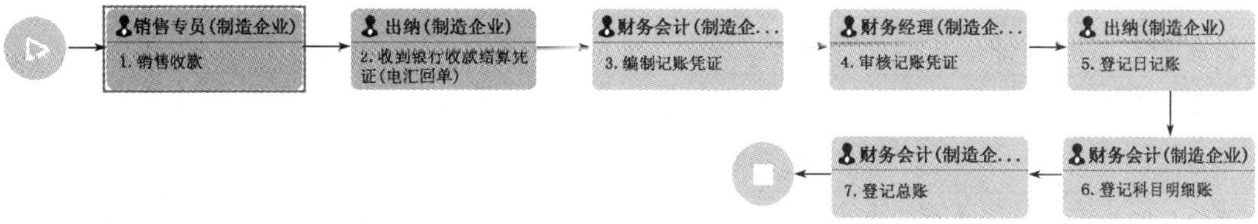

3.13.13　BZB13 结算招标服务费(招投标)

所属大纲:2017 年 1 月 25 日　第 3 讲

业务流程图:

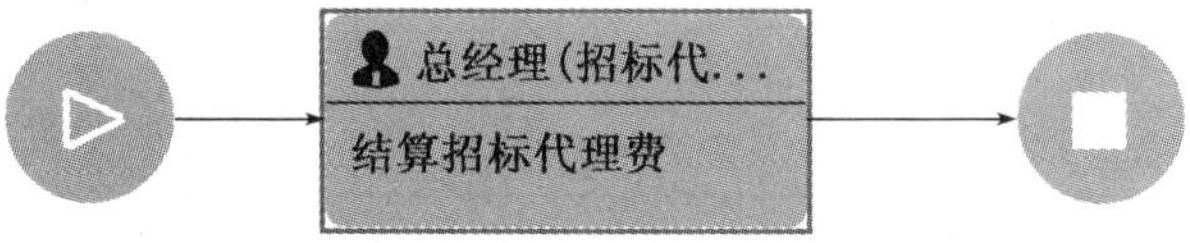

3.14　人

3.14.1　MXC1 核算薪酬(制造业)

所属大纲:2017 年 1 月 25 日　第 3 讲

数据描述:

岗位信息		薪酬标准
总经理		120 00.00
部门经理		7 500.00
职能主管		5 500.00
销售人员		4 500.00
生产工人	初级	3 600.00
	中级	4 000.00
	高级	4 500.00

险种 \ 缴纳比例	单位承担	个人承担	合　计
养老保险	20%	8%	28%
医疗保险	10%	2%+3	12%+3
失业保险	1%	0.20%	1.20%
工伤保险	0.30%	0.00%	0.30%
生育保险	0.80%	0.00%	0.80%
住房公积金	10%	10%	20.00%

注意:个人承担失业保险下调为0.2%,单位承担工伤保险上调为0.8%。

答案:

3.14.2 MXC2 发放薪酬(制造业)

所属大纲:2017年1月5日　第1讲

数据描述:

岗位信息		薪酬标准
总经理		12 000.00
部门经理		7 500.00
职能主管		5 500.00
销售人员		4 500.00
生产工人	初级	3 600.00
	中级	4 000.00
	高级	4 500.00

2016年社保住房公积金缴纳比例

险种 \ 缴纳比例	单位承担	个人承担	合　计
养老保险	20%	8%	28%
医疗保险	10%	2%+3	12%+3
失业保险	1%	0.50%	1.50%
工伤保险	0.80%	0.00%	0.80%
生育保险	0.80%	0.00%	0.80%
住房公积金	10%	10%	20.00%

计税工资根据公式自动计算:

计税工资＝基本工资－五险一金小计－3 500

应扣个人所得税＝计税工资×阶梯税率－速算扣除数

级　次	应纳所得税额	税率(%)	速算扣除数(元)
1	不超过 1 500 元的 1 500≥X	3	0
2	超过 1 500 元至 4 500 元的 4 500<X≤4 500	10	105
3	超过 4500 元至 9000 元的 4500<X≤900	20	555
4	超过 9 000 元至 35 000 元的 9 000<X≤35 000	25	1055
5	超过 35 000 元至 55 000 元的 35 000<X≤55 000	30	2 755
6	超过 55 000 元至 80 000 元的 55 000<X≤80 000	35	5 505
7	超过 80 000 元的 80 000<X	45	13 505

序号	部门	岗位名称	职务类别	应发工资	缺勤天数	缺勤扣款	代扣款项目								上学度销售总额/企业净利润	奖金系数	季度奖金	辞退福利	应税工资	应扣个人所得税	实发金额
							养老保险	医疗保险	失业保险	工伤保险	生育保险	五险小计	住房公积金	五险一金小计							
14	财物部	出纳	智能主管	5 500	0	0	440	113	27.5	0	0	550.5	550	1 130.5				4 369.50	26.09	4 343.41	
15	生产计划部	生产计划员	智能主管	5 500	0	0	440	113	27.5	0	0	550.5	550	1 130.5				4 369.50	26.09	4 343.41	
16	生产计划部	车间管理员	智能主管	5 500	0	0	440	113	27.5	0	0	550.5	550	1 130.5				4 369.50	26.09	4 343.41	
17	市场营销部	市场专员	销售人员	4 500	0	0	360	93	22.5	0	0	475.5	450	925.5				3 574.50	2.24	3 572.26	
合计				265 500			21 240	5 404	1 327.5	0	0	2 8051.5	26 550	54 601.5	0		0	0	210 898.5	1 787.89	209 163.1

支出凭单

部门：人力资源部　　2017 年　1　月　5　日　　预算项目：薪酬

即　付：薪酬

款

计人民币（大写）：贰拾万玖仟陆佰壹拾壹元壹角　　¥ 209611.1

领款人：周鹏

会计主管	李经	出纳	云

银行转账记录

宝乐童车制造有限公司 开始时间：2017-01-05 结束时间：2017-01-05 账户余额：9941999.90

付款方	收款方	用途	转账金额	付款日期	操作
宝乐童车制造有限公司	刘贞	工资发放	-1000.00	2017-01-05	
宝乐童车制造有限公司	吴新祥	工资发放	-1000.00	2017-01-05	
宝乐童车制造有限公司	柯红	工资发放	-1000.00	2017-01-05	
宝乐童车制造有限公司	洪梁	工资发放	-1000.00	2017-01-05	
宝乐童车制造有限公司	付海生	工资发放	-1000.00	2017-01-05	
宝乐童车制造有限公司	万能	工资发放	-1000.00	2017-01-05	
宝乐童车制造有限公司	余俊美	工资发放	-1000.00	2017-01-05	

业务流程图：

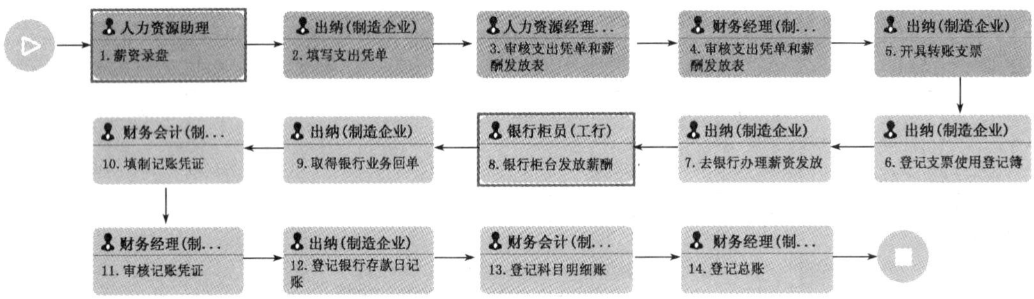

3.14.3 MGS1 申报个人所得税(制造业)

所属大纲:2017 年 1 月 5 日 第 1 讲

数据描述:

2017 年 1 月 5 日,财务主管在系统提交个人所得税申报。2016 年 12 月,代扣个人所得税额为:1 737.39。

序号	部门	岗位名称	职务类别	应发工资	缺勤天数	缺勤扣款	代扣款项目								上季度销售总额/企业净利润	奖金系数	季度奖金	辞退福利	应税工资	应扣个人所得税	实发金额
							养老保险(个人)	医疗保险(个人)	失业保险(个人)	工伤保险(个人)	生育保险(个人)	五险小计(个人)	住房公积金(个人)	五险一金小计(个人)							
1	企业管理部	总经理	总经理	12 000	0	0	960	243	60	0	0	1263	1200	2463				0	9 537.00	652.40	8 884.60
2	人力资源部	人力资源经	部门经理	7 500	0	0	600	153	37.5	0	0	790.5	750	1 540.5				0	5 959.50	140.95	5 818.55
3	采购部	采购经理	部门经理	7 500	0	0	600	153	37.5	0	0	790.5	750	1 540.5				0	5 959.50	140.95	5 818.55
4	仓储部	仓储经理	部门经理	7 500	0	0	600	153	37.5	0	0	790.5	750	1 540.5				0	5 959.50	140.95	5 818.55
5	财务部	财务经理	部门经理	7 500	0	0	600	153	37.5	0	0	790.5	750	1 540.5				0	5 959.50	140.95	5 818.55
6	生产计划部	生产计划经	部门经理	7 500	0	0	600	153	37.5	0	0	790.5	750	1 540.5				0	5 959.50	140.95	5 818.55
7	市场营销部	市场营销经	部门经理	7 500	0	0	600	153	37.5	0	0	790.5	750	1 540.5				0	5 959.50	140.95	5 818.55
8	企业管理部	行政助理	职能主管	5 500	0	0	440	113	27.5	0	0	580.5	550	1 130.5				0	4 369.50	26.09	4 343.41
9	人力资源部	人力资源助	职能主管	5 500	0	0	440	113	27.5	0	0	580.5	550	1 130.5				0	4 369.50	26.09	4 343.41
10	采购部	采购员	职能主管	5 500	0	0	440	113	27.5	0	0	580.5	550	1 130.5				0	4 369.50	26.09	4 343.41
11	仓储部	仓管员	职能主管	5 500	0	0	440	113	27.5	0	0	580.5	550	1 130.5				0	4 369.50	26.09	4 343.41
12	财务部	财务会计	职能主管	5 500	0	0	440	113	27.5	0	0	580.5	550	1 130.5				0	4 369.50	26.09	4 343.41
13	财务部	成本会计	职能主管	5 500	0	0	440	113	27.5	0	0	580.5	550	1 130.5				0	4 369.50	26.09	4 343.41
14	财务部	出纳	职能主管	5 500	0	0	440	113	27.5	0	0	580.5	550	1 130.5				0	4 369.50	26.09	4 343.41
15	生产计划部	生产计划员	职能主管	5 500	0	0	440	113	27.5	0	0	580.5	550	1 130.5				0	4 369.50	26.09	4 343.41

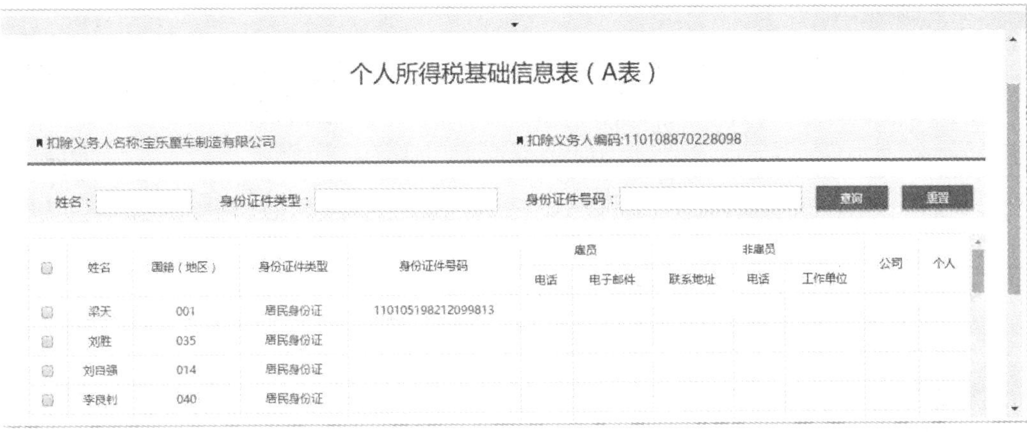
个人所得税基础信息表（A表）
扣除义务人名称:宝乐童车制造有限公司
扣除义务人编码:110108870228098
姓名：
身份证件类型：
身份证件号码：
查询
重置
姓名
国籍（地区）
身份证件类型
身份证件号码
雇员
电话
电子邮件
联系地址
非雇员
电话
工作单位
公司
个人
梁天 001 居民身份证 110105198212099813
刘胜 035 居民身份证
刘自强 014 居民身份证
李良钊 040 居民身份证

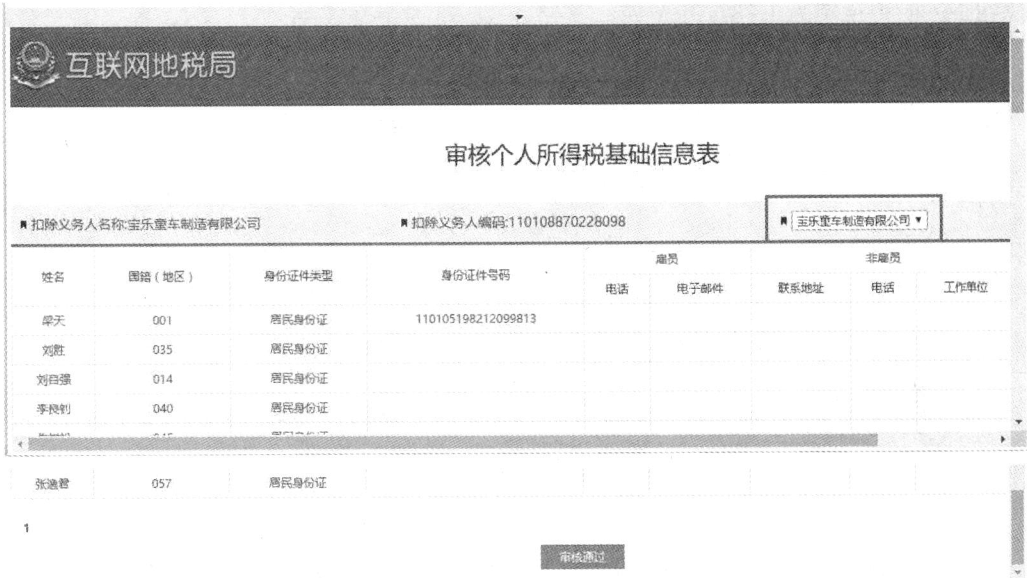
互联网地税局
审核个人所得税基础信息表
扣除义务人名称:宝乐童车制造有限公司
扣除义务人编码:110108870228098
宝乐童车制造有限公司
姓名
国籍（地区）
身份证件类型
身份证件号码
雇员
电话
电子邮件
联系地址
非雇员
电话
工作单位
梁天 001 居民身份证 110105198212099813
刘胜 035 居民身份证
刘自强 014 居民身份证
李良钊 040 居民身份证
张逸君 057 居民身份证
1
审核通过

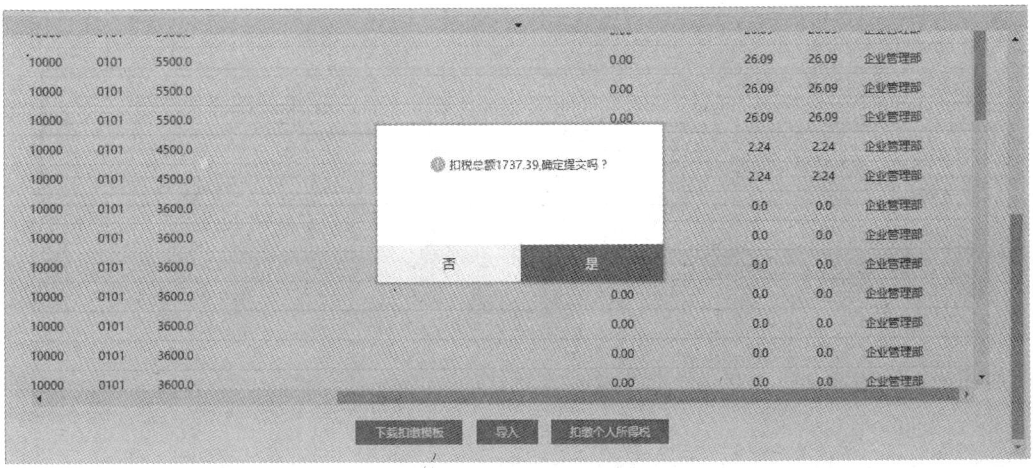
扣税总额1737.39,确定提交吗？
否
是
下载扣缴模板
导入
扣缴个人所得税

业务流程图：

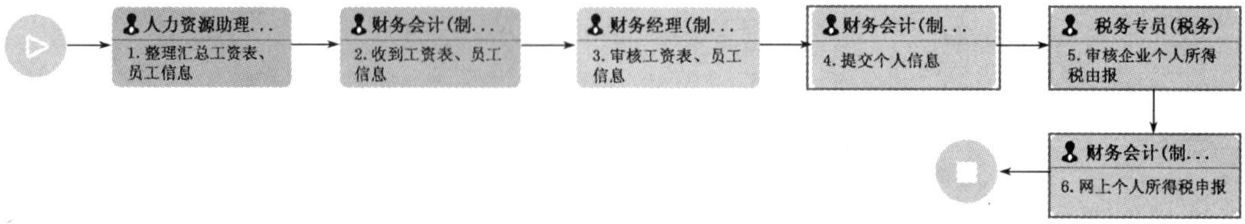

3.14.4 MGS2 缴纳个人所得税(制造业)

所属大纲:2017 年 1 月 5 日　第 2 讲

数据描述:

2017 年 1 月 5 日,出纳收到银行代扣的个人所得税税收缴款通知书。2016 年 12 月,代扣个人所得税额为 1 737.39。

宝乐童车制造有限公司 银行转账流水信息

开始时间：2017-01-05　结束时间：2017-01-05　账户余额：9940262.51元

付款方	收款方	用途	转账金额	付款日期	操作
宝乐童车制造有限公司	刘自强	工资发放	-1000.00	2017-01-05	
宝乐童车制造有限公司	叶润中	工资发放	-1000.00	2017-01-05	
宝乐童车制造有限公司	华红	工资发放	-1000.00	2017-01-05	
宝乐童车制造有限公司	税务局	个税扣缴	-1737.39	2017-01-05	

上一页　1　…　8　9　10　11　12

ICBC 中国工商银行　企业网上银行（实习）　电子回单　金融@家

电子回单号：20170420100058

付款人	户名	宝乐童车制造有限公司	收款人	户名	税务局
	帐号	0100229999000099001		帐号	0100229999000099027
	开户行	中国工商银行		开户行	中国工商银行
金额	(大写)	壹仟柒佰叁拾柒元叁角玖分			¥: 1737.39
转账用途	个税扣缴				

制单人：stu033　流水号: 100058　银行签章：中国工商银行 电子回单专用章

打印

业务流程图：

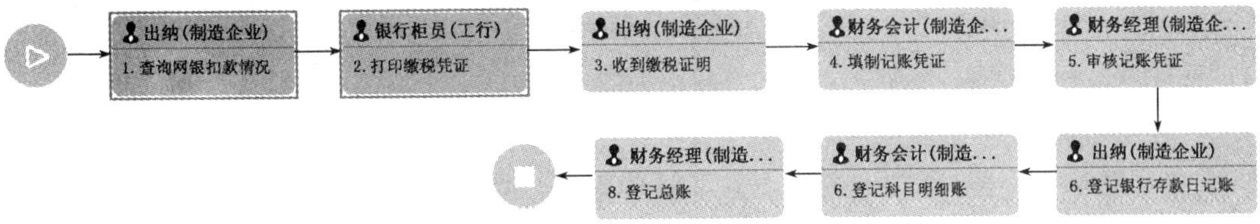

3.15　财

3.15.1　MZZ1 申报企业增值税(制造业)

所属大纲:2017 年 1 月 5 日　第 1 讲

数据描述:2017 年 1 月 5 日,财务主管进行增值税申报。

应交税费-应交增值税

借方	贷方
¥597 165.09	0 ¥837 016.37
	¥239 851.28

税款计算	销项税额	11	837,016.37			
	进项税额	12	597,165.09			
	上期留抵税额	13				——
	进项税额转出	14				
	免、抵、退应退税额	15			——	——
	按适用税率计算的纳税检查应补缴税额	16			——	——
	应抵扣税额合计	17=12+13-14-15+16	597165.09			——
	实际抵扣税额	18(如17<11,为17,否则为11)	597165.09			
	应纳税额	19=11-18	239851.28			
	期末留抵税额	20=17-18	0.00			——
	简易征收办法计算的应纳税额	21				
	按简易征收办法计算的纳税检查应补缴税额	22			——	——
	应纳税额减征额	23				
	应纳税额合计	24=19+21-23	239851.28			

应税服务扣除项目清单	填写完毕	附表	选填
免征增值税应税货物、劳务明细表	填写完毕	附表	选填
固定资产进项税额抵扣情况表	填写完毕	附表	选填
增值税纳税申报表附列资料(一)(本期销售情况明细)	填写完毕	附表	必填
增值税纳税申报表附列资料(二)(本期进项税额明细)	填写完毕	附表	必填
增值税纳税申报表附列资料(三)(应税服务扣除项目明细)	填写完毕	附表	必填
增值税纳税申报表附列资料(四)(税额抵减情况表)	填写完毕	附表	必填
增值税纳税申报表(适用于增值税一般纳税人)	填写完毕	主表	必填

上传

应税服务扣除项目清单	上传成功(审核中)	附表	选填
免征增值税应税货物、劳务明细表	上传成功(审核中)	附表	选填
固定资产进项税额抵扣情况表	上传成功(审核中)	附表	选填
增值税纳税申报表附列资料(一)(本期销售情况明细)	上传成功(审核中)	附表	必填
增值税纳税申报表附列资料(二)(本期进项税额明细)	上传成功(审核中)	附表	必填
增值税纳税申报表附列资料(三)(应税服务扣除项目明细)	上传成功(审核中)	附表	必填
增值税纳税申报表附列资料(四)(税额抵减情况表)	上传成功(审核中)	附表	必填
增值税纳税申报表(适用于增值税一般纳税人)	上传成功(审核中)	主表	必填

增值税纳税审核

公司	报表名称	报表类型	报表日期	状态	操作
宝乐童车制造有限公司	增值税纳税申报表	按月纳税申报	201701	已审核	

业务流程图:

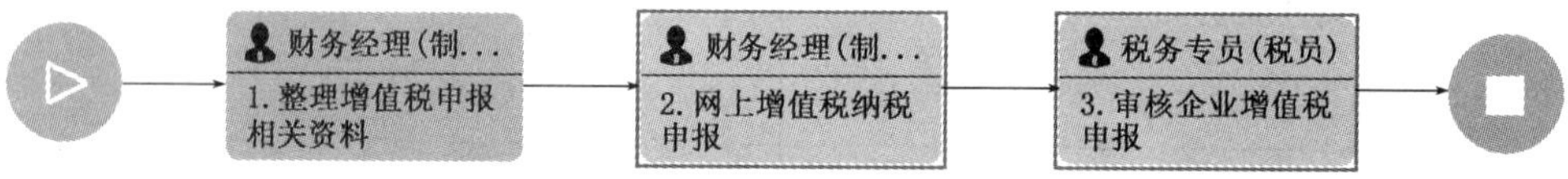

3.15.2 MZZ2 缴纳企业增值税(制造业)

所属大纲:2017 年 1 月 5 日　第 2 讲

数据描述:2017 年 1 月 5 日,进行增值税缴纳。

应税服务扣除项目清单	审核通过	附表	选填
免征增值税应税货物、劳务明细表	审核通过	附表	选填
固定资产进项税额抵扣情况表	审核通过	附表	选填
增值税纳税申报表附列资料(一)(本期销售情况明细)	审核通过	附表	必填
增值税纳税申报表附列资料(二)(本期进项税额明细)	审核通过	附表	必填
增值税纳税申报表附列资料(三)(应税服务扣除项目明细)	审核通过	附表	必填
增值税纳税申报表附列资料(四)(税额抵减情况表)	审核通过	附表	必填
增值税纳税申报表(适用于增值税一般纳税人)	审核通过	主表	必填

扣款

应税服务扣除项目清单	划款成功	附表	选填
免征增值税应税货物、劳务明细表	划款成功	附表	选填
固定资产进项税额抵扣情况表	划款成功	附表	选填
增值税纳税申报表附列资料（一）（本期销售情况明细）	划款成功	附表	必填
增值税纳税申报表附列资料（二）（本期进项税额明细）	划款成功	附表	必填
增值税纳税申报表附列资料（三）（应税服务扣除项目明细）	划款成功	附表	必填
增值税纳税申报表附列资料（四）（税额抵减情况表）	划款成功	附表	必填
增值税纳税申报表（适用于增值税一般纳税人）	划款成功	主表	必填

宝乐童车制造有限公司	何明海	工资发放	-1000.00	2017-01-05
宝乐童车制造有限公司	刘文钦	工资发放	-1000.00	2017-01-05
宝乐童车制造有限公司	万俊俊	工资发放	-1000.00	2017-01-05
宝乐童车制造有限公司	刘胜	工资发放	-1000.00	2017-01-05
宝乐童车制造有限公司	税务局	增值税扣缴	-239851.28	2017-01-05

上一页　1　…　7　8　9　10　11　…　12　下一页

ICBC 中国工商银行　企业网上银行（实习）　电子回单　金融@家

电子回单号：20170420100059

付款人	户　名	宝乐童车制造有限公司	收款人	户　名	税务局
	帐　号	0100229999000099001		帐　号	0100229999000099027
	开户行	中国工商银行		开户行	中国工商银行
金额	（大写）	贰拾叁万玖仟捌佰伍拾壹元贰角捌分			¥: 239851.28
转账用途	增值税扣缴				

制单人：stu033　　流水号: 100059　　银行签章：

打印

业务流程图：

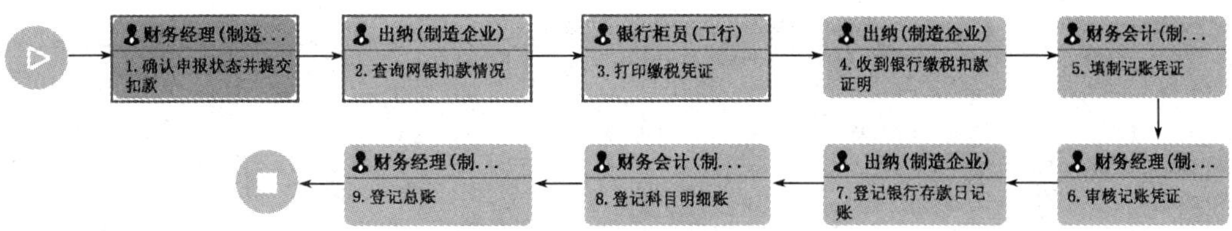

3.15.3 MWX1 扣缴制造业五险一金

所属大纲:2017 年 1 月 5 日　第 2 讲

数据描述:出纳取回银行代扣五险一金的回单,并交回办理相关的财务处理。

业务流程图:

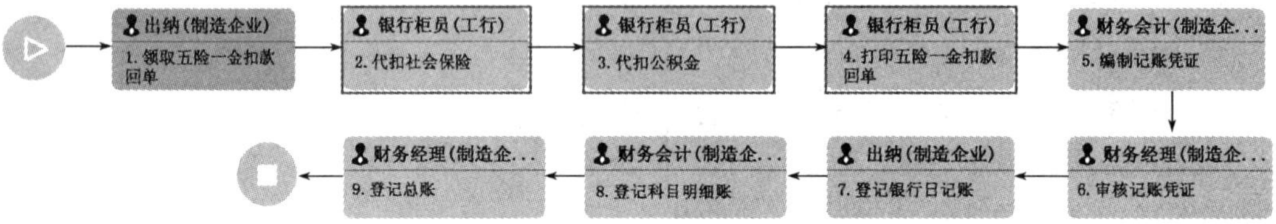

3.16 物

MYF1 办理产品研发(制造业)

所属大纲:2018 年 1 月 5 日　自主经营

数据描述:新产品研发。

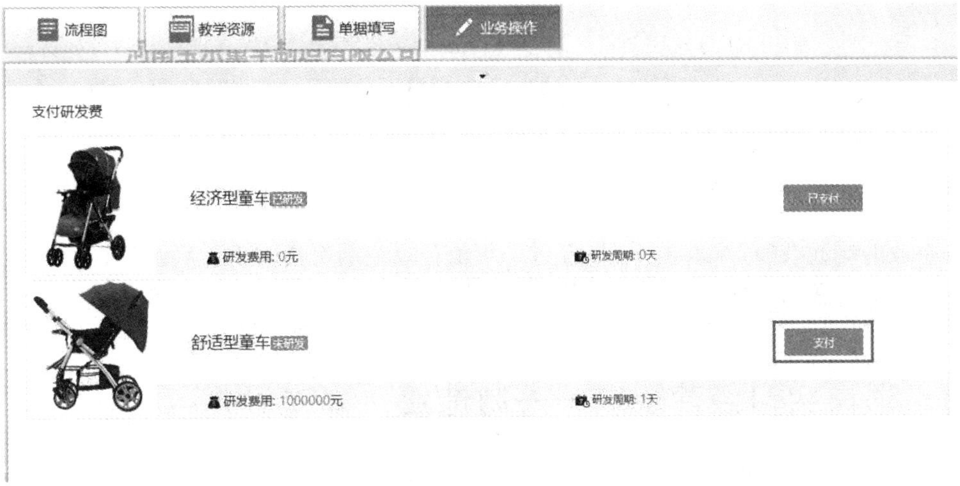
流程图
教学资源
单据填写
业务操作
支付研发费
经济型童车 已研发
已支付
研发费用: 0元
研发周期: 0天
舒适型童车 未研发
支付
研发费用: 1000000元
研发周期: 1天

业务流程图：

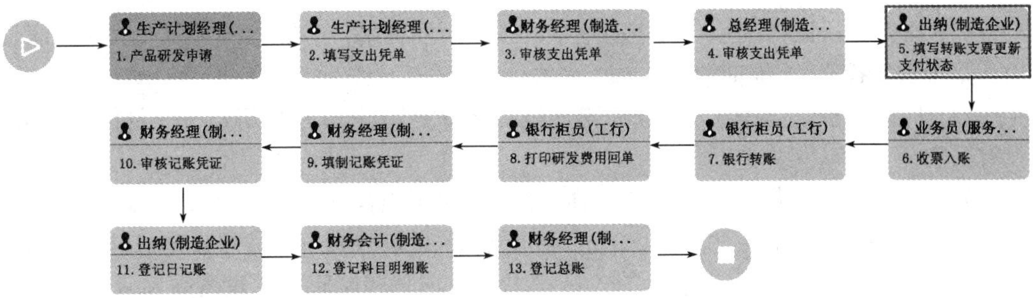
生产计划经理(...
1. 产品研发申请
生产计划经理(...
2. 填写支出凭单
财务经理(制造...
3. 审核支出凭单
总经理(制造...
4. 审核支出凭单
出纳(制造企业)
5. 填写转账支票更新支付状态
业务员(服务...
6. 收票入账
银行柜员(工行)
7. 银行转账
银行柜员(工行)
8. 打印研发费用回单
财务经理(制...
9. 填制记账凭证
财务经理(制...
10. 审核记账凭证
出纳(制造企业)
11. 登记日记账
财务会计(制造...
12. 登记科目明细账
财务经理(制...
13. 登记总账

第4章　自主手工

企业的崛起,2017年1月5日,经过一年艰苦卓绝的努力,公司经营步入正轨。当下面临着新的问题与机遇,放手成长,将如何重塑荣耀?

4.1　顶岗实习经营规则——制造业

(1) 生产与派工:生产设备不支持混合生产,生产派工原料用量必须符合BOM要求,否则不能派工。

(2) 研发与认证:舒适型、豪华型童车需投入研发费用,3C和ISO认证根据合同信息确认是否需要投入,无提前期。

(3) 厂房设备:原有大厂房/仓库不允许出售,经营中只有小厂房/仓库,且没有租赁,只有采购、可销售,无提前期。

原有设备允许出售,经营中购买相应设备,无提前期,安装周期为:1个虚拟日(即5号购买25号使用)。购买注意厂房/仓库容量规则,设备与人员工种和数量的对应规则,

(4) 人力资源:根据生产下达的人员需求进行招聘和解聘。注意招聘和解聘费用支付规则。每月做好本月25号薪酬计提和下月5号薪酬发放。

(5) 原料采购:经营中从经贸企业线上线下签订采购合同即可,无提前期,即买即用,合同约定好结算条款并执行。

(6) 销售与市场:制造业只能与经销商、连锁、国贸签订销售合同,如直接销售给虚拟市场,只能先开拓中部市场,并参加招投标并支付中标费用。合同约定好结算条款并执行。

(7) 物流运输:注意每笔采购合同与物流合同对应,否则无法收货。运费为货物金额5%。

(8) 财务:折旧(当月新增资产不计提折旧)、每月25号缴纳水电费、收发存汇总表核算物料成本,每月做好本月25号计提个税、增值税、社保、公积金和下月5号缴纳。

(9) 制造业间不允许组间交易,货物购销发票均为增值税专用发票税率:17%。

(10) 一定注意线上交互任务(快捷入口内所有任务)与线上的同步,确保线上交互任务的准确性与及时性。

注:(3)(4)操作以及市场开拓均由制造业申请服务公司线上操作完成,制造业支付款项并取得发票。

4.2 顶岗实习经营规则——工贸企业

(1) 仓储:原有仓库不允许出售,经营中仓库没有租赁,只有采购、可销售,无提前期。购买注意仓库容量规则。

(2) 人力:基本不涉及人员招聘和解聘。每月做好本月25号薪酬计提和下月5号薪酬发放。

(3) 原料采购:经营中根据市场分析情况从虚拟市场已约定好的条款采购即可,合同约定好结算条款并执行。

(4) 销售与市场:经营中只能与制造业签订线上线下销售合同,不涉及广告与市场开拓。合同约定好结算条款并执行。

(5) 物流运输:不涉及。

(6) 财务:编制收发存汇总表核算物料成本,每月做好本月25号计提个税、增值税、社保、公积金和下月5号缴纳、月末结账等。

(7) 工贸企业间不允许组间交易。

(8) 一定注意线上交互任务(快捷入口内所有任务)与线上的同步,确保线上交互任务的准确性与及时性。

注:操作由工贸企业申请服务公司线上操作完成,工贸企业支付款项并取得发票。需要虚拟供应市场提供的发票由工贸企业申请,社会资源机构合作完成开具。货物购销发票均为增值税专用发票税率:17%。

4.3 顶岗实习经营规则——商贸企业

(1) 仓储:原有仓库不允许出售,经营中仓库没有租赁,只有采购、可销售,无提前期。购买注意仓库容量规则。

(2) 人力:基本不涉及人员招聘和解聘。每月做好本月25号薪酬计提和下月5号薪酬发放。

(3) 原料采购:经营中与制造业签订线上线下销售合同,合同约定好结算条款并执行。

(4) 销售与市场:经营中根据市场分析情况与虚拟市场签订线上线下销售合同,合同约定好结算条款并执行。

前期必须完成市场开拓(1年1次)和广告投放(1个虚拟日1次),否则无法取得订单。注意广告投放额度与竞单选择的优先权。

(5) 物流运输:注意每笔采购合同与物流合同对应,否则无法收货。运费为货物金额5%。

(6) 财务:编制收发存汇总表核算物料成本,每月做好本月25号计提个税、增值税、社保、公积金和下月 5 号缴纳、月末结账等。

（7）经贸企业间允许组间交易。

（8）一定注意线上交互任务（快捷入口内所有任务）与线上的同步，确保线上交互任务的准确性与及时性。

注：操作由经贸企业申请服务公司线上操作完成，经贸企业支付款项并取得发票。货物购销发票均为增值税专用发票税率：17%。

4.4 顶岗实习经营规则——连锁企业

（1）原料采购：经营中只能与制造业签订线上线下销售合同，合同约定好结算条款并执行。

（2）销售与市场：经营中只能根据虚拟市场已有订单完成线上线下零售即可。不涉及市场开拓与广告投放。

（3）物流运输：不涉及。

（4）财务：每月 5 号、25 号向将相关票据交由会计师事务所进行代理记账。

（5）一定注意线上交互任务（快捷入口内所有任务）与线上的同步，确保线上交互任务的准确性与及时性。

注：货物购销发票均为增值税专用发票税率：17%。

4.5 顶岗实习经营规则——国贸企业

（1）原料采购：经营中只能与制造业签订线上线下销售合同，合同约定好结算条款并执行。

（2）销售与市场：经营中只能根据虚拟市场已有订单完成海外销售即可。不涉及市场开拓与广告投放。

（3）物流运输：不涉及。

（4）财务：不涉及（教师如具指导能力，可指导其交由会计事务所进行外币核算相关的代理记账）。

（5）一定注意线上交互任务（快捷入口内所有任务）与线上的同步，确保线上交互任务的准确性与及时性。

4.6 顶岗实习经营规则——物流企业

（1）物流运输：注意每笔物流运输合同确认，否则购货企业无法收货，收取货物金额 5%作为运费并开具发票。

(2) 其他:每月 25 号向服务公司支付维护费并取得发票。

(3) 财务:每月 5 号、25 号向将相关票据交由会计师事务所进行代理记账。

(4) 一定注意线上交互任务(快捷入口内所有任务)与线上的同步,确保线上交互任务的准确性与及时性。

注:物流运输发票使用增值税专用发票,税率 11%。

4.7　顶岗实习经营规则——社会资源机构(含招投标、事务所)

(1) 招投标:从主讲教师处获得中部虚拟市场的招标标的,发布招标公告并只能组织制造业招标执行。

(2) 服务公司:线上配合完成各企业的相关申请,收取费用并开具发票。每月催缴制造业水电费和物流维护费,需要记录付款人信息、摘要和金额。

(3) 事务所:获取物流和连锁的期初和业务票据信息,进行代理记账,并按月收取费用并开具发票。

(4) 银行:配合完成各企业的日常转账、税费、社保、公积金等任务,每月 25 号做好与企业间的对账工作。

(5) 其他机构:配合完成各企业予以申请的日常业务,并与其他社会资源机构合力完成整个社会资源服务工作。

(6) 一定注意线上交互任务(快捷入口内所有任务)与线上的同步,确保线上交互任务的准确性与及时性。

注:社会资源机构开具增值税专用发票,税率 6%。需要虚拟供应市场提供的发票由工贸企业申请,社会资源机构合作完成开具。